Ferdinand Seibt
Das alte böse Lied

SERIE PIPER

Zu diesem Buch

Ferdinand Seibt versucht zu ergründen, was unsere Großväter und -mütter wirklich wissen konnten, was sie tatsächlich zu sehen vermochten und was sie persönlich bewegt hat. Nicht den nachträglichen Erklärungsmustern gilt sein Interesse, sondern den Erfahrungen und Erlebnissen. Sein Buch gewinnt daraus eine große Anschaulichkeit und legt Zusammenhänge frei, die bisher kaum beachtet wurden. Die Linie von der »Urkatastrophe des 20. Jahrhunderts«, dem Kriegsausbruch 1914, über die bürgerliche Ratlosigkeit in der Weimarer Republik bis zu Hitlers Helfern wird präzise gezogen und aus der Zeit heraus erklärt. Eine unverzichtbare Lektüre für das Verständnis des vergangenen Jahrhunderts.

Ferdinand Seibt, geboren 1927 in Böhmen, emeritierter Professor an der Ruhr-Universität Bochum. Zahlreiche Veröffentlichungen zu verschiedenen Themen der europäischen Geschichte, insbesondere zwei Biographien über Kaiser Karl IV. und Karl V.

Ferdinand Seibt
Das alte böse Lied

Rückblicke auf die deutsche Geschichte 1900 bis 1945

Piper München Zürich

Von Ferdinand Seibt liegt in der Serie Piper außerdem vor:
Deutschland und die Tschechen (1632)

Den Enkeln
Veronika, Sebastian und Sophia

Ungekürzte Taschenbuchausgabe
November 2001

Umschlag: Büro Hamburg
Isabel Bünermann, Meike Teubner
Foto Umschlagvorderseite: Marianne Nebendahl
Foto Umschlagrückseite: Collegium Carolinum e.V.
Satz: Dr. Ulrich Mihr GmbH, Tübingen
Druck und Bindung: Clausen & Bosse, Leck
Printed in Germany ISBN 3-492-23457-7

Die alten, bösen Lieder,
Die Träume schlimm und arg,
Die laßt uns jetzt begraben,
Holt einen großen Sarg.

(...)

Wißt Ihr, warum der Sarg wohl
So groß und schwer mag sein?
Ich legt auch meine Liebe
Und meinen Schmerz hinein.

Heinrich Heine

Inhalt

Prolog von den Großvätern

Drei Generationen lang erzählt man für gewöhnlich von großen Ereignissen, auch wenn man nicht dabei gewesen ist. Großväter, Söhne und Enkel haben teil an solchen Berichten, Großmütter vermitteln sie ihren Kindeskindern. Dabei knüpft der Generationenkonflikt eine Verbindung über die mittlere, die aktive Generation hinweg. Gespräche zwischen Enkeln und Großeltern sind mitunter gedeihlicher, als die zwischen Eltern und Kindern. In einer solchen Rolle werden hier die Großväter angesprochen. Die Väter haben auf ihre Weise seinerzeit mit Macht gegen ihre Großväter opponiert als die Jungen, die Freien, die Weltverbesserer. Nun sind sie selber zu Großvätern geworden und im Rückblick der Enkel erscheinen sie weit eher als die Verirrten, Verführten, Verstockten. Nur sollten sie, als Generation, nicht auch die Verfluchten sein. Aber: Lassen sich Generationen so einfach definieren?

Beim Rückblick auf die erste Hälfte unseres Jahrhunderts fällt die Antwort leicht: Es sind die beiden großen Kriege, die den steten Fluß von Geburt und Tod unterbrochen und Zäsuren gesetzt haben wie kaum je in der Geschichte. Nicht allein, weil sie in 25jährigem Abstand gewaltige Lücken rissen in die Alterspyramide, weil sie jeweils Millionen junger Männer töteten; sondern auch, weil diese Kriege Millionen Männer vier oder sechs Jahre lang von Frauen trennten und damit das selbstverständliche nebeneinander von Sterben und Zeugen unterbrachen. Dabei lösten die beiden Kriege im Generationenabstand nicht nur deutliche Intervalle aus in der Bevölkerungsentwicklung. Sie prägten während dieser Intervalle auch jeweils neue gesellschaftliche Formen. Kaiserreich und Republik, Diktatur und Ruinendeutschland gaben den Epochen vor oder nach den Kriegen jeweils ein ganz unterschiedliches Gesicht. Die gutbürgerliche Welt mit aristokratischer Oberschicht war 1918 untergegangen und hatte eine deklassierte, inflationsgeschädigte Gesellschaft zurückgelassen. Jahrelang kämpften in dieser ersten deutschen Republik die »Jungen« gegen die »Alten«. Spartakus, Freikorps, Stahlhelm, DKP und NSDAP, die »Radikalen« links und rechts kamen gemeinsam aus der Kriegsgeneration, und einige jüngere Jahrgänge schlossen sich ihnen an. Die »Roten« und die »Braunen« in Österreich kämpften den gleichen generationsbetonten Kampf. Schließlich siegten die »Braunen« auf der allen verständlichen Basis von Nationalismus und Judenhaß, so daß sich die Mehrheit in Deutschland wie in Österreich fast widerstandslos als »Volksgenossen« in neue Kleider hüllen ließ – in Braunhemden.

Großväter und Väter blieben verbunden durch gemeinsame Jahre, nur sahen die einen die Zeit mit jungen Augen und die anderen mit alten. So haben sie denn miteinander unser Jahrhundert in seinen Lauf gewiesen, gesteuert, gedrängt, begleitet oder treiben lassen bis 1945, bis zum tiefsten Punkt in unserer Geschichte. Besonders von den deutschen Vätern und Großvätern soll hier gesprochen werden, jedoch auch von den österreichischen und den tschechischen, von den jüdischen, polnischen, ungarischen und oft von der Großvätergeneration insgesamt, von Großvätern in Mitteleuropa, die am nächsten beieinander lebten; die ihre Gegenwart gemeinsam hatten, und deren Gedanken nicht nur befangen waren von trennenden politischen Systemen. Von ihren gemeinsamen Hoffnungen und Enttäuschungen ist zu reden, von ihren Leistungen, aber auch von ihren schrecklichen Taten. Von den europäischen Großvätern, die seit dem Anfang dieses Jahrhunderts in einem zuvor unbekannten Maß ihr politisches Bewußtsein um die ganze Welt gespannt hatten, so daß sie schließlich auch einen bis dahin unerhörten »Weltkrieg« führten. Entsprechend bemühten sich diese Großväter danach zum ersten Mal in der Geschichte um einen »Weltfrieden«. Und von den Vätern ist zu reden, die diesen Ersten Weltfrieden dann auch wieder verspielten.

Dieser Erste Weltfriede – man müßte ihn geradeso mit einem Großbuchstaben schreiben wie eben den Ersten Weltkrieg – wies die Geschichte der Welt tatsächlich in eine neue Richtung. Er beendete die Vorherrschaft Europas. Er beendete aber auch die Vorherrschaft der Monarchen in Mitteleuropa, die sich als Kaiser und Könige über ihre Völker gestellt hatten, und ihrer mythisch legitimierten Dynastien. Der Erste Weltkrieg ist in vielen Büchern dargestellt worden, in seinem militärischen Verlauf wie in seinen politischen Konsequenzen. Der amerikanische Diplomat George F. Kennan hat ihn die »Urkatastrophe unseres Jahrhunderts« genannt. Das volle Ausmaß der Umwälzungen aber, die dieser Krieg und sein Frieden schließlich auslösten, scheint mir damit noch zu wenig ans Licht gerückt. Dieser Frieden besiegelte nicht nur das Ende der Weltherrschaft der Europäer, sondern auch das Ende der Gesellschaftsordnung im alten Europa. Man hatte diese Ordnung im späteren 19. Jahrhundert immer wieder für morsch, für überlebt, für reform- oder gar für revolutionsbedürftig erklärt und doch dabei ihre Lebenskraft unterschätzt. Nun war sie einer militärischen Niederlage der sogenannten Mittelmächte zum Opfer gefallen.

Die alte Welt, die vor dem Krieg manchen morsch erschien, galt nachher vielen als heil. Was auch immer hinter dem Spiegel steckte, in dem man sich noch 1913 als Deutscher oder Österreicher, als kaiserlicher Untertan, als braver Staatsbürger oder verantwortungsbewußter Kritiker eben dieser deutschen oder österreichischen Monarchie betrachten konnte: Dieser Spiegel war nun zerbrochen. Es war auch der Spiegel von Theodor Fontane und von Karl Kraus, von Ludwig Thoma und von Arthur Schnitzler. Es war der Spiegel von T. G. Masaryk und von Józef Pilsudski. Ein neuer Spiegel von gleicher Art war nicht bei der Hand. Die großen Sünden während des Kriegs betrafen vornehmlich die veraltete militärische Strategie, die ihrer eigenen Technik nicht gewachsen war. Die Sünden unserer Großväter während des Friedens rührten dagegen aus ihrer politischen Unfähigkeit, neue taugliche Ordnungsbilder zu finden und sich als bewußte Demokraten darin einzubinden.

Aber nicht allein die Politik und ihre Ereignisse, ihre Kabinette und Koalitionen, dutzendmal scharfsinnig und detailliert dargestellt, machen die deutsche oder die europäische Geschichte aus nach der treffend so benannten Urkatastrophe dieses Jahrhunderts. Die Enttäuschten und Getäuschten sahen sich vielmehr in einer neuen und wirren Welt, in der die Besiegten ihre Schuld nicht begriffen, während die Sieger in ihrem Triumph die Verantwortung für alle aus den Augen verloren hatten. Jeder Satz, der aus dieser Welt heute zu uns kommt, trägt für unsere Ohren einen falschen Zungenschlag; jede Einzelheit läßt sich mit dem Rückblick für das Ganze widerlegen. Aber wie lassen sich die Sünden der Großväter verständlich machen? Wie sollen wir ihre längst hinterlassenen Memoiren mit unseren Augen lesen? Wie sollen wir ihre Ratlosigkeit begreifen, die, hundertmal zwischen Kaiserreich und Republik in ihren Erinnerungen aufscheint? Wie sollen wir begreifen, wie sie ihre rabiaten Zeitgenossen nicht zu zügeln und nicht zu überzeugen wußten und schließlich auch noch selber mit ihnen liefen?

Unsere moderne Demokratie ist auf Meinungen und Urteile gebaut, auf Sand und auf etwas festeren Grund, und beides wandert im Fluß der Zeiten wie Brechts Steine am Grunde der Moldau. Letztlich hat jeder Mensch sein eigenes Geschichtsbild, wie er ja auch seine eigene Geschichte hat. Wenn wir einander näher kommen wollen, müssen wir uns die Geschichte des anderen und seine Urteile anhören. Deshalb muß sich unsere Gegenwart immer wieder ihre Geschichte erzählen. Sie beginnt bei den Großvätern. Sie beginnt da, wo wir Enkel noch jemanden haben erzählen hören, der dabei war.

Die Geschichtswissenschaft hat aus Akten und Zahlen, aus Statistik und Memoiren, aus den Zeitungen von ehedem und sachkundigen Stellungnahmen von heute, aus ihren Quellen also, gerade diese fünfzig Jahre besonders bearbeitet; mit einem für andere Zeiten unerhörten Fleiß und Eifer wurde eine Fülle von Büchern und Essays hervorgebracht über die erste Hälfte unseres Jahrhunderts, und man kann sagen, daß damit die Großväter schon hinlänglich gerettet worden seien, gerettet vor dem Vergessen jedenfalls, und die Sünden der Väter gesühnt.

Natürlich ist auch dieses Buch nicht ohne Akten und Fakten geschrieben, aber es bezieht sein Anliegen nicht daher. Es will auch nicht mit neuen Mutmaßungen überbrücken, was die bisher bekannten Auskünfte noch offen ließen. Es will eher aus dieser Not eine Tugend machen: Das Buch sucht nach Formen und Farben in einem großen Zusammenhang, der viele Fäden verbindet, deren Verflochtenheit bisher kaum oder noch gar nicht beachtet worden ist. Dabei taucht die alte Frage nach dem roten Faden der Weltgeschichte auf. Immer wieder behaupten Historiker, ihn in Händen zu halten und folgen dabei doch nur den Ereignissen im zeitlichen Verlauf, wiewohl man weiß, daß der rote Faden der Weltgeschichte nicht einfach im Kalender zu finden ist. Deshalb schildert das Buch die Zeit der Väter und Großväter wie ein Erzähler, wenn er die Lesefrüchte aus hundert Büchern und sein Nachdenken aus fünf Jahrzehnten zusammenträgt.

Er will auf mehreren Ebenen zeigen, wie unseren Großvätern, vornehmlich den deutschen und österreichischen, aber auch den Großvätern in anderen Ländern Europas, die Orientierung verlorenging. 1917 prophezeite Oswald Spengler den Untergang des Abendlands. 1930 befürchtete Ortega y Gasset den Aufstand der Massen. Die politische, die gedankliche, die selbstbewußte und selbstkritische Richtschnur des Handelns kam abhanden in jener Welt unserer Großväter, und zu diesem Verlust schien gerade auch die Unwissenheit von den Ursachen zu gehören. Es begann damals schon ein Prozeß, den wir heute sehr modisch als Globalisierung bezeichnen. Das Netz von Ursachen und Folgen dehnt sich seither vor aller Augen um unseren Erdball, eine dichtere Weltgeschichte entfaltete sich, doch viele Großväter auf der westlichen Halbinsel des eurasischen Kontinents hatten das gar nicht bemerkt.

Das republikanische Denken, international und allen Demokraten in der Welt zugedacht, überwand das nationale Mißtrauen nicht. So kennzeichnet eine eigentümliche Entscheidungslosigkeit jene großväterliche deutsche Welt, noch erst wenig berührt von der Mitsprache von Frauen, und die Labilität hielt an, als die Monarchie, die bis zuletzt diesen Schwebezustand verdeckt hatte, unterging und dem eigenen Nachdenken keine Hilfe mehr lieh. Die Großväter in den neuen ostmitteleuropäischen Republiken, im Baltikum, in Polen und vornehmlich in der Tschechoslowakei hatten, soweit sie Esten, Letten,

Litauer, Polen oder Tschechen waren, mit der Kraft des Neubeginns allerdings republikanische Energie genug. Aber die nationale Schranke verwehrte es auch ihnen, daraus Kraft für ganz Europa zu schöpfen, geschweige denn für ihre unmittelbaren Nachbarn. Die kleine Republik Österreich, ringsum beschuldigter Rest eines übernationalen Großreichs, fand weder die Kraft, zu ihrer historischen Tradition zu stehen, noch die innere Stabilität für die neue politische Lebensform.

Bei den Vätern ging währenddessen eine fatale Neugier um. Sie gab sich als Generationenkonflikt, als Protest gegen die Alten und lieh besonders solchen Dramatikern, Malern, Dichtern Auge und Ohr, die »alles in Frage stellten«. Am Ende mündete diese Gegenwartskritik in die Suche nach Alternativen, und Unerhörtes war dabei nicht mehr ein Grundübel an sich. Aus dieser Krise wuchs die Katastrophe, die auf einmal Mächtige hilflos zeigte, Kluge ratlos. Das Buch macht in einzelnen Stationen diesen Vorgang begreiflich.

Freilich hat auch dieses Buch nicht die wahre Ursache des Ersten Weltkriegs entdeckt; auch nicht den Beweis für Hitlers unmittelbare Teilnahme an den Vernichtungsaktionen. Aber es ist hoffentlich imstande, in die Atmosphäre einzuführen, die das eine wie das andere möglich machte und dazu die vielen ferner Beteiligten in ihren Absichten und in ihrer Teilhabe in Erinnerung zu bringen. Es geht um die Offenheit eines jeden Schritts, die das Buch zu zeigen versucht, es geht dabei auch um die Stolperschritte. Es will das Dasein der Zeitgenossen, der Großväter und Großmütter herauslösen aus dem Zwangskorsett der Retrospektive. Es will sie befreien von der Besserwisserei der Nachlebenden. Es sucht, immer wieder Gegenwartshorizonte aufzubauen, Querschnitte durch die Jahrzehnte, und es versucht dabei, immer wieder nicht nur die Haupt- und Staatsaktionen zu erfassen, sondern Gegenwartshorizonte, Rundumdarstellungen wenigstens zu skizzieren, und der Leser ist aufgefordert, mitzuzeichnen.

Wir stehen nun am Ende jenes 20. Jahrhunderts, dessen erster Hälfte das Buch gewidmet ist. Da wird dann freilich die scheinbar so klare Antwort wieder fragwürdig, wer denn die Großväter seien, die man durch Einsicht in ihre Daseinsbedingungen retten müßte, und wer die Väter. Geht es nicht auch um die heutigen Großväter, die in den fünfziger Jahren Zuflucht zu einem neuen Europa suchten? Geht es nicht um die 68er, in Ost und West durchaus unterschiedlich aktiv und heute die Macher unserer eigenen Gegenwart, mit denen ein neues Generationengespräch geführt werden müßte? Man könnte es meinen, wenn die politische Diskussion bei uns und anderswo in Europa nicht auch noch am Ende dieses Jahrhunderts immer wieder zurückführte in seine Mitte: Walser und Bubis, Auschwitz und Theresienstadt, Oradour und Dresden, Lidice und Aussig sind auch nach zwei, drei Generationen noch immer imstande, die neuesten, die aktuellsten Ereignisse zu übertönen: Die Deutschen kehren tatsächlich noch immer zur Diskussion über die Großväter von 1914 und 1939 zurück, wohl deshalb, weil ihnen die Fakten eingebrannt bleiben.

Von Vätern und Großvätern

Geradewegs vor hundert Jahren

Man kann zunächst einmal davon ausgehen, daß dieses 20. Jahrhundert mit einem bescheidenen Wohlstand begann, nach jahrelangen Depressionen, nach Hungerjahren und Epidemien, mit den Verheißungen von Medizin, Chemie und Technik. Es sollte fortan besser werden, dank Kunstdünger, Aspirin und Elektromotoren. Nicht alles, was da entdeckt und erfunden worden ist, ließ sich gleich nach seinem Nutzen einordnen. Aber die Menschen überfiel förmlich eine Kaskade von Neuerungen: Auto, Telegraphie, Radio, Röntgen, Galalith, der erste Kunststoff. Vor den Augen unserer Großväter, Großmütter auch, öffneten sich um 1900 allerorten Restaurants und Cafés, wurden Straßen und auch Plätze breiter, wuchsen nicht nur Mietskasernen in die Höhe, die vielgeschmähten, sondern auch neue Bürgerwohnungen mit Licht und Glanz, mehrten sich nicht nur, wie hundert Jahre früher, die überzähligen Bauernkinder ohne Land und ohne Lebensbasis und die Armen in den Städten, deretwegen der Begriff »Proletarier« aus der römischen Geschichte in unser Vokabular einging. Karl Marx rief 1848 dieses Proletariat zur Revolution auf, denn es habe nichts zu verlieren als seine Ketten, und die bürgerliche Gesellschaft hatte Angst vor ihm. Aber die vielen Fabriken hatten die »Proletarier« allmählich aufgesogen, und da waren sie schon keine »Proletarier« mehr, sondern Fabrikarbeiter und suchten einen Platz bei den Kleinbürgern. Marx hatte den Untergang des Handwerks vorhergesagt, weil es mit den Dampfmaschinen nicht konkurrieren könne. Aber Siemens konstruierte eine billige Variante des Elektromotors, und auf einmal drang die

Maschinenkraft durch bis zum handwerklichen Kleinbetrieb. Fabrikarbeiter lebten zunächst oft miserabel, aber staatliche Politik hatte ihnen schließlich geholfen und gab ihnen eine Grundlage sozialer Sicherung; Renten, Krankenkassen, Krankenhäuser – alles das, was bisher nur die bürgerliche Daseinsvorsorge aus Besitz und Sparsamkeit finanzieren konnte. Seit der Mitte der neunziger Jahre machte die Lohnpolitik der Unternehmer ein Arbeiterdasein auf niederem Niveau möglich, mit und ohne Gewerkschaften, deren sich einige zu ihrem Schutz gebildet hatten.

Es gab inzwischen auch schon einen Luxus des Mittelstands, wie er zuvor nur den gehobenen Ständen vorbehalten war. Die alten Häuser weisen es noch heute aus, soweit sie ihr Jahrhundert, unser Jahrhundert, mit Bomben und Granaten nicht wieder aufgefressen hat. Man legte Parks an und eröffnete Schulen, Blinden-, Heil- und Pflegeanstalten in jedem Verwaltungsbezirk, mit großen Fenstern, Licht, Hygiene und allgemeiner Wohlfahrt. Die Philantropie hatte sich weit verbreitet, untermischt mit Volksaufklärung. Vereine wurden gegründet, »Wanderlehrer« angestellt und Volkshochschulen eröffnet, und für die allgemeine Humanität war man so empfänglich, daß auch Platz war für ihre Karikatur, für »Humanitätsduselei« und für »Kathedersozialismus«. Zumindest hier bei uns, für die Großväter in Zentraleuropa. Die alten Ideen des Liberalismus bildeten politische Parteien aus, und weil Liberalismus alles heißen kann und auch nichts, blieben die liberalen Parteien eigentümlich farblos. Die liberalen Proteste gegen den absoluten Staat hatten die Menschen bewegt. Die liberalen Parteien, nun selber aufgerufen, Programme und Reformen ins politische Geschäft zu bringen, wurden zum Sammelbecken zugleich sehr kluger und sehr einfallsloser Köpfe.

Profilierter zeigten sich da die »Schwarzen«, nämlich die in Deutschland seit der Revolution von 1848 ihres Zusammenhalts bewußten Katholiken. 1870 gründeten sie die Zentrumspartei, eigentlich zum Schutz als Minderheit im preußischen Staat gedacht, doch bald eine stabile Kraft in der preußischen wie in der deutschen Politik, während in Österreich die etwas jüngeren katholischen Christlichsozialen, gar seit der Einführung des allgemeinen Wahlrechts 1907 im Wiener Parlament, dem Reichsrat, die erste Rolle spielten.

Die Sozialdemokraten, 1863 gegründet und fortan als »die Roten« bewundert und verschrien, wuchsen unaufhaltsam von Wahl zu Wahl und hatten seit 1898 den höchsten Stimmenanteil im deutschen Reichstag. Einiger und stärker denn je schien in Europa die Bewegung der Arbeiter bei steigendem Wohlstand bestrebt, als Gleiche unter Gleichen und bei auskömmlichen Bedingungen zu leben. Seit 1889 gab es auch in Österreich Sozialdemokraten. 1900 wurde in England eine Arbeiterpartei gegründet, die später Labour Party heißen wird. Die Internationale Arbeiterassoziation von 1864, aufgelöst und wiederbegründet, konnte 1900 ein gemeinsames Büro in Brüssel errichten. Das war die erste politische Organisation, die nationale Grenzen überschritt.

Von den übernationalen Zusammenschlüssen der europäischen Staaten erwarteten die deutschen wie die österreichischen Großväter manche heilsame Veränderung in der Gesellschaft. Übernational war eine interessante Gegenkraft zum nationalen Denken, schwächer, ganz ohne Zweifel, aber zäh, zukunftsbewußt. Ein Refugium der Intellektuellen. So wuchs die Idee vom Roten Kreuz in aller Welt, auf dem verlassenen Schlachtfeld von Solferino 1859 einst ausgedacht von einem Schweizer Kaufmann, und in Genf wie in Den Haag formierten sich die Schwerpunkte allgemeiner Menschlichkeit zu Paragraphen, der friedlichen wie vornehmlich der kriegerischen Ordnung zugedacht. Die Idee eines allgemeinen Friedens, niemals erloschen, breitete sich aus von Frankreich bis Rußland, und nicht ohne Sarkasmus ist zu konstatieren, daß man zumindest einen humanen Krieg künftig nicht mehr ausschloß. 1899 gab es dafür die erste Konferenz in Den Haag, die eine Regelung für Krieg und Frieden zu Lande erließ. 26 Staaten traten bei, nach russischer Anregung. Und der oben schon erwähnte Schweizer Kaufmann Henri Dunant, der die Idee von einem Internationalen Roten Kreuz verfochten hatte, bekam 1901 den Friedensnobelpreis. Fortan prämierte man jährlich einen solchen Preisträger, keinen Gelehrten, keinen Dichter, sondern einfach einen Menschen, der sich besonders und besonders erfolgreich eingesetzt hatte für den Frieden. Europa war einig in seiner Humanitätspolitik – allerdings in seiner Kolonialpolitik auch. Einen Aufstand in China bekämpfte 1900 ein Expeditionskorps von allen europäischen Großmächten. Die Welt schien fest in der Hand des Weißen Mannes, nicht nur in Europa. Denn jenseits des Atlantiks wuchs die neue Industriemacht Amerika, mit neuen Rohstofflagern, Steinkohle und Eisenerz, mit neuen Industrien, mit neuen leistungsbereiten Arbeitskräften voll vom Elan der Einwanderer – den Roten Mann hatte man von seinen Jagdgründen vertrieben und in unfruchtbare Wüsteneien verscheucht.

Die Kinderarbeit wurde überall in Mitteleuropa aufgehoben oder eingeschränkt. Oder sie wurde doch wenigstens unter gesetzliche Aufsicht gestellt. Frauenarbeit wurde hier und da erlaubt, dort geregelt, es gab Bestimmungen für beides und staatliche Inspektionen in den Fabriken. Das Elend der Heimarbeiter war freilich noch immer schlimm. Zwar gab es keine Weber mehr. Das Drama der schlesischen Textilproduktion vor dem Einsatz der Maschinen war zu Ende. Hauptmanns theatralische Darstellung, 1893 von der Zensur verboten, 1895 erlaubt, schilderte Verhältnisse von 1845 und rüttelte das Publikum sozusagen mit einem historischen Rückblick auf. Immerhin eine konkrete Folge hatte das Stück: Der Kaiser kündigte sein Theater-Abonnement. Aber die Not der Glasbläser, Holzschnitzer und Porzellanmaler, die in ihrer Heimarbeit noch keine Fabrikkonkurrenz kannten und doch für's blanke Überleben arbeiteten, fand noch lange kein Ende. Einen Dichter fanden sie freilich nicht. Die junge Generation machte vielfach ein Ende und zog davon, ins aufstrebende Ruhrgebiet, nach Sachsen, nach Berlin, nach Hamburg oder nach Wien. Die großen Städte boten Hoffnungen.

Frauen stellten Forderungen und wollten ebenfalls ausgebildet werden, Schulen besuchen, studieren. In England kämpften sie um das Wahlrecht, das ihnen schließlich erst 1928 zugestanden werden sollte, zehn Jahre später als in Deutschland oder Österreich. In diesen beiden Ländern wurde um die Jahrhundertwende die akademische Frauenbildung zugelassen, wurden Mädchengymnasien gegründet und Studiengenehmigungen erteilt. Es gab Kunstakademien für Frauen, und in der Literatur waren sie anerkannt, aber seltener anzutreffen als ihre männlichen Kollegen. In der »guten Gesellschaft«, mit und ohne Salons, war ihre repräsentative Rolle kaum zu überbieten. Hier hatten Frauen, auf alten Wegen, aber mit bis dahin unbekannter Wirkung, wohl den bis dahin höchsten Einfluß erreicht, sozusagen den Gipfel in der urbanen Welt der Großbürger und Aristokraten. Und sie drängten auch voran zu neuen Lebensformen in Mode und Wohnkultur. Die »große Welt« fuhr ins Bad, und die kleinere entdeckte immerhin die Sommerfrische an der Côte d'Azur, im Wallis, in den Berner Alpen und in Oberbayern, an der Ostsee und im Süden Englands. »Herrlichen Zeiten führe ich Euch entgegen« – ein später vielbelachtes Wort Kaiser Wilhelms II.; verlacht nicht weil es Lüge war, sondern weil die Zukunft es Lügen strafte.

Die großen Städte wurden zu einem neuen Ambiente mit ihren Bauten, ihren Straßen, ihren Menschenmassen und ihrem Verkehr. Elektrozüge im Untergrund gaben den Großstadtbewohnern fast die Illusion, gleichzeitig überall zu sein. Man konnte außerdem auch mitreden, ohne dabei zu sein, durch Telephon, Rohrpost und Telegraph. Das hätte sich noch ein, zwei Generationen zuvor niemand ausgemalt. Man kam nicht mit zwei Pferden vor der Kutsche, sondern im »Selbstbeweger«, dem »Auto-mobil«, der Benzinkutsche ohne Vorspann, oder man bediente sich des unterirdischen Bahnverkehrs, wie in Paris, London und in Berlin, fuhr über Dämme und auf Brükken, wie in Wien und in Chikago, bewegte sich jedenfalls im Eilzugtempo durch die ganze Stadt. Das war nicht müdes »Fin de siècle«, nicht eine Welt, die sich gerade noch einmal amüsierte vor der Katastrophe, wie mancher Rückblick uns glauben machen will; es war auch eine Welt in hellen Farben, freundlichen Offerten für alles Lebende, in einladenden Verheißungen nach dem Ruß und Dreck der letzten Generationen. Zwar gab es viele Zweifel am Herkömmlichen. Aber nur wenig Zweifel am allgemeinen und sichtbaren Fortschritt. Man hatte sich durchgerungen, man hatte aus Kohle, Stahl und Feuer eine bessere Zeit erbaut, der Fortschritt hatte, wie es schien, in ruhigem Gang dem Proletariat die Ketten abgenommen. Die Sozialdemokraten aller Länder verbrüderten sich im Geist des Revisionismus statt der Revolution und sahen einen hellen Weg zur allgemeinen Gleichberechtigung und zum bürgerlichen Wohlstand. Und im übrigen hielten die intellektuellen Franzosen fest am Geist der Revolution, was das auch immer heißen sollte, die Italiener pflegten doppelgleisig den Geist der Moderne und den Respekt vor der Antike, die Deutschen entwickelten ihren Kulturprotestantismus, das heißt ihr Überlegenheitsgefühl aus Religion und Politik, weil sie die Welt reformiert hatten, nicht revoltiert, wie ihre Nachbarn jenseits des Rheins. Damit konnten sie sowohl liberal als auch konservativ sein und bei allem an den Fortschritt glauben, nicht nur an Luther. Die Österreicher nahmen teil an allem. Das Wien der Jahrhundertwende war seiner Zeit in Kunst und Musik geradewegs voraus.

Ein ganzes Bündel solcher Nachrichten und Beobachtungen läßt sich sammeln, um zu erklären, was unsere Großväter um 1900, vor hundert Jahren, dachten, lasen, hofften. Das 20. Jahrhundert sollte ein Jahrhundert des Kindes sein, sagten die Psychologen, eine neue akademische Zunft, und andere sagten, auch ein Jahrhundert der Frauen. Die soziale Gefahr schien gebannt, soweit man sie noch in Erinnerung hatte, die Angst, die dem Menschen freilich nie ausgeht, suchte nach neuen Bildern, aber selbst die gelbe Gefahr, um 1900 noch bekämpft, war fern in China kaum noch so zu nennen. In Japan lief das ungeheuerliche Experiment der ersten autochthonen, selbstgewählten Europäisierung einer fremden Hochkultur, und seit 1896 lief die Olympische Fackel um die Welt, freilich nur um die »Welt« der Weißen.

Das ist die helle Seite vom Anfang des Jahrhunderts, die man nun noch mit den Entwürfen der Kunst garnieren könnte. Die Sonne des van Gogh, wenn auch aus Leid geboren, Gauguins Südseeparadies, wenn auch kurzlebig, Knut Hamsuns Träume, obzwar aus Hungerjahren, und Malte Laurids Brigge, wiewohl der Sehnsucht abgetrotzt und abgeschrieben, liefen durch die Köpfe wie die großen Im- und Expressionen in den Galerien. Manches war die totale Alternative, die Urutopie, war als die pure Verneinung aller europäischen Geschichte und vielleicht deshalb als Kontrast nicht unwillkommen. Der Mensch schien an der Schwelle des Unerhörten angelangt – und seit kurzem konnte er auch fliegen. Selbst die Katastrophe der »Titanic« galt nicht, wie man manchmal rückblickend denkt, als Menetekel, sondern umgekehrt als Heldentat. Die Bänkelsänger lobten: »... dem Tode nah, tapfer und mutig stehn alle da!«

Man kann nicht gut verstehen, warum die Rückschau die ersten 15 Jahre des neuen Jahrhunderts oft mit Pessimismus untermalt und auch verkürzt als bloße »Vorkriegszeit«. Nicht, daß es damals keinen Pessimismus gegeben hätte. Besonders in intellektuellen Köpfen, vor denen sich der Himmel über dem alten Abendland bewölkte: Liberalismus, Modernismus, Materialismus beeinträchtigten das alte Weltbild. Pius X. sah die neuen Strömungen mit Sorge, und seit 1910 schworen jährlich alle Pfarrer einen »Antimodernisteneid«. Aber Nietzsche sagte »Gott ist tot«, und als Nietzsche tot war, zum Anbruch des neuen Jahrhunderts, lebten seine Schriften erst richtig auf. Dazu hallten vielen Wagners Opern von Götterdämmerung und Heldentod in den Ohren. Aber das war Spiel, war Philosophie, was fast dasselbe galt, und war Musik, wie sie die Bohème hundertmal geübt und überwunden hatte, wo doch der Fortschritt in der Wirklichkeit zu greifen war, und zwar mit Händen aller Klassen.

Dazu der Mythos von Amerika, der American dream, nicht nur das ungehemmte Glück für alle, die da kamen, reich zu werden an Weizenfeldern, Büffelherden, Ölquellen, nein, jetzt auch der Weg im Sog der rasanten Industralisierung vom Tellerwäscher bis zum Millionär – das gab den Köpfen noch einmal ein Bewußtsein von dem Land der unbegrenzten Möglichkeiten, auch von den ungenutzten, wie der Sozialtrost einer Lotterie. Man muß nur spielen.

Bis 1893 galt in den USA das Recht der freien Landnahme. Bis dahin suchten jährlich Hunderttausende aus Deutschland nach Lebensmöglichkeiten in der Neuen Welt, fast eine Viertelmillion war es im Jahr 1881. Seit 1894 verebbte der Strom. Fortan suchten den Weg viel eher osteuropäische Juden, Polen, Italiener. Die Zahl der deutschen Immigranten sank mit einem Schlag. Das heißt doch wohl, daß seit dieser Zeit bei uns das Leben wieder lockte, Arbeitsplätze geboten wurden, daß die Reallöhne stiegen und daß der Aufbruch im sozialen Fortschritt vielen Besseres verhieß, als in der Neuen Welt ihr Glück zu suchen.

Die Industrieproduktion stieg seit 1895 in ganz Europa. Und Deutschland rückte dabei an die Spitze. Die Warnungen, die Erinnerungen, die Anklagen ließen sich damals noch einfach unterdrücken: Es gab eine Zensur für Literatur und Theater, wenn sie auch locker und zu umgehen war. Die Kritik wurde zudem desavouiert und übertönt durch den unaufhaltsamen technischen und den immer wieder neu einsetzenden sozialen Aufschwung in Europa. Die Weltausstellung in Paris um die Jahrhundertwende zählte in einem Jahr 51 Millionen Besucher!

Die konservativen Großväter

Daß die konservativen Großväter in der Überzahl waren vor hundert Jahren, das ist wohl allein schon nach den Wahlergebnissen der konservativen Parteien im Deutschen Reichstag nicht richtig. Ihre Stimmenzahl stieg 1878 gerade auf ein Viertel und sank danach fast unaufhörlich bis unter die Hälfte davon. Aber sie gaben den Ton an, den guten Ton. »General Dr. von Staat« hat damals ein Satiriker als das männliche deutsche Ideal zusammengestellt: Offizier, Akademiker, Adel und dann eben noch den Staat dazu, der sich eigentlich nicht personifizieren ließ, aber den seine Vertreter personifizierten. Kein Leviathan, kein Moloch, sondern etwas, das alle erhob. Staatsbeamter zu sein, in staatlichem Auftrag zu handeln, vom Staat bezahlt zu sein galt mehr als Garantie der Zuverlässigkeit. Die staatliche Redlichkeit klang überein mit dem Glockenspiel der Potsdamer Garnisonskirche, und Korruption von Beamten war wirklich nur selten zu hören.

Nun lassen sich Eliten immer karikieren, und wahrscheinlich wäre auch ein Franzose um 1900 gern General und Doktor gewesen, Aristokrat und ein Vertreter des Staates obendrein. Nur gab es in Frankreich auch noch einen Bürgerstolz. Der fehlt in der deutschen Karikatur. Man kann die Erklärung in den

Geschichtsbüchern finden. Man kann sie aber auch als Tourist entdecken, wenn man einmal durch die alten und reichen Bürgerstädte Frankreichs geht, durch Toulouse und Lyon, ebenso wie durch Gent und Brüssel, durch Turin und Genua und natürlich auch durch Paris und Amsterdam: die deutschen »Bürgerstädte« sind zum guten Teil im Dreißigjährigen Krieg zerstört, das Bürgertum ruiniert worden. Sieht man von Köln und Frankfurt ab, die am Ende preußisch wurden, dann bleiben überhaupt nur mehr die drei Stadtrepubliken an der Küste übrig, Hamburg, Bremen und Lübeck, die sich wirtschaftlich wie politisch behaupteten. Die Dürftigkeit des alten deutschen Bürgertums offenbart sich erst im europäischen Vergleich. Vom Atlantikhandel abgeschlossen, von Feind und Freund in ihrer Wirtschaftskraft gestört, behindert und keineswegs gefördert, flohen die deutschen Bürger in die Arme der politisch potenten deutschen Landesfürsten, Preußen voran, und wurden von Stadtbürgern zu Staatsbürgern. Das hat ihre wirtschaftliche Lage kaum gehoben. Aber es hat ihr bürgerliches Selbstbewußtsein sterben lassen, eingehen lassen in Staatsbewußtsein, und daher orientierte sich auch das neue deutsche Bürgertum, das die Industrialisierung erschuf, mit ihr aufstieg und bald die mächtigste Schicht der deutschen Wirtschaft stellte, nicht mehr an bürgerlichen Idealen. Aus Bürgern wurden Dichterfürsten oder Schlotbarone. Das Bürgertum entlieh seine Ideale dem Adel. Nur die Hanseaten blieben bei ihrem Stolz, nahmen keine Orden an, jene Erfindung von Souveränen, sondern zeichneten ihresgleichen mit dem Portugaleser aus, einer dicken Goldmünze, die man ebenso an der Kette tragen konnte wie zur Bank.

Konservativ hieß zu Zeiten unserer Großväter, alte Werte bewahren. Diese Werte selbst sind nicht so genau definiert. Damals wie heute.

Die erste und wichtigste ökonomische Verbindung der Konservativen war die zur Landwirtschaft. Stadt und Land steckten seit dem Mittelalter in einer freundlichen Gegensätzlichkeit ihrer Interessen, weil der eine das Getreide billig haben wollte und dafür den Barchent teuer verkaufen, und der andere wollte den Handel auf dem Bauernmarkt gerade umgekehrt. Dieser uralte Gegensatz von Agrarproduktion und Gewerbe, Dorf und Stadt, verschob sich mit den billigen Getreideimporten aus Übersee und dem steigenden Bedarf an Industriegütern gegen Ende des 19. Jahrhunderts ganz zu Ungunsten der bäuerlichen Wirtschaft. Die heimische Zuckerindustrie schützte zwar sich selbst, aber das generell für Agrarprodukte ungünstige Gefälle konnte sie nicht ausgleichen.

So gab es seit den siebziger Jahren in Deutschland wie in Österreich Bauernvereine, die sich zu politischen Parteien formierten. 1900 wurde in Deutschland ein »Zentralverband der Bauernvereine« gegründet, mit Rücksicht auf die vielschichtigen Anliegen der kleinen und mittleren Bauern, und schon 1893 war ein »Bund der Landwirte« entstanden, der vornehmlich den ostelbischen Großgrundbesitzern diente und zugleich die bäuerliche Lebensform zur Ideologie und Basis der Nation erhob. In Österreich entstand die »Partei des Verfassungstreuen Grundbesitzes«. Konservativ waren sie alle in ihrem politischen und gesellschaftlichen Votum, die großen wie die kleinen Bauern. Immerhin lebte und arbeitete ein Drittel der deutschen Bevölkerung auf dem Land, und noch größer war der Anteil im alten Österreich-Ungarn. Nur die industrialisierten Kronländer Böhmen und Mähren erreichten den deutschen Durchschnitt mit zwei Dritteln Beschäftigter in Industrie und Gewerbe, im städtischen Bereich also. Die konservativen Bauernverbände waren hier entsprechend schwächer und außerdem nach nationalen Zugehörigkeiten gespalten. Im politischen Gremium des Deutschen Reichstags wie im österreichischen Reichsrat hatte dieser agrarische Konservatismus nirgends Mehrheiten. Aber im preußischen Landtag mit seinem Dreiklassenwahlrecht hatte er eben deshalb das Übergewicht. Und das deutsche Kaiserreich bestand nun einmal zu zwei Dritteln aus Preußen. Ein ähnliches politisches Gewicht, in seiner Wirkung nicht einfach vom Parteienspiegel abzulesen, bildeten die adeligen wie die neureichen Grundbesitzer auch in der alten österreichischen Monarchie, und stärker noch im Königreich Ungarn.

Konservativ votierte natürlich auch ein guter Teil des Besitzbürgertums, nicht nur großen, sondern auch mittleren Formats einschließlich staatlich besoldeter Akademiker, soweit sie nicht dem beweglichen bis unsteten liberalen Element zuschworen. Das verkörperte die eigentliche bürgerliche Schwäche, denn die Liberalen hätten die besondere Bürgerpartei bilden sollen. Zentrum, Christlichsoziale, mitunter auch die Sozialdemokraten zehrten vom bürgerlichen Wählerpotential und die Liberalen – die deutschen wie die österreichischen – vermochten keine attraktiven Gegenmodelle auszubilden. In Deutschland außerdem noch fasziniert, gelähmt oder zumindest überspielt vom großen politischen Erfolg der deutschen Einigung, die das liberale Denken um 1848 gegen die fürstliche Vielstaatlichkeit so stark gemacht hatte, hier wie in Österreich dann im »Kulturkampf« deutscher Prägung oder in antikirchlicher Politik österreichischer Schulmänner oder Journalisten engagiert, entfaltete der Liberalismus in Mitteleuropa sein Profil vornehmlich in Abwehr und Gegenhaltung. Bürgerfreiheit und Rechtsstaatlichkeit im westlichen, individualistischen Sinn und in der Offensive gegen den kollektiven Nationalismus wie gegen den Staat lag ihm ferner. Geradesowenig setzte sich liberales Denken im Berliner Reichstag oder im Wiener Reichsrat durch: Kanzler und Ministerpräsidenten mit ihren Kabinetten ernannte und unterstützte jeweils der Monarch, auch wenn in jedem Land die Rücksicht auf parlamentarische Stellungnahmen zu der oder jener Person in der Regierung die Verhältnisse schon nahe an parlamentarische Voten heranrückte. Ein »liberaler Mann« zu sein, nach einer überall bekannten Redensart, war eigentlich nur eine Umschreibung von Offenheit. Es gab für eine wirklich liberale Intention keine Partei.

So blieb die Stärke des Liberalismus vornehmlich auf die parlamentarische Debatte gerichtet, nicht auf die parlamentarische Macht. Das kollektive Selbstgefühl, auch derer, die man gar nicht der konservativen Seite zurechnen kann, kam aus dem Erlebnis ihrer jüngsten Gegenwart: dem militärischen Sieg gegen Frankreich, der politisch gelungenen deutschen Einigung, dem sichtbaren technischen Fortschritt und dem fühlbaren Wohlstand. Selbst der Schreinermeister August Bebel, der kluge und erfolgreiche Führer der Sozialdemokraten, reüssierte schließlich als Fabrikant von Tür- und Fensterrahmen und lebte in der Schweiz, ohne daß seine Partei, die Partei der sozialen

Veränderung, wenn nicht der Revolution, an seinem Weg vom Arbeiterführer zum Unternehmer Anstoß nahm.

Den österreichischen Bürgern fehlte ein solches Bewußtsein. Seit die Türken besiegt und zurückgedrängt waren, fehlte überhaupt eine allgemein verständliche österreichische Staatsidee. Die Staatsräson beruhte nur mehr auf dem Erbrecht der Dynastie, ein Recht, das wiederum der deutschen Kaiserkrone auf dem Haupt des Königs von Preußen fehlte. Allenfalls den individuellen wirtschaftlichen Erfolg erlebte auch das österreichische Bürgertum. Auf politischem Feld blieb es dagegen bedrückt vom Mißerfolg der staatlichen Reformversuche, an denen sich ein Kabinett nach dem andern in den Jahrzehnten um die Jahrhundertwende verschliß. In seinen Kriegen hatte Österreich seit Napoleon keine Siege mehr davongetragen. So war das Bürgertum in Deutschland, eingebettet in die staatliche Erfolgsgeschichte, auch weitaus staatshöriger als das österreichische. Und wie fest der Staat zumindest in Deutschland in der bürgerlichen Öffentlichkeit Gehorsam fand, das demonstrierte 1906 der Schuster Wilhelm Voigt, als er in einer Hauptmannsuniform eine Gruppe Soldaten auf der Straße seinem Befehl unterstellte, den Bürgermeister von Köpenick verhaftete und die Gemeindekasse requirierte. In einer Droschke fuhr er davon. Ganz Deutschland lachte, sogar der Kaiser amüsierte sich und kommentierte: »Da kann man sehen, was Disziplin heißt. Kein Volk der Erde macht uns das nach.« Noch genauer traf der Held der Affäre aber danach die Verhältnisse, als er sich freiwillig stellte: »So 'ne Uniform, die macht det meiste janz von alleene.«

Natürlich war das konservative Element im deutschen Geistesleben auch intellektueller tätig als sein Günstling von Köpenick. So könnte der konservative Großvater etwa die »Geschichte der deutschen Dichtung« gelesen haben von Georg Gottfried Gervinus, die »das Männliche« pries von den althochdeutschen Anfängen an und deshalb Schiller hochschätzte, aber Goethe nicht. Er könnte Heinrich von Treitschkes »Geschichte des 19. Jahrhunderts« gelesen haben, die nur bis 1848 reichte, aber dabei den preußischen Staat als den Retter Deutschlands seit dem Westfälischen Frieden erscheinen ließ, sehr auf Kosten

Österreichs. Oder er las beim »Rembrandt-Deutschen«, der eigentlich Langbehn hieß, daß am deutschen Wesen die Welt genesen werde. Er fand dazu nicht viel Gegenmeinungen innerhalb der Literatur. Der bayerische Nationalismus versuchte seit 1806 in einer großen, der preußischen vergleichbaren Leistung die Einschmelzung unterschiedlicher »Stämme« zur »bayerischen Nation«. Dazu nutzte er die Historiographie, die Medien der Meinungsbildung, dokumentierte sich in Staatsbauten ebenso wie im Schulbuch. Doch seit 1848 war diese Linie zunehmend dem deutschen Nationaldenken gewichen, besonders in seinen nördlichen, den fränkisch-protestantischen Regionen, und dann seit 1870 weitgehend erlegen. Der konservative Großvater wäre also immer wieder dem deutschen Denken begegnet, in das alles preußische Denken eingeflossen war, und sein österreichischer Vetter hätte trotz der Niederlage von 1866 zugestimmt. Österreich entwickelte kein eigenes Selbstbewußtsein außerhalb der monarchischen Idee. Die Erfolge seines stehenden Heeres beschränkten sich auf glänzende Paraden und eine tatsächlich mitreißende Militärmusik auf hohem Niveau, die Erfolge seines »sitzenden Heeres«, der Beamten, blieben unbelobt, obwohl die Rechtsstaatlichkeit und das Schulwesen vorbildlich gewesen sind auch über die Existenz der Monarchie hinaus. Sie fanden zu ihrer Zeit kaum fachgerechtes Lob und vor allem: so gar keine Anerkennung in der Öffentlichkeit.

Deutschland lenkte seine Monarchisten auf die preußische Monarchie, wiewohl die Ansicht nicht ausstarb, daß die eigentlichen und »angestammten« Monarchen die jeweils bayerischen, württembergischen, sächsischen oder hannoveranischen seien. Bekanntlich war das deutsche Reich nach seiner Rechtskonstruktion nicht von der Volkssouveränität getragen, sondern es bestand aus einem »Fürstenbund«, der diese Souveränität verkörperte, und drei Stadtrepubliken. Selbst der Monarchismus trat aber zurück hinter den Nationalismus. Das machte die konservative Haltung doppeldeutig. Es näherte sie der Volksmeinung an, nahm ihr den elitären Royalismus. Denn war auch der deutsche Kaiser nicht »echt«, als König von Preußen war er der erfolgreichste.

Die christlichen Großväter

So gut wie alle Großväter waren christlich, die Großmütter noch mehr. Natürlich galt der Taufschein schon lange nicht mehr als Entrébillett für die bürgerliche Gesellschaft, wie das noch Heinrich Heine um 1830 formulierte. Aber Lehrer, Professoren am Gymnasium waren – jedenfalls nach außen – christlich. Allenfalls hielt man fest an einem nationalbewußten »Kulturprotestantismus«, denn der »vaterländische Geist« war in allen Richtungen hochgeschrieben, der Tag von Sedan war Schulfeiertag und die alte Burschenherrlichkeit mit ihrem für uns heute peinlichen Gehabe begleitete doch manchen Gymnasiallehrer lebenslang.

Gesellschaftsmoral und Staatsgesinnung standen gewiß nicht immer im Zeichen des Kreuzes, aber doch unter dem Vorzeichen. Auch hatte es schon seit Jahrzehnten besondere Vereinigungen für christliche Politik gegeben oder für christliche Wirksamkeit in der Welt überhaupt. Mitunter hatten solche Vereinigungen peinliche klerikale Prüfungen und Wartezeiten zu überstehen, wie die deutsche Görres-Gesellschaft, eine Vereinigung deutscher katholischer Hochschullehrer, die erst nach Jahrzehnten das römische Mißtrauen überwand. Die evangelischen Vereinigungen waren freier, aber auch stärker in das Staatsgefüge eingebunden: bis 1918 war nun eben ein jeder deutscher Monarch an der Spitze seiner evangelischen Landeskirche der »Summus Episcopus«, der Höchstbischof im Sinne der lutherischen Definition. Das galt überall in den deutschen Landen, in Preußen, in Baden, in Sachsen wie in Hessen. Ein bißchen komplizierter war eine solche Verbindung bei katholischen Monarchen mit evangelischen Untertanen, wie etwa in Sachsen und in Bayern, aber das ließ sich überwinden. Schwer zu überwinden war in dieser Hinsicht der Sturz der Monarchien 1918; und die evangelischen Christen in Deutschland ließen danach viel deutlicher die politische Orientierungslosigkeit sehen als die katholischen, während es darum ging, sich mit Hitler auseinanderzusetzen. Für sie war seit Generationen der Landesfürst auch der Kirchenherr, sei es der König von Preußen, Sachsen oder Württemberg, der Großherzog von Baden oder Mecklenburg, von Lippe oder von Hessen-Darmstadt. Allein die drei Hansestädte, die alle Irrungen und Wirrungen bis 1918 mit ihren republikanischen Verfassungen seit dem Mittelalter überstanden hatten, Hamburg, Bremen und das einst führende Lübeck, überdauerten auch mit ihrer Kirchenordnung unter der Herrschaft ihrer städtischen Senate. Alle anderen deutschen protestantischen Kirchen stürzten zunächst einmal ohne ihre Fürstenhäuser in den Zwang zu neuen Ordnungen in politischer, letztlich demokratischer Selbständigkeit.

Sie bildeten auch, namentlich im protestantischen Preußen seit 1918 auf sich selbst gestellt, zudem noch gespalten in Lutheraner und Kalvinisten nach ihren Glaubensbekenntnissen und ihrer Organisation, von sich aus keine besondere politische Kraft in der Parteienlandschaft der Ersten Deutschen Republik. Am ehesten waren sie nationalkonservativ und suchten Zuflucht in entsprechenden Parteien, aber nicht zuviel Zuflucht, denn Politik war ein schmutziges Geschäft und nur die Untertanentreue war ein sauberes politisches Bekenntnis. Fast war es so, als hätte man alle diese Landeskirchen geköpft. Der Weg in die politische Selbständigkeit war mühsam. Politisches Profil vermittelte er nicht – abgesehen, wie gesagt, von den drei Hansestädten, deren politisches Christentum zwar die Stürme der Zeit bestehen mußte, aber nicht so ganz ihre Ratlosigkeit.

Die Katholiken hatten einen vergleichbaren Zusammenbruch nicht erlebt. Sie hatten ihren Monarchien noch nie bis zum letzten vertraut. Ihr Herr in kirchenpolitischer Hinsicht war schließlich der Papst in Rom, und nur dessen Autorisierung machte einen Monarchen ganz unverdächtig. Mit dem preußisch-deutschen hatte man sich immer wieder einmal angelegt. In alten Zeiten, im Streit um die Kindererziehung in konfessionellen Mischehen, wurden gar der Kölner und der Gnesener Erzbischof, damals auch preußische Untertanen, zu preußischer Festungshaft verurteilt. Das war 1837. Und im »Kulturkampf« von 1876 waren in Preußen gar alle katholischen Bischöfe verhaftet oder ausgewiesen, weil der Staat die Unabhängigkeit und Machtposition der katholischen Kirche in Preußen nicht so recht respektieren wollte. Also gab es auch widerstandsbereite katholische Untertanen. Es war Staatsautorität, die der Eiserne Kanzler gegen die katholischen Untertanen Preußens praktizierte, und er tat das mit dem Beifall der preußischen Liberalen, die der katholischen Kirche ihrerseits eine Niederlage gönnten – eine merkwürdige Allianz, die das christliche Leben und die preußische Loyalität von Preußens Katholiken in den siebziger Jahren natürlich beeinflußte. Um die Jahrhundertwende war das auf keiner Seite so ganz vergessen.

Also waren die katholischen Großväter in Preußen schon früh dazu herausgefordert, sich politisch zusammenzuschließen und dem Staat gegenüber zu behaupten. Das heißt dann freilich, daß sie auf ihre Weise auch politische Selbständigkeit praktizieren lernten, von Köln bis nach Breslau, und damit die zugehörige politische Orientierung, zu der die bayerischen Katholiken von ihren katholischen Wittelsbachern nicht herausgefordert worden waren. Der bayerische Katholizismus geriet unter diesen Umständen weitaus königstreuer als der preußische.

Die Katholiken gründeten unter diesem Zwang zur Selbstverteidigung den Spielregeln des preußischen Landtages gemäß die älteste Partei in der deutschen Geschichte, und wenn man einen Wechsel im Namen und die überkonfessionelle Ausweitung dabei gelten ließe, dann war es auch die langlebigste. Aber darüber kann man streiten. Die CDU und die bayerische CSU von 1945 waren in vieler Hinsicht Neugründungen. Beide blieben bis heute die einzigen überkonfessionellen christlichen Parteien in der Welt.

Das katholische Zentrum, das schon 1852 entstand, war benannt nach der Mittelposition in der parlamentarischen Sitzordnung, immer wieder einmal bemüht, auch die evangelische Konfession anzuziehen, und breit ausgedehnt wie eine richtige Volkspartei nach der linken wie nach der rechten sozialen Szenerie: vom westfälischen Gutsherrenadel über das freisinnige Bürgertum am Rhein und in Schlesien bis zur aufkeimenden Arbeiterbewegung an Ruhr und Oder. Aber es war und blieb eine katholische Partei. Dieses Zentrum war bis zu seinem Untergang im Juli 1933 in der parlamentarischen Szenerie Preußens, danach des neugegründeten Reiches von 1871 und schließlich der Ersten deutschen Republik, alles andere als ein

Duckmäuser. Und es wurde die einzige Partei mit einer gewissen Geschlossenheit für den christlichen Großvater: Seit 1878 war es im alten deutschen Reichstag die stärkste Partei, bis es schließlich nach der Jahrhundertwende von den Sozialdemokraten überholt wurde, aber auch dann noch blieb es die stabilste Partei mit einer erstaunlichen Konsistenz in ihrem Wählerpotential. Zwar trennten sich dann die bayerischen Katholiken in einer eigenen Parteiorganisation mit föderalistischen Ambitionen vom Zentrum, aber beide Parteien zusammen waren unentbehrlich für jede deutsche Regierungsbildung in der ersten deutschen Republik von 1918 an, bis sie Hitler erlagen.

Das sind gar nicht so schlechte Noten für den christlichen Großvater, soweit er in Deutschland wohnte. Wir müssen dabei bedenken, daß es feste »Heimaten« oder »Herkunftsgebiete« gab im alten Deutschland. Bis zur Jahrhundertwende verbrachten etwa ein Drittel der Menschen noch dort ihr Leben, wo sie auf die Welt gekommen waren. Es gab eine räumliche Stabilität für die Großväter und Großmütter, die heutzutage nur noch ein paar Prozent der Enkel genießen. Diese Stabilität, ein Lebensweg in der engeren »Heimat«, war für unsere Großväter aber immer deutlich konfessionell bestimmt. Daran denkt man heute kaum, wenn man den Lebensweg Martin Heideggers aus dem katholischen Breisgau, in dem er sich auch lebenslang bewegte, vergleicht mit dem Lebensweg seines Philosophenfreundes Karl Jaspers aus dem protestantischen Oldenburg. In den letzten dreihundert Jahren war, die alten Reichsstädte ausgenommen, die deutsche Bevölkerung nicht etwa nur nach ihren Mundarten und »Stämmen« getrennt und blieb so auch in den meisten Fällen in der Unbeweglichkeit der vorindustriellen Welt; noch heute glaubt man oft, die Herkunft eines Deutschen seiner Sprache abzuhören. Was man nicht hört, ist die konfessionelle Herkunft. Aber gerade die war nach dem Reichsgesetz von 1555, dem berühmten Augsburger Religionsfrieden, auch konfessionell bestimmt. Die Religion der Bewohner richtete sich immer nach der Konfession des Landesherren. Seit 1806, seit der Auflösung des Alten Reiches, entsprach das nicht mehr der gesetzlichen Wirklichkeit. Und im Lauf des letzten Jahrhunderts wurde man tolerant, hielt einen Papisten nicht mehr für einen Teufelsanbeter und einen Lutheraner nicht mehr für einen Ketzer. So durften auch die einen dahin und die anderen dorthin umziehen. Aber die Konfessionsgrenzen blieben noch immer mehr oder minder stabil und auch wirksam, sie entsprachen der geringen Mobilität gerade in industriefernen bäuerlichen oder kleinbürgerlichen Schichten, und sie wurden obendrein auch noch festgehalten durch die Warnungen der einen wie der anderen Konfession vor konfessionellen Mischehen. Man kann nicht reden über unsere Großväter um die Jahrhundertwende ohne eine solche Bemerkung über ihren regionalen Konfessionalismus. Ein wenig der in Deutschland verbreiteten Abneigung gegenüber den Großstädten, insbesondere Berlin, hing auch mit dem konfessionellen »Meltingpot« zusammen, den man hier fürchtete.

Weder Frankreich noch England noch Italien oder Skandinavien kannten solche Probleme in der konfessionellen Geographie, von Spanien oder Polen ganz zu schweigen. Die Deutschen sind nicht nur eine »verspätete Nation«; sie sind auch eine konfessionell gespaltene Nation. Das erstere ist nicht ganz richtig; das zweite wird kaum je ins Spiel gebracht. Wir wollen es beim Nachdenken über die christlichen Großväter nicht vergessen. Es geht in diesem Zusammenhang tatsächlich um ein besonderes deutsches Problem, das keine andere Nation kennt – mit Ausnahme der konfessionellen Vielfalt in der Neuen Welt. In Deutschland bestimmten konfessionelle Grenzen das Weltbild von Großvater und Großmutter am Biertisch und im Kaffeekränzchen, und in Oberschwaben dachte und lebte man nun eben katholisch, in Württemberg war man gut lutherisch, wiewohl man schwäbisch schwätzte hier und dort. Da gab es »Fremdheiten«, die erst der letzte Krieg mit seinen Flüchtlings- und Umsiedlerströmen auflöste. Seit 1945 hat Deutschland eine Bevölkerung in konfessioneller Vielfalt, fast gleichermaßen in Schleswig wie in Niederbayern. Deshalb genügt es auch nicht, von einem industriellen und einem vorindustriellen Deutschland zu sprechen – auch die konfessionelle und die nachkonfessionelle Situation will erwogen sein.

Eine der Konsequenzen steckt also in der politischen Formierung der Katholiken im fremdkonfessionellen Preußen. Preußen und Bayern haben unter allen alten deutschen Ländern zu

Urgroßvaters Zeiten die meisten territorialen Erwerbungen gemacht: meist ging es um deutsche Gebiete – vom polnischen Westpreußen und Süddänemark abgesehen – aber oft ging es nicht um die gleiche Konfession. Die Preußen annektierten katholische, die Bayern großenteils protestantische Gebiete. Die gesamte Mischung wurde aber mit der Reichsgründung von 1871 unter einen Hut, eine Kaiserkrone gebracht. Dazu kam, daß die meisten deutschen Großstädte um die Jahrhundertwende im protestantischen Raum lagen, weniger an Rhein und Ruhr, am Mittelrhein und im Königreich Sachsen. Berlin und Hamburg überragten alles. München erreichte erst um die Jahrhundertwende die Hunderttausendergrenze. »Großstadtkultur« war vornehmlich protestantisch.

Im berühmten »Kulturkampf« zwischen dem neuen deutschen Staat und den deutschen Katholiken lenkte Bismarck bekanntlich am Ende ein. Das Mißtrauen blieb. Es war noch nach dem Krieg 1918 lebendig und das Zentrum, die katholische Volkspartei mit starkem Zulauf in den noch immer ziemlich abgegrenzten katholischen Gebieten, galt auch nach 1918 in der sogenannten Weimarer Republik unter anderem als eine Interessenpartei zur Verteidigung der katholischen Minderheit neben allen anderen Stellungnahmen, zum Beispiel auch der Steuergerechtigkeit, die wir einer Einkommensteuerreform des Zentrumspolitikers Matthias Erzberger verdanken. Zwar sank das Zentrum in den Wahlen nach dem Krieg ein Stück ab, aber es stellte doch die zweite Kraft im Staat. Und es hielt beständig seine Stimmenzahl, anders als die Sozialdemokraten in den nächsten Jahren. Das Zentrum blieb bis zum Ende der Republik, auch noch bei der letzten freien Wahl am 5. März 1933, ungefähr bei seiner Stärke, gemeinsam mit seiner Schwester, der Bayerischen Volkspartei. Keine andere Partei der Weimarer Republik ist ihm darin vergleichbar. Das Zentrum war auch die einzige politische Kraft, die in allen Regierungen der Ersten Deutschen Republik vertreten war, wie sie auch immer koalierten. Es war also, nach seinen Wahlergebnissen wie nach seinem Durchsetzungsvermögen, die einzige stabile Partei der Weimarer Republik. Man darf suchen, wo das in den vielen Büchern über Weimar, das so anders gewesen sei als Bonn, auch gesagt wird.

Der katholische Großvater war nicht ganz so schlapp, wie ihn das nationalkonservative und nationalsozialistische Geschichtsbild machten und wie es heute noch in Schulbüchern steht. Hätten ihn nur seine klerikalen Führer nicht im Stich gelassen! Der evangelische Großvater war, wie gesagt, in der Politik viel eher unbehaust, auch pflegte er stärker das angeblich urdeutsche Goethezitat vom garstigen Lied der Politik. »Deutsch« – das ist eben vieles Verschiedene nebeneinander, und der Föderalismus ist dabei nur eine dieser Facetten. Jedenfalls war der evangelische Großvater weit eher staatstreu, soweit er sich nicht auf völlig neue gedankliche Abenteuer einließ: Die moderne Theologie, angeführt durch Albert Schweitzer oder Karl Barth in völlig neuen Interpretationen der biblischen Botschaft, hatte auch ein neues Verhältnis des Christen zur Politik nach sich gezogen, einschließlich einer neuen Deutung des Römerbriefes, der Luther einst zu seinem Aufbruch bewogen hatte. Aber wieviele evangelische Kirchenbesucher lasen Karl Barth oder Albert Schweitzer?

Die roten Großväter

Der Ruf der Staatsfeindschaft umgibt sie noch heute. Und sie zählten doch in Wahrheit und in ihrer Menge zu den treuesten Preußen, Sachsen, Bayern, Deutschen, Österreichern, die roten Großväter! Den »schwarzen« Großvätern hat man eine solche Fama nicht zugedacht, wiewohl sie im Ultramontanismusstreit weit deutlicher in Loyalitätskonflikte gerieten. Aber die roten Großväter störten das bürgerliche Ordnungsdenken nachhaltiger und auf schlimmere Art. Sie blieben sitzen im Deutschen Reichstag, wenn das »Hoch« auf Kaiser Wihelm II. ausgebracht wurde!

Die Wurzeln ihrer Gedanken liegen sowohl bei Karl Marx als auch bei Ferdinand Lassalle. Der erstere hatte ihnen ein breites, für sie freilich nur schwer verständliches und außerdem unvollendetes Werk hinterlassen, an dem die Gelehrten noch heute kauen. Der zweite war früh einem Duell erlegen. Sehen wir ab von dem aufgeschlossenen Wuppertaler Unternehmer Friedrich Engels, dann hat die bürgerliche Gesellschaft die roten Großväter so ziemlich im Stich gelassen – nicht aber die bürgerlichen Frauen. Die sahen nämlich eine enge Verbindung zu ihren eigenen Anliegen. Die Frauenbewegung kam gegen Ende des 19. Jahrhunderts auf verschiedenen Wegen in der sich formierenden deutschen politischen Landschaft voran. Der breiteste war wohl in der sozialen Bewegung für sie bereitet. August Bebels »Die Frau und der Sozialismus« zählte von 1879 bis 1929 zu den politischen Bestsellern und erreichte sechzig Auflagen.

Im übrigen suchten sich die roten Großväter selber zu helfen. Der 1840 geborene Drechslermeister August Bebel ist das beste Beispiel dafür. Er lernte die Schriften der Sozialtheoretiker zu lesen und mit ihnen zu argumentieren. Er fand seine geistige Heimat in der Bewegung, die den Proletariern zugedacht war, und doch die zünftigen Handwerker seines Schlages vielfach zu ihren Wortführern zählte, zu ihren Offizieren und Unteroffizieren, wie Marx sagte. Bebel wurde ihr General; der zwanzig Jahre ältere Journalist Wilhelm Liebknecht war sein wichtigster Helfer und seit 1890 Chefredakteur des »Vorwärts«. Lesen und diskutieren lernen galt als das wichtigste Erfordernis, wollte man mit den Bürgerlichen mithalten. Die Reichsgründung von 1871 war eine durchaus erwünschte Entwicklung. Erstens ließ sie sich mit Marxens Theorie vom notwendigen Gang der Dinge bis zur proletarischen Revolution vereinbaren, zweitens fand sie auch hier ihr Echo im Nationalbewußtsein der »vaterlandslosen Gesellen«. Und überdies brachte sie das allgemeine Wahlrecht. August Bebel, schon vorher gemeinsam mit Liebknecht im Reichstag des Norddeutschen Bundes, wurde 1874 Reichstagsabgeordneter. Er selbst hat danach die deutsche Sozialdemokratie in den entscheidenden Wendungen ihrer Entwicklung auf den »revisionistischen« Weg geführt, nicht auf den revolutionären. Aber die Überzeugung vom grundlegenden Wandel der Gesellschaft hat ihn dabei ebenso geleitet wie seine Genossen.

Gesinnungstreue war nicht die einzige Voraussetzung für die Zugehörigkeit zu dem 1863 gegründeten Arbeiterverein des Sozialpolitikers Ferdinand Lassalle wie zu der 1869 gegründeten sozialdemokratischen Partei, der August Bebel vorstand.

Eine zweite Voraussetzung war die sozialistische Bildung, und so band die Bewegung ihre Anhänger in gedankliche Verpflichtungen ein, in eine persönliche Entwicklung, die ihnen mehr oder weniger von den sozialistischenTheorien zugänglich machen sollte. Sie sollten sich weiterbilden, sie wollten und sollten lernen, viele Jahre nach der Schulzeit. Das führte zu persönlicher geistiger Aktivität, zu einer nur ihnen eigenen Entfaltung, aus der sie Selbstbewußtsein schöpfen konnten. Eine solche Reifung der Persönlichkeit hatte bisher nur das Christentum von seinen Gläubigen verlangt, von seinen aktiven, um Vollkommenheit ringenden, aber die war auf das Jenseits gerichtet. Die Sozialisten suchten neue Ziele im Diesseits, ein wenig mit dem überheblichen Spott Heines, der den Himmel den Engeln und den Spatzen überlassen wollte. Und doch baute ihre Überzeugung auf ein »Jenseits«: ein Jenseits in der Erwartung der großen Veränderung, der »befreiten« sozialistischen Gesellschaft. In der Hoffnung auf eine Utopie, die der ganzen Gesellschaft zugedacht war, aber besonders doch ihnen. Die unmittelbare Aktivität dafür schuf zugleich auch eine innere Hierarchisierung der Gesinnungsfreunde wie in der Schule und wie an Universitäten auch. Nicht jeder konnte es gleich weit bringen. Die neue Ordnung galt zuerst in den eigenen Reihen. Sie war aufgebaut auf intellektuelle Kriterien in vielfacher Facettierung: die Überlegenheit des Lesens, des Diskutierens, der Überzeugungsarbeit, die Tausenden Versammlungsrunden ihre Struktur gab und manchem Proletarierdasein ein neues Profil. Überdies bot die Vereins- und Parteikarriere besondere berufliche Aufstiegschancen, und die latente bis manifeste gesellschaftliche Verfemung stählte sie.

Die Genossen lasen Marx, Engels und Lassalle, sie gründeten Arbeiterbildungsvereine, sie lasen den »Vorwärts« – aber sie anerkannten das Bürgertum weit mehr, als Marx oder auch Lassalle das jemals für zulässig gehalten hatten. Da spielte die Bildung wie die soziale Position eine wesentliche Rolle, und das letztere war vielleicht noch wichtiger als die Theorien von gesellschaftlichen Veränderungen über eine nicht näher zu definierende Wandlung oder über eine Revolution. Auch hatten sie stets den Erfolg ihrer eigenen Partei als Hoffnungsträger vor

Augen: Im März 1871, bei der ersten Reichstagswahl, erreichten die Sozialdemokraten trotz des allgemeinen Wahlrechts für alle Männer im neuen deutschen Kaiserreich zunächst einmal nicht viel mehr als drei Prozent der Stimmen. Liberale, Zentrum und Konservative bildeten die drei großen Stimmblöcke. 1912, bei der 13. und letzten Reichstagswahl im Rahmen der alten Reichsverfassung, waren daraus beinahe 35 Prozent geworden, und die Sozialdemokraten stellten damit die stärkste Fraktion im Reichstag. Wer sollte da nicht auf eine friedliche Veränderung der Dinge hoffen anstelle der auch für viele rote Großväter unheimlichen Revolution, die man immer wieder nur mit dem Chaos von 1789 oder mit der Pariser Commune von 1871 identifizierte? Die naheliegende deutsche Revolution von 1848 trat zurück: Wilhelm Liebknecht hatte sie als Achtundzwanzigjähriger mitgemacht. Aber sie hatte kaum Arbeiterforderungen vertreten, weil es noch kaum Arbeiter im Sinn der Industrialisierung gab. 1848 war eher eine Bewegung für die nationale Einheit, und die war erreicht, preußisch erreicht, von oben her, durch Bismarck. Seither hofften viele darauf, eine »Revolution von oben« könnte die chaotische, blutige Revolution »von unten« ersetzen. Darin war man sich auch mit bürgerlichen Historikern einig, die es für ein deutsches Charakteristikum in der Weltgeschichte hielten, Revolutionen zu ersetzen durch Reformationen, so wie Luther ohne Aufstand und Blut die alten Kirchenverhältnisse umgewälzt hatte. Deshalb begleitete den scheinbar so erfolgreichen Weg der Sozialdemokraten auch immer ein gesellschaftspolitisches Dilemma: Wie konnte man Revolution in aller Ordnung machen?

Das war nicht das einzige Dilemma, dem sie standhalten mußten. In ein anderes brachte sie ihr Verhältnis zu Kirche und Christentum. Sie hatten das nicht provoziert. Es ergab sich aus den philosophischen Hintergründen der Theorien von Marx, und es ergriff allmählich diejenigen Genossen, die tiefer in seine Schriften eingedrungen waren. Aber es war mit der Bewegung verbunden, beinahe wurde es zu ihrer Verkörperung, kaum, daß sie das Dasein ihrer Anhänger lenkte, ihre Erwartungen, ihre Zuordnung zur Partei. Besonders natürlich in all den Köpfen, die der seit 1887 stürmisch wachsenden Partei als Funktionäre dienten. Nur die Sozialdemokratie zeigte eine solche Dynamik in ihren Wahlerfolgen, von drei auf 35 Prozent der deutschen Wählerstimmen, nur sie verband damit auch ein besonderes Verständnis des siegreichen Trotzes, nur sie verhieß, mit der gehörigen Gloriole in ihrer Selbstdarstellung, den Aufstieg für ihre Träger wie für alle Anhänger – eine Entwicklung, die in unserer politischen Gegenwart mit ihren weithin stabilen Wahlkonstellationen keiner der großen Parteien eigen ist.

Das gab den roten Großvätern bei aller scheinbaren politischen Ohnmacht den Schwung der Hoffnung. Er wurde verstärkt, weil neben der Partei auch die politisch neutralere, aber wirtschaftlich konkretere Gewerkschaftsbewegung langsam wuchs, so wie auch andere wirtschaftliche Interessenverbände seit dem deutlichen und eindringlichen Konjunkturabschwung der Gründerzeit das neue Wirtschaftswachstum von den achtziger Jahren an mit großen Hoffnungen begleiteten. Die neuen Gewerkschaften hatten in jener Zeit sozialistische, christliche oder auch liberale Vorzeichen: Das allein kennzeichnet ihre Ausrichtung auf wirtschaftliche Interessen. Die sozialdemokratische Partei verhieß mehr als die Gewerkschaften in ihren politischen Zielen, aber sie fand auch größeren Widerstand. Von den »vaterlandslosen Gesellen« bis zum »Lumpenproletariat« reichte die Verachtung für ihre Anhänger.

Die ihrerseits sahen das Ende der bürgerlichen Welt so nahe wie im bürgerlichen Lager nur wenige spontane Propheten. Dabei gründeten ihre Zukunftsahnungen nicht in der Kritik am inneren Widerspruch der bürgerlichen Moral. Es war der äußere Widerspruch, die nationale Machtpolitik, die Dialektik der Geschichte, die August Bebel am 9. November 1911 im Reichstag vor einem künftigen Krieg warnen ließ als vor der »Götterdämmerung der bürgerlichen Welt« (Stürmer 1994, 352). Es war dann auch der große Krieg, der nach sieben Jahren, wiederum am 9. November, den Kaiser zur Abdankung zwang und im Umschwung der Dinge die Sozialdemokraten für kurze Zeit an die Macht führte. Bebel hat das nicht mehr erlebt. In Deutschland wurde ein Sozialdemokrat Reichspräsident, in Österreich Bundeskanzler. Die anderen europäischen Staaten kannten nach dem Krieg keine solchen sozialdemokratischen Karrieren an ihrer Spitze: ein Grund mehr, im Rückblick noch einmal Umsturz und rote Großväter miteinander in Beziehung zu setzen.

Der roten Großväter wegen ist das Wort »Utopie« zur politischen Vokabel geworden. So wertete man in einer Reichstagsdebatte die politischen Vorstellungen der deutschen Sozialdemokratie ab, und das Wort hat sich in dieser Bedeutung einer politischen »Illusion« gehalten bis heute. Man hat dabei erkannt und verkannt zugleich, was die roten Großväter bewegte. Sie hatten das Büchlein des Thomas Morus von der glücklichen Insel Utopia wohl kaum gelesen, in der die Vokabel geboren worden ist. Gleichwohl hatte sich doch der oder jener unter ihnen in literarischer Unschuld um ähnliche Spekulationen bemüht, wie etwa Wilhelm Weitling, der flüchtige Magdeburger Schneidergeselle, in seinem Exil in der Schweiz um die Mitte des 19. Jahrhunderts. Aber hinter allem ihrem politischen Tun tauchte auch ohne ein konkretes weltveränderndes System die Erwartung von sozialer Harmonie auf, die auch Wilhelm Weitling 1842 die Feder führte und die sehr wohl an den englischen Humanisten und Taufpaten aller utopischen Literatur erinnert. Eine solche Hoffnung teilte sich auch den vielen Großvätern mit, die nicht sonderlich in der Partei oder in der Gewerkschaft reüssierten, sondern rechtschaffen ihre Beiträge zahlten und an eine bessere Zukunft glaubten. Weder die schwarzen noch die gelben, nach den »gelben Gewerkschaften« benannt, die liberalen Großväter nämlich, haben wohl ganz verstanden, wieviel soziale Unruhe im Augenblick diese utopische Hoffnung auf die Zukunft vermieden hat in der deutschen Geschichte, ausstrahlend auch in den »Austromarxismus« im alten Österreich und vor allem in dessen hochindustrialisierte böhmische Länder. Eingebettet in diese Hoffnung wurden keine Barrikaden gebaut. In dieser neuen Hoffnung wurde gesungen: »Wenn wir schreiten Seit' an Seit' und die alten Lieder singen …«

Die christlich-sozialen Großväter waren stets begleitet von kirchlichem Mißtrauen, in beiden Konfessionen, und selbst im Zentrum war eine solche Attitüde nicht unbekannt, obwohl hier die ersten sozialen Regungen in »vertrauenswürdigen«, in gutbürgerlichen Händen lagen. Die berühmte »Sozialenzyklika« Papst Leos XIII. von 1891 blieb in ihren Grundzügen eben doch Theorie. Deshalb hatte man vor ihren eigentlich radikalen Definitionen des sozialen Imperativs auch weit weniger Angst im deutschen und im österreichischen Besitzbürgertum als vor den recht ähnlichen Thesen auf sozialistischer Seite. Freilich wollte der Papst nicht die Sozialordnung revolutionieren. Marx wollte es. Aber Sozialismus und »Kapitalismus« – ein Begriff übrigens, den Marx noch nicht verwendete – machte doch erst der Gesellschaftstheoretiker Werner Sombart 1896 und 1902 wissenschaftlich verständlich. Sombart unterschied Früh-, Hoch- und Spätkapitalismus. Das verhalf zu einer Standortdefinition in seiner Entwicklungstheorie. Das ließ alle möglichen Umstände der Entwicklung mitspielen und war greifbarer als die marxistische, sich selbst entfaltende Wirtschaftsdialektik. Werner Sombart war es auch, der die tausendjährige europäische Geschichte zutiefst geprägt sah von wirtschaftlichen Ordnungen, in denen den Auseinandersetzungen zwischen Unternehmern und Arbeitnehmern Schlüsselpositionen zukamen. Das haben wir heute von ihm und von der Diskussion um sein Werk als Selbstverständlichkeit in unserem Bewußtsein, und nicht die Revolutionstheorien von Marx.

Die Nachdenklichen unter den roten Großvätern bewegte freilich weniger die akademische Diskussion um die Thesen Sombarts zur Jahrhundertwende, als vielmehr der sogenannte Revisionismusstreit: Revolution oder Reform? Parlament oder Barrikade? Eduard Bernstein, der 1899 »Voraussetzungen des Sozialismus« schrieb, und Karl Kautsky, ehemals Mitarbeiter von Friedrich Engels, mit seinen »Vorläufern des neueren Sozialismus« 1894/95, hatten unter diesen Vorzeichen ihre Alternativen weit breitenwirksamer dargestellt als der Professor Sombart. Sie spalteten damit die deutsche Sozialdemokratie, und ein Hauch davon ist noch heute zu spüren. In den neunziger Jahren verhalf die Besserung der Lohnverhältnisse den Revisionisten zur Oberhand, und Memoiren wie die der Generalstochter Lily Braun 1909–11, eigentlich ein Schlüssel zum Verständnis mancher weiblicher Dissidenten in gutbürgerlichen Familien, lassen das erkennen. Die größte Verbreitung fand aber seit 1879 das Buch des Parteivorsitzenden August Bebel über Frauen und Sozialismus. Er blieb darin nicht streng bei seinem Thema, sondern verband die Zukunft des Proletariats mit Vergangenheit, Gegenwart und Zukunft der Frau, nach dem Untertitel seines vielgelesenen Buchs von der zweiten Auflage an. Damit schrieb er die erste zusammenhängende marxistische Geschichtsdeutung. Auch Bebel geriet dabei in die Utopie: Seine Auflösung der Entwicklungsgegensätze führt in eine soziale Harmonie, wie sie die sozialistische Bewegung in Mitteleuropa immer wieder in besonderen Varianten vom Revolutionskonzept Lenins trennt, das schließlich in Rußland siegte.

Noch deutlicher vom Klassenkampf distanzierten sich die österreichischen Sozialdemokraten. Die »Austromarxisten« waren von vornherein auf einen Ausgleich zwischen den demokratischen Plänen von Ferdinand Lassalle und Marxens Vision des unvermeidlichen Klassenkampfes bedacht, und auch ihr staatspolitisches Ziel ging in diese Richtung: An die Stelle von Nationalitätenkämpfen in der Habsburger Vielvölkermonarchie suchten sie ein föderales Konzept zu setzen. Doch ihr Nationalitätenkonzept ließ sich in der Vielvölkermonarchie nicht durchsetzen. Das Programm einer gewaltlosen Veränderung der Gesellschaft scheiterte nach dem Krieg ebenfalls in der krisengeschüttelten kleinen Alpenrepublik in wiederholten Arbeiteraufständen. Der rote Großvater kämpfte in Deutschland wie in Österreich vergeblich für die Verbindung sozialer Gerechtigkeit und staatspolitischer Vernunft.

Die jüdischen Großväter

Die Zahl der jüdischen Einwohner lag in Deutschland wahrscheinlich jahrhundertelang immer unter einem Prozent der Bevölkerung. Das entspricht auch allen möglichen Berechnungen mit und ohne Hilfe von Statistik, so gut es geht, auch für das Mittelalter. Ein Prozent ist eigentlich kein Ansatz für Minderheitenprobleme. Es muß mit dieser geringen Zahl jüdischer

Deutscher also eine Menge Ideologie verbunden sein, um sie zu einem Feindbild aufzublasen.

Im alten kaiserlichen Österreich war die Zahl der jüdischen Einwohner etwas größer. Auch war die Reichshauptstadt Wien ein unmittelbares Ziel der Einwanderung von Juden aus Galizien. Das spielte wohl eine Rolle im hauptstädtischen Antisemitismus, der sich in tausenden Köpfen als schlichter Neidkomplex gegen aufstiegswillige und -fähige Zuwanderer zeigte, noch dazu, weil diese Einwanderer zunächst im Kaftan kamen und mit Schläfenlocken. Der preußisch-deutschen Hauptstadt lagen solche Bilder bis 1918 ferner. Das muß man berücksichtigen. Denn als »Gegenspieler« schienen »die Juden« – von Anfang an verteufelt in Hitlers Propaganda – in Deutschland lange Zeit durchaus nicht so sehr das Bild der nationalen oder der christlichen Großväter beeinflußt zu haben wie in Österreich, und von wenigen Ausnahmen abgesehen, wurden sie auch nicht als Weltjudentum oder als Weltverschwörung gebrandmarkt. Die Zahl der Juden in der übrigen »Welt«, soweit sie sich in der Zerstreuung erfassen läßt, lag an der Zehn-Millionen-Grenze. Was war also die Ursache für ihre Ausgrenzung, ihre Überhöhung im Sinne des Unerträglichen? Warum sollte ausgerechnet von der kleinsten Gruppe, die noch dazu über alle Welt verstreut war, aller Welt Gefahr drohen?

Eine solche Gefahr ist unverständlich vor dem »gesunden Menschenverstand«, eine Wortbildung, die uns das »aufgeklärte Zeitalter« vor zweihundert Jahren bescherte. Eine solche Gefahr ist, Vorurteile hin oder her, zunächst einmal unverständlich ohne unsere christlichen Ur- und Urgroßväter. Die Juden waren die längste Zeit in ihren Augen keine unmittelbare Bedrohung, aber ohne Zweifel ein Ärgernis, weil sie doch Christus ermordet hatten. Sie waren unheimlich in ihrer Andersartigkeit, ihrer unverständlichen Sprache, ihrer unleserlichen Schrift, ihrer fremdartigen Erscheinungsweise und besonders in ihrer Religion, denn da waren sie anders und ähnlich zugleich. Das vermittelte jenes Halbwissen, aus dem Ängste aufsteigen, größere als vor dem völlig Fremden. Die Juden personifizierten in vielen Köpfen das Gegenteil von Christentum, die verkehrten Menschen, die eine fremde Sprache gebrauchten oder eine, als seien sie des Deutschen nicht recht mächtig oder entstellten es absichtlich; die von rechts nach links schrieben und den Sonntag mit dem Samstag vertauschten; die sich anders kleideten und die den Hut aufsetzten in ihrem Gotteshaus, statt ihn da abzunehmen; die kein Schweinefleisch aßen; die mit dem perfiden Geld handelten, dessen Verzinsung nach einem bekannten Lutherwort für viele unbegreiflich erschien; die den säumigen Schuldner bedrängten, auch mit Hilfe der Obrigkeit; die sich nach dem biblischen Bericht selbst verflucht hatten. Damit wuchs ihnen nicht über die Wirklichkeit, sondern über die Mutmaßungen und Verirrungen des Aberglaubens, ein Gewicht zu, das zu ihrer kleinen Schar in keinem Verhältnis stand.

Das wird in katholischen Kirchen auch dem unbedarften Besucher deutlich, oder vielleicht besser: vornehmlich dem. Es gab wohl hunderttausend katholischer Kirchen in Deutschland für unsere Großväter, und in jeder war ein sogenannter »Kreuzweg« zu finden, eine Darstellung vom Leidensweg Christi in 14 Stationen nach dem Text der Evangelien. Das ist eine seit dem Spätmittelalter zur frommen Meditation beliebte Bilderfolge. Diese »Kreuzwege«, wenn man ihren Sinn recht versteht, bildeten einen erheblichen Teil der kirchlichen Anregung und Kunstförderung in der katholischen Christenheit, und ihre Existenz ist überdies interessant als Relikt einer biblischen Bildergeschichte, einer Biblia Pauperum: Bibelunterricht durch das Bild für Analphabeten. Nicht die gute Absicht soll bestritten werden, sondern die schlimmen Folgen, oft gerade bei Analphabeten jeder Art.

Natürlich gibt es in dieser Themenfolge künstlerische Höhepunkte, wie, als Druckwerk, die Große und die Kleine Passion aus der Hand Albrecht Dürers oder, in unserer Zeit, den großen Kreuzweg vor der Berliner, den Widerstandsopfern gewidmeten Kirche Regina Martyrum von Otto Herbert Hajek. Und natürlich soll hier kein Ikonoklasmus propagiert oder auch nur angedeutet werden – vielmehr die Einsicht in den abgrundtiefen Mißbrauch und die Mißdeutungen dieser spätmittelalterlichen und noch heute gepflegten bildlichen Meditationshilfe. Denn die herkömmliche Deutung der Darstellung lautet, über die allgemein anerkannte Bezeichnung »Kreuzweg« hinaus: hier wird gezeigt, wie »die Juden Jesus ans Kreuz geschlagen haben«. Diese Deutung wird fragwürdig, wenn man einmal darüber nachdenkt, wie denn auf der gleichen Aussageebene die Antwort wirklich heißen sollte: Hier wird gezeigt, wie »die Römer Christus ans Kreuz geschlagen haben«. Das wird gezeigt, in allen Stationen eines zeitgenössischen römischen Prozeßgangs mit der zugehörigen populären Ausführung vom Verhör bei Pilatus bis zum »finalen« Lanzenstich in Christi Seite anstelle des Beinbrechens.

Was klar zu sehen ist, wird also mit den Augen vieler Gläubigen ganz falsch wahrgenommen: Dem römischen Todesurteil, der römischen Todesart und den römischen Henkern zum Trotz gelten die Juden als die Übeltäter. Zwar sind freilich die Hohenpriester die eigentlichen Gegenspieler Christi; doch zeigen die evangelischen Berichte deutlich die mehr als bekannte Tatsache, daß sich der Prozeß Jesu einschließlich seines Todes im größeren Zusammenhang nicht anders als eine Affäre innerhalb des römischen Machtbereichs ereignete. Denn nicht nur duldeten die Juden keinen Messias im Gewande Jesu, auch die Römer duldeten keinen selbsternannten König in ihrer Provinz.

Die Begegnung Jesu mit Pilatus spielte sich sehr gradlinig ab. Der von den Juden Angeklagte bezeichnete sich zwar als König, aber in einem Reich »nicht von dieser Welt«. Jesus hat an anderer Stelle empfohlen, dem Kaiser zu geben, was des Kaisers ist – dem römischen Kaiser. Damit bekannte er sich selbst als römischer Untertan. Aber zuletzt wurde er doch als »König der Juden«, also nach einem Vergehen nach römischem Recht, ans Kreuz geschlagen. Das war eigentlich sein Todesurteil, das Pilatus, wie man weiß, schriftlich festhalten, ans Kreuz heften und gegen den Wunsch der Hohenpriester auch nicht verändern ließ. Deshalb ist die Aufschrift INRI dem Betrachter von Kreuzwegdarstellungen so bekannt wie der Körper am Kreuz. Es bedarf nicht vieler Worte, daß sich das Leben des verkannten Messias nicht nur als eine jüdische Tragödie erweist, sondern als Justizmord im Getriebe der römischen Administration. Im christlichen Blickpunkt stehen dagegen allein die Juden. Ganz unverhofft, so geht die Redensart, kam »Pontius ins Credo«, als hätte nicht er die Hinrichtung des unbeirrbaren Delinquenten befohlen, wenn auch auf jüdischen Druck. Das Urteil stand in seinem Belieben, denn »er fand keine Schuld an ihm«. Weil Pilatus den nach seiner Meinung Schuldlosen kreuzigen ließ, deshalb gedenkt man seiner im Glaubensbekenntnis. Er beugte sich dabei, das ist biblisch bezeugt, dem Druck der öffentlichen Meinung und der Drohung mit Denunziation in Rom.

Man könnte nicht deutlicher machen, was als Tragödie der Unentschlossenheit, Feigheit und Liebedienerei der Eliten immer wieder über die politische Bühne geht, gerade in unserem Jahrhundert. Wievielmal haben unsere Großväter diesen Pilatus nachgeahmt, wie oft haben sie falsch Beschuldigte ans Kreuz schlagen lassen, nur um weiterhin als »Freunde des Kaisers« zu gelten? Die Bibel berichtet eine der Urtragödien intellektuellen Widerstands. Viele Opfer der politischen Justiz in unserem Jahrhundert wußten nicht, daß sie in der Nachfolge Christi aufs Schafott gingen, und die Verwalter des göttlichen Wortes haben es ihnen weder zu Lebzeiten gesagt noch uns zu ihrem Gedächtnis. Was allein hat nicht die Kirche in der Sowjetunion erlitten! Auch dort wird bis heute verschwiegen, wie viele kleine Passionswege es gab in sieben Jahrzehnten, von Christen wie von Atheisten. Aber die christliche Kirche hier wie dort hat jahrhundertelang der einseitigen Volksdeutung nachgegeben, die den Kreuzweg als Darstellung der jüdischen Missetat verstand und nicht sah, daß sich im Räderwerk der Macht eine zeitlose Tragödie abspielte. Das Gebet am Karfreitag, das aus diesem Zusammenhang um Vergebung für »die perfiden Juden« bittet, hätte man auch dem unentschlossenen Machtträger Pilatus zudenken müssen. »Du hättest keine Macht, wenn sie Dir nicht von oben gegeben worden wäre.« Übrigens ist der Text erst in unserer Zeit von der katholischen Kirche gestrichen worden.

Man könnte denken, das Luthertum habe mit seinem Bildersturm die Kreuzwegdarstellungen und damit auch die einseitige Judenfeindschaft beseitigt. Falsch gedacht. Das Luthertum tradierte statt dessen mit Luthers eigenen Invektiven gegen die Juden einen nicht minder heftigen, auch nicht minder gegenwartsbezogenen Judenhaß. So mag es nicht verwundern, daß es in der österreichischen christlich-sozialen Partei des Dr. Karl Lueger von 1891 eine ähnliche pseudochristliche Judenfeindschaft gab wie in der evangelischen »Christlich-sozialen Arbeiterpartei«, die der preußische Hofprediger Adolf Stoecker 1878 in Berlin gegründet hatte. Nur war sie in Berlin weniger wirksam als im sprichwörtlich antisemitischen Wien. Die bürgerlichen sozialpolitischen Aktivitäten der Zeit, die man besonders im Vereinswesen in Deutschland wie im alten Österreich studieren kann, diesen Schulen demokratischer Spielregeln unter gleichberechtigten Mitgliedern, wurden deshalb auch seit 1896 durchsetzt von sogenannten Arierparagraphen: Juden war der Beitritt in vielen Vereinen verboten! Auch die sehr aktiven tschechischen Vereine ahmten diese Regelung nach. 1892 entschlossen sich die deutschen Konservativen zu programmatischer Judenfeindschaft. Allerdings: wer Jude war, ließ sich nicht recht definieren. Im allgemeinen galt die Taufe als »Übertritt zum Christentum«. Das änderte sich aber noch vor den Augen der Großväter mit der Konstruktion des »arischen Menschen«.

Nicht über die Vereine klopften die jüdischen Großväter an unsere Türen. Sie waren meist seit Jahrhunderten unter uns zuhause, als Händler, Kleinkrediteure, als Bankiers, inzwischen auch als Textil- und Lederfabrikanten, als Ärzte, Anwälte. Als Lehrer und als Beamte hatten sie Wege gefunden, in dieser Gesellschaft zu leben, und in jedem dieser Berufe waren sie unentbehrlich. Trödler, Viehhändler, Getreide- und Hopfenhändler waren sie seit der Zeit, als man nach dem Dreißigjährigen Krieg sie aus den Städten in einzelne Dörfer verbannt hatte, mit festen Auflagen, besonders mit derjenigen, sich in ihren Gemeinden nicht zu vermehren. Das regelten sie durch Heiratsverbote. Ihre Duldung war durch Schutzbriefe befristet, die ihnen die Fürsten nach hohen Sondersteuern immer wieder erneuerten, stets unter der Drohung von Vertreibung. Und doch waren sie im Geldwesen und in manchen Handelsbereichen unentbehrlich. Eine scheinheilige Duldung! Sie führt noch heute dazu, daß man die tatsächliche Bedeutung des jüdischen Kreditwesens für die Entfaltung der Wirtschaft vom 17. bis zum frühen 19. Jahrhundert unterschätzt oder verkennt.

Vor zweihundert Jahren verbesserte sich die gesetzliche Grundlage jüdischer Existenz. Juden bekamen in Preußen 1730 »ein Generalprivileg«, das ihre Zahl in den einzelnen Städten beschränkte. Dem folgte 1750 ein »Reglement«, das die reichen Juden weitgehend emanzipierte und immer wieder als staatsbürgerliche Gleichstellung angesprochen wird, während es die armen in ihrer Zahl und ihrer Entfaltungsmöglichkeit erheblich beschränkte. Großzügiger als der große Friedrich von Preußen war zur selben Zeit Kaiser Joseph II. in Österreich. Er gewährte 1782 die volle Gleichberechtigung durch ein allgemeines »Toleranzpatent«, das auch im damals österreichisch beherrschten Galizien galt, in jenem Land, in dem seit dem Spätmittelalter zunächst einmal viele im Westen vertriebene Juden eine Heimat gefunden hatten. Und wenn im Mittelalter, nach Vertreibungen in Spanien, England und Frankreich, zunächst Deutschland als Zuflucht der Juden galt, bis zur Übernahme der deutschen Sprache ins »Jiddische«, so wurde Österreich in den letzten beiden Jahrhunderten zum gelobten Land der Ostjuden, während in Preußen besonders, in Deutschland allgemein, sich die Juden allmählich als Gleichberechtigte fühlen durften. Zwar blieben auch da lange Zeit noch besondere Belastungen, in Preußen zum Beispiel bis ins 19. Jahrhundert die Pflicht, mit Zwangskäufen die Berliner Porzellanmanufaktur zu unterstützen. Zwar gab es Zurücksetzungen für längere Zeit noch beim Ausbau von Schulen und dem Besuch von Universitäten, die eine wirkliche Gleichberechtigung behinderten. Aber allmählich wuchsen die bis dahin Ausgegrenzten in die frühe Industriegeschichte, in die Entwicklung des Bankwesens, in den Klein- und in den Großhandel. Meist war die Integration mit Karrieren verbunden. Gesetzlich wurden ihnen in Österreich 1867 und in Deutschland 1869/71 endgültig die vollen Staatsbürgerrechte gewährt. Und ihren Gedanken war wohl das Bekenntnis des Münchner Journalisten Gustav Landauer von 1913 an den Berliner Philosophen Martin Buber nicht allzu fremd: »Mein Deutschland und Judentum tun einander nichts zu leid und vieles zu lieb, … ich erlebe dieses seltsame und vertraute Nebeneinander als ein köstliches.« (Nach Herzig 1997, 200)

Für den jüdischen Großvater bedeutete die akademische Karriere einen besonderen, einen schulgerecht geregelten Weg zum Aufstieg im Generationenschritt aus den armen »Schtedeln« in Galizien oder aus den engen Judengassen in böhmischen, mährischen, aber auch bayerischen, preußischen, württembergischen oder sächsischen Kleinstädten, einen schmerzlichen Aufstieg in vielen Fällen, weil er meist verbunden war mit dem Abschied vom Glauben der Väter. Daran zerbrach auch oft der Familiensinn, jahrhundertelang geübt in der kargen Abgeschlossenheit des Ghettos, der Judengasse, des Judendorfes. Seit der Mitte des letzten Jahrhunderts generell zum Besuch staatlicher Schulen zugelassen, nun auch ohne Taufschein, der noch Heine als »Entrébillet« erschien, wirkte die Erschließung dieser neuen Bildungsreserve, noch dazu einer, die in der Tradition der lerneifrigen Talmudschulen durchaus vorgeprägt war, beflügelnd für den Lern- und Ausleseprozeß des aufgeklärten Schulwesens in Deutschland wie in Österreich. Ärzte, Juristen, Philologen stellten vornehmlich die ersten akademischen Generationen. Chemiker, Physiker, Techniker wuchsen mit dem Ausbau der technischen Hochschulen. Die Zahl übertraf den Bevölkerungsdurchschnitt bei weitem, nicht aus Verschwörung, sondern aus Begabung und Aufstiegseifer.

Die Eingliederung gelang in den einzelnen Gesellschaftsschichten unterschiedlich: Sie war leicht im akademischen Bereich, nachdem nur erst einmal die gesetzliche Grundlage gegeben war und damit auch das Hindernis des Zugangs von Juden zu den christlichen Universitäten beseitigt und ihr Weg nach den akademischen Leistungskriterien zu Promotionen und zu Staatsexamen führte. Restriktionen gab es immerhin noch auf dem Weg zur akademischen Lehrkanzel, selbst noch in den zwanziger, dreißiger Jahren. Eine Ausnahme bildete hier wohl innerhalb des deutschen Sprachgebiets, also in Deutschland, der Schweiz wie in Österreich, die seit 1882 neben einer tschechischen bestehende deutsche Universität in Prag, wo zuletzt 1938 unter 300 Professoren 75 jüdischer Herkunft waren. An den meisten anderen Universitäten war in den Berufungsgremien immer wieder auch die Professur für einen Juden etwas schwerer zu erreichen, besonders an der philosophischen Fakultät und namentlich im Fach Geschichte. Der bedeutende Paul Joachimsen, der namhafte Bertold Bretholz, selbst der durch seine Methodenarbeit unentbehrliche Harry Breßlau oder der Mediävist und Zeithistoriker Heinrich Friedjung sind in der deutschen Historikerzunft nie zu ordentlichen Professoren berufen worden. Ein solcher Aufstieg gelang auf der Basis sichtbarer Leistung, die für sich selbst sprach, am leichtesten wohl in der »ideologiefreien« Wissenschaft, in der Medizin, der Chemie, der Physik.

Dagegen war es für den jüdischen Großvater schwer, Zugang zu den geschlossenen gesellschaftlichen Gruppen zu finden, ebenso wie in dem militärischen Lebensbereich, und es glückte ihnen kaum je, in der Adelsgesellschaft Fuß zu fassen, die große Karriere der Rothschilds im europäischen Adel stets ausgenommen. Adelserhebungen verdienter Persönlichkeiten, wie sie im 19. Jahrhundert verbreitet waren, bedeuteten einen solchen Zugang natürlich noch nicht. Selbst Reserveoffizier konnte man als Jude allenfalls in Bayern und in Österreich werden, aber nicht in Preußen. Alle jüdische Existenz, auch die gewandelte, begegnete also einem gewissen Maß an christlicher Überheblichkeit, christlicher Herabsetzung und Verachtung. »Die Zwiebel ist der Juden Speise, das Zebra trifft man stellenweise«, reimte Wilhelm Busch, der volkstümlichste Humorist des späten 19. Jahrhunderts, sein lustiges ABC für Kinder zum Auswendiglernen und auch zum Schmunzeln für Erwachsene.

In Bismarcks Staatsverwaltung gab es aber bereits hohe Beamte jüdischer Herkunft, und der Staatsbankier der Reichsgründung Gerson von Bleichröder war der preußische Vertreter des damals weltumspannenden Bankhauses Rothschild. Die enge Verbindung, die Juden und Nichtjuden im geistigen Leben, in der Wirtschaft und zuletzt auch in der Politik eingingen, hatte zu ihrer Zeit kein Beispiel in der Welt. Ihr entsprach auch eine wachsende Zahl von Eheschließungen über die Konfessionsgrenzen hinweg. Dem Bekenntnis zu dieser jüdisch-deutschen und im besonderen jüdisch-preußischen Existenz gab eine »Allgemeine Zeitung des Judentums« und seit 1893 ein »Verein für jüdische Geschichte und Kultur« Ansehen und Ausdruck.

Das Beispiel Prag zeigt eine andere, weit kleinere deutsch-jüdische Lebensgemeinschaft. In Prag lebten an die 40000 deutschsprechende wohlsituierte Großväter und Großmütter um die Jahrhundertwende, Juden wie Nichtjuden, eine Insel in der wachsenden tschechischen Großstadt. Sie hatten eine mehr oder minder zusammenhängende Wohngegend am Rande der Altstadt, besaßen einen guten Teil der gediegenen Geschäftswelt im alten Stadtkern, sandten ihre Kinder auf drei deutschsprachige Gymnasien, vergnügten sich abends in zwei deutschsprachigen Theatern, besahen die Welt durch die Brillen der beiden besten deutschen Zeitungen des Landes, gemacht von Juden und Nichtjuden, unterhielten zwei klassische Orchester und hatten eben auch die genannte deutsche Universität in ihrem Wohnviertel. Sie lebten miteinander. Zusammen lebten sie eigentlich nicht. Heiraten hin und her blieben vor der Jahrhundertwende noch die Ausnahme. Es gab drei Synagogen oder vier in diesem deutsch-jüdischen Viertel und drei oder vier Kirchen.

Die böhmische Hauptstadt Prag hatte damals nach mittelalterlicher Ordnung drei Stadtgemeinden. Es gab drei Gemeindeversammlungen, drei Bürgermeister, drei Rathäuser. Die meisten jüdischen und deutschen Prager Bürger lebten in der Prager Altstadt. Gemeindewahlen waren lange Zeit ein Vorrecht der steuerstarken Bürger, und so hatte die Prager Altstadt bis 1861 eine deutsch-jüdische Mehrheit im Stadtrat. Mit dem sinkenden Wahlzensus und dem wachsenden tschechischen Zuzug verloren die Deutschen diese Position. Das führte aber nicht zur Auflösung dieser kleinen Sprachinsel, sondern es trug eher zu ihrem Zusammenhalt bei. Im Hinblick auf ihre rege kulturelle Tätigkeit trug es auch bei zu dem ihr innewohnenden Selbstgefühl. Gelegentliche Exzesse gegen die Deutschen in der inzwischen zur Millionenstadt gewachsenen tschechischen Metropole, so 1918, 1920, 1930, richteten sich immer auch gegen die deutschen Juden. Der tschechische Antisemitismus hatte zu dieser Zeit einen antideutschen Akzent oder umgekehrt, die antideutsche Stimmung auch einen antijüdischen. So war diese Sprachinsel auch eine Schicksalsgemeinschaft. Einige unter den jüdischen Prager Deutschen zählten zur großen deutschen Literatur, wie Franz Kafka, Franz Werfel, Max Brod. Andere verteidigten die deutsche Minderheit als Juristen nach 1918 im tschechoslowakischen Staatsverband, wie die Professoren Spiegel und Sander. Oder sie dienten ihr als Politiker, wie der langjährige Vorsitzende der deutschen Sozialdemokratischen Partei, von 1929 bis 1938 einer der deutschen Minister in der tschechoslowakischen Staatsregierung. Und alle sahen sich mit Selbstverständlichkeit als Mitglieder dieser Wohn- und Lebensgemeinschaft an, als Prager Deutsche – bis das böhmische Schicksalsjahr 1938 ihren Untergang brachte.

Die jüdischen Großväter blieben zum großen Teil Juden im religiösen Sinn. Die Konversionen – zum Protestantismus in Preußen, zum Katholizismus in Österreich – machten immer nur einen kleineren Prozentsatz aus. Aber die Zahl der Konfessionslosen im Sinn des Modernismus wuchs. Auch änderte sich währenddessen einiges im jüdischen Glaubensleben und entfernte sich von der Orthodoxie in Brauch und Liturgie. So kam es sozusagen zu Assimilationen im ganzen. Die konservativen Juden, bald in Deutschland in der Minderzahl und erst gegen das Jahrhundertende durch Einwanderer aus Rußland und Polen wieder verstärkt, nahmen diese Reformgemeinden nicht für rechte Juden, die in der Synagoge mit Orgel und deutschen Predigten sich dem Protestantismus annäherten, Frauen in den Betraum einließen und ihren Rabbinern christliche Theologiestudien empfahlen.

Seit 1870 gab es in Berlin auch eine »Hochschule für die Wissenschaft des Judentums« mit Beziehungen zu zeitgenössischen philosophischen Strömungen und dementsprechend eine spekulative Theologie. 1891 veröffentlichte der Budapester Publizist Theodor Herzl in deutscher Sprache seine Programmschrift für einen eigenen Judenstaat, noch ohne geographische Festlegung, und die neue Bewegung des Zionismus schuf eine bisher noch unbekannte Komponente im jüdischen Geistesleben. Insgesamt entfaltete sich ein Emanzipationsprozeß mit vielen Gesichtern. Aber allen gemeinsam war eine tiefgreifende Veränderung in den jüdisch-nichtjüdischen Beziehungen seit dem Mittelalter. Einerseits wachsendes Selbstbewußtsein unter denen, die eine jüdische Existenz fortführten, und andererseits eine ebenso wachsende Bereitschaft zur Eingliederung in die deutsche Gesellschaft, die sich einer solchen Aufnahme auch erschloß.

Man kann von den Juden im kaiserlichen Wien und in den österreichischen Kernlanden nicht das gleiche sagen. Sie waren zu unterschiedlichen Zeiten im 19. Jahrhundert zugewandert, aus allen Teilen der Monarchie, sie wohnten in allen Teilen der

Hauptstadt. Besonders die Gleichstellung aller Staatsbürger nach der Verfassung von 1867 ebnete die Wege aus den schwierigen Lebensverhältnissen jüdischer Gemeinden in Galizien nach Wien, und die schweren Judenverfolgungen in Rußland seit 1881, die als »Pogrome« zum Begriff wurden, ließen auch Ausländer einen Weg nach Österreich suchen. Der führte besonders in die großen Städte, wiederum vornehmlich nach Wien. Dabei suchten diese Zuwanderer in der zweiten oder dritten Generation vor allem über wirtschaftlichen Erfolg oder akademische Karrieren den Weg nach oben. Um die Jahrhundertwende waren fast die Hälfte der Studenten an der Wiener Universität in den Fächern Medizin und Jura jüdischer Herkunft. Das waren die beiden Fächer, die am ehesten eine selbständige Berufstätigkeit als Anwälte oder Ärzte boten.

Die beiden größten Wiener Kaufhäuser in der wichtigsten Einkaufsstraße waren ebenso Beweis jüdischer Strebsamkeit wie die zahlreichen Banken. Der soziale Aufschwung der gesamten Monarchie im letzten Viertel des 19. Jahrhunderts beförderte ihren Aufstieg, der soziale Neid begleitete ihn. Große Namen im geistigen Leben, wie Sigmund Freud oder Karl Kraus, hat allerdings erst die Nachwelt in die Höhe gehoben. Die österreichische Aristokratie blieb ihnen verschlossen, denn die Rothschilds, seit der Mitte des 19. Jahrhunderts auch in Wien, kamen aus England, auf einem ganz anderen Weg und vor allem auf ihrem eigenen. Auch das Avancement in die hohen Staatsämter war nicht möglich. Kein Jude ist jemals im alten Österreich Minister geworden, vielleicht ein besonders anschaulicher Unterschied zum zeitgenössischen Deutschen Reich.

Dabei waren die Zahlenverhältnisse in Berlin wohl herausragend im Vergleich mit Prag und vor allem mit Wien: Es lebte um die Jahrhundertwende eine Viertelmillion Juden in Berlin, beinahe ein Drittel der jüdischen Bevölkerung von ganz Deutschland, die man bei unklarer statistischer Grundlage ausgemacht hat, und jedenfalls weit mehr als in Wien mit rund 147 000 Einwohnern, die sich zum jüdischen Glauben bekannten. Das waren in Wien freilich etwa 10 Prozent im alten städtischen Areal oder noch immer 8,7 Prozent im Hinblick auf die gewachsene Einwohnerzahl nach den Eingemeindungen. Dabei sind getaufte Juden nicht erfaßt. Aber hier wie da, in Wien wie in Berlin, bewegte sich die Zahl der jüdischen Bewohner um die Zehnprozentgrenze. Auch in Berlin könnte man mit den großen Kaufhäusern beginnen, auch hier sind Banken, Zeitungen und die »freien Berufe« als Ärzte und Rechtsanwälte Aufstiegsziele, aber im protestantisch-liberalen Berlin waren anscheinend auch die öffentlichen Wege nach oben leichter zu erreichen als im katholischen Wien. Samuel Sänger war Herausgeber der führenden Zeitschrift für den deutschen Kulturprotestantismus, deren Gründung mit dem Namen von Theodor Fontane verbunden ist, der Deutschen Rundschau, und wurde Honorarprofessor wegen seiner Verdienste um das deutsche Geistesleben. Walther Rathenau dirigierte das deutsche Versorgungssystem im Krieg. Das änderte auch nicht der Untergang der Monarchie: Walther Rathenau, ein vielgelesener sozialpolitischer Autor, beriet die Reichsregierung seit langem offiziell in Wirtschaftsfragen und wurde 1922 Außenminister. Hugo Preuß, Professor in Berlin, gründete 1918 die Deutsche Demokratische Partei, war Staatssekretär, Innenminister und entwarf die Weimarer Verfassung. Allerdings litten beide unter der Diskriminierung ihrer jüdischen Herkunft wegen. Rathenau wurde 1922 von zwei Freikorpsoffizieren erschossen. Beide waren ein willkommener Vorwand für die Hetzpropaganda, die »Judenrepublik« zu beschimpfen.

Die Juden in Deutschland sahen im Kriegsausbruch 1914 eine besondere Chance, sich zu integrieren, »ihren Mann zu stehen«, als gleichwertig genommen zu werden. Viele meldeten sich freiwillig. Es gab 100 000 jüdische Soldaten im deutschen Heer. Das war nach grober Rechnung beinahe ein Siebtel der jüdischen Bevölkerung im Deutschen Reich. 12 000 gaben ihr Leben. Der jüdische Frontkämpferverband genoß Ansehen, sogar noch nach 1933. Und dieser oder jener der »integrierten« Juden begrüßte Hitlers Machtübernahme als Ordnungsfaktor, wie der Althistoriker Felix Jacoby in Hamburg oder der Mediävist Eugen Rosenstock in Breslau.

Die Großväter mit den klangvollen Namen

Es gab ungefähr soviel Angehörige des Adels in Deutschland wie Juden. Man hat diese Zahlen noch nie verglichen. Ungleich geringer ist allerdings die Zahl des alten Adels, ohne die Nachkommen verdienter Beamter, Wissenschaftler, Kaufleute und Unternehmer, die man seit dem Mittelalter, besonders aber im 19. Jahrhundert, für ihre Verdienste in Deutschland wie in Österreich zu Freiherren oder zu Rittern oder Edlen erhob und die unbestritten zu ihrer Zeit zur Elite der Nation oder ihrer Fürstenstaaten zählten. Gehen wir aber aus von jenen Trägern adeliger Namen, die seit Generationen Fürsten, Grafen, Freiherren, Reichsritter oder einfach nach einem alten Herrensitz hießen, die seit Jahrhunderten eine mehr oder minder geschlossene Gesellschaft bildeten, die nicht nur christlichen, sondern ritterlichen Lebensnormen verpflichtet waren und dazu erzogen wurden, meist exklusiv und deshalb auch lange nicht an öffentlichen Schulen oder Universitäten; die sich von der übrigen Gesellschaft absonderten in der Wahl ihrer Ehepartner, ihrer Wohnorte, ihrer Lebenskreise, auch meist ihrer Freunde und Bekannten. Ich meine jene tatsächliche alte politische Führungsschicht, die in Deutschland wie in Österreich 1803, 1815, 1848, 1867 und endlich 1918 ihre Vorrechte und politischen Funktionen schrittweise verlor, die also durch das ganze 19. Jahrhundert hin einer stillen politischen Umwandlung Platz machen mußte, von der am Schluß im alten Deutschland wie im alten Österreich nur mehr das Kirchenpatronat in Dorfkirchen und ein Sitz ganz oben in zweiten Kammern oder im österreichischen Herrenhaus übrigblieb. Immerhin, sie wurde nicht, wie in Frankreich, revolutionär verdrängt, vertrieben oder massenweise umgebracht. Das ist einer der großen Unterschiede zwischen Frankreich und dem Rest der Welt.

Ein solcher Adel bildete noch um 1900 eine besondere Gruppe in der deutschen wie in der österreichischen Gesellschaft, in Böhmen wie in Ungarn, in Polen wie in Preußen. Er trat auch leicht in Kontakt mit Standesgenossen anderer Nationalität in wechselnden zeitgenössischen Formen. Er war europäisch aus alten Bindungen und weithin miteinander solidarisch. Er wurde mitunter karikiert, aber eigentlich kaum je als Stand, sondern in einzelnen Typen, als dummdreister ostelbischer Junker, als arroganter polnischer Fürst, als dünkelhafter ungarischer Graf. Im ganzen war der Adel respektiert – und ebenso seine Absonderung. Im Zeitalter unserer Großväter war er jedenfalls noch immer durch deutliche Grenzen der Lebensführung von seinen Mitbürgern getrennt, auch wenn er bis dahin bereits Recht, Sprache, Schule und oft auch die politische Ausrichtung mit ihnen teilte. Zusammengenommen handelt es sich um jene Familien von weniger als einem Prozent in der deutschen wie in der österreichischen Gesellschaft, die »blaues Blut« in den Adern hatten; die, ohne daß behauptet werden sollte, sie hätten sich niemals mit den Töchtern und Söhnen ihrer Umwelt »gemein gemacht«, doch nach den gesellschaftlichen Ordnungen, Lebensplänen, nach ihrer Nähe zu den regierenden Dynastien, ihren Wohnsitzen auf Schlössern oder Burgen oder besonderen Herrenhäusern und durch den öffentlich stets gewahrten standesgemäßen Umgang mit ihresgleichen ein besonderes Element in der Gesellschaft der Großväter bildeten; sie lebten großenteils von ihren Gütern.

Die französische Revolution hatte einst dem Adel zugerufen: »Les aristocrates à la lanterne.« Der Ruf gellte durch ganz Europa. Nur wurde er nirgend sonst zur politischen Parole. Im Gegenteil: 1926 stimmte man in Deutschland für die Restitution des privaten Fürstenbesitzes, und auch der Aberkennung sämtlicher Adelstitel hat sich Deutschland enthalten, anders als die österreichische und die tschechoslowakische Republik, die nach 1918 ihre schwarz-gelbe Vergangenheit auf diese Art »bewältigen« wollten. Damals erzählte man in Wien von einer Visitenkarte mit dem Aufdruck: »Sternberg. Geadelt von Karl dem Großen, entadelt von Karl Renner.«

Den Adel hat man nicht ausgegrenzt aus dem gesellschaftlichen Umfeld, wiewohl er sich doch selbst ausgrenzte, ähnlich einem Teil der Juden. Man hat nie eine Ideologie entwickelt, in der man ihn rassisch trennte von seiner Umgebung. Im Gegenteil: ein »edles« Aussehen wurde Vorbild, auch »edle« Sprache und Gebärden, und in nicht wenigen Fällen war die alte Herleitung des Wortes tatsächlich noch mit adeligen Eigenheiten in Verbindung zu bringen. Adelsideale, im realen Dasein nicht nur für jene 99 Prozent Nichtadeliger fiktiv, wurden zu allgemeinen Lebensvorbildern. Dagegen haben die ehrbaren Zünfte, die fürsichtigen Räte, selbst die königlichen Kaufleute keine standesübergreifenden Ideale entwickelt. Adelige Ehre wurde kopiert, wie die Adelsanrede »Herr« und »Sie«. Treue, Mut und Ritterlichkeit wurden über das Vehikel der militärischen Tugenden nach unten getragen. Es gab nichts, was sie ausstechen konnte. Die bürgerliche Gleichheit, die bäuerliche Redlichkeit entwickelten keine eigenen gesellschaftlichen Leitbilder außer dem »Gemeinen Nutzen«. Aber den, als Tugend für die Allgemeinheit jedem Gemeinwesen vorgeschrieben, hatten die Fürsten längst auch für sich in Anspruch genommen. Auf ihre besondere Aufgabe, das allgemeine Wohl zu wahren, beriefen sich die adeligen Landtage schon vor dem bürgerlichen Zeitalter und danach erst recht bis zum Untergang der alten Vorrechte. Allein Marx und seine Anhänger stellten eine solche Inanspruchnahme in Frage.

Waren die Juden seit Jahrhunderten wegen ihres engen Kontakts zu Geld und Geldgeschäften volkstümlich suspekt, so griff doch andererseits kaum jemand den adeligen Müßiggang an. Man weiß von Majestätsbeleidigungen. Das adelige Kollektiv scheint unter vergleichbaren Schmähungen weniger gelitten zu haben und man fragte insgesamt wenig nach seinen gesellschaftlichen Leistungen. Wenn ein Sohn aus vornehmem Haus sich entschloß, zur Armee zu gehen, begann er in alten Zeiten mit einem Offizierspatent. Suchte er einen Weg in die Diplomatie, so fragte man noch bis an die Grenzen unseres Jahrhunderts nicht nach seiner Vorbildung. Allerdings gehörte die Kenntnis der drei wichtigsten europäischen Sprachen zur stillen Voraussetzung einer guten Adelserziehung. Minister mußten von Adel sein – und als das vor hundert Jahren bei wachsenden Ansprüchen an Sachkunde und an eine neue, die öffentliche Reputation oft nicht übereinstimmte mit der bürgerlichen Herkunft solcher dem Staat notwendigen Sachkundigen, erhob sie der Souverän in den Adelsstand.

Die kleine adelige Minderheit – von persönlichen Rivalitäten abgesehen – wahrte untereinander eine besondere Solidarität, namentlich in Notzeiten. Wegen einer ähnlichen Solidarität hat man die jüdischen Sozialbindungen manchmal der »Verschwörung« verdächtigt. Von einer Verschwörung des Adels gegen die übrige Bevölkerung hätte bei mancher Exklusivität adeliger Geselligkeit viel eher gesprochen werden können. Doch davon ist kaum je zu hören. Von öffentlicher adeliger Mißachtung gegenüber Nichtadeligen schon. Das wiederum war von jüdischer Seite kaum je zu hören. Allerdings: Die jüdische Minderheit bekannte sich zu einer anderen Religion. Die adelige Gesellschaft dagegen rückte in der zweiten Hälfte des 19. Jahrhunderts noch einmal eng an die jeweils landesübliche christliche Konfession, engagierte sich im katholischen Zentrum, bei den österreichischen Christlichsozialen oder bei den preußischen Konservativen.

Der Adel ist ein Strukturelement der monarchischen Gesellschaft. Aber Adel, alter Adel wie gesagt, war seinerseits keineswegs so einfach monarchisch gesinnt. Die adelige Gesellschaft, soweit sie sich auf gleicher Basis jenes merkwürdigen, allein durch Tradition außerhalb wie auch innerhalb ihrer Daseinswelt gegliederten und sanktionierten Ansehens wähnte, bildete eine Gemeinschaft von Gleichen, die auch geneigt war, den Monarchen wie ihresgleichen zu behandeln, zu kritisieren oder zu unterstützen »mit Rat und Hilfe«. Durch Grundbesitz, Geld und ihre Herkunft ausgewiesen und gestützt auf eine nur ihnen eigene Gesprächsgemeinschaft, fanden Angehörige des hohen Adels Zugang zur Majestät. Im Bund mit Standesgenossen entwickelte sich daraus leicht eine »Hofkamarilla«, deren Einflüsse man im Sinn einer Nebenregierung noch bis zu Wilhelm II. verfolgen kann.

Adel ist gekennzeichnet durch seinen Namen. Weil nun einmal das Deutschland des schließlich gefürsteten Freiherrn Otto von Bismarck zu zwei Dritteln aus Preußen bestand, spielten preußisch-deutsche, aber auch altpreußisch-slawische Namen eine besondere Rolle in Heer und Verwaltung, mit Endungen wie -ow und -itz. Auch daran nahm die kleinbürgerliche Akribie der germanophilen Großväter niemals Anstoß, so wenig wie an französischen Namen, die seinerzeit die Hugenotten ins

Land und vor allem in die preußische Staatsethik gebracht hatten als strenge Kalvinisten. Im alten Österreich war das Sprachengewirr im Adelsverzeichnis weit größer. Entsprechend der großen Zeit der Habsburgermonarchie in den Türkenkriegen mit Teilnehmern aus aller Herren Länder fehlt keine europäische Nation im alten österreichischen Adel, und der Anteil der Polen, Tschechen, Kroaten ist dabei beträchtlich. Man muß nur an die drei Generäle denken, die 1848 die Monarchie retteten und alle drei slawische Namen trugen: Radetzky, Windischgrätz, Jelusich. Wie oft hat man dagegen jüdische Namen verlacht! Der österreichische Adel hatte sich allerdings selbst weitgehend den Nationalbewegungen entzogen. Er bemühte sich, aus der Staatswirklichkeit, ohne große Theorien, um ein österreichisches Nationalbekenntnis. Kurzum: der alte Adel, der sich selber weit von populären Lebensformen distanzierte, von Handarbeit und Wirtschaft, von aktiver Teilnahme an Kunst und Wissenschaft – adelige Literatinnen und wenige Mäzene ausgenommen –, wurde allenfalls von sozialistischen Kritikern gelegentlich unter dem Signum des Klassenkampfes schief angesehen – aber seine Minderheitenposition führte niemals zur Ausgrenzung, im Gegenteil: er blieb respektiert trotz aller Rufe nach Egalität, und der Respekt überstand auch den Sturz der Monarchien.

Ein Vergleich mit der etwa gleichstarken jüdischen Minderheit bringt also zunächst einmal krasse Gegensätze. Er soll aber anregen, die mentalen Strukturen unserer Gesellschaft ein wenig freizulegen mit ihrer tausendjährigen Verehrung der aristokratischen Grundhaltung. Wo die Wirtschaft nicht das alte Bürgertum nach oben hob, mit Fernhandel, Seehandel, Geldhandel und zuletzt mit dem Herrschaftsbau der großen industriellen Unternehmungen, von den gefürsteten Fuggern bis hin zu den baronalen Krupps, wo gar, wie in weiten Teilen Deutschlands, der große Krieg im 17. Jahrhundert die Städte in Trümmer sinken ließ und die Besitzenden ausplünderte, erwuchs dem Adel aus einem seiner selbst bewußten Bürgertum keine Konkurrenz. So kommt es auch, daß gerade im verarmten Deutschland, im ausgebluteten Deutschland wie in Österreich, in Böhmen und in Ungarn, aus den Kriegsruinen nach dem Friedensschluß von

Münster und Osnabrück, noch einmal eine großartige adelige Barockkultur aufstand, eine Mäzenatenkultur, wenn auch zum Teil aus dem Schweiß der belasteten Steuerzahler in Stadt und Land. Die Gesellschaft in Mitteleuropa trug noch um 1900 die Erinnerung an diese letzte Epoche adeliger Daseinsideale, so wie eine Gesellschaft eben dergleichen Spuren erkennen läßt: In den Zeugnissen der Schlösser, Stadtpalais und Kirchen, aber ebenso in den neureichen Nachahmungen davon, in der Übernahme adeligen Theater- und Opernlebens in die Stadtkultur, in der Verbreitung des adeligen Heroenkultes in den bürgerlichen Alltag bis hin zu Perücke, Seidenhosen, Handschuhen und Degen. Das Bewußtsein bürgerlicher Selbstbefreiung, das man in Frankreich mitunter auch gegen bessere Einsicht nach dem großen Adelssturz zur Schau stellte, zählt ebenso zu den Besonderheiten im Geschichtsbild und im Bewußtsein unserer französischen Nachbarn wie ihre nachrevolutionäre Selbstdarstellung überhaupt. Kein anderer als Napoleon hat die adelige Hierarchie wieder neu aufgebaut: von seiner eigenen Kaiserkrönung bis zur Vergabe von Herzogstiteln an seine Marschälle. Dann freilich brach sich von neuem eine bürgerliche Grundstimmung Bahn und blieb vital trotz des Kaisertums Napoleons III.

Auch das nichtrevolutionäre Italien, auch Spanien oder Schweden haben ihre Adelsgesellschaft in geringerem Maß zum nationalen Vorbild erklärt als das adelstreue Mitteleuropa. Im vorindustriellen Deutschland waren nur die Hanseaten erfolgreich und selbstbewußt genug, um in ihren Stadtrepubliken eine Alternative zur adelig dominierten deutschsprechenden Gesellschaft in Mitteleuropa auszubilden, und die ebenso republikanischen Schweizer, die außerdem noch der Jahrzehnte währende Konfessionskrieg verschont hatte, stellten – ohne je die Staatlichkeit des Absolutismus erlebt zu haben – ihre Eidgenossenschaft auf die Ebene allgemeiner Gleichberechtigung. Auch die niederländischen »Generalstaaten« verbürgerlichten auf diese Weise. In Mitteleuropa dagegen prägte das aristokratische Leitbild bis ins 20. Jahrhundert auch die bürgerlichen Eliten: Ein Prozent – bestenfalls – für neunundneunzig!

Die Großväter im alten Österreich

Wenden wir uns noch einmal um zum österreichischen Großvater. Erinnern wir dabei noch einmal daran, daß dieser österreichische Großvater im 52-Millionen-Reich der alten Doppelmonarchie in mancher Hinsicht schon Übergänge zu jenem Zusammenleben vorfand, das man heute als multikulturell für besonders zukunftsverheißend hält; daß also die Hauptstadt Wien mit ihren 1,6 Millionen Einwohnern um die Jahrhundertwende mit etwa einer halben Million tschechischer, noch tschechisch sprechender Einwohner auch zugleich die größte tschechische Stadt gewesen ist, nach intensiver Einwanderung, in der die tschechischen Immigranten aber schließlich geradeso eingeschmolzen wurden wie in Chikago jenseits des großen Meeres, und wie die kroatischen, die ungarischen oder die polnischen Zuwanderer Wiens. Die Satire eines Wiener Komikers über den Buchstaben »V« im Wiener Telefonbuch, der besonders viele slawische Namen vereinte, kennt man noch heute. Auch die jüdischen Zuwanderer waren in diesen melting-pot eingegangen, mit deutschen, mit tschechischen, mit polnischen oder mit ungarischen Namen. Überall sprach dieser österreichische Großvater deutsch in den gehobenen Kreisen der Doppelmonarchie, er sprach deutsch in der Armee und in der Wiener Zentrale, deutsch in der »äußeren« Verwaltung der einzelnen Kronlande, aber die jeweilige Mehrheitssprache in deren »innerer« Verwaltung. Er sprach die Mehrheitssprache in Schulen, Pfarrkirchen oder Synagogen. Er war gar nicht unempfindlich für Forderungen, die wir heute als »multikulturelle Bedürfnisse« entdecken, im Gegenteil: Er kannte zumindest ihre alltäglichen Notwendigkeiten und ihre Schwierigkeiten.

Auch dieser österreichische Großvater hatte einen wachsenden Wohlstand um die Jahrhundertwende erfahren, und auch er empfand die Zeit als friedlich und wohlgeordnet. Er verehrte seinen alten Kaiser, der in einem abgetragenen Waffenrock seit Menschengedenken ein einsames Leben führte, der durch ein Attentat seine allzu eigenwillige, aber populäre Frau verloren hatte, der eine heimliche Liebe zu einer Schauspielerin unterhielt, der seinen Sohn im Selbstmord enden sah, und seinen Neffen, den Thronfolger, in einem neuerlichen Attentat, das den Weltkrieg auslöste. Das war ein Kaiser, der in einem eisernen Feldbett schlief und Tag für Tag seine Pflicht erfüllte, auch wenn niemand recht wußte, worin diese Pflicht bestand. Ein Kaiser nämlich, der kein Politiker war. Ein Kaiser, der merkwürdigerweise aber viel mehr den Mythos der Monarchie auf sich gezogen hatte als sein forscher junger Standesgenosse auf dem deutschen Thron. Ein verehrungswürdiger Kaiser. 66 Jahre hatte er schon regiert, als der Krieg ausbrach, und war darüber 84 Jahre alt geworden. Mit 86 Jahren starb er und nahm die Monarchie mit ins Grab. Die Monarchie und das Vertrauen vieler, vieler Großväter in die Ordnung der Welt.

Das ist ein wichtiger Unterschied zwischen Deutschland und Österreich. In der österreichischen Doppelmonarchie war nur etwa jeder fünfte Einwohner ein Deutscher, und wenn auch das Königreich Preußen wegen seiner Polen im Osten kein rein deutscher Staat war, so lebten im deutschen Kaiserreich, vier Millionen Gastarbeiter eingeschlossen, um die Jahrhundertwende nicht einmal zehn Prozent Nichtdeutscher. Es gab kein Nationalitätenproblem, weil man es unterdrückte, während das alte Österreich nach Kräften über Rechtsvereinbarungen damit rang. Das deutsche Kaiserreich war als Nationalstaat sich selbst verständlich. Das alte Österreich hatte zwar 1867 das alte Königreich Ungarn in eine weitmaschige Autonomie entlassen, aber es fand bis zu seinem Ende keine Staatsidee für alle seine zwölf Nationen und ethnischen Gruppen, die es diesseits seines südöstlichen Grenzflusses, nämlich diesseits der Leitha an der Grenze zu Ungarn, zusammenband. Es kennzeichnet eine gewisse, man ist geneigt zu sagen: eine großväterliche Schwerfälligkeit der altösterreichischen Verwaltung, daß man deshalb für diesen Teil der Doppelmonarchie Österreich, der sich vom ostpolnischen Galizien bis nach Vorarlberg erstreckte, keinen treffenderen und vergleichbar genauen Namen fand als »die im Reichsrat vereinigten Königreiche und Länder« oder eben, nach dem schmalen Grenzflüßchen: Cisleithanien. Es gab fortan in der Amtssprache ein Cis- und dementsprechend ein Transleithanien. Man denkt an ferne fremde Länder. In Wirklichkeit lagen

Cis- wie auch Transleithanien recht nah. Es gab überdies viel menschliche Nähe unter seinen Bürgern und eine sehr emotionale Bindung an Thron und Altar. Das unterschied die Doppelmonarchie deutlich vom deutschen Kaisertum der Könige von Preußen.

Die deutschen Großväter im cisleithanischen Teil der weiten Donau- oder Doppelmonarchie, wo der Kaiser nicht nur ein Kaiser war, sondern zugleich König von Böhmen und Fürst und Graf und Herr von Galizien, Ludomerien und von allen möglichen Landen, auch der Herr von Ober- und Niederösterreich, von Kärnten, von der Steiermark, Tirol und Vorarlberg, diese Großväter rangen zuerst mit ihrer Nationalität um ihre Loyalität. Ein Zwiespalt, den man wiederum in Deutschland kaum kannte, von Polen, Dänen und Elsässern abgesehen. Die radikaleren unter den deutschen Cisleithaniern wollten eigentlich aus eben diesem Teil der Monarchie einen deutschen Staat machen, brüderlich und möglichst ebenbürtig mit dem großen deutschen Reich. Von dem fühlten sie sich immer etwas über die Schulter angesehen, weil sie nur zehn Millionen zählten, neben fast zwanzig Millionen Nichtdeutscher diesseits der ungarischen Grenze, vornehmlich Tschechen, Polen, Slowaken, Kroaten, Ruthenen und Italiener, die alle eigentlich ein bißchen etwas anderes wollten. Vor allem: mehr oder minder selbständig sein. Föderalismus also. Niemand sah das so klar wie die Tschechen in Böhmen und Mähren. Aber der gemeinsame Kaiser, und vor allem, oft vergessen, der gemeinsame Rechtsstaat hielt sie doch alle zusammen. So gab es tatsächlich auch ein besonderes österreichisches Wir-Gefühl: Rechtsstaatlichkeit! Der hohe Organisationsgrad und das für die Zeit beachtliche Niveau der österreichischen Rechtsstaatlichkeit ist bisher noch wenig hervorgehoben worden. Sie reichten vom Armenrecht in einer sehr sozialfreundlichen Strafrechtsordnung aus den siebziger Jahren bis zum Recht der geschützten Religions- und Nationalzugehörigkeit aus der Verfassung von 1867. Aber sie reichten nicht aus zu einer krisenfesten Staatsidee.

Österreich gewährte allen seinen ethnischen Gruppen verfassungsmäßig gleiche sprachliche Rechte. Theoretisch war das weit vorausgedacht, praktisch war das unerfüllbar. Wie man in

Schulen sprach, in Amtsstuben oder vor Gericht, war ziemlich großzügig geregelt. Es gab tschechische und polnische Gymnasien, tschechische und polnische Universitäten neben den deutschen, geradeso wie tschechische und polnische, italienische und ruthenische Amtsführung. Nur gab es nicht die Möglichkeit für eine dieser vielen, zumindest zwölf Sprachgruppen, in einer dieser Reichsprovinzen die Vorherrschaft an sich zu reißen. Wo man das wollte, gab es Streit. Im Wiener Parlament, dem Reichsrat mit seinen allerdings erst seit 1907 allgemein und gleich gewählten Mitgliedern, gab es jahrzehntelang Streit und Blockaden, meist von tschechischer, mitunter von deutscher Seite. Die anderen Nationen erschienen hier versöhnlicher. Die gesamte österreichische Doppelmonarchie, also Cisleithanien und Transleithanien zusammengenommen, hatte 1914 etwa 52 Millionen Einwohner, 47 Prozent davon waren Slawen, 10 Millionen Deutsche und ebenso viele Ungarn.

Übrigens spannte dieser Sprachenkampf nicht alle vor seinen Wagen. Viele von den österreichischen Großvätern schätzten schließlich und endlich die allmähliche Hebung des Lebensniveaus, die eher behagliche Gestaltung des Arbeitsalltags der »besseren Schichten« und die Pflicht zur Kaisertreue höher als die Pflicht zum sprachnationalen Bekenntnis. Vielleicht hätte ein wirklich parlamentarisches System alle Probleme ausdiskutiert. Unter der Decke kaiserlicher Autorität schwelten sie. Parlamente, besonders das zentrale Parlament, der Wiener Reichsrat, wurden mitunter jahrelang auf eine ausgesprochen unreife Weise durch Dauerreden oder Pultdeckellärm blockiert – ein so primitiver Protest, daß man dafür, unter Wahrung der Immunität der Abgeordneten, kein Gegenmittel wußte. Nun ist freilich ein Parlament noch keine Garantie für ein parlamentarisches Regierungssystem und ein parlamentarisches System nicht identisch mit demokratischen Umgangsformen. Solche wurden im alten Österreich vielfach in einem sehr ausgeprägten Vereinswesen praktiziert, und undemokratische Opposition übte sich in innerer Demokratie und entwickelte gegen den Staat verschiedene nationale Bewegungen.

Einfacher hatten es da die ungarischen Großväter. Sie hatten ihr übernationales Großreich aus dem Mittelalter in den siegreichen Kriegen Österreichs gegen die Türken halbwegs zurückerobert und reorganisiert, zählten etwa halb so viel Einwohner wie alle anderen Nationalitäten zusammen, nämlich die Slowaken im Norden, die Deutschen im Nordwesten, die Rumänen im Südosten, die Kroaten im Westen, die Juden überall. Sie trugen ihren hier vielleicht etwas langsamer wachsenden Wohlstand nach Budapest und zeigten ihn gern. Im übrigen suchten sie das staatliche Heil allen Bürgern in ihrer, in der magyarischen Sprache zu vermitteln. Magyarisch sprachen, von Kindsbeinen an, eigentlich aber nur gut die Hälfte der dreiundzwanzig Millionen Einwohner in Ungarn. Bis 1848 hat man deshalb im ungarischen Parlament wirklich und klassisch lateinisch gesprochen. Die ungarische Armee hingegen sprach seit 1902 in ihren Befehlen deutsch.

Wie auch immer: die ungarischen Großväter hatten keine großen Nationalitätenprobleme. Weder die Slowaken noch die Kroaten noch die Zigeuner oder die Rumänen hatten es wahrhaft unerträglich in ihrem Staat gefunden, obwohl in Ungarn das geschah, worauf man später mit Fingern zeigte: man magyarisierte – so wie die Engländer in Irland, die Franzosen in der Bretagne, die Spanier im Baskenland ihren Herrschaftsanspruch sprachlich durchsetzten. In Mitteleuropa war es aber um 1900 einfach ein Sakrileg, zu tun, was im westlichen Europa ein paar hundert Jahre früher erfolgreich geschehen war. Eine ungute Zeitverschiebung, mögen Zyniker sagen – aber auch in Ungarn waren die meisten Leute einfach noch nicht »wach« genug für eine solche Gegenwartskritik, und selbst die Deutschen im Königreich, etwa eine Dreiviertelmillion, fanden nichts daran und lernten Ungarisch. Auch nicht die Juden, für die Budapest oft ein Schritt in die westliche Zivilisation, Bildung und Gesellschaft war, ein schwerer Schritt, weil sie damit vielfach ihr Judentum verließen. Und das hieß mehr verlassen als nur die Muttersprache. Auch die Juden dachten royalistisch. Sie waren sogar, nach bitteren Jahrhunderten der Verfolgung und angesichts der aktuellen Verfolgung, der »Pogrome« nach dem russischen Wort, im Zarenreich, besonders gute Untertanen der k.u.k. Doppelmonarchie. Denn in Budapest war der Kaiser von Österreich auch der König von Ungarn.

Und endlich die Großmütter

Keine Nation hat je den Großmüttern ein Denkmal gesetzt. Man hat auch nirgendwo die unbekannte Großmutter begraben. Das Grab der Unbekannten Großmutter wäre gar nicht fehl am Platz. In einem Park vielleicht, um da ein paar Blumen hinzulegen, wenn man das Grab der eigenen Großmutter nicht mehr kennt. Denn die Großmutter ist nun einmal eine besondere Figur im Leben jedes Menschen. Mit gewisser Wahrscheinlichkeit tritt sie irgendwann auf in der Biographie, um so eher, als es ja doch zwei gibt für einen jeden. Aber das ist schon ein Teil des großmütterlichen Mysteriums: meist spielt von den zweien nur eine wirklich mit. So taucht dann auch meist nur eine auf in Erinnerungen, in persönlichen und in literarischen, und manche Leute verstehen ihre Bedeutung so gut, daß sie die sozialen, die mentalen, die pädagogischen Funktionen der Großmutter über den Familienkreis hinaus in der ganzen Gesellschaft zu schätzen wissen. Nur ein Denkmal fehlt. Freilich wirken die Großmütter meist ohne Aufsehen. Also dürfte ein solches Denkmal auch nicht gerade weithin sichtbar auf einem freien Platz stehen, ja eigentlich müßte es sogar ein bißchen versteckt sein.

Immerhin: es gibt wirklich ein solches Denkmal. Und tatsächlich finden es die meisten Leute nicht! Es steht in Prag. Es zählt zu den interessantesten Schöpfungen der europäischen Denkmalskunst, und – wie es sich gehört für ein Großmutterdenkmal – es steht im Verborgenen und ist dennoch für den rechten Blick gut sichtbar, wie eine Großmutter nur immer ist. Freilich ist nicht verwunderlich, daß gerade die Tschechen der Großmutter ein Denkmal gesetzt haben. Erstaunlich ist eher, daß sie es so passend angelegt haben und es schließlich auch selbst oft nicht finden. Das muß man erklären. Mit einer Geschichte, als hätte sie die Großmutter erzählt.

In tschechischen Familien war die Großmutter natürlich nicht anders wirksam, geachtet und geliebt, als in deutschen oder österreichischen auch. Aber »es war einmal«, da fand eine tschechische Großmutter – genauer ein »Großmütterchen«, eine »Babička« – eine besondere Aufgabe in der Erziehung eines Adoptivkindes. Das war, geheimnisvoll bis in unsere Zeit, ein echtes Fürstenkind von Mutter und Vater, aber außerehelich gezeugt, heimlich geboren und danach, nicht ganz selten in jenen Tagen, Bediensteten an Kindes statt anvertraut. Manche ahnten etwas, niemand wußte Genaues von seiner wahren Herkunft. Ein solches Kind gab es also vor beinahe zweihundert Jahren in einem böhmischen Dorf. Es war ein Mädchen. Eine Großmutter nahm sich des kleinen Mädchens besonders an, und sie wußte auch, wer seine wirkliche Mutter war. Sie hatte ihm viel zu erzählen: Frauenweisheit, uraltes Wissen oft, ganz außerhalb der Schultradition. Denn Großmütter zählen in Wirklichkeit zu den wichtigen Lehrerpersonen in der Generationenfolge. Sie lehren auch Geschichte, wie ihre Kollegen auf den akademischen Kathedern; sie lehren allerdings meist die Geschichte der einfachen Leute, die nicht so aufregend verläuft wie die Geschichte der Fürsten und Könige, sondern in weiten, sanften Bögen, nur unterbrochen durch Geburt und Tod und durch die großen Katastrophen einer Familie, eines Dorfes, einer Region. Ansonsten bleibt diese Geschichte der einfachen Leute in der Anonymität der Felder und Wälder, der lauten Städte und der stillen Dörfer.

Die Enkelin, die angebliche oder vermeintliche, wurde später eine begabte Schriftstellerin: Božena Němcová. Sie ging ganz auf in der tschechischen Nation, aus der sie in Wirklichkeit gar nicht herkam, wie übrigens manche »Erwecker des Nationalbewußtseins« in einem jeden Volk. Sie wurde sogar eine Nationalheldin, eine entschlossene, richtungsweisende, zum Aufbruch der Nation ermunternde Frau, und sie schrieb unter anderem, in kindlicher Erinnerung, ein Buch von der Großmutter, in so einfacher Sprache, daß es über die Generationen hin zur Schullektüre wurde für alle tschechischen Kinder bis heute: Babička, das heißt Großmütterlein. Soviel vom literarischen Denkmal, das jeder Tscheche kennt.

Nun aber zum bildlichen, kaum bekannten. Zur selben Zeit verhalf ein tschechischer Historiker von europäischem Rang seiner Nation zur einprägsamen Kenntnis ihrer Geschichte. Und weil die Tschechen damals keinen eigenen, formenden, im Sinn des vergangenen Jahrhunderts auch international legitimierenden Staat hatten, war das vielbändige Werk dieses Historikers ganz wichtig für die Weckung nationalen Selbstbewußtseins. Mit Recht galt später dieser Historiker als »Vater der Nation« im Sinn ihrer »Wiedererweckung«, und man hat ihm deshalb auch ein Denkmal gesetzt. Man findet es leicht in Prag, es steht am rechten Moldauufer an einer Brücke, die nach demselben Historiker benannt ist: Franz Palacký. Er sitzt, wie es sich gehört für einen Historiker, der seine Schlachten am Schreibtisch schlägt, und er ist umgeben von all den Feinden und Freunden, die ein Historiker, zumal einer in einer streitbaren Rolle, nun eben hat. Es umgeben ihn also auf diesem großen Denkmal sehr ausdrucksvolle Gestalten, so, wie man sich Wahrheit und Lüge, Gerücht und Ruhm mitunter vorgestellt hat zu Zeiten einer expressiven Denkmalskunst. Der große Historiker sitzt ein wenig höher. Denn er hat alle diese Kräfte und Mächte in seinem Werk eingesetzt oder gebändigt und ihnen ihre Plätze zugewiesen.

Der große Historiker aber hatte auch, wie es seiner Bedeutung entspricht, nicht nur vor sich und um sich, sondern auch hinter sich noch Feinde, Freunde und Helfer. Und siehe da, hier findet man die Großmutter. Sie ist, an der Hinterfront des Denkmals, auf ihre Weise gerade so hoch gestellt wie der Mann in ihrem Rücken. Die beiden sind einander nicht gegenübergestellt, sondern sie figurieren miteinander Rücken an Rücken, ein jeder seiner Seite zugewandt, die Großmutter stehend. Dabei ist diese Großmutter, wie gesagt, nicht kleiner, sondern ihrerseits der Ausgangspunkt vieler anderer Gestalten, die sie ins Leben gerufen zu haben scheint oder mit denen sie umgeht – wie der Mann hinter ihr in seinem Lebenskreis.

Natürlich sehen viele Leute gar nicht auf die Rückseite des Denkmals. Deshalb erkennen sie auch nicht diese wunderbare Einheit. Sie begreifen dann schon gar nicht die doch sehr ungewöhnliche Aussage. Aber es ist augenfällig, daß die Urheber dieses Denkmals, zumindest jene, die es entworfen haben und seinen Sinn ausdachten, die Rolle der Großmutter zeigen wollten und ebenso auch ihre Bedeutung für die tschechische Geschichte, die einfache, die erzählende, die das Volkstümliche ausmacht. Sie haben die nationale Bedeutung der Großmütter verstanden, lange ehe die Gelehrten über die politische Rolle der Märchen oder über sogenannte Oral history nachdachten. Wer nach Prag kommt, sollte dieses Denkmal kennenlernen – und eben auch seinen Hintersinn!

Eltern scheiden sich manchmal. Großeltern nicht. Die sind deshalb, wenn sie denn überhaupt noch da sind, weitaus beständiger. Großmütter gibt es auch noch nach der Scheidung der Eltern. Wenn auch nicht mehr alle Enkel Großmütter haben: alle Großmütter haben Enkel! So ist zwar unser Jahrhundert kein Jahrhundert des Kindes geworden, wie man anfangs sagte, aber es wurde ein besonderes Jahrhundert der Großmütter: der pflegenden, sorgenden, Vater und Mutter ersetzenden. Es wurde ein Jahrhundert der Emigrationsgroßmütter, der Holocaust-Großmütter, der Luftschutzkeller-Großmütter, der Heimatlosen- und Neubürger-Großmütter, bald auch der Doppelverdiener-Großmütter, der Schlüsselkinder-Großmütter, der Großmütter für »emanzipierte« Mütter. Man könnte das ganze Jahrhundert nach solchen Kriterien periodisieren und in Zonen teilen: Zonen der jüdischen, polnischen, tschechischen, böhmischen, schlesischen, ostpreußischen, Egerländer Großmütter, der Theresienstädter und der Berliner Großmütter; der Großmütter für ermordete, für verlassene und solcher für vertriebene Enkel, verwundete Enkel, sterbende Enkel; durch Flucht und Vertreibung, durch Revolutionen, durch Bomben und Granaten und durch Gas, und außerdem noch durch alle die feinen versteckten und oft nicht erahnten Landminen der »Befreiung des Menschen aus seiner selbstverschuldeten Unmündigkeit«.

Je mehr man nachdenkt über die wechselnden Konstellationen dieses Jahrhunderts, desto mehr drängt sich der Eindruck auf: Dieses Jahrhundert ist tatsächlich ein besonderes Jahrhundert der Großmütter geworden. Das Leid war vielfältig. Die Aufgaben der Großmütter waren einander ziemlich ähnlich. Aber sie waren ihnen nicht von vornherein zugeteilt, sondern sie mußten oft unverhofft zu Hilfe kommen, mußten einspringen; die christlichen, die jüdischen, die aristokratischen, die sozialistischen und auch die nationalsozialistischen, die schwarzen und die weißen Großmütter, in Kriegen, Bombennächten,

Trecks. In den Deportationszügen haben sie ihre eigene Angst und ihre Tapferkeit mitsamt ihren Enkeln mit ins Grab genommen. Davon kann niemand mehr erzählen. In den Flüchtlingslagern wußten sie ein Stück des Verlorenen zu bewahren. Und im Zuge der Gleichberechtigung der Mütter mit den Männern übernahmen die Großmütter von neuem Mutterrollen.

Alles das haben sie auch selber hervorgebracht und mitgemacht, die Großmütter, denn im Laufe dieses halben Jahrhunderts, des blutigsten nach der Auskunft unserer Historiker, sind sie selber Kinder gewesen und Frauen geworden und Großmütter am Ende – während sie erlebten, daß Buben zu Vätern wurden und zu Großvätern auch, und oft dabei von Kindsbeinen bis zum Lehnstuhl in ihrer Gedankenwelt blieben, von Anfang an, mit ihrem Bubenspielzeug, mit Eisenbahn und Auto, Zinnsoldaten und Karl May, später mit ihren Interessen für Politik und dem bekannten »Leben draußen«. Ihre Welt hat sich nur in kleinen und großen Schritten verändert; aber sie führten immer in dieselbe Richtung. Denn die Welt der Großväter war auch vor hundert Jahren schon bestimmt von Arbeit und Beruf, von Teilnahme und Teilhabe am politischen Leben, von Militär und Krieg, auch schon von der Mitsprache in öffentlichen Dingen, und alles das im Rahmen des Fortschritts. Eines Fortschritts, der in unseren Regionen zwar durch den großen Sprung aus der vorangegangenen Zeit einen festen Begriff von »Zivilisation« geschaffen hatte, einen handgreiflichen sozusagen aus Technik und Lebensart, aber der doch auch in diesem Wandel weit eher dem Mann seine Lebenskreise ließ, die der Frau zu betreten verboten waren, als umgekehrt. Die Dynamik des Fortschritts war vornehmlich den Männern zugedacht. Der Lebensbereich der Frauen war davon weit weniger berührt. Sie hatten ihre besonderen Pflichten und ihre eigenen Kreise, in denen sie sich bewegten, und hielten länger daran fest als die Männerwelt. Der große Umbruch kam erst in der zweiten Jahrhunderthälfte.

Die bäuerliche Welt kennt noch heute etwas von jener alten und harten Trennung der Lebensräume von Mann und Frau. Manchmal mißversteht man diese Trennung als die Idylle des einfachen Lebens: Auf dem rechtschaffenen Bauernhof gab es also vor gar nicht langer Zeit den Rechen, den die Frau auf dem Feld führte, aber nicht der Mann; und die Sense, nach der eine Frau nicht greifen sollte. Auch rührte der Mann keinen Besen an, und die Frau kein Beil. Auf einem richtig alten Bauernhof, der ganz golden war von der harten alten Zeit, wo die Bauern tiefe Furchen im Gesicht trugen und gebückte Rücken hatten, kaum daß ihre Söhne großgewachsen waren, und die Frauen ausgemergelte Leiber. Das alles war vielleicht manchmal doch nicht gerade so wie im Paradies; es war eher so wie unmittelbar danach.

Der weibliche Anteil an der Sache mit dem Apfel ist im übrigen in der Christenheit breit ausgemalt worden. Kaum einer der wirklich großen alten Großväter unter unseren Künstlern hat die Szene versäumt. Eine Großmutter mit Pinsel war offenbar nicht unter diesen Chronisten der Bibel. Vielleicht hätte sie das Gespräch mit der (oft weiblichen) Schlange anders dargestellt. Aber der Sündenfall wurde so gut wie ausschließlich männlich ins Bild gesetzt. Da war augenscheinlich keine weibliche Hand, die ihn malte, schnitzte, aus Stein schlug oder in Bronze goß. Und eben das stand über Jahrhunderte hin fest, unverrückbar: Was eine männliche Hand zu tun hatte und was eine Frauenhand.

Es gab, von der biblischen Szene einmal ganz abgesehen, im Laufe der Zeit immerhin ein paar Ausnahmen: Es gibt deshalb einige Frauen im Heiligenhimmel der alten Kirche, und wenn ihre Zahl auch deutlich geringer ist als die der Männer, so ist ihre Verehrung gelegentlich heftiger, besonders in Männerklöstern. Es gibt sogar eine Frau unter den Kirchenlehrern der westlichen Christenheit, und, vom Himmel auf die Erde gesehen, es gab immer wenigstens eine Frau unter den Reichskirchenfürsten, solange das alte Reich bestand, nämlich die Äbtissin im Damenstift Essen. Auch die Reformierten traten der Frau einen Anteil ab im christlichen Leben, von Luthers Ehefrau angefangen, und sie sind heute die ersten, die ihr auch Gleichheit vor dem Altar gönnen, nicht unbestrittene, aber doch praktizierte. Einer der ersten Menschen, der von seiner Feder lebte, ohne fürstliche Pfründe und lange vor aller Journaille, war eine Frau, Christine von Pisan, um 1400. Gar nicht wenige Frauen regierten an Kaisers, Königs, Grafen, jedenfalls Mannes statt, selten als Bräute, aber als Großmütter öfter, in großen und kleinen Reichen, auf Thronen, in Kontoren, in Bauernstuben. Und mindestens eine, die französische Königin Maria aus dem Fürstenhaus Medici, ließ sich auch in einer Folge von riesigen Gemälden von Peter Paul Rubens, dem größten Künstler ihrer Zeit, entsprechend als »Königin«, als weibliche Herrscherin also, und nicht als »Königinwitwe« verherrlichen. Selbst ein Restchen Utopie hatte die Literatur für dieses Thema übrig. Denn einmal, so wird erzählt, hat es Amazonen gegeben, mit zielsicheren Bogen auf Streitrössern, um mit Hilfe ihrer Schieß- und ihrer Reitkunst die körperlichen Nachteile im Kampf mit den muskelstarken Männern auszugleichen. Sie hatten also gut nachgedacht über die Ursachen der männlichen Überlegenheit und wußten sie wettzumachen. Aber in allen Fällen geschah dergleichen nur ausnahmsweise, und der Staat der Amazonen blieb eine ferne Sehnsucht: Die Lebenskreise lagen in festen Bahnen, hier männlich, da weiblich. Erst unsere Großmütter haben den bis dahin unerhörten Wandel erlebt oder zumindest ausgelöst.

Denn heutzutage gibt es, gerade seit hundert Jahren, seit Großmutters Zeiten, viele tausend Studentinnen auf der ganzen Welt, zunächst der Philosophie und der Medizin, der Grundwissenschaften des Lebens also zuerst, nicht der Spezialwissenschaften oder der Technik. Man darf dabei freilich nicht vergessen, daß Deutschland in dieser Hinsicht nicht etwa an der Spitze der Entwicklung stand, an der sich unsere Großväter in ihren Vorstellungen von Fortschritt in mancher Hinsicht gerne wähnten. Deutschland lag im Gegenteil in dieser Entwicklung weit hinten. »In den Vereinigten Staaten beträgt die Zahl der weiblichen Ärzte über 2000, davon sind 100 Professoren«, schrieb August Bebel 1891. »Im ganzen beträgt die Zahl der weiblichen Studierenden über 18 000. Neben den Vereinigten Staaten ist den Frauen das Studium in England, Frankreich, Italien, Spanien, Schweden und Norwegen gestattet… Auch in Rußland huldigt man in bezug auf die Frau viel freieren und höheren Anschauungen als in Deutschland.« (Bebel 1891, 10. Aufl., 205) 1893 wurde in Karlsruhe das erste deutsche Mädchengymnasium gegründet, sieben Jahre nach dem ersten Mädchengymnasium in Prag. Das Abitur war auch damals die Voraussetzung für jeden Hochschulbesuch, und für die Universität mußte es ein Abitur mit Lateinkenntnis sein. Erst 1919 wurde in Deutschland die erste Frau habilitiert, das heißt, in Wort und Schrift als Hochschullehrerin geprüft und anerkannt. Selbst wenn damit eine Vorläuferin Bahn gebrochen hatte: Der akademische Bildungsweg, nämlich die höhere Mädchenschule, hat sich in Deutschland bemerkenswert spät geöffnet. Zudem kann ein junges Mädchen bei uns erst seit ein paar Jahren ein rechtschaffenes Handwerk lernen nach den Regeln der Zunft. 1943 gab es in Deutschland die erste Büchsenmacherin. Am längsten verschlossen war den Frauen freilich jener Beruf, der ganz ursprünglich zu erwerben ist und nicht nach Lehrzeit und durch Schulbildung: die politische Mitsprache. Zwar waren die Regentin oder die Königinwitwe seit tausend Jahren bekannt. Aber die Bürgermeisterin war bei uns noch vor kurzem unmöglich. Das freilich war in der deutschen Nachbarschaft nicht anders. Das englische Empire regierte beispielsweise von 1837 bis 1901 die Königin und Kaiserin Victoria, aber Wahlrecht für Frauen gab es dort erst seit 1928. Allgemein war das Leben von Großvätern bestimmt. Die werden deshalb hier auch immer wieder zitiert.

Immerhin gab es schon 1894 eine Vereinigung aller deutschen Frauenvereine, um die weibliche Gleichberechtigung zu erringen. Um 1889 meldete gar eine Frau, die österreichische Baronin Bertha von Suttner, die politische Mitsprache der Frauen in der wichtigsten Domäne der Männerwelt an: im Krieg. Ihr Buch hieß: »Die Waffen nieder«. Das war allein schon ein Titel in der für Frauen verbotenen Sprache des Militärs. Die tapfere Baronin bekam dafür 1905 den Friedensnobelpreis. Aber die Kriege gingen weiter. Man muß wissen: Bertha von Suttner entstammte der alten böhmischen Adelsfamilie Kinsky, und ihr Vater wie seine drei Brüder waren kaiserliche Generäle. Nicht nur ihr provokantes Buch, sondern ihr ganzes internationales Engagement für Friedensbewegungen bedeuteten für sie und ihren gleichgesinnten Mann einen glatten Bruch mit allen Familientraditionen, mit all den seelischen und materiellen Belastungen, die ein solcher Austritt aus der Gesellschaft mit sich bringt. Sie wirkte gemeinsam mit ihrem Mann an einer Friedensbewegung unter bürgerlichen Intellektuellen in Österreich, Deutschland und besonders auch in Frankreich und suchte Kontakt zur Internationalen Pazifistenvereinigung. Lebenslang hielt sie Verbindungen zur Friedensbewegung unter den Sozialisten, wenn sie auch ab und zu von dieser Seite zurückgewiesen wurde, weil nach sozialrevolutionären Theorien zuerst das gesamte bürgerlich-feudale Establishment zerstört sein müsse, dem sie angehörte, ehe auf einem so bereinigten Boden die Arbeiterbewegung international Frieden halten könne. Also: zuerst revolutionäre Gewalt, dann Frieden. Bertha von Suttner war bedingungslos gegen alle Gewalt.

Die Stiftung eines Nobelpreises für den Frieden hatte sie selber angeregt. Er wurde 1901 zum ersten Mal verliehen. Sie hat sich im Dienst ihrer Friedensidee an die »Idealisten« in aller Welt gewandt. Und sie richtete die internationale Friedensidee besonders auch an alle Frauen in der Welt. Zweifellos war die tapfere böhmische Aristokratin die berühmteste Frau im ersten Jahrzehnt nach der Jahrhundertwende. Ihr Friedensengagement fand hundertfach Widerhall von Rußland bis Amerika. Dieses Echo beweist zudem, daß es für den aufgeklärten Teil unserer Großmütter und Großväter zum selbstverständlichen Ausdruck ihrer Daseinsvorstellung gehörte, die Ächtung des Krieges, praktizierten Humanismus und internationale Verständigung zu fordern. In dieser Einstellung begegneten Bildungsbürgertum und Aristokratie einander. Aber sie wurden auch hinter ihrem Rücken oder in den Karikaturen der angeblichen Realisten verhöhnt, plumper Sozialdarwinismus wurde ihnen entgegengehalten oder sie wurden zumindest im Stillen für weltfern gehalten. Natürlich fanden sie Zustimmung bei den Kirchen. Aber ein besonderer kirchlicher Einsatz ist nicht bekannt. Friedensbewegungen verbreiteten sich unter liberalem Vorzeichen. Unermüdlich suchte Bertha von Suttner publizistisch ihren Gegnern zu entgegnen. Umjubelt und verlacht, starb sie schließlich in Wien einen erschöpften Tod – sieben Tage vor dem Attentat in Sarajewo.

Bertha von Suttner war nicht die einzige Generalstochter, die für den Frieden kämpfte. Im sozialistischen Lager schrieb Lily von Kretschmann zum gleichen Thema. Ihr großes Anliegen war freilich die deutsche Frauenbewegung, deren Schicksal sie mit ihrem eigenen Lebensweg begleitete. Zunächst fand sie an der Seite ihres ersten Mannes als Lily von Gizycki zur »Deutschen Gesellschaft für ethische Kultur«, im Anliegen einer auch in England verbreiteten »ethischen Bewegung«. Von da ging ihr Weg zu der von Clara Zetkin herausgegebenen Zeitschrift »Die Gleichheit«. Als Witwe heiratete sie den späteren sozialdemokratischen Reichstagsabgeordneten Heinrich Braun, und unter diesem Namen machte sie als Schriftstellerin Karriere. Die zweibändigen »Memoiren einer Sozialistin« von 1909–1911 wurden nicht nur von sozialistischen Großmüttern gelesen – sie sprachen weithin das Gerechtigkeitsgefühl gebildeter Frauen an.

Die Großmütter auf dem Arbeitsmarkt

In der neuen Arbeitswelt der Fabriken fand die Frau zunächst nicht leicht einen Platz. Nicht wegen der schweren Arbeit. Es gab Frauen als Bauarbeiterinnen schon in den siebziger, achtziger Jahren, und deren Arbeit war schwer genug. Aber die umfassende Rekrutierung von Frauen für die Industrie hätte das Betriebsklima in den Fabriken stören können, so befürchtete man. Deshalb gab es auch, anders als in Zolas »Germinal«, in Deutschland keine Frauen unter Tage. Dagegen war Feinarbeit, wo möglich im Sitzen, schon eher Frauensache. So sah man in der Textilindustrie von vornherein ein angemessenes weibliches Arbeitsfeld, wie auch in der Zucker-, der Pharma-, der ganzen Nahrungsmittelindustrie. Mit ihrer Entfaltung ist weibliche Fabrikarbeit unmittelbar verbunden, in ihren großen Zentren am Niederrhein, um Wuppertal, Chemnitz, Zwickau, in Böhmen und Mähren, in Berlin und am Mittelrhein. 1910 gab es nach der Statistik bereits 30 Prozent Berufstätige unter den Frauen in Deutschland, aber in diesen Anteil waren die Sparten der vorindustriellen Frauenarbeit wie Haushalt und Landwirtschaft eingeschlossen. Um die Jahrhundertwende standen etwa doppelt so viele Frauen in land- oder hauswirtschaftlichen

Arbeitsverhältnissen wie in gewerblichen oder industriellen. (Beuys 1980, 391)

Auch war Frauenarbeit oft nur eine vorübergehende Arbeitsphase bis zur Eheschließung. Die Arbeiterbewegung allerdings nahm sich der Frauen schon sehr früh an und dazu auch der weitverbreiteten Gewohnheit ihrer schlechteren Entlohnung. August Bebel schrieb schon 1879 in der ersten Auflage seines Bestsellers über die soziale Problematik von Frauenarbeit und forderte die völlige Gleichberechtigung. Der folgten die Sozialdemokraten schließlich auch selber, als sie 1896 zum ersten Mal eine Frau in den bisher exklusiv männlich bestimmten Parteivorstand wählten: Clara Zetkin, die als Sozialistin damals noch einen radikalen Weg vor sich hatte.

In der Praxis verhalf erst der Männermangel im Krieg den deutschen Frauen zu 230 Prozent mehr Arbeitsplätzen – aushilfsweise. Das Problem von Haushalt und Beruf ließ sich auch dabei nicht umgehen, schuf Doppelbelastungen, Überqualifizierungen, Ersatzleistungen, von den Berufen als Krankenschwester, Kindergärtnerin, Lehrerin, Kellnerin, Verkäuferin abgesehen. Solche »Frauenberufe« mußten mitunter nach der Heirat aufgegeben werden – wir haben das noch in unseren Sprachgewohnheiten: Das Fräulein Lehrerin, das Fräulein hinter dem Ladentisch, das Fräulein als Kellnerin, das Fräulein vom Amt in der Telefonzentrale. Natürlich gab es auch Lehrer, Kellner, Telefonisten und Verkäufer. Ohne männliche Konkurrenz blieben nur die Hebammen.

Im Rückblick aus unseren Augen erscheint diese ohne Zweifel benachteiligte, im besten Fall protektionierte, im schlimmsten Fall unterdrückte, in jedem Fall eingeschränkte Rolle der Frau in der Gesellschaft historisch erklärlich. Sie stammt von der Abhängigkeit der Frauen, von ihrer Zugehörigkeit zur Familie und von der Herrschaft von Männern in dieser kleinsten sozialen Gruppe. Die Familie war über manche Wandlungen in die Gesellschaft hinaus fest zusammengefügt und hielt als der bekannte kleinste Baustein diese Gesellschaft auch zusammen. Sie mußte zwar nicht zwangsläufig auseinanderfallen, wenn die Gesellschaft sich wandelte. Aber ihre Zwänge wollte man nicht aufheben. Ihre Zwänge gingen von Männern aus, als den

»Häuptern der Familie«, und waren in dieser Formulierung biblisch sanktioniert und aus langer Vorgeschichte zu rechtfertigen. Nach dieser Ordnung war die Frau an das Haus gebunden, die »Hausfrau« ebenso wie die »Haustochter«. Ohne Genehmigung des »Hausherrn«, nicht etwa des »Hausmannes«!, das Haus zu verlassen, um in einem anderen Haus eine Arbeit aufzunehmen, war suspekt. Von vornherein einen Ausbildungsberuf anzustreben, bedeutete für eine Frau einen prinzipiellen Bruch mit der alten Ordnung, im Haus aufzuwachsen, in ein anderes Haus »einzuheiraten« und dabei überzugehen von einem »Hausherrn« zum anderen, oder aber im eigenen Haus zu bleiben als »Haustochter« und zur Versorgung der Eltern zu dienen. Wie anders hätte man zu einer Heirat die väterliche Genehmigung haben müssen, nicht den Segen der Eltern, sondern des Vaters?

Auch gilt gewiß eine Regel aus der Steinzeit noch heute für weibliche Berufswahl. Von den Anfängen an haben die Männer etwas mehr Muskelkraft mitgebracht als im Durchschnitt die Frauen. Und weil nun einmal Steine schwer sind, konnten die Männer leichter mit Steinen umgehen. Männer waren mitunter unentbehrlich, um die großen Steine zu wälzen. Als Tradition hat sich das bis heute gehalten. Aber heute gibt es große Steine auf unseren Wegen nur noch in der Metapher. Viele andere Kraftakte im Umgang mit Steinen, Balken, Eisentoren hat der Elektromotor übernommen mit Hilfe von Schneckengängen und Hydraulik. Und eben das hat den Grund gelegt zur Gleichberechtigung in der Arbeitswelt für das »schwächere Geschlecht«. Frauen wurden für viele Arbeitsgänge am Fließband in den zwanziger, dreißiger Jahren sogar die bevorzugten Arbeitskräfte, und im letzten Krieg »vertraten« sie die Männer darüber hinaus auf allen möglichen Arbeitsplätzen. Auf einmal zeigte sich, daß sie alles konnten – nur freilich durften sie noch lange nicht die ersten Plätze einnehmen.

Am Anfang der beruflichen Gleichberechtigung standen jedoch für die Frauen nicht Abitur, Diplom und Doktorhut. Am Anfang stand auch nicht, wie viele glauben, die einfache Fabrikarbeit, so wie Fabrikarbeit, die besser bezahlte, den Großvätern um die Jahrhundertwende ein besseres Dasein erschloß als die Landarbeit. Denn noch um die Jahrhundertwende arbeiteten etwa doppelt so viele Frauen auf dem Land und in Haushalten wie im industriellen Gewerbe, und in den Fabriken selber waren nur anderthalb Prozent der weiblichen Arbeitnehmer beschäftigt. Am Anfang des großen Aufbruchs der Frauen ins männliche Berufsleben stand also auch nicht die Fabrikarbeit. Am Anfang stand die Schreibmaschine.

Wir alle kennen den Schreiber, den Chronisten, Advokaten, Notar, mit seinen Gehilfen, den Federfuchsern. Schreiben war selbstverständlich eine männliche Profession, ob kunstvoll oder schnell, durch mehr als 2000 Jahre. Und noch in Urgroßväterzeit behauptete man allgemein, daß Männer schöner schrieben als Frauen, auch wurden diese dazu oft nur rudimentär ausgebildet. Es konnten zwar offensichtlich mehr Frauen als Männer lesen vor 200 Jahren. Aber Schreiben war Männersache, auch wenn es nicht mit schwerem Werkzeug zu bewerkstelligen war, sondern mit einem wirklich federleichten Gerät. Der Mann am Schreibpult wirkte noch mit in den ersten Phasen der industriellen Revolution; wir begegnen ihm bei Charles Dickens wie bei Gustav Freytag.

Dann aber bastelten – Männer natürlich – an seltsamen Apparaten, die das Schreiben über Typenhebel erleichtern sollten. Die erste serielle Schreibmaschine dieser Art war wohl eine Remington, die vor 120 Jahren in Nordamerika auf den Markt kam – und sich nicht gut verkaufen ließ. Erst als ein Manager mit der damals schon cleveren marketing philosophy in der Neuen Welt das neue Gerät als besonders geeignet für die Frauenarbeit empfahl, und erst recht, als die Firma auch Frauen zur Arbeit an ihrer Schreibmaschine in besonderen Kursen schulte, lief die zweite Serie der Maschine besser. Und zugleich mit dem Umsatz wuchs die Zahl der Ausbildungs- und Schulungsstellen und bald auch der Könnerinnen auf dem neuen Gerät. Ein neuer, ein Frauenberuf kam solcherart auf um die Jahrhundertwende, die »Kontoristin«, und in Verbindung mit Kurzschrift zum Diktat wurde bald die »Stenotypistin« zur unentbehrlichen Mitarbeiterin großer und kleiner Chefs. Die Männer, erstaunlicherweise, »räumten kampflos das Feld«. (Kittel 1986, 287)

Es gibt zwar mehr Pianisten unter den Männern als unter den Frauen, auch wenn man die Schumann kennt oder die Elly Ney. Es gibt also doch wohl bestimmt keine angeborene Schwerfälligkeit im männlichen Tastenanschlag. Dennoch gaben die Frauen die Schreibmaschine nie wieder aus der Hand. Erst heute, erst vor dem Typenboard des Computers, haben Männer wieder einen anerkannten Platz.

Die »Urkatastrophe dieses Jahrhunderts«

Der Tag von Sarajewo

In der Forschung sind bis heute die Ursachen für den sogenannten Ersten Weltkrieg nicht restlos geklärt. Den Anlaß kennt man gut. Das war ein Attentat serbischer Oberschüler auf den österreichischen Thronfolger Franz Ferdinand, eine verhängnisvolle Torheit einiger verhetzter junger Leute, die zur Unzeit Waffen in die Hand bekamen, dirigiert von nicht minder verhetzten und törichten etwas älteren Leuten aus dem kleinen Königreich Serbien, das unbedingt eine Großmacht werden wollte.

Es forderte deshalb die Vereinigung mit Bosnien. Gemeinsam mit dem schmalen Landstreifen Herzegowina stand Bosnien seit 1878 unter der Verwaltung der österreichisch-ungarischen Monarchie, weil niemand damit etwas Rechtes anzufangen wußte. Etwas Rechtes, das heißt in diesem Fall ausnahmsweise einmal auch, etwas Gerechtes. Es war den Türken abgewonnen worden und es sollte den Serben nicht zugeschlagen werden. Zwar sprachen die Bewohner »serbokroatisch« hier und dort und waren Slawen aus gleicher Wurzel und mit gleicher Geschichte bis ins 14. Jahrhundert. Nach all dem, was wir Westler leichthin über die Zugehörigkeit zu einem Volke sagen, muß man die Bosniaken in die Nähe der Serben rücken. Aber die Bosniaken waren unter jahrhundertelanger türkischer Herrschaft selber Mohammedaner geworden, slawische Türken also oder türkische Slawen. Eine »Konfessionsnation«, keine Sprachnation, wie die meisten europäischen Völker es sind oder zu sein vorgeben. Die Serben lassen sich allerdings aus dem gleichen Grund ebensowenig sprachnational bestimmen. Auch bei ihnen gilt die Konfession als Ethnikum. Die Serben sind griechisch-orthodoxe Christen. Deshalb benützen sie auch, schon seit sie vor zwölfhundert Jahren Christen geworden sind, die kyrillische Schrift, eine ähnliche, wie sie später mit dem Christentum zu Ukrainern und Russen gebracht worden war. Die Bosniaken schreiben dagegen in lateinischen Buchstaben: Zwei Konfessionen, zwei Schriften, zwei Völker, aber eine Sprache. Es gibt noch ein drittes Volk in Bosnien, das aus Kroatien im Lauf der Zeit gekommen war und sehr ähnlich wie die Serben spricht, weshalb man in unserem Jahrhundert alles unter dem Begriff serbokroatisch zusammenfaßt. Die Kroaten also sind katholisch, sie benützen deshalb auch die lateinischen Buchstaben. Aber sie sind die längste Zeit ihrer Nationalgeschichte einen eigenen Weg gegangen: Kroatien bildete von der Jahrtausendwende an einen Teil Ungarns, seine Küstengebiete waren venezianisch und gehörten schließlich zu Österreich-Ungarn. Es gab, als viertes Volk, auch Juden in Bosnien, aber sie waren hier wie anderswo kein politischer Faktor.

Die Türken waren im Lauf der letzten drei Jahrhunderte von den Europäern besiegt worden, von Ungarn, Deutschen, Italienern, Polen und Russen, Schritt für Schritt, zuletzt auch mit Hilfe der von ihnen beherrschten Griechen, Mazedonen und Serben. Die Griechen und die Mazedonen, die Serben und Bulgaren wurden frei, am Ende auch die Bosniaken. Doch wohin mit dem islamischen Bosnien? Die Serben, ihre nächsten Nachbarn, schienen damals der europäischen Völkergemeinschaft nicht ganz die rechten neuen Herren für Bosnien zu sein. Denn die Serben waren noch immer eifrige Feinde des Islam und man fürchtete, sie würden die islamischen Bosniaken nicht mit slawischer Brüderlichkeit aufnehmen, auch wenn sie ihre Sprache sprachen. Also vertraute man in einer internationalen Konferenz Bosnien und die kleine anschließende Herzegowina 1878 sozusagen als Entwicklungsländer der Aufsicht der Habsburger an, die bereits über die Kroaten und anderswo noch über ganz verschiedene Völker, Sprachen, Konfessionen herrschten, milde, wie es schien.

Dreißig Jahre später, 1908, machte das kaiserliche Wien aus dem ihm anvertrauten Mandat durch eigenen Entschluß dann eine direkte Herrschaft. Zwar gab es Widerspruch in Rußland,

Frankreich, England, in Serbien natürlich vor allem, aber nicht zuviel, und Deutschland unterstützte Österreich. Sechs Jahre später sandte der greise Kaiser auf dem Wiener Thron, Franz Joseph, seinen Neffen und Thronfolger zu einer Inspektionsreise nach Bosnien und zu einem abschließenden Besuch der Hauptstadt Sarajewo.

Dieser Franz Ferdinand, verheiratet mit einer tschechischen Aristokratin, galt als Freund der Slawen. Er wäre vielleicht auch ein Freund der serbischen Nachbarn geworden, wenn ihm die Krone Österreich-Ungarns je gegönnt gewesen wäre. Ein guter Kenner der Serben war er freilich nicht. Gute Kenner hätten mindestens die österreichischen Beamten sein sollen, die seit Jahrzehnten schon das multikulturelle islamisch-orthodox-katholisch-jüdische Bosnien verwalteten und besonders seine Hauptstadt Sarajewo, mit starker serbischer Bevölkerung. Denn der Besuch des Thronfolgers fiel auf den 28. Juni, und das ist in der serbisch-orthodoxen Kirche der Gedenktag des heiligen Veit. An diesem Tag hatten die Türken 475 Jahre zuvor das serbische Königreich, zu dem auch Bosnien seinerzeit gehörte, besiegt und zerschlagen: Die Schlacht auf dem Amselfeld, der Ursprung aller Türkenherrschaft in der sehr lebhaft überlieferten serbischen Geschichte. Am Gedenktag des heiligen Veit und damit der Schlacht auf dem Amselfeld, dem vornehmsten Feier- und Trauertag im serbischen Nationalbewußtsein, hätte eine wohlberatene österreichische Regierung besser alles vermieden, was die alte Fremdherrschaft etwa in geschickter Propaganda zu einem Vergleich mit der neuen Fremdherrschaft hätte bringen können, das jahrhundertelange Türkenjoch also hätte gleichsetzen können mit der Herrschaft der Österreicher. Ein solcher Vergleich mußte nicht erfunden werden. Er war von der serbischen Propaganda bereits in Umlauf gesetzt worden.

Als Franz Ferdinand in einer Autokolonne im offenen Wagen mit seiner Gemahlin am 28. Juni durch Sarajewo fuhr, standen sieben Verschwörer verstreut in der Menge an der Straße, ein Drucker und die schon erwähnten Gymnasiasten von siebzehn, achtzehn Jahren. Eine Bombe flog. Sie konnte der reaktionsschnelle Thronfolger mit einer Armbewegung auf die Straße schleudern. Es gab Verletzte im nachfolgenden Wagen, Verhaftungen unter der Menge, und das Attentat schien vereitelt. Das Besuchsprogramm wurde fortgesetzt. Wieder auf der Straße, bei einem kurzen Zurücksetzen des Kabriolets mit dem Thronfolgerpaar, sah der letzte der sieben Attentäter in der Menge seine Chance. Zwei Revolverschüsse ließen sich nicht abwehren, sie trafen den Erzherzog und seine Frau. Der junge Schütze trug den schicksalsschweren Namen Princip. Er starb drei Jahre später in Festungshaft in Theresienstadt. Das Thronfolgerpaar starb sofort. Der Weltfriede starb vier Wochen später.

Der Weltfriede also starb nicht sofort: Zunächst nämlich war einhellige Empörung in allen europäischen Königshäusern, auch in dem an Attentaten besonders erfahrenen Rußland. Alle die gekrönten Häupter fühlten sich ein wenig mitbetroffen von den Schüssen Princips. In London, in St. Petersburg, in Berlin dachte man darüber nicht anders als in Wien. Vielleicht dachte man sogar in Belgrad ebenso, im serbischen Königshaus, vielleicht war dieses Attentat nicht geradewegs vom serbischen Hof ausgegangen. Niemand weiß das bis heute. Aber als die Regierung in Wien nach längerem Zögern ein Ultimatum an das kleine Serbien stellte, das im serbischen Königshaus als demütigend und gegen die Ehre der Nation empfunden wurde, zu Zeiten, da man solche Ehrbegriffe besonders kultivierte, fand der König in Belgrad doch einen Schutzherrn im Zaren zu Petersburg, und dem wiederum trat die französische Republik bei, und zufolge ihrer Entente cordiale, ihrer »herzlichen Verbindung« von 1904, eben auch der König von England. Auf der anderen Seite aber hatten sich der Kaiser von Österreich und der Kaiser von Deutschland verbündet, vor längerer Zeit schon, 1882, und dieser »Zweibund« bewährte sich jetzt in »Nibelungentreue«. Man gebrauchte diesen Begriff schon damals in den Zeitungen und ahnte nicht, wie richtig er noch werden sollte. Denn in »Nibelungentreue« waren seinerzeit die Brüder Kriemhilds und ihre Gefolgsmannen miteinander in einen aussichtslosen Kampf und eben auch trotzig in den Tod gegangen. Das Nibelungenmotiv spielte in deutschen Köpfen eine Rolle. Das trotzige Festhalten an einem Krieg gegen alle Vernunft bis zum Untergang in brennenden Ruinen, so wie die Sage uns das Ende der Nibelungen erzählt, war in Schulbüchern vorgeführt und in der hohen

Kunst der deutschen Oper besungen worden. Man reflektierte es als ein Stück Nationalcharakter. Besonders Richard Wagner und ein paar Balladendichter hatten immer wieder mit solchen Motiven vom Heldentod in »Götterdämmerungen« vertraut gemacht.

So viel zum Anlaß dieses Kriegs. Nüchtern aber, wirklich politisch betrachtet, war dieser Krieg das Ende eines bescheidenen Wohlstands in Europa und der unbestrittenen europäischen Herrschaft in der ganzen Welt. Er war ein fataler Schritt für alle Europäer, er war decouvrierend in Asien und Afrika für das Bild vom »Weißen Mann«. Und so wollte denn auch nachher niemand die Schuld auf sich nehmen, nachher nämlich, als man den Scherbenhaufen sah. Wobei nicht jeder wirklich diesen Scherbenhaufen auch verstand. Im weiten Rückblick, erst heute, erkennt man ihn je länger, desto besser. (Ferguson 1988)

Das wieder gilt nicht für den kleinen Mann. Er hatte diesen Krieg nicht angefangen, nur auszutragen hatte er ihn, und das auf seine Weise. Zum Beispiel so: Da ist ein Leutnant Schulz, noch ehe Deutschland Frankreich den Krieg erklärt hatte, noch vor dem 1. August 1914 also, von seinem Kommandeur auf einen Patrouillenritt geschickt worden, nahe dem südlichen Elsaß, über die französische Grenze, ein paar Kilometer nur, um zu erkunden, ob auf der anderen Seite Truppen stünden. Ein illegaler Auftrag, doch keine Spionage. Ein Spähtrupp, in Uniformen und beritten. Die kleine Kavalkade zog durch einen Grenzwald, dann über freies Feld, dann auf ein Dorf zu, das in der Mittagshitze schlafend schien. Zu unrecht. Denn da lagen bereits Poilus im Quartier, und ein Sergeant Dubois saß gerade in einer Bauernstube beim Mittagessen. Er hörte das Getrappel, griff nach seinem Karabiner und stürmte hinaus, der wackere Sergeant, und sah gerade Leutnant Schulz auf sich zusprengen. Der Franzose legte den Karabiner an, der Deutsche zog seine Pistole. Beide waren gute Schützen. Beide schossen gleichzeitig, und beide waren tot. Das Grab des Sergeanten Dubois wird heute noch gezeigt, da, wo man eben diese Geschichte auch erzählt. Vielleicht weiß jemand vom Grab des Leutnants Schulz. Jedenfalls weiß man so von den ersten beiden Toten dieses Krieges, in aller Einfachheit, mit aller scheinbaren Gewißheit, mit zwei Namen, die für zwei Sprachen ganz bezeichnend sind, und mit aller Hilflosigkeit, die in solchen Geschichten die harten Tatsachen begleitet. Dubois und Schulz.

Die große und gelehrte Geschichtswissenschaft ist eigentlich bei diesem Thema nicht hilfreicher. Denn am Ende zieht sie sich ebenfalls ins Anekdotische zurück. Nur geht es da nicht um Schuß und Bumm, sondern um das distanzierte Abwägen der großen Politik. Die deutsche Forschung glaubt inzwischen, daß in Berlin der Vorfall gerade recht kam für einen Präventivschlag, ehe Rußland allzu stark und die parlamentarische Schwierigkeit nach dem Wahlsieg der Sozialdemokraten von 1913 unüberwindlich würde. Den Österreichern sagt man nach, ihr Ultimatum an Belgrad zur Verfolgung österreichfeindlicher Umtriebe sei bewußt zu harsch geraten. Man rempelte einander an und provozierte. »Wir sind in diesen Krieg hineingeschlittert...«, so heißt ein vielzitiertes Wort des englischen Premiers Lloyd George. »Der Weltkrieg wurde in Wien und Berlin im kleinsten Kreise beschlossen«, heißt dagegen ein neues deutsches Fazit. (Berghahn 1997, 101)

Eine neue britische Umschau setzt andere Akzente. In England, Rußland wie in Frankreich bereitete man sich nicht gerade auf eine Auseinandersetzung mit Deutschland vor, denn zuallererst handelte es sich um die Stabilisierung der bisher erfolgreichen imperialen Mächte. Dazu zählte Deutschland aber nicht, trotz Kaiser und forscher Selbstdarstellung: Die Briten, die Russen und allenfalls noch die Franzosen waren dabei, die Welt untereinander aufzuteilen und mußten insofern auch voreinander auf der Hut sein. Das deutsche Kaiserreich und das Kaiserreich Österreich, selbst wenn man beide zusammen nahm, die Mittelmächte also, waren bekanntlich im Wettlauf um Asien und Afrika, um Weltmacht in einem allerdings etwas eurozentrischen Verständnis, das Amerika ignorierte, gar nicht oder nur ganz am Rande beteiligt. Es ist geradewegs ein Stückchen deutsche Selbstüberschätzung, den großen Krieg aus einer deutschen Provokation herzuleiten, die lange Zeit gar nicht zur Kenntnis genommen wurde. (Ferguson 1998, 31 ff.)

Statt dessen hätte wohl eine rasche und kluge österreichische Diplomatie die Mobilisierung der imperialen, untereinander nur indirekt und nicht ohne Mißtrauen verbundenen Großmächte gegen die auch miteinander noch zweitklassigen beiden mitteleuropäischen Kaiserreiche verhindern können. Sie war dazu außerstande, und nachträglich hat es leicht den Anschein, als hätten die drei ganz Großen in Europa die beiden Kleineren gezielt und mit voller Absicht aus dem Weg räumen wollen als es darum ging, die Welt untereinander aufzuteilen. Eine solche Dreieinigkeit ist aber nicht nachzuweisen. So waren die Schüsse von Sarajewo denn ein besonders folgenschwerer Unfall in einer Atmosphäre, die eigentlich von anderen Spannungen erfüllt war.

Das lauteste Hurra

Von allen Seiten zogen sie also in den Krieg, unsere Großväter von 1914, und es ist bekannt, sie taten es auf allen Seiten mit Hurra. Nur, hört man besser hin, so riefen die deutschen Großväter am lautesten. Die Aufrufe von Thomas Mann, Max Weber und Käthe Kollwitz sind bekannt. Auch ging das lauteste Hurra durch die deutsche Presse. »Am ehesten trifft das Klischee von der allgemeinen Kriegsbegeisterung für das Bildungsbürgertum zu... Am empfänglichsten zeigten sich noch Intellektuelle, Schriftsteller und Künstler.« (Ullrich 1997, 263 f.) Was war der Grund?

War es der Überdruß am Leben ohne Krieg? War es das Echo auf Nietzsches Ruf nach der blonden Bestie, Rilkes Elegie auf den Tod mitten im Feind, Georges Romantik vom schönen und starken Sterben? Man soll den Ruf der Dichter nicht überhören. Oder war das nun endlich der Griff nach der Weltmacht? Es ist und bleibt merkwürdig: Die Deutschen schrien am lautesten Hurra. Aber sie hatten dazu den mindesten Anlaß, zumindest aus der Perspektive des kleinen Großvaters. In der böhmischen Satire auf diesen »Hurra-Patriotismus« läßt der tschechische Dichter seinen »braven Soldaten Schwejk« unter stetem Hurra und Hoch auf den Kaiser als Simulanten im Rollstuhl durch

Prag zur Musterung fahren. Dabei hatten die österreichischen Hochrufe auf den greisen Kaiser immerhin noch den Anlaß des Attentats von Sarajewo. Die Deutschen schrien ohne einen solchen Anlaß, wie man ihn für Österreich oder umgekehrt natürlich auch für Serbien, für Rußland, Frankreich und auch noch für England ausmachen konnte. Dem deutschen Kriegsfreiwilligen war nämlich kein Thronfolger ermordet worden, wie dem Österreicher. Kein großmäuliger Balkanstaat griff nach seinen Provinzen. Auch bedrohte niemand irgendwo in der Welt seine Bluts- und Glaubensbrüder, wie das von ihrer Warte die Russen sahen, und es empörten ihn keine »nicht zurückgegebenen« oder gar »unerlösten« Gebiete, wie in Erinnerung an das alte Rom und seine Grenzen Gabriele d'Annunzio ein Jahr später den Italienern vorsang. Schließlich konnte das deutsche Hurra auch kein Ruf nach Revanche sein, wie in Frankreich, Revanche für das verlorene Elsaß und für Lothringen – bei dessen Annektion es übrigens nicht wenig Protest der Betroffenen gegeben hatte, was man in Deutschland verschwieg. Dort feierte man statt dessen Jahr für Jahr den Tag von Sedan.

Der 2. September 1870, der Sieg der vereinigten Armee der deutschen Fürsten bei Sedan: das ist wohl das Stichwort. Muß man noch deutlich machen, daß die bald nach dem Sieg von Sedan in einem neuen Kaiserreich vereinigten Deutschen kein Feind mehr jenseits ihrer Grenzen bedrohte, daß sie den Sieg und daher auch den vorangegangenen Krieg als ein hervorragendes Beispiel von »Politik mit anderen Mitteln« nach dem großen Clausewitz verstehen gelernt hatten und daß sie wieder einen raschen Sieg über Frankreich erwarteten, daß sie versuchten, die simpelsten Lehren aus der Geschichte zu ziehen, nämlich die der bloßen Wiederholung?

Sedan war damals immer noch ein Fest- und Feiertag, an allen deutschen Schulen, in Bayern wie in Preußen, an allen Stammtischen, in allen Garnisonen, bei Kriegervereinen und auch an den Universitäten. Sedan war Festtag und Symbol, und vor Studenten, Schülern, Soldaten und in den Zeitungen war jährlich in Erinnerung zu halten, daß und wie man da Frankreich besiegt und seinen Kaiser gefangengenommen hatte. Und wie danach das neue deutsche Reich »entstand«. Sedan war Siegesstolz und Kriegslust! Die letzten Sieger in Europa waren Deutsche. Auch deshalb schrie der deutsche Großvater am lautesten. Und selbst die deutschen Sozialisten schrien mit.

Krieg hatte allerdings wohl nach der langen Friedenszeit von mehr als vierzig Jahren auch im übrigen Europa einen Reiz. Außer in England herrschte ringsum Wehrpflicht. In England wurde sie aus diesem Anlaß eingeführt. Man hatte überall für einen Krieg geübt, und alle die Manöver verliefen immer siegreich. Auch kannte man den Krieg gut aus der Schule, besonders die siegreichen Kriege der eigenen Nation. Aus Krieg war, schon zu Römerzeiten, alle Macht entstanden, und Politik und Krieg hingen eng zusammen, wie zwei Brüder, die eigentlich Geschichte machen, wie Schlaf und Tod. Zu guter Letzt erzieht der Krieg sich seine Helden, sogar die tragischen. Doch davon später.

Also jetzt war Krieg! Und mit dem Vertrauen, dieser Krieg sei Pflicht, gegen Kaiser, König, Republik, rollten unsere Großväter auf den großen Eisenbahnlinien von allen Seiten gegeneinander, den künftigen Schlachtfeldern zu. Und alle hatten dabei auch die Vorstellung, daß dieser Krieg so ähnlich ausgehen würde, wie alle die Kriege zuvor, die römischen, die französischen, die vielen Erbfolgekriege, die großen Züge und die großen Siege aus dem Geschichtsbuch. An einen Dreißigjährigen Krieg dachte kaum jemand; an den Untergang des Abendlandes oder an das Ende der Menschheit oder daran, daß Gott jetzt tot sei, nur sehr wenige.

Auch die Arbeiterparteien in den Industrieländern hatten diesem Krieg zugestimmt, selbst die in St. Petersburg. Nicht lange zuvor, um 1889, hatten sie sich miteinander zu einer neuen Weltsicht verschworen. Nicht die Völker gegeneinander, sondern die Reichen gegen die Armen, die Besitzenden gegen die Proletarier, hatten sie als die wirklich »kriegstreibenden« entdeckt, und daran wollten sie sich künftig halten. Aber 1914 wurde diese innere und internationale Front hinweggefegt im Namen der alten Prinzipien; im Namen der alten Schulbücher, von denen eigentlich die Arbeiterbewegung und ihre Führung nicht allzuviel hatten erwarten können, denn alle Bildung war, in ihrer Diktion, ja doch klassenbedingt. Sie schworen dennoch im Sommer 1914 selber auf die alten Mächte von Gott, Kaiser und Vaterland oder sie schworen auf die Republik, auf King and Country, obwohl diese alten Werte nach ihren Einsichten die Hindernisse einer künftigen Neuordnung der Welt darstellten. Sie traten über zu den alten Mächten, sie traten allesamt zurück von ihren neuen Einsichten und manche sagten, sie verrieten ihre Ziele. Andere erhofften nach dem Sieg dann doch die neue Welt. Jedenfalls marschierten sie.

Wer marschiert, vertraut den Generälen. So vertrauten sie also: Der Poilu, daß Frankreichs Marschälle die Grenzen schützen, nein mehr noch, das verlorene Elsaß-Lothringen, Streitobjekt mit der deutschen Nachbarschaft, zurückgewinnen könnten; der Tommy, daß ihn die Generäle und Admiräle seiner Majestät jetzt dringend brauchten, um die Gefahr aus Deutschland für Europa abzuwehren, daß jenes Gleichgewicht bewahrt blieb auf dem Kontinent, mit dem die Insel vierhundert Jahre lang ihre Weltpolitik schützte; der Muschik marschierte, weil der Zar den slawischen Brüdern in Serbien zu Hilfe kam und weil deshalb das Mütterchen Rußland in Gefahr war.

Liest man mit offenen Augen nach, dann marschierten die Soldaten des deutschen Fürstenbundes in den neuen grauen Einheitsuniformen nicht aus dem gleichen Grund: Denn sie marschierten, ohne daß das neue Reich der Deutschen auf dem Spiel stand. Sie marschierten allenfalls für den Beistandspakt mit Österreich. Und weil man sich opfern mußte, wie weiland Rilkes Cornett, oder auch, weil wohl der neue Krieg nun eine neue Zeit gebären mußte, die zu erstürmen war. Ein wenig noch konkreter marschierten unsere österreichischen Großväter, soweit sie Deutsche waren, unter dem zögerlichen Kriegsmanifest des greisen Kaisers aus Wien. Denn jahrzehntelang hatten zehn Millionen Tschechen mit zehn Millionen Deutschen aus Böhmen, Mähren und den Alpenländern um die Vorherrschaft in diesem Reich gerungen, um seine sprachliche Gestalt gestritten, um die Entfaltung der deutschen Nation inmitten von Slawen, und nun sahen sie zugleich Gelegenheit, im Krieg nach außen und nach innen zu siegen, auch gegeneinander. Man sieht: ein rechter Weltkrieg war das alles nicht. Er hatte auch sehr provinzielle Züge.

Auch in Italien standen sie bereit, um »unerlöste Gebiete« zurückzugewinnen; unerlöst seit Römerzeiten, im Norden, vor den Alpen, besetzt durch Gallier und Germanen, heutigentags bewohnt von Ladinern und Südtirolern, eine absurde Forderung, ein historisches Konstrukt, ein Mißbrauch des Begriffs von natürlichen Grenzen, hauptsächlich ein poetisches Produkt und dennoch populär in Triest wie in Treviso, zugleich der Preis für den Bruch des Bundes zwischen Italien und den »Mittelmächten« und seinen Eintritt auf der anderen Seite ein Jahr später, 1915, eine fatale zusätzliche Front für die Mittelmächte.

Nicht nur das lauteste Hurra aus Deutschland läßt argwöhnen, daß hier die größte Kriegsbereitschaft zu finden war, geradewegs ein Verlangen nach dem Krieg, sondern auch die deutsche Diplomatie. Eine Woche nach dem Attentat erhielten die Österreicher vom deutschen Bundesgenossen eine Blankovollmacht für ein Ultimatum an Serbien. Es gab in Wien wie in Berlin in der Tat Tauben und Falken. Die Wiener Falken setzten sich durch. Am 23. Juli ging das harte Ultimatum nach Belgrad, am 25. wurde es abgelehnt. Und die Falken, die es auch in St. Petersburg gab, waren zur Unterstützung Belgrads bereit.

Es gab in Paris und besonders in London offenbar mehr Tauben als Falken. Ein umgekehrtes Verhältnis in Deutschland läßt sich bis heute nicht beweisen, aber die deutliche Kriegsbereitschaft der oder jener einflußreichen Stimme macht es denkbar. Der Krieg wurde in Wien wie in Berlin im kleinen Kreis um die Monarchen entschieden. Er war fast die letzte politische Entscheidung, die noch mit vollem Gewicht in monarchischen Händen lag. Krieg oder Frieden war auch Ausweis politischer Geschicklichkeit. Den deutsch-französischen Krieg hatte Bismarck 1870 mit einer Provokation eingeleitet, der sich Frankreich damals nicht entziehen konnte. Die deutsche Beweglichkeit litt 1914 unter den Zwangsvorstellungen einer Wiederholung der Ereignisse. Sie litt zudem noch unter der Unbeweglichkeit der deutschen Strategie, bei dem erwarteten Zweifrontenkrieg zuerst im Westen zuzuschlagen, den man für schneller kriegsbereit hielt, ehe man die russische »Dampfwalze« angriff. Das hieß aber auch, nach dem deutschen Kriegsplan, zunächst Belgien zu überraschen und dann die ungeschützte Nordflanke

Frankreichs anzugreifen, um schnell in Paris zu sein. Der deutsche Plan hieß also: Überfall auf Belgien ohne Kriegserklärung. Das war zweifellos bereits ein Bruch der Konventionen, wiewohl man in England ebenso mit einer Besetzung Belgiens und Hollands im strategischen Spiel umging. (Ferguson 1999, 67)

Die unheilvolle Kette ging aber von Österreich aus. Es hatte der serbischen Regierung nach dem Attentat vom 28. Juni erst einmal keine Reaktionen übermittelt, dann am 23. Juli ein Ultimatium mit der Frist von 48 Stunden. Drei Tage nach der Ablehnung erklärte es dem Königreich am 28. Juli den Krieg. Das setzte die deutsche Kriegsmaschine in Gang, mit einer Atempause von fünf Tagen. In dieser Atempause suchte der englische Außenminister Grey noch zu vermitteln und wollte am 1. August für die englische Neutralität nicht mehr als eine Garantie der Unverletzlichkeit Belgiens. Am selben Tag hatte Deutschland bereits den Krieg an Rußland erklärt und sah zu seinen Vorbereitungen für einen Zweifrontenkrieg keine Alternative mehr. So blieb der englische Vorschlag unbeachtet, und am 2. August wurde, als erster Schritt nach Westen, das Großherzogtum Luxemburg besetzt. Das hieß dann auch, Belgien ultimativ zur Kapitulation aufzufordern und am 3. August Frankreich den Krieg zu erklären, alles immer im ersten Schritt. Daraufhin hatte England aufgrund seiner Bündnisverpflichtungen keine andere Wahl, als seinerseits am 4. August an Deutschland, am 12. August auch an Österreich den Krieg zu erklären.

Die Historiker fragen bis heute nach Wurzeln dieser fatalen Reihenfolge. Sie suchen hinter den diplomatischen Aktionen nach dem Willen zum Krieg und finden ihn im deutschen »Griff nach der Weltmacht«. Eine Gegenthese kann darauf verweisen, wie schwer in Wien wie in Berlin um die Kriegserklärungen gerungen wurde. Auch kann man zeigen, daß in Rußland wie in Frankreich und sogar in dem scheinbar stabileren England der Krieg zur Ablenkung von inneren Problemen nicht so ganz unwillkommen war. Das ändert aber nichts daran, daß die Lektüre der diplomatischen Erklärungen, mögen sie auch die Oberfläche der Entwicklung widerspiegeln, zunächst nach Österreich und dann nach Deutschland weist. Nach Völkerrecht haben die Mittelmächte den Krieg begonnen.

Vier Jahre Krieg

Der sogenannte Erste Weltkrieg forderte fast 9,5 Millionen tote und 20 Millionen verwundete Soldaten. Von denen blieben viele lebenslang Krüppel. Die meisten Toten stammten aus Deutschland, danach aus Rußland, und dann in etwa gleichen Zahlen aus Frankreich und Österreich, nämlich, jeweils in Millionen: 2 Millionen Deutsche, 1,8 Russen, 1,4 Franzosen, 1,1 aus dem alten Österreich-Ungarn. (Ferguson 1999, 337) Wenn man diese toten Soldaten einmal auf die Zahl der jungen Männer überträgt, die auf jeder Seite in den Krieg gezogen waren, dann hatten Frankreich und Deutschland im Kriegsverlauf etwa gleichermaßen jeden sechsten ihrer Soldaten zu beklagen. Das englische Kontingent, das Frankreich zu Hilfe kam, verlor weit mehr: nach derselben Rechnung nämlich fast zwei Drittel seines Bestands, beinahe eine Million Soldaten. Halb so groß war die Zahl der Todesopfer bei den italienischen Truppen, die erst im Sommer 1915 in den Krieg eingriffen. Die amerikanische Armee, eingesetzt im Westen erst in den letzten Monaten der Kämpfe, verlor 115 000 Mann. In der deutschen Armee dienten rund 100 000 Soldaten jüdischer Herkunft. Rund 30 000 davon wurden ausgezeichnet. Mehr als 12 000 sind gefallen.

Man müßte dieser Statistik noch eine zweite hinzufügen: Über all die Lebenswege nämlich, die durch den Tod oder auch durch die lebenslange Behinderung eines Soldaten verändert oder ganz gestört worden sind, unmittelbar oder mittelbar bei dessen Frau und Kindern. Eine solche Statistik beträfe wahrscheinlich noch einmal eine ähnliche Millionenzahl wie die toten Soldaten. Die Verwundungen machten in jeder Armee mehr als das Doppelte der Todesfälle aus; bei russischen Soldaten deutlich mehr, bei amerikanischen weniger, am wenigsten bei der türkischen Armee.

Dementsprechend gerieten die Totengedenken, die Feiern, Denkmalenthüllungen, Gedenkreden an einen großen Kreis von Betroffenen, die als Kriegsteilnehmer, Invaliden, Mütter, Waisen, Liebende überlebt hatten. Und sie dachten alle etwas, wenn sie von »toten Helden« hörten, oder von »sie starben für uns« – aber sie dachten wohl nicht alle das gleiche.

Wir sind noch nicht am Ende des Jammers: Es ist noch von den Gefangenen zu reden. Sie überlebten, aber sie zahlten für dieses Überleben meist mit quälenden Jahren der Unfreiheit und der Mühsal. (Dwinger 1929)

Im Verhältnis zu den Verlustzahlen liegt die Zahl der Gefangenen bei der russischen Armee am höchsten. Das hat seine Ursache wohl in der Umfassungsstrategie des deutschen Ostheeres. Auffällig hoch ist die Zahl der Gefangenen auch bei der österreichischen Armee. Deutsche und französische Gefangene gibt es etwa gleichviel. Und ganz wenig amerikanische Soldaten gerieten in Gefangenschaft, gemessen an der Zahl ihrer Toten.

Der Krieg, der am 1. August 1914 begann, überraschte alle seine Generäle. Nicht nur die belgischen, die überfallen wurden, trotz Haager Landkriegsordnung und Neutralität. Sie wurden überrannt zugunsten eines deutschen Generalstabsplans, der hieß: »Macht mir den rechten Flügel stark!« Die deutsche Westarmee sollte nämlich in einer gewaltigen Drehbewegung durch Belgien und Nordfrankreich Paris erreichen, so ähnlich, wie man auf dem Kasernenhof außergewöhnliche Marschbewegungen mit den Rekruten übte: Nicht geradeaus, nicht links noch rechts, sondern mit großen Schritten am rechten Flügel, auf der Stelle dagegen am linken. Die genialen Pläne der Kriegsgeschichte sind immer einfach. Vielleicht war er nicht genial, der Schlieffen-Plan, der dieser Strategie zugrunde lag, doch einfach war er schon. Die Verbindung riß bekanntlich an der Marne, und ein Oberstleutnant gab den Befehl zum Rückzug. Ein Oberstleutnant zerstörte also die Strategie des weiland obersten Generals Graf von Schlieffen, wenn man es hierarchisch nimmt, im besten Generalstab seiner Zeit, wie man behauptete. Das erinnert ein wenig an die Geschichte des Hauptmanns von Köpenick.

Der Feind sprach statt dessen vom »Wunder an der Marne«. Es war aber weit schlimmer als ein Wunder, für beide Fronten. Der Bewegungskrieg brach nämlich mit diesem Rückzug zusammen, der sogenannte Stellungskrieg begann, ein neues Wort, eine neue Strategie, und eben das war die Überraschung für die

Generäle. In mehr als vierzig Jahren Frieden hatte niemand die Wirksamkeit der neuen Waffen je erprobt und nie das Für und Wider ihrer Möglichkeiten. Man ahnte ihre Folgen nicht und man verfiel angesichts des Gleichgewichts der Kräfte im Stellungskrieg geradewegs auf jene alte Strategie, die allen Kriegselan knirschend in sich selbst zerstört: Die Taktik des Zögerns, des Verbrauchens, des Materialverschleißes, an der Hannibal in Italien scheiterte; an der Wallenstein im Dreißigjährigen Krieg seine Grenzen fand. Mit derselben Taktik verschlissen, verheizten, opferten die Generäle allesamt auf beiden Seiten ihre Soldaten und verrieten das Vertrauen, mit dem diese sich zum Opfer darboten: Für ihre Kaiser und Könige, ihre Vaterländer, und eben auch für ihre Generäle. Das war die gemeinsame Niederlage dieser Generäle, die gemeinsame Niedertracht der Alten Welt, der gemeinsame Verrat an dem, was zuvor noch eben gemeinsam als heilig galt und dessentwegen es auch durchaus recht war, daß man gemeinsam allerseits die Waffen segnete: Krieg war Bestandteil dieser Alten Welt und deshalb auch im Namen Gottes zugelassen. Erst die Unmöglichkeit der Schlachtentscheidungen, erst die Annullierung des historischen Moments im Krieg zerstörte nicht nur alle Lehren der Kriegsakademie, sondern auch alle Kriegsmoral. Sie wurden allesamt zu »Materialschlachten«. Das zerbrach die Ordnung dieser alten Welt. So daß der alte Segensspruch auf deutschen Koppelschlössern zur blanken Blasphemie verkam: »Gott mit uns.«

Nun darf man nicht sagen, niemand hätte das vorhergesehen. Vor den ökonomischen Folgen eines großen Krieges hatte man mehrfach angesichts der prosperierenden europäischen »Weltwirtschaft« um die Jahrhundertwende gewarnt und hielt diese sogar für eine Friedensgarantie. Selbst Schlieffen wollte sie durch seinen Plan für einen raschen Sieg schützen. Vor dem Desaster der modernen Kriegstechnik für die Soldaten warnte der nachdenkliche Warschauer Bankier Ivan Stanislavovitsch Bloch 1899. (Ferguson 1999, 9 und 189) Er hat, im Gegensatz zu manchen Siegespropheten, über Gräbern recht behalten. Dagegen kann man freilich fragen, was die Generäle eigentlich hätten tun sollen, die französischen, englischen und vornehmlich die deutschen; die österreichischen, die russischen und die italienischen, die sich miteinander binnen kurzem in derselben Lage sahen, der generellen Kriegslage eben; was sie denn hätten tun sollen? Was anders, als ihre Armeen aufeinander schießen lassen, pausenlos, und dann wieder in ohnmächtigen Durchbruchsversuchen, mit schwerer und mit schwerster Artillerie, Trommelfeuer in einem Streifen von oft nicht mehr als einem Kilometer Breite. Was tun? Was tun als »Nester« bilden mit schweren MGs und Feuer auf alles, was sich regte? Wir wollen, achtzig Jahre später, nun wirklich heute nicht klüger sein als unsere Großväter mit den roten Streifen an den Hosen, den khakifarbenen, den blauen wie den grauen. Wir wollen nicht empfehlen, wie sie hätten Auswege erfinden sollen, Auswege im strategischen Sinn aus diesem Stellungskrieg und dem Duell von Menschen und Material. Wir wollen also keine Vorschläge abgeben und nur anmerken, daß in dieser Lage auch die Flotten gar nichts nützen konnten, selbst nicht die wohlaufgerüstete deutsche, deren Aufbau nicht wenig beigetragen hatte zu Spannungen des Kaiserreiches mit dem englischen Imperium, eine nutzlose Provokation (Krockow 1996), wie sich nachher zeigte. Die Flotten blieben in ihren Häfen, belauerten einander, und nur wenige Aktionen unterbrachen diese Tatenlosigkeit, sieht man ab vom U-Bootkrieg. Auch der war aber Teil der Materialschlacht. Der Warschauer Bankier Ivan Stanislavovitsch Bloch hatte alles recht gut vorhergesehen, besser wohl als viele Generäle und auch schon 1899: die grauenhafte Zahl der Toten ebenso wie die absurden Kosten.

Strategisch hatten sie vielleicht keine Alternative, unsere Großväter in den Generalshosen. Aber moralisch! Waren sie denn wirklich nicht imstande zu verstehen, wie sinnlos ihr Treiben war? Daß sie, im Erfolgsfall, die feindliche Armee mit allen ihren Reserven hätten aufreiben müssen, aber um den Preis der eigenen Verluste? Aufreiben also bis zum vorletzten Mann, um den letzten in der eigenen Uniform als Sieger hinzustellen? Und es gab wirklich auch den Versuch, das sinnlose Massenmorden zu beenden. Bei einer für sie befriedigenden allgemeinen Kriegslage erklärten die beiden Mittelmächte ihre Friedensbereitschaft und baten den soeben gewählten amerikanischen Präsidenten Woodrow Wilson um Vermittlung bei den Alliierten. Sein Vorstoß erlitt eine glatte Abfuhr in London und Paris. Während sich der inzwischen auch amtierende neue amerikanische Präsident um einen neuen Anlauf bemühte, beschloß aber die deutsche Heeresleitung am 9. Januar 1917 den uneingeschränkten U-Boot-Krieg. Es war klar und wurde im deutschen Hauptquartier auch ausdrücklich erwogen, daß damit vornehmlich die bisher neutralen Vereinigten Staaten brüskiert wurden und womöglich zu einem Kriegseintritt auf alliierter Seite neigten. Die Vertreter eines harten Kurses hatten sich damit in Deutschland durchgesetzt. Aber die Warner behielten recht. Die amerikanische Kriegserklärung erfolgte wirklich am 6. April 1917. Man sollte auch diese von Verhärtungen auf beiden Seiten begleiteten Versuche mit einbeziehen in die Frage nach der Schuld am Krieg und dabei im Auge behalten, daß der endgültige Abbruch der Fühlungnahmen durch eine deutsche Entscheidung, durch den totalen Seekrieg, wenn man so will, ausgelöst worden ist. Von da an ging es weiter bis zur Erschöpfung auf beiden Seiten.

Der sogenannte Erste Weltkrieg, der vornehmlich ein Krieg im westlichen Europa gewesen ist, wurde entschieden, als im Sommer 1918 die Poilus zu revoltieren drohten und als der letzte deutsche Versuch im August mißlang, den vier Jahre alten Stellungskrieg mit einem Durchbruch aufzulösen; als ein alliierter Gegenangriff am »Schwarzen Tag des deutschen Heeres«, wie der Generalstabschef Ludendorff sagte, am 8. August 1918, die deutsche Front durchbrach. Auch, als in der 13. Isonzoschlacht zwar den Österreichern mit deutscher Unterstützung der Durchbruch gelang, als aber der Vormarsch dann doch mit amerikanischen Truppen an der Piave aufgehalten werden konnte. Das war bei San Donà und fast schon im Angesicht Venedigs.

So brachen die Mittelmächte tatsächlich an beiden Fronten, die es nach dem harten Friedensschluß mit Rußland im März 1918 noch gab, kurz vor ihren Zielen zusammen. Nichts anderes konnten sie von ihren Gegnern erreichen, als Waffenstillstand und geordneten Rückzug. Das freilich verbarg das Ausmaß der Niederlage. In der österreichischen Armee war dieser Rückzug einer Auflösung ähnlich. Hier brach das Vielvölkerreich auseinander. Taumelnd und erschöpft sozusagen, standen die Kämpfer nun auf einmal einander gegenüber. Die Deutschen kehrten heim mit leeren Händen. Die Österreicher gingen einer zerbrochenen Staatlichkeit entgegen, ihre Soldaten teils tief entmutigt, teils ungewiß, ob sich nicht mit der Niederlage ein neuer Aufstieg in neuen Staaten verbinden ließe. Die Tschechen feierten die Niederlage als Sieg.

Was sagten nun die Generäle vom Sinn des Krieges?

Bei den Alliierten war alles einfach. Die französischen wie die belgischen Generäle mußten ihren Völkern nichts anderes sagen, als was jedermann sah: Der Feind war ins Land gedrungen, unprovoziert und in vollem Unrecht, wie jeder Eindringling. Nordfrankreich und Flandern waren zerpflügt, aber der Feind war geschlagen, mit englischer und mit amerikanischer Hilfe. Die deutschen Generäle hatten den Nachteil, die Fehlschläge ihrer erfolglosen Offensive einzuräumen, ihre Irrtümer und das Scheitern ihrer Kalkulationen bis hin zur militärischen Wirkungslosigkeit und politischen Katastrophe des uneingeschränkten U-Boot-Kriegs. Da sagten die deutschen Generäle lieber nichts.

Sie ließen statt dessen eine »Dolchstoßlegende« gelten, schoben die Schuld auf Saboteure, ließen Politiker einen »Schandfrieden« unterschreiben, den sie allein verschuldet hätten, schlossen sich später zumindest ohne Widerspruch den Vorwürfen an gegen die »Erfüllungspolitiker«, verharrten grollend im Mysterium ihres Versagens, wurden gelegentlich gar zum Brennpunkt des verlorenen Vertrauens. Nur die Sieger konnten sich mit dem bloßen vierjährigen Ausharren, mit der Strategie des Stellungskrieges rechtfertigen. Die besiegten Angreifer traf das Versagen doppelt. Die junge österreichische Kaiserin Zita, die den Wahnsinn im Sommer 1917 auf eigene Faust hinter dem Rücken der deutschen Verbündeten zu beenden gesucht hatte, eine Frau auf dem Thron gegen den Krieg, fand bis heute kein Denkmal in Wien.

Um Kriegsziel und Friedenslosung

Warum vier Jahre Krieg? Warum neun Millionen toter Soldaten? Jetzt läge es nahe, mit dem Ergebnis dieses Krieges zu argumentieren. Wieder stört zunächst die rückwärtsgewandte Betrachtung. Denn man spricht heute in allen unseren Schulbüchern vom Ersten Weltkrieg, als hätte man damals bei dieser Numerierung schon den Zweiten vorgesehen. Eine suggestive Reihenfolge und eine fiktive Zielsetzung: Als habe der Erste den Zweiten nach Plan und Logik nachgezogen. Die Zeitgenossen empfanden aber zunächst den ersten, den bisher unerhörten Weltkrieg, als ein nie dagewesenes Ereignis, als einen Krieg der bislang weltbeherrschenden Mächte untereinander. »Seit 1917 wurde der Krieg um die europäische Vormacht zum Weltkrieg.« (Stürmer 1984, 321)

Der eigentliche Kriegsschauplatz lag westlich, östlich, südlich von Mitteleuropa. Kann man auf diese Art das Kriegsgeschehen einschränken und erheblich unterscheiden vom Weltkrieg Nummer zwei, so muß man auch die Kriegsziele vornehmlich um den Kriegsherd suchen. Eingekreist war dieses Mitteleuropa zwar noch imstande, den einen seiner drei großen Feinde zu Fall zu bringen. Allerdings im Zusammenwirken mit jenen Umständen, die auch den Mittelmächten selbst zu schaffen machten. Nicht geradewegs militärisch besiegt wurde nämlich das alte Rußland. Rußland ist vom Westen her niemals besiegt worden, weder von den Polen, noch von den Franzosen, noch eben von den Mittelmächten. Das gehört geradezu zu seiner Daseinslegende. Rußland erlag 1917, geschwächt durch diesen Krieg, der Revolution. Dieselbe Revolution, mit Boten aus Ost und West, rüttelte danach auch am deutschen Kaiserreich. Vergebens. In Deutschland brach zunächst der militärische Widerstand zusammen und zwang zur Kapitulation. Der Staat blieb in seinen Grenzen weitgehend erhalten. Wieder anders in der alten Donaumonarchie: Hier hatte man die Mittel und Wege versäumt, vor dem Krieg einen Bund der Völker zu schaffen, zusammengehalten von dem Bewußtsein des gemeinsamen wirtschaftlichen Fortschritts und einer tatsächlichen hochentwickelten Rechtskultur.

Man blieb statt dessen unentschlossen königlich und kaiserlich, k. u. k., verwoben in uralter, in abgelebter und gleichwohl lebendig geglaubter Tradition. Demgegenüber brachen sich neue Kräfte mit republikanischem Vorzeichen Bahn, und aus dem besiegten Österreich-Ungarn ging die Tschechoslowakei als ein echter Siegerstaat hervor. Andere Landesteile wurden Teile des neuen Jugoslawien, Rumänien oder Polen, und übrig blieb die kleine Alpenrepublik, dazu ein auf ein Drittel seiner Vorkriegsgrenzen zurückgestutztes Ungarn. War das nun das Kriegsziel der Alliierten?

Oswald Spengler und Karl Kraus, ein deutscher Gymnasiallehrer und ein österreichischer Publizist, hatten den Krieg gleichermaßen als europäische Katastrophe angesehen. Vom »Untergang des Abendlandes« schrieb der Deutsche, in einem großen historischen Entwurf, einer gewaltigen Deutung der westlichen Weltgeschichte. Das Buch wurde binnen zehn Jahren in mehr als 600 000 Exemplaren verkauft. Der Wiener Literaturkritiker Kraus hatte dagegen ein Lesedrama geschrieben. Das verkaufte sich schlecht. Es ließ sich nicht gut auf die Bühne bringen. Sein Rollenstück vom »Ende der Menschheit« konnte man, bezeichnenderweise, nicht wirklich spielen. Aber man konnte es lesen und die Treffsicherheit seiner Beobachtungen nachempfinden. Man konnte, in vielen Mosaiken menschlicher Verhaltensweisen, das Ende der individuellen wie der politischen Moral begreifen, das dieser Krieg mit sich gebracht hatte.

Karl Kraus hatte also keinen Bestseller geschaffen. Aber sein Lesedrama ließ hundert Einsichten aufblitzen und man erinnerte sich auch noch nach dem zweiten Krieg an seine Eindringlichkeit. Es wirkte weiter, auch wenn die Menschheit tatsächlich nicht untergegangen war. Kraus wie Spengler hatten begriffen, welcher Untergang sich ereignet hatte: die alte Weltordnung war im Kriegsende zerstört worden, abgenützt, mißbraucht, unglaubhaft, überlebt, wie sie auch immer war, im mittleren Europa weit länger festgehalten als im Westen. Die Ordnung der Dynastien, der Monarchen, der Aristokratie und ihrer Ständewelt. Längst verdammt, verlacht, straflos karikiert, anscheinend bis zum Gemeinverständnis ad absurdum geführt; auch längst verschoben, reformiert, umgeformt durch den Aufstieg einer neuen Wirtschaftsaristokratie mit ihren Schlotbaronen und dem technischen Vasallentum der Ingenieure. Trotz allem: Die Weltordnung der Könige und Fürsten, der Staatskirchen und des Konfessionalismus, die männliche Welt mitsamt ihren aristokratischen Ehrbegriffen war offensichtlich den Großvätern in Mitteleuropa noch immer unentbehrlich für ihre Orientierung in der politischen Welt. Die Bruderschaft des gemeinsamen Nationalbewußtseins, der so spät, aber eben in monarchischen und nicht in republikanischen Formen gefundene deutsche Nationalstaat war durch den Frieden von Versailles nicht aufgehoben, ja in seiner geographischen Wirklichkeit nur wenig beeinträchtigt. Aber er schien durch die Weltmeinung, durch die Konfrontation der diplomatischen Vertreter in Versailles und durch die Vertragsbestimmung von der alleinigen Kriegsschuld Deutschlands – nicht der beiden Mittelmächte – zutiefst gedemütigt. Auch daraus erwuchs die große Desorientierung unter den Großvätern, ihre politische, bald auch ihre ökonomische und schließlich ihre moralische Krise. Allerdings war auch das ein Stück europäischer Geschichte: Der deutschen Krise folgte die Desorientierung Europas in den dreißiger Jahren, die dem ersten einen zweiten Weltkrieg folgen ließ.

Ernest Hemingway, als Sanitäter im Einsatz an der Piave, schrieb aus seinem Erlebnis über die Tragödie der Frontsoldaten. In dieser Perspektive übertraf ihn dann allerdings ein bislang unbekannter Journalist aus Westfalen, in dem das Fronterlebnis die große Begabung geweckt hatte: »Im Westen nichts Neues« hieß das Buch nach der lakonischen Formel aus den deutschen Heeresberichten und beschrieb das unerhörte Dasein Tag für Tag im Grabenkrieg. Erich Maria Remarque aus Osnabrück wurde damit weltberühmt. Sein Buch aus dem Jahr 1929 erfuhr Übersetzungen in mehr als sechzig Sprachen, erreichte Millionenauflagen, zeigte auf einmal an der Teilnahme des Publikums, daß doch ein wirklicher Weltkrieg geführt worden war: Ein Krieg in Europa vor den Augen der Welt.

Es gab noch einen zweiten deutschen Erfolgsautor in der Kriegsliteratur. Sein Buch erschien schon 1920 und hatte einen vergleichbaren Erfolg. Auch dieser Autor hatte, wie Remarque, den grausamen Kriegsalltag kennengelernt. Aber er hatte nicht mit tragischer Ironie reagiert, sondern mit naivem Trotz, erfolgreicher Stoßtruppführer, der er war und dessen Tagebuch zu sein das Buch vorgab: »In Stahlgewittern«. Ernst Jünger, etwa gleich alt mit Remarque, ausgezeichnet mit dem höchsten preußischen Militärorden, zeigte darin den Weg der unbeirrten Tapferkeit im alten Soldatenethos. Der eine klagte das Unmenschliche an, der andere suchte es in die Welt einzuordnen. Jeder fand seinen Leserkreis. Remarque und Jünger haben auch heute noch ihre Leser und Parteigänger in der Welt. Die literarische Auseinandersetzung lebt weiter. Die generelle Frage nach der rechten Perspektive ist offenbar nicht entschieden. Und Krieg gibt es noch immer.

Warum nun aber gerade jener Krieg, der die neuere europäische Geschichte nicht nur beschloß, sondern auch vernichtete? Als Generalfrage, nämlich als eine Frage an die neue politische Geographie, ist er leichter zu erklären: Österreich verlor neun Zehntel seines Gebietsumfangs, Ungarn zwei Drittel, Deutschland ein Fünftel. Frankreich gewann ein Fünftel, England eine Handvoll Kolonialbesitz, Amerika verfocht keine Ansprüche. Unklar war, ob man Rußland zu den Siegern oder den Besiegten zählen sollte. Die neue Sowjetunion jedenfalls blieb der größte Staat auf dem europäischen Kontinent, aber sie verlor ihre westlichen Randgebiete: Finnland, das Baltikum, die Westukraine. Und die Vereinigten Staaten von Amerika, die 1917 in den Krieg getreten waren und deren Präsident mit der Erklärung vor dem Kongreß vom 8. Januar 1918 erst überhaupt dem ganzen Krieg Sinn und Ziel gegeben zu haben schien, die berühmten Vierzehn Punkte Wilsons, die Vereinigten Staaten nahmen nichts und gaben nichts – aber sie ließen 114 000 Tote in den Gräben des Krieges zurück. Man könnte sagen, die USA seien die wirklichen Sieger des Ersten Weltkriegs gewesen. Die moralischen Sieger. Denn von der Friedenskonferenz in Versailles zogen sie sich bald zurück, als ihre Sicht der Dinge nicht erwünscht schien. Als es nämlich auf einmal wirklich den Anschein hatte, als sei man in diesen Krieg gezogen, um hier ein Stück Land und dort einen neuen Staat zu gewinnen, um das alte Mitteleuropa aufzulösen und neue politische Einheiten zu schaffen – da hatte das moralische Ingenium Wilsons keinen Bundesgenossen mehr.

Aber das ist nicht richtig. Das Ergebnis des Krieges stand den kämpfenden Mächten am Anfang durchaus nicht vor Augen. Es war Improvisation, im Lauf der Kriegsjahre gewachsen. Und noch in den Vierzehn Punkten Wilsons Anfang 1918 war die Auflösung Österreich-Ungarns, die Auferstehung Polens oder der Herrschaftswechsel in den deutschen Kolonien nicht vorgesehen. Die neuen Landkarten zeigten nicht die Kriegsziele von 1914. Freilich diskutierte man um solche Ziele. Und zwar mehr bei den Mittelmächten als bei den Alliierten. Und dort, bei den Mittelmächten, wo man vor allem von einem starken Mitteleuropa unter deutschem Einfluß als Kriegsziel ausgegangen war und von einem nicht minder kräftigen Österreich unter Führung der Deutschösterreicher, dort hatte der Zusammenbruch alle solchen Pläne weggewischt. Was aber dann in Versailles wirklich übrigblieb, recht betrachtet, das war am Ende noch immer improvisiert und gedankenlos auf die Verschiebung von Grenzen und auf die Erhebung von Reparationen gerichtet, wie der gedankenlose Kriegsbeginn. Man ist versucht zu sagen, die Europäer seien nicht nur in diesen Krieg »hineingeschlittert«. Sie scheinen auch »herausgeschlittert« zu sein. Da war nun freilich die amerikanische Kriegsrechtfertigung und die zugehörige Friedensplanung von überlegenem Kaliber und fand kaum Verständnis bei den europäischen Siegern.

Es war das erste Mal, daß die Kolonisten aus der Neuen Welt mit Heeresmacht und mit ihren politischen Ideen zurückgekehrt waren in die Alte. Sie siegten, aber sie zogen sich zurück, weil diese Alte Welt ihre Grundsätze nicht gelten ließ. Das waren Grundsätze, wie sie in der Alten Welt nach ihrem Herkommen nicht leicht gelten konnten. Den Vierzehn Punkten des Professors und Präsidenten Woodrow Wilson applaudierte man in Europa zwar recht freundlich, solange die Amerikaner auf alliierter Seite kämpften. Doch beim Wort genommen, während der Verhandlungen in Versailles, erschienen die Gedanken des amerikanischen Präsidenten den Europäern weltfern. Man kann sie nur verstehen, wenn man weiß, wie in Amerika einst über Recht und Grenzen entschieden wurde. Da war alles viel weiter, viel großzügiger, viel einfacher als in Europa. Ohne die Barrieren der Geschichte. Da lagen, zumindest im Selbstverständnis der

Pilgerväter, die einfachsten menschlichen Grundsätze offen da. Und das vor allem ohne die verzwickten ethnischen Mischzonen. Was sollten auch jahrhundertealte ethnisch gemischte Zonen im melting-pot? Überdies war alle Politik ganz anderen Grundsätzen zugedacht: Hier wollte man Weizen anbauen und in freien Gemeinden als Christen leben. Die Sprache war Ergebnis des zwischenmenschlichen Pragmatismus, die Probleme des Daseins waren auf den Horizont der unbegrenzten Möglichkeiten reduziert, am Ende siegte sogar die Moral über das schlechte Gewissen der Sklaverei, und nur die Indianerpolitik bescherte jenes Unbehagen des Betrugs am unterlegenen roten Mann, jenen unmoralischen Restbestand, den alles unbeschränkte Gewinnstreben in den heimlichen Gewölben seiner Selbstdarstellung verbirgt.

Die Stunde Wilsons

Wilson forderte nichts anderes als Demokratie, als Selbstbestimmungsrecht für alle Völker aus der Souveränität eines jeden Volkes. Dabei hatte er diesen Begriff in seinen berühmten Vierzehn Punkten allerdings nur in Punkt 6 für die Völker Rußlands bereit, wohl in Korrespondenz zu Lenins Schlagworten. Für die beiden multinationalen Großreiche auf der Gegenseite jener Allianz, der die Vereinigten Staaten ein dreiviertel Jahr zuvor beigetreten waren, für die Doppelmonarchie Österreich-Ungarn und die Türkei, forderte Wilson nur in den Punkten 10 und 12 seiner Erklärung »unbehinderte autonome Entwicklung« für alle Völker und Nationen in diesen Staaten. Daraus hat man richtig geschlossen, daß Wilson zu der Zeit noch nicht an die Auflösung dieser Großreiche dachte. Was er forderte, schien für seinen Blick recht gut vereinbar mit dem Stand des Krieges in Europa Ende 1917.

Da war das russische, noch immer autokratische Zarentum aus der Allianz herausgebrochen, niedergeworfen, am Ende sogar liquidiert durch die russische Revolution, die erst eine parlamentarische Demokratie zu schaffen versucht hatte, im Februar oder März 1917, je nach Kalender. Sie mündete danach aber im Oktober oder November 1917 in eine sogenannte Herrschaft des Proletariats, in Wirklichkeit in eine radikale Diktatur einer kleinen Gruppe Intellektueller unter Lenins Führung. Diese kleine Gruppe suchte und fand ihre Mehrheit ohne alle Moral mit Terror und Täuschung und nannte sich danach auch die Mehrheitspartei, die Bolschewiki. Aus taktischen Gründen, keinesfalls aus Friedensliebe, schied sie aus der Front der Alliierten aus, schloß einen Waffenstillstand mit Deutschen und Österreichern im März 1918 und wurde dabei, weit entfernt von einem gerechten Ausgleich, in Brest-Litowsk einem handfesten Friedensdiktat unterworfen. Die Deutschen und Österreicher, die bald darauf den ungerechten Frieden von Versailles beklagten, hatten, wohlgemerkt, nur Monate zuvor ihrerseits als Sieger selbst einen Frieden ohne alle Großmut diktiert.

Das ist einer jener kuriosen Widersprüche, den man nicht weiter hervorheben müßte, weil eigentlich kein Friedensschluß in der Weltgeschichte gerecht und korrekt gewesen ist. Weil aber gerade die Deutschen und die Österreicher in ihren Geschichtsdarstellungen dieses Jahrhunderts den »Gewaltfrieden« oder gar das »Schanddiktat« von Versailles und den zugehörigen Folgeakten so sehr hervorheben, muß man doch daran erinnern, daß sie selbst kurze Zeit vorher als Sieger auf ähnlich ungerechten Wegen zu ertappen waren; nur hat sich der Frieden von Brest-Litowsk in der Geschichte durch die Niederlage der Mittelmächte und durch den Gang der Revolution in Rußland nicht mehr ausgewirkt.

Der Krieg gegen die Mittelmächte wurde seitdem also nurmehr von Franzosen, Engländern und eben von den Amerikanern im westlichen Europa geführt, seit 1915 auch von den Italienern an der Alpenfront. Aber auch die Italiener hatten in ihrem Land eine konstitutionelle, also eine parlamentarische Monarchie, so daß man, als das zaristische Rußland zusammengebrochen und damit auch aus der alliierten Front gegen die Mittelmächte ausgeschieden war, nun mit einer gewissen Berechtigung sagen konnte: Es kämpft die Demokratie in Frankreich, England, Italien und den Vereinigten Staaten gegen die absolut regierten Monarchien in Mitteleuropa.

Ein solcher Gegensatz war freilich zum guten Teil ein Kind der Kriegspropaganda. Zwar waren sowohl im deutschen Kaiserreich als auch in der österreichisch-ungarischen Monarchie die Regierungen nicht vom Willen des Parlaments abhängig, sondern von den Monarchen, die sie ernannten und auch gegen Klagen und Proteste aus dem Parlament stützten. Also waren ihre Parlamente nicht das entscheidende Element in ihrem politischen System. Andererseits gab es in beiden Ländern für diese Parlamente ein allgemeines Wahlrecht. In England gab es das beispielsweise nicht. Überdies konnte in Wirklichkeit weder hier noch dort, konnte also weder Kaiser Wilhelm II. in Deutschland noch Kaiser Franz Josef I. in Österreich so einfach Regierungen berufen und absetzen, wie er wollte. Nicht das Parlament war entscheidend für die politische Willensbildung hier und dort, jedoch hatte die Opposition aller möglicher, daneben auch parlamentarischer Herkunft ein oft unterschätztes, bei »allerhöchsten« Entscheidungen schwer zu wägendes Gewicht, wenn sie auch nicht imstande war, eine Regierung im Sinn der bekannten politischen Mechanik zu stürzen oder gegen den Monarchen durchzusetzen. In jedem Fall war die Presse eine Macht, die sich im politischen Leben nicht ignorieren ließ. Der entscheidende Unterschied lag wohl nicht im vergleichsweise großen Handlungsspielraum monarchischer Entscheidungen, sondern in der Beteiligung der Öffentlichkeit an der politischen Willensbildung, die nicht einfach gleichzusetzen ist mit dem artikulierten Volkswillen, die sich aber in der parlamentarischen Selbstdarstellung nach westlichem Modell selber so definierte. Diese Perspektive wie auch ihre Gegenbehauptung machte später noch viel aus in der politischen Diskussion. Vielleicht ist nicht ganz unwichtig bei der Abwägung des parlamentarischen Einflusses in Deutschland, daß zehn Tage vor Waffenstillstand, am 28. Oktober 1918, mit einem Federstrich sozusagen, der noch immer regierende Kaiser die Abhängigkeit künftiger Regierungen von Parlamentsmehrheiten deklarierte, natürlich im Hinblick auf Wilsons Friedensprogramm. Diese Entscheidungen, eigentlich als ein Markstein zu feiern oder als die

Befreiung von generationenlanger Bevormundung des Reichstags durch den Kaiser, ging im Strudel der Ereignisse seinerzeit geradewegs unter. Dasselbe Schicksal erlitt elf Tage zuvor der Versuch des österreichischen Kaisers Karl, in einem Manifest den Völkern Österreichs Autonomie in einem Bundesstaat anzubieten. Schon im Juni 1918 hatte Frankreich dagegen die Tschechoslowakei als Staat anerkannt, ihm folgten Großbritannien und im September auch die Vereinigten Staaten. Damit waren Grundlinien der alliierten Kriegsziele festgelegt. Ungarn übrigens, in Personalunion mit dem Kaisertum Österreich, wurde im Innern parlamentarisch regiert. Aber das wurde in den Friedensverhandlungen keinesfalls honoriert.

Zurück zur Kriegspropaganda: Wohl hatten die »Alliierten«, die englische konstitutionelle Monarchie und die französische Republik im Bund mit dem »absoluten« Zarentum in Moskau, ihren Krieg gegen Deutschland und Österreich nicht unter der Parole begonnen: Für die Demokratie! Aber der amerikanische Präsident konnte vor seinen Wählern und Widersachern in seinem Land mit dieser Parole weit besser jenseits des Atlantiks Krieg führen als ohne sie. So hat er mit seinem Kriegseintritt dem ganzen Weltkrieg erst ein Gesicht gegeben, ein anderes Ansehen als die Rivalität der europäischen Mächte. Wilson hat diesem Krieg die Macht der Demokratie mit der politischen Ethik der Zukunft verliehen. Nur zog sich, wie gesagt, Amerika nach dem Krieg enttäuscht vom alten Kontinent zurück.

Ohne Wilson aber fiel der Friedenskongreß von Versailles wieder zurück in die Kurzsichtigkeit der europäischen Rivalitäten. Rußland hatte, blutig vom ersten Tag an und lange zerrissen im Bürgerkrieg, durch die große Revolution seinen eigenen Weg eingeschlagen, wobei es sogar den harten Frieden von Brest-Litowsk mit den Deutschen und, deutlich in zweiter Linie, auch mit den Österreichern zu unterzeichnen bereit war um den Preis, die Hände frei zu haben für den Aufbau einer neuen, einer besseren Welt. Aber auch um den Preis einer Weltrevolution, mit der man die Sieger von Brest-Litowsk, das deutsche Kaiserreich also und die österreichische Doppelmonarchie, doch auch wieder zu überwinden hoffte im neuen, im dialektischen Prozeß, in dessen Bahnen Lenin bereits seine Meisterschaft entwickelt hatte. Oft hat man nur die kommunistischen Ideen im Sinn, wenn man den Weg der russischen Revolutionen verfolgt. Daß zuvor aber auch die russischen Heere sinnlos verbluteten, im Urteil hunderttausender betroffener Soldaten, daß der sinnlose Krieg des Zaren den Boden vorbereitete für Lenins Parole: »Alles Land den Bauern«, will nicht minder erwogen sein. Was zusammenbrach, hatte der Krieg zuvor morsch gemacht.

Das gilt auch für den Rücktritt des deutschen Kaisers, den sein Kanzler, Prinz Max von Baden, am 8. November erklärte, ohne dazu ermächtigt zu sein. Mit einem Satz zog der süddeutsche Aristokrat die Summe eines verfehlten Krieges; und der Kaiser zog die Konsequenz der Erklärung seines Kanzlers. Die befürchtete Revolution fand in Deutschland nicht statt. Daß das Volk »auf der ganzen Linie gesiegt« habe, womit die Sozialdemokraten den Rücktritt des Kaisers kommentierten, als wären sie am Anfang des Krieges nicht dabeigewesen, war aber bereits eine neue, eine Nachkriegsillusion. Gesiegt hatte Frankreich, und zwar auf der ganzen Linie, und das galt auch für alle Versuche, das enttäuschte, hungernde deutsche Volk und die nicht weniger erschöpften Österreicher in eine neue Zukunft zu führen. Es war eine Zukunft, bei der man die deutsche Demokratie mit den Schulden des alten Systems belastete. Eine nationale Zukunft; keine demokratische. Gleichwohl war die demokratische Alternative überall bekannt, und ohne große Demonstrationen, vor allem ohne Gewalt, zogen sich die deutschen Könige und Großherzöge von der Regierungsgewalt zurück. Das war die erste Revolution, die man »sanft« oder »samten« nennen könnte in Mitteleuropa, so wie achtzig Jahre später den Rückzug der sozialistischen Funktionäre in den sowjetischen Satellitenstaaten.

In Deutschland kam es damals zu Gewaltakten gegen Offiziere, zu politischen Attentaten gegen den bayerischen »linken« Ministerpräsidenten Eisner, gegen den jüdischen Außenminister Walther Rathenau und gegen den »Erfüllungspolitiker« Erzberger. Es gab einige Polizistenmorde. Eine Revolution, wie sie vor allem Lenin erhoffte, gab es in Deutschland aber nicht. Auch ist keiner der resignierenden Fürsten umgebracht worden. Der Staat brach nicht zusammen. Der deutsche Staat hielt Disziplin und lebte weiter. Aber die »staatstragenden Schichten« von ehedem wandelten sich nicht mit dem neuen Staatsverständnis der Verfassung von Weimar. Sie blieben befangen im politischen Verständnis der Kaiserzeit.

Vielleicht war Thomas Mann, zu jener Zeit einer der erfolgreichsten deutschen Autoren, dessen »Buddenbrooks« damals schon mehr als hundert Auflagen erreicht hatten, der berufene Sprecher aller der deutschen Großväter, die mit der Niederlage den Boden unter den Füßen, oder wohl besser, den Himmel über sich, den deutschen Himmel, verloren hatten. Er schrieb seine »Betrachtungen eines Unpolitischen« noch während der letzten Kriegsmonate und vielleicht noch in der Hoffnung auf einen deutschen Sieg. Er schrieb als »ein rechtes Kind des 19. Jahrhunderts«, aber das heißt eigentlich nur, daß mit ihm eben dieses Jahrhundert noch tief in das zwanzigste reichte. Er schrieb als ein Verteidiger von »Kultur gegen die Zivilisation«, als ein »Unpolitischer« gegen die Demokraten, die Jünger der Aufklärung und der französischen Revolution, er schrieb gegen »Freimaurer und Glücksphilanthropen« und für die deutsche Nation, für den »Geist der Ordnung«, für Pflicht- und Ehrgefühl und für den »seelischen Militarismus«, der die Deutschen auszeichne. Er schrieb gegen das tagespolitische Engagement und gegen die Demokratie überhaupt, für den Gehorsam gegenüber der guten Obrigkeit. (Mann 1919, Vorrede)

Thomas Mann hatte damals bereits seit zwanzig Jahren alle literarische Aufmerksamkeit auf sich gezogen. Er schrieb über jenes »gehobene Bürgertum«, dem er selber angehörte. Außer dem großen Familienroman der »Buddenbrooks« hatten auch andere seiner Bücher hohe Auflagen erreicht, die »Königliche Hoheit«, »Der kleine Herr Friedemann«, »Friedrich und die große Koalition«. Man konnte wirklich kaum einen anderen deutschen Autor nennen, der so weithin ungeteilten Beifall fand im lesenden Publikum. Nun erklärte er sich, seit Jahren gequält durch die Auseinandersetzung mit der klügelnden, selbstbezogenen, besserwissenden Polarisierung des öffentlichen Lebens, wie sie in Frankreich seit langem gepflegt würde, gegen die deutsche in seiner Diktion eben »unpolitische« Einstellung eines selbstverständlichen Dienstes an der Nation und am Kaiser. Deshalb schrieb er noch 1918 für den Krieg »mit einem gewissen Gefühle sittlicher Befreiung als Zuchtmittel gegen den Materialismus«. Freilich zeigten sich damals schon die Anzeichen der deutschen Niederlage. »Der Sozialdemokrat Scheidemann redete grob aber ehrlich«, schreibt Mann, »als er sagte, die allgemeine Erschöpfung werde der pazifistischen Demokratie gewaltigen Vorschub leisten. Das ist sicher. Aber sehr ehrenvoll für die Demokratie ist es nicht, daß sie nur auf dem Boden der Erschöpfung zu gedeihen scheint...« (Mann 1919, 470f.)

Wir ahnen die ohnmächtigen Schritte in die Irre, die unsere Großväter auf solchen Gedankenbahnen vor sich hatten, ihre ratlose Zurückhaltung gegenüber der politischen Teilnahme, wie sie ihnen die neue Republik anbot, und, noch folgenschwerer, ihre Empfänglichkeit für die Verlockungen eines »Führerstaates«.

Die besiegten Großväter, wem sollten sie glauben? Was war das eigentlich für ein unendlicher Vertrauensbruch, ihnen nun aus der gemeinsamen Niederlage, den deutschen und den österreichischen, den ungarischen, kroatischen, bosnischen, aber auch tschechischen Großvätern nämlich, soweit sie – die überwiegende Mehrheit nach einer oft verleugneten Wirklichkeit – als treue Soldaten auf der kaiserlichen Seite gekämpft hatten; allen diesen Großvätern also einen gedanklichen Ausweg zu zeigen, weil sich die Sieger als Sieger erwiesen und nicht als gerechte Richter? Oder gar als Mitdemokraten? Das wäre ein großes Lehrstück in Demokratie gewesen, würdig vieler Lehrstücke eines Bert Brecht oder Sophokles und vieler Essays eines Saint-Exupéry. Es wurde, statt dessen, ein Frieden wie jeder andere.

Aber natürlich ist die menschliche Natur für solche Lehrstücke einfach zu beschränkt. So mißlang alles denn auch gründlich. In der intellektuellen Stratographie erreichte es kaum den geistigen Mittelstand. Hatten die deutsche Mobilmachung noch Köpfe von Format begrüßt, wie Gerhard Hauptmann, Max Weber oder Käthe Kollwitz, so hatten sie sich doch in den vier blutigen Jahren ganz anders besonnen, mit mehr Verständnis für die Probleme der neuen deutschen Demokratie um 1920, als man einem besiegten und zum Frieden gezwungenen

Volk hätte abverlangen müssen; auch mit einer gewissen Selbstverständlichkeit, nach den Parolen der Sieger: Die wollten den Krieg im Namen der Demokratie gegen die Tyrannei der Kaiserreiche gewonnen haben, und dieser Losung stand auch augenscheinlich nichts mehr im Wege. Die Sieger, das waren: die französische und die amerikanische Republik und der englische monarchische Parlamentarismus. Die konstitutionelle Monarchie in Japan und viele, viele kleine Republiken rings um die Welt, die in den letzten Monaten den Mittelmächten, vor allem Deutschland, im Zusammenhang mit dem uneingeschränkten deutschen U-Boot-Krieg ihrerseits Krieg erklärt hatten. Und die Besiegten: das deutsche Kaiserreich, die österreichisch-ungarische Doppelmonarchie und, nicht zu vergessen, die autokratisch regierte Türkei. Also hätte sich wohl spielen lassen in diesem Lehrstück, wie die Demokratie siegreich bleibt über die absolute Herrschaft und wie sie danach ganz demokratisch die Demokraten unter den Besiegten unterstützt.

In einem solchen Sinn hatten die deutschen Sozialdemokraten mit einer gewissen Selbstverständlichkeit auch die Losung ausgegeben vom »Volk«, das »auf der ganzen Linie gesiegt« habe. Und ganz ähnlich ging es zu im besiegten und auf ein Zehntel der Größe von ehedem zurechtgestutzten Restösterreich. Auch hier, wiewohl anders als in Deutschland nur zweitstärkste Partei nach den letzten Vorkriegswahlen, übernahmen die Sozialdemokraten das Ruder. Und für eine Zeit sah es auch so aus, als hätten das, in den ersten Nachkriegswochen, die besiegten deutschen Großväter stillschweigend begriffen, während die österreichischen, die deutsch-böhmischen und die Großväter in »Deutsch-Tirol« und in der südlichen Steiermark noch zögerten. Erst als, auf den Seiten der Sieger, den ersten Schritten auch die zweiten folgten; erst als man daran ging, im Vertrag von Versailles jenen Artikel zu formulieren, der den Deutschen die Alleinschuld gab an diesem Krieg, ungeachtet des Attentats von Sarajewo, als man den Deutschen Reparationen aufzwang, deren Höhe erst später bestimmt und deren Zahlung zunächst ins Unbekannte fortgeschrieben werden sollte; als man von ihnen nicht nur die verständliche Abtretung von Elsaß und Lothringen forderte, deren Angliederung an das

Deutsche Reich als eine besondere »Reichsprovinz« ohnehin unausgeglichen war und deren Bewohner nicht immer wirklich gleichberechtigt als Deutsche behandelt worden sind, erst als nicht nur solche jedem Unvoreingenommenen heutigentags verständlichen Reaktionen abliefen – sondern als man auch Abstimmungen nach der Bevölkerungsmehrheit da und dort mißachtete; und gar, als man für schuldige Reparationen das Rheinland besetzte, erst da verlor dieser Friedensvertrag seinen ganzen Kredit bei den Besiegten.

Denn der Großvater, treuherzig und vergeßlich, dazu voreingenommen in eigener Sache wie er war und soweit er sich nicht besonders engagierte, verband noch immer Land mit Recht, gönnte noch immer dabei dem Verteidiger, dem belgischen oder dem französischen, seinen moralischen Vorteil, bedachte allein den Sieg von Tannenberg und seinen Feldherrn vor allen anderen Generälen mit ungeteilter Bewunderung, hatte sich in Wahrheit nicht immer wohl im fremden Land gefühlt und konnte in mancher Hinsicht dem Friedensschluß auch Verständnis abgewinnen. Ohnehin ist nach jedem Krieg als Kriegsziel der Friede, ganz gleich wie, ein verbreitetes Begehren. Aber dieser täppische und in seinem Weitblick durchaus beschränkte Großvater sah nun, nicht zutreffend, die politische Entwicklung als ein deutsch-französisches Duell, in dem der Mythos von der »Erbfeindschaft« den Ton angab. Thomas Mann gab ihm dabei in seinen »Betrachtungen eines Unpolitischen« zu den deutsch-französischen Beziehungen nicht unrecht. (Mann 1919) Die Lektion französischer Besatzungstruppen im Frühjahr 1923 an Rhein und Ruhr besiegelte diese Ansicht, und der folgende Zusammenbruch der deutschen Währung, die totale Inflation, ließ so viele Großväter verarmen, daß nun auf einmal der Vertrag von Versailles vielen Menschen buchstäblich »ins Haus stand«, ins pompöse Bürgerhaus wie auch in die bescheidenen eigenen vier Wände. Da war nicht nur alle Kriegsanleihe verloren, die im Krieg für den Sieg bezahlt worden war; da ging es nun auch um den letzten Pfennig auf dem Sparbuch. Vor dem 20. November 1923 gab es eigentlich kein Geld mehr in Deutschland; nur noch Scheine.

Hier müssen wir ihm also ein wenig recht geben, dem biederen und, wie gesagt, dem nicht sonderlich weltläufigen deutschen Großvater, der nicht begreifen wollte, daß man ihn im Rahmen der kollektiven Nationalehre zum Lumpenkerl erklärte und individuell zum Bettler werden ließ. Und daß man ihm – gleich, wie er dachte, und was er getan hatte und tat, um einer deutschen Republik auf die Beine zu helfen oder gar als Demokrat in die europäische Demokratie einzuladen – das blanke Hinterteil des nationalen Egoismus zukehrte. Die Demokratie in Europa war mit ihren nationalen Vorurteilen für Deutschland nicht einladend. Deutschland durfte auch kein Mitglied in dem von Wilson im April 1918 geschaffenen Völkerbund werden.

Großzügiger kamen dem deutschen Großvater da die Amerikaner entgegen und schlossen 1920 ohne viel Aufhebens bedingungslos Frieden, ganz ohne Versailles. Die französische Politik hatte noch weit bis zur Weitsicht eines Aristide Briand, oder vielleicht auch umgekehrt: Je hartnäckiger die französische Politik darauf bestand, den Sieg über die erschöpften Deutschen in französische Hegemonie umzumünzen, bei klarer Abkehr der amerikanischen und wachsender Distanz der englischen Politik von dieser Intention, desto schwieriger war es wohl für einen Mann wie Briand, für einen »Verständigungsfrieden« zu werben; Verständigung, die eben erst Jahre nach dem Friedensschluß zu reifen begann. Aber währenddem hatten in Deutschland die Radikalen schon Anhänger unter den Großvätern gefunden und die Verwirrung war größer geworden als noch ein paar Jahre zuvor, als beim Friedensschluß der deutschen Gesandtschaft in Versailles ihrem Sprecher, dem arroganten deutschen Außenminister von Brockdorff-Rantzau, statt verständigungsbereiter Worte nichts anderes einfiel, als die in der Welt schon hinlänglich karikierte aristokratische deutsche Arroganz.

Man muß jetzt die Dinge gut im Auge halten, und vor allem die Großväter. Denn so wie sich im Rückblick dieser sogenannte Erste Weltkrieg schließlich als ein Duell zwischen Frankreich und Deutschland darstellte, um den Preis der Vormacht auf dem Kontinent, mit englischem Verständnis für dieses Vorhaben auf der einen, und mit österreichischer Beihilfe auf der anderen Seite, so liefen eben doch hier und dort die Interessen nach 1919 auch wieder auseinander. Aber das deutsch-französische Duell blieb offen. »Der Tiger« Clemenceau, nicht nur französischer Ministerpräsident, sondern auch Nachfahre und Erbe der immer wieder beschworenen demokratischen Ideale der Grande Nation, hatte diese Aufgabe seiner Rolle als Gastgeber des Friedensvertrages, um es einfach zu sagen, am Verhandlungsort in Versailles einfach verkannt. Er hat die Gelegenheit zur Verbreitung der Demokratie in Europa nicht wirklich genützt, wiewohl sich die Siegermächte doch in der letzten Zeit des gemeinsamen Krieges darauf verständigt hatten, im Namen der Demokratie gegen die kaiserliche Tyrannis zu kämpfen. Und nun zeigte Frankreich Stärke am falschen Platz. Das störte eine Entwicklung zwischen den beiden maßgeblichen Rivalen in Europa, die sich über den Gräbern von Douaumont vielleicht die Hand gereicht hätten, wäre nur die Legende der Erbfeindschaft nicht heimlich hinter einem jeden gestanden, von Alltagsbeweisen genährt. Die Wahlergebnisse in der ersten deutschen Republik zeigen das an.

Schwerer, noch schwerer – was man in Deutschland bis heute nicht versteht – hatten es die Großväter in anderen Regionen des großen Kriegs und des jungen Friedens miteinander. Man muß die Verhältnisse erst einigermaßen entschlüsseln, um ihre Schwierigkeiten verständlich zu machen. Nämlich die Schwierigkeiten auf dem Boden der besiegten Doppelmonarchie, die einen Teil ihrer traditionellen inneren Widersprüchlichkeiten zwangsläufig an die sogenannten Nachfolgestaaten weitergab. Sie folgten dieser Doppelmonarchie tatsächlich nach, während sie ihr vielfach vorbildliches Rechtssystem übernahmen, ebenso ihr ringsum vorbildliches Schulsystem; aber eben auch ihre Nationalitätenprobleme, in neuer Konstellation. Nicht schwerer, sondern schlimmer war es währenddessen für die russischen Großväter. Sie gerieten in die volle administrative Unfähigkeit ihrer Revolution, und man sagt, um diese Zeit seien zwanzig Millionen Menschen in Rußland verhungert.

Die Saat für den nächsten Krieg

Um es gleich zu sagen: Ganz anders als in Deutschland gab es auf dem Boden der ehemaligen kaiserlichen wie königlichen Monarchie Österreich-Ungarn im Herbst 1918 Trauer und Jubel eng nebeneinander. Allzu eng. Am Ende wird man sagen müssen, daß nicht das Ressentiment gegenüber dem »Diktat« oder dem »Schandfrieden« von Versailles den Boden für den nächsten Krieg bereitet hat, so wie das allgemein noch heute gilt. Am Ende wird man nach ruhiger Abwägung der Dinge sagen müssen, daß die unzweckmäßige, unausgewogene, unausgereifte Auflösung der österreichisch-ungarischen Monarchie den Zündstoff schuf. Nicht Versailles, sondern St. Germain schufen die schiefe Ebene, die einer deutschen Revisions- und Kriegspolitik zwanzig Jahre später den Anschub gab. Diese Sicht muß erläutert und auch gegen Mißverständnisse geschützt werden.

Aus der Geschichte einer vierhundertjährigen Provinz trat das Königreich Böhmen mit der Markgrafschaft Mähren und dem Fürstentum Schlesien, zuletzt nicht einmal mehr durch eine besondere Krönung in Prag vom Kaiser in seiner Eigenständigkeit anerkannt, auf einmal 1918 als selbständiger Staat hervor. Eine rührige, weitsichtige, in ihrer politischen Ausdauer und Argumentation ganz außerordentlich erfolgreiche Emigration hatte dafür bei den Siegermächten zur rechten Zeit geworben. Sie war im Triumph nach Hause gekommen, wie keine andere Emigration in der europäischen Geschichte. Aber weil in dem alten Königreich Böhmen und der Markgrafschaft Mähren und in dem kleinen Fürstentum Schlesien die tschechischen Großväter nur etwa zwei Drittel der Bevölkerung ausmachten, gegenüber ungefähr einem Drittel deutscher Großväter, hatte dieselbe Emigration auch noch um das slawische Nachbarvolk geworben. Das waren die Slowaken. Sie gehörten politisch seit tausend Jahren zum Königreich Ungarn. Sie lebten also außerhalb der alten böhmischen Grenzen, wenn auch seit dem 16. Jahrhundert unter derselben habsburgischen Herrschaft und seit 1848 in lebhafter Verbindung mit dem tschechischen »Brudervolk« und seinen intellektuellen und selbstbewußten »Wiedererweckern«. Als politische Bewegung hatten sie sich seit der Jahrhundertwende erst wenig organisiert. Und keinesfalls soviel, daß man sie in ihrem Land nach einer politischen Willensbildung hätte fragen können, und hätte man das getan, so wäre man wohl kaum verstanden worden. Die Slowaken sprachen in allen ihren Schulen und natürlich, wenn sie ihr Bildungsgang dorthin führte, auch noch an der Universität in Budapest, magyarisch. Und nicht sehr viele unter ihnen empfanden das als Schande oder als Gefahr. Sie waren keine Gesprächspartner für einen neuen, mit den Tschechen gemeinsamen Staat.

Die tschechische Emigration fand einen Ausweg, wie er unsereinem vielleicht abwegig scheint, wie er aber der Mentalität von Emigranten nahe liegt. Man agierte in der Emigration. Die tschechischen Emigranten schlossen einen Vertrag mit einer Vereinigung nationaler reiferer, welterfahrener Slowaken, allerdings mit dem Nachteil, daß diese Slowaken nicht mehr in der Slowakei lebten. Sie waren im Lauf der letzten Jahrzehnte nach Nordamerika ausgewandert, und es waren ihrer da gut Hunderttausend, etwa fünf Prozent aller Slowaken überhaupt. Sie vereinbarten mit dem Häuflein tschechischer Emigranten um Tomáš Masaryk einen neuen, gemeinsamen Staat. Ein generelles Votum in der Heimat sollte hinterher diese Vereinbarung gutheißen.

Als dann der neue Staat per Akklamation im Exil und durch die Zustimmung der Alliierten um einen Bindestrich herum gegründet wurde, Tschecho-Slowakei, links die Tschechen und rechts die Slowaken, sank der deutsche Anteil in dem solcherart erweiterten Gebiet auf nurmehr ein Viertel. Ausgesprochen wurde das aber seinerzeit nicht. Für diesen Staat hatte nicht nur die Emigration mit klugen Schritten den Weg gebahnt; auch gab es wohl rund achtzigtausend Legionäre, die sich besonders in Rußland während des Krieges eingesetzt hatten für ihren neuen Staat, zunächst gemeinsam mit der zaristischen Armee gegen die Mittelmächte, dann als ein unklarer, deshalb auch unberechenbarer Faktor in den Kämpfen zwischen »Rot« und »Weiß« nach Ausbruch der Revolution, meist auf der »weißen« Seite. Auf einem abenteuerlichen Weg fand diese Legion schließlich den Weg durch Sibirien und über Wladiwostok in die Heimat. Ihr Einsatz galt der Anerkennung der neuen Tschechoslowakei unter den Siegermächten. Dieses Ziel wurde erreicht.

In der europäischen Friedensordnung, die man in Versailles schuf und dann in einer Serie von Verträgen umsetzte, hatte die neue Tschechoslowakei aber auch für die Zukunft eine besondere Aufgabe: Sie sollte gemeinsam mit dem neuen Polen Teil eines Sicherheitsgürtels sein im internationalen Gefüge, eines cordon sanitaire, mit dem sich Westeuropa vom unsicheren revolutionären russischen Osten distanzieren wollte. Das war eigentlich ein ganz uneuropäischer Gedanke; es war ein »westlicher« Gedanke, aus westeuropäischer Selbstbezogenheit. Er war nicht aus der Mitte unseres so schwer definierbaren Kontinents gedacht. Dahinter steckte vielmehr ein erheblicher Teil von westeuropäischem Egoismus. Statt sich selbst zu engagieren in ganz Europa, wie es die Landkarte empfahl, schickten die Westeuropäer die bald sogenannten Ostmitteleuropäer vor, die Polen, die Tschechoslowaken und die Jugoslawen. Es war ein Gedanke, der nur der physischen Landkarte abgelesen worden war, aber nicht der politischen mit ihrem stets lebendigen Kräftespiel, und der demokratischen Solidarität schon gar nicht. Das neu geschaffene Ostmitteleuropa »von der Ostsee bis zur Adria« sollte einerseits ein Gegengewicht gegen das bis dahin deutsch dominierte Mitteleuropa bilden, zum anderen ein Schutzwall für den Westen sein.

Das revolutionierte Rußland war in Versailles ignoriert worden. Die Angst vor ihm wirkte aber nichtsdestoweniger in der Politik in ganz Europa in den nächsten Jahren. Und so spielte Rußland, bald als Sowjetunion, im Hintergrund schon wieder mit, etwa, als es sich im Handstreich dem gleichermaßen geächteten Deutschland 1922 während einer internationalen Konferenz näherte, um von gleich zu gleich die Kriegslasten zu bereinigen und diplomatische Beziehungen aufzunehmen. Wie brüchig war da bereits der cordon sanitaire! Und wie rasch weckte dieser Vertrag von Rapallo im Westen ganz neue Ängste!

An Ängsten fehlt es allerdings nie im Menschenleben, und man muß meistens damit ganz alleine fertigwerden. Schlimm nur, wenn dabei die Familie, Gruppe, Horde, Gemeinschaft,

Nation oder gar der neue Völkerbund nicht Trost und Halt zu spenden weiß, sondern solche Ängste noch steigert. Die Germanisierung, welche vor hundert Jahren die Tschechen fürchteten, wurde seinerzeit ebenso zum Hirngespinst wie die Sorge vor dem Panslawismus, die zur gleichen Zeit die zehn Millionen Deutschen im alten Österreich hegten, die Majorisierung durch zwanzig Millionen Tschechen, Polen, Ukrainer und Slowenen. In deutsch-österreichischen Siegesträumen während des Krieges gab es deshalb eine radikale Forderung nach einer deutsch geführten Monarchie, wenn alles gewonnen wäre. Aber das sagte man eher leise – denn das war kein gutes Kriegsziel für den Schützengraben, wo deutsche, slowenische und tschechische Schützen nebeneinander standen, und auch nicht fürs Offizierskasino, wo die in Wahrheit liberale Offenheit der Armee für das Rekrutement von Reserveoffizieren die ganze Vielfalt der Monarchie an einen Tisch brachte. An einem solchen Tisch saß während des Krieges auch, zur Anschaulichkeit, der Sohn des meistgesuchten, höchstverdammten tschechischen Emigranten, der gerade dabei war, mit seinen Thesen die Doppelmonarchie zu sprengen. Dieser Emigrant war der Universitätsprofessor und ehemalige Reichsratsabgeordnete Tomáš G. Masaryk. Masaryk junior diente währenddem dem Kaiser als Major und wurde mehrfach ausgezeichnet.

Wie war das aber 1918 mit den Deutschen? Nach dem verlorenen Krieg dachten die politischen Sprecher der zehn Millionen Deutschen, meist Abgeordnete aus dem Vorkriegsparlament, zuallererst daran, die deutschen Siedlungsgebiete, nämlich »Restösterreich« und die deutschen Randgebiete der böhmischen Länder, an den deutschen Nachbarstaat anzuschließen. Das war ein altes Programm, aber man hatte noch nie gewußt, wie sich das bewerkstelligen ließe. Die aufgeweckten Nationalliberalen hatten so etwas schon in der Revolution von 1848 als »großdeutsch« herbeigewünscht. Sie fühlten sich später ausgeschlossen durch die »kleindeutsche« Vereinigung des Bismarckreichs von 1866. Seither griff bei ihnen eine hartnäckige »großdeutsche« Sehnsucht gegen alle politische Vernunft um sich.

Nicht, daß es keine ähnlichen Sehnsüchte gegeben hätte in der politischen Landschaft Europas. Die großen Gemälde der politischen Alternativen findet man hier sozusagen in jeder Nationalgalerie. Sie schlugen sich nieder in der Verherrlichung gemeinsamer Erinnerungen aus der Geschichte von Aufständen, Freiheitshelden, Widerstandstragödien von Irland bis nach Polen. Uns Deutschen hat Heinrich Heine um 1840 entsprechende Impressionen hinterlassen. Sie galten einer deutschen Republik, mitten in der Landschaft von 36 deutschen kleinen und großen Fürstenstaaten, und daran wird schon deutlich, daß sich die nationalen Sehnsüchte bei uns leicht mit republikanischen verbanden, weil die politische Wirklichkeit von dynastischen Grenzen durch Deutschland hindurch bestimmt war. Wir haben diesen Gegensatz in der Reichsbildung von 1871 mit Hilfe eines »Fürstenbundes« überwunden, ein bemerkenswerter Kompromiß, und konnten dadurch »Treue zu den angestammten Fürstenhäusern« mit dem Bekenntnis zum alles übergreifenden Nationalstaat vereinigen. Aber die Deutschen in Österreich lebten außerhalb von einem solchen Kompromiß. Weit entfernt von den Realitäten ihrer Gegenwart, dachten, träumten, pflegten sie ihre politische Sehnsucht seit 1871 in ihrem Verhältnis zum Deutschen Reich, und es mag nur bezeichnend sein für die Stärke dieser Sehnsucht, daß sie 1918, im Augenblick des verlorenen Krieges, bei den jubelnden Siegern auf der einen und ihren eigenen zerstörten Kriegsplänen auf der anderen Seite zu dem Gedanken fanden, nun gerade ihre in anderen Grenzen existenten Lebens- und Wohngebiete mit dem deutschen »Mutterland« zu vereinigen. Als ein treuherziges Argument galt dabei, daß man jetzt, im Friedensschluß nach dem großen Krieg, den besiegten Deutschen doch nicht verwehren dürfe, was man siegreichen Völkern gewährte.

Es steckt ein Gutteil allen unpolitischen deutschen Ressentiments in diesem naiven Stoßseufzer, und vor allem ein Gutteil der oft auch in Deutschland unverstandenen sogenannten »auslandsdeutschen« Mentalität. Es steckt hier auch eine weitgreifende Gefühllosigkeit für die Profilierungen, die Möglichkeiten und die Voraussetzungen politischer Kompromisse, um Politik anders denn als die Konsequenz von Gewaltlösungen zu begreifen. Zudem lag nun aber das Heft der Entscheidungen im Jahr 1918 wirklich nicht in deutschen Händen. Und die politischen

Erwägungen in Westeuropa gingen damals nicht von Träumen aus, sondern von der bitteren Erfahrung eines vierjährigen Krieges gegen ein deutsches Potential, dessen Stärke noch immer als bedrohlich empfunden werden mußte. Völlig verständnislos für diese Erinnerung der Sieger, entfaltete das fortan sogenannte »Auslandsdeutschtum« über langgehegte Träume seit 1918 aber die bekannte Kraft der Irredenta, deren Unfähigkeit zu konsensbereiter Politik auch in ihrer freundlichsten Variante kein Verständigungsfaktor sein konnte.

Entsprechend Ungereimtes beschloß dann auch das provisorische Parlament der neuen österreichischen Republik am 17. November 1918. Seit sechs Tagen war die Monarchie aufgelöst. Die neue Tschechoslowakei ließ sich in ihren Umrissen schon erkennen. Den ungarischen Bestandteil der alten Doppelmonarchie überließ man sich selbst und wollte nun – einstimmig – den Anschluß an Deutschland!

Eine ruhige Einschätzung der Möglichkeiten hätte andere Beschlüsse nahegelegt: Denn es ließ sich schon damals erkennen, das besiegte Deutschland würde in Ost und West ungefähr einhunderttausend Quadratkilometer seines bisherigen Staatsgebiets verlieren, gutenteils mit Bevölkerung nichtdeutscher Muttersprache. Nach dem Willen des österreichischen Parlaments und der Deutschen in den böhmischen Ländern hätte es statt dessen etwa denselben Gebietsumfang mit rund zehn Millionen Deutschen im Süden und Südosten wieder dazugewonnen. Das wäre zweifellos kein Schritt zum Ausgleich im europäischen Machtgefälle geworden, sondern ein Schritt zu einer neuen Steigerung der deutschen Position, vergleichbar mit den mittelalterlichen Jahrhunderten. Es wäre allein schon nach dem äußeren Ansehen gewiß nicht im Sinn der alliierten Sieger und der noch immer lebhaften antideutschen Weltmeinung gewesen, die das schier unüberwindliche deutsche Element in vier Kriegsjahren soeben mühsam genug niedergerungen sah. Sollte Deutschland nun im Friedensschluß noch größer, die Deutschen um zehn Millionen zahlreicher werden?

Die Frage ist eigentlich für die Einsicht in die Köpfe der Großväter interessanter als die Sache selbst. Sie zeigt nämlich, daß viele der besiegten Deutschen in Österreich wie in Böhmen sich nach jahrzehntelangem Zwiespalt ihrer politischen Orientierung zwischen Loyalität zum Habsburger Vielvölkerstaat und ihrer Sehnsucht nach einem deutschen Nationalstaat auf einmal entlassen fühlten aus der Treuepflicht zu den Habsburgern. Aber der Zwiespalt, dem sie sich entgangen wähnten, kennzeichnete nun das Gefüge der politischen Mechanik: Ein besiegtes Deutschland konnte und durfte nicht ein vergrößertes Deutschland werden. Das verlangte nicht nur die einfache Selbsterhaltung der Sieger. Das verlangte auch die politische Logik. Insofern war Wilsons Angebot zu einer europäischen Neuordnung, das nun mit einer verdächtigen Eile bei den Besiegten die Runde machte, nicht geeignet, die allgemeine Zustimmung der Völkergemeinschaft zu finden. Insofern war auch das alte Spiel der europäischen Mächte keinesfalls im Krieg geläutert, um sich im Frieden an ganz neuen Grundsätzen zu bewähren. Insofern gab es vor allem eine deutsche Frage, die nicht das besiegte Reich betraf, sondern die aus dem besiegten Österreich entlassenen, in Deutschland nicht aufgenommenen Deutschen: Sie hätten in neue politische Bindungen eingefügt werden müssen, um nicht eine unzufriedene und konfliktträchtige Irridenta mitten in Europa zu werden, ein unerwünschter Faktor, um das deutsche Zentrum von ihrer ostmitteleuropäischen Randposition her zu stärken. Das westmitteleuropäische Deutschtum in Lothringen und im Elsaß hatte Frankreich seit Jahrhunderten durch eine im allgemeinen kluge Politik in seine kulturelle und politische Sphäre eingebunden. Es fehlte nun die Attraktivität eines ostmitteleuropäischen Balancekomplexes. Die Versailler Pläne für den genannten cordon sanitaire boten das nicht.

Die Alliierten ignorierten also den Beschluß des österreichischen Parlaments. Die Mehrheit der österreichischen Großväter nahm das hin. Der Beschluß des österreichischen Parlaments kam sang- und klanglos zu den Akten. Die entsprechende deutsche Offerte, nämlich der Artikel X in der Weimarer Verfassung vom Jahre 1919, hielt zwar ausdrücklich den Anschluß Österreichs an die Erste Deutsche Republik offen und wurde niemals aufgehoben. Aber auch das scheiterte wiederholt am alliierten Veto. Völlig aussichtslos war am Ende gar der Versuch der

Deutschen in Böhmen und Mähren, ganz wie in Wien und auch hier auf Anregung der deutschen sozialdemokratischen Partei, in einer Demonstration an ihr »Selbstbestimmungsrecht« zu erinnern. Er endete in sieben böhmischen und mährischen Städten im Feuer des tschechischen Militärs. Kein Erfolg also – und damit aber auch im weiteren Zusammenhang ein Verlust von Ansehen und Vertrauen für die Sozialdemokraten, die vor dem Krieg nicht erfolglos in der Nationalitätenpolitik um »gerechtere« Lösungen geworben hatten. Ein Vertrauensverlust außerdem bei allen deutschsprachigen Wählern im ganzen deutschen Siedlungsbereich in Mitteleuropa, als ob Wilson sie verraten hätte oder als ob das Versailler Friedenswerk ein Betrug sei. Es war jedoch, mit manchen wohlbedachten Bestimmungen, auf jeden Fall ein europäischer Versuch zu einer neuen Ordnung in Europa. Wilson hatte freilich dagegen eine neue Ordnung auf der ganzen Welt angeboten.

Kauten die reichsdeutschen Großväter je länger, je mehr, am sogenannten Kriegsschuldparagraphen und an den unbegrenzten Reparationsforderungen, so fühlten sich die Deutschen außerhalb Deutschlands um ihr Selbstbestimmungsrecht betrogen. Das waren zwei sehr unterschiedliche Motive der Unzufriedenheit. Man muß sie auseinanderhalten, wenn man der Frage folgt, ob denn in den Friedensbestimmungen von 1918 schon die Schuld für einen neuen Krieg zu finden sei. Eine Frage, zugegeben, die solche Leute leicht auf der Zunge haben, die nach Entschuldigungen für die deutsche Vergangenheit suchen. Hier geht es aber nicht um Argumentationshilfen für Uneinsichtige. Hier steht eine Ausgangslage zur Debatte, in der in jedem Fall Menschen mit Vernunft und mit Gewissen alle möglichen Beschlüsse fassen konnten.

Versailles war für die Deutschen offenbar etwas ganz anderes als für die Österreicher St. Germain. Für die ging es nicht um Kriegsschuld und Reparationen, für sie ging es um eine neue politische Heimat nach dem Untergang der alten. Die deutsche Kriegsschuld war mit der Aufnahme Deutschlands in den Völkerbund 1924 eigentlich schon abgeschrieben und die ursprünglich unbegrenzten Reparationen neun Jahre später auch. Aber die deutsche Frage blieb, nicht auf Deutschland, sondern auf die zehn Millionen politisch nicht oder nur teilweise in die neue Friedensordnung eingebundenen Deutschösterreicher und, wie man seither sagte, Sudetendeutscher zu beziehen. Hier setzte denn auch der Deutschösterreicher Hitler an.

Nicht mit dem Bruch der Versailler Bestimmungen über eine entmilitarisierte Zone im Westen Deutschlands, also nicht mit dem Einzug der Reichswehr ins Rheinland, verschob Hitler die Kräftebalance von Versailles. Das war lediglich Provokation. Nicht viel mehr galt auch, als er danach die in Versailles gebotene Beschränkung der deutschen Truppenstärke aufhob. Erst mit dem Anschluß Österreichs verschob er real und unwiderleglich das Gleichgewicht der Kräfte, das man in Versailles gefunden hatte, und Österreich jubelte. Mit dem Vertrag von München hob er danach die wichtigste Staatsbildung von 1918 aus ihren Angeln. Und das wiederum mit Hilfe jubelnder Deutscher. Ohne solchen Jubel, der zumal in Österreich die Loyalität zu der immerhin zwanzigjährigen Republik niederschrie und der in der Tschechoslowakei die tausendjährigen Grenzen sprengte, wäre Hitler vor der Welt nicht gerechtfertigt gewesen. Die Friedensordnung von 1918 ging im Jubel der »Auslandsdeutschen« unter, bei bekanntlich deutlicher Zurückhaltung der »Reichsdeutschen«, und damit war die politische Basis von Versailles so sehr zur schiefen Ebene geworden, daß Europa nun mit dem nächsten Stoß Hitlers von neuem in einen Krieg »schlitterte«!

Zwischenzeiten

Die Republiken der Großväter

In den zwanziger, dreißiger Jahren regierten die Großväter. Man muß es freilich genauer sagen, denn anscheinend hat das noch niemand so recht gesehen: Da hatten die Deutschen den zurückgezogen lebenden Paul von Hindenburg 1925 zum Präsidenten gewählt. Das ist wohlbekannt, und »der greise Feldmarschall« wurde bei uns zur Redensart. Ähnlich galt aber auch bei den Tschechen »starý pan«, der alte Herr, Tomáš G. Masaryk, als der weise Alte über den Parteien. Und die Österreicher hatten 1920 einen anderen alten Herrn zum Staatsoberhaupt gemacht, Michael Hainisch, der einmal mit Masaryk, freilich acht Jahre jünger, dasselbe Gymnasium besuchte. Setzt man noch das freilich doch etwas jüngere Staatsoberhaupt der polnischen Republik hinzu, den Marschall Józef Pilsudski, der als Staatsgründer galt und seit 1919 mit Unterbrechungen an der Spitze stand, und vielleicht auch noch den mit ihm fast gleich alten Admiral Miklós von Horthy, der dem ungarischen Staat als »Reichsverweser« von 1920 ununterbrochen bis 1944 diente, dann sieht man die jungen Republiken Mitteleuropas vorwiegend in den Händen alter Männer. Hindenburg, Pilsudski und Horthy traten natürlich häufig in Uniform auf. Dazu kommt, daß auch der Philosophieprofessor Masaryk sich militärisch gab, reitend und in dunkelgrauer, straff geschnittener Kleidung mit Schirmmütze. Es sah aus, als brauchte die republikanische Staatsidee militärische Idole. Nur Hainisch, Gutsbesitzer und Schriftsteller, Sohn einer namhaften Frauenpolitikerin, blieb sichtbar Zivilist.

Der Vergleich verweist wohl wirklich auf die Rolle des Militärs und des militärischen Denkens von Pflicht und Ehre im Dienst des Staates in den neuen Republiken Mitteleuropas und darauf, daß diese Rolle auch akzeptiert worden ist. Nicht die Demokratie, sondern die nationale Pflicht lag solchen Staatsvorstellungen zugrunde. Horthy und Pilsudski galten als Schöpfer oder als Retter ihrer Staaten, Masaryk als Gründer, Hindenburg als der erfolgreichste General des wenngleich verlorenen Krieges. Allein Hainisch, wie gesagt, hatte nur eine Vergangenheit als »freisinniger« Schriftsteller aufzuweisen.

Aber auch er war überparteilich zu seinem Amt gekommen, wie die anderen vier Herren auch. Die Präsidenten standen durchweg »über den Parteien«. Sie standen ihnen auch fern und hatten keine, auf die sie sich hätten von vornherein und mit Selbstverständlichkeit stützen können, der sie »angehörten«. Allerdings waren sie von Parteien als Kandidaten benannt und propagiert worden, auch von den Parlamenten gewählt. Nur Hindenburg hatte unter ihnen eine ganz unabhängige Position. Er war nach der Weimarer Verfassung direkt vom Volk gewählt.

Die Rolle jener fünf alten Herren in der Politik war nicht ganz einheitlich. Die stärkste hatte wohl der »Reichsverweser« Horthy, sieht man ab von den diktatorischen Abschnitten im politischen Leben Pilsudskis. Horthy war sozusagen der personifizierte Ausdruck des ungarischen Ressentiments, nachdem Ungarn der größte Verlierer des Weltkriegs gewesen ist und dabei zuvor doch wohl keineswegs der größte Kriegstreiber. Ungarn allein war kein neuer Staat, sondern hatte eine ununterbrochene tausendjährige Tradition. Es war auch keine Republik, sondern ein Königreich mit leerem Thron. Hindenburg, Masaryk und auch Pilsudski hatten als Staatspräsidenten mehr als nur repräsentative Funktionen. Am ehesten war die Rolle ihres österreichischen Kollegen der Verfassung nach auf Repräsentation gerichtet. Am weitesten, könnte man sagen, distanzierte sich Österreich damit von der Erinnerung an einen Souverän.

Es war vorhin die Rede von den fünf Großvätern an der Spitze der mitteleuropäischen Republiken. Das ist vielleicht doch noch nicht deutlich genug. Großväter hätte man Pilsudski und Horthy durchaus sein lassen können. Aber Masaryk war schon im Jahr 1850 geboren. Er wurde also mit nahezu siebzig Jahren mit dem höchsten Staatsamt betraut und war gewiß kein junger Großvater mehr. Hainisch war Jahrgang 1858. Und Hindenburg, auch im Echo der Presse »der greise«, war gar schon 1847 auf die Welt gekommen.

Masaryk wurde dreimal wiedergewählt. Hindenburg und Hainisch standen nach den Verfassungen ihrer Länder zweimal zur Wahl. Pilsudski, seit 1926 mit diktatorischen Vollmachten, die er aber auch schon vorher gelegentlich wahrgenommen hatte, starb 1935 in seinem Amt, wie Hindenburg ein Jahr zuvor. Masaryk trat 1935 zurück und starb zwei Jahre später. Horthy ist niemals verabschiedet worden. Er trat zurück, als ihn Hitler 1944 dazu zwang: Alle diese fünf alten Herren hatten also eine starke Position in der öffentlichen Meinung. Man hielt sie in ihrem Amt so lange als möglich. Alle diese fünf Herren waren ein Stück »Staat«, dessen Wesen zu ihren Zeiten in Mitteleuropa immer auch noch ein Staat der Repräsentanten gewesen ist. Alle waren sie in dieser Hinsicht Ersatzmonarchen, denn so einfach ist der Übergang vom königlich verkörperten Staat bis zum einfachen Schwur auf die Verfassung als Identitätskern nicht zu bewerkstelligen. Und vier von den fünfen konnten sich auch getrost, gleich ob unter militärischer Gefahr oder nicht, als Retter in der Not betrachten. Voran natürlich jene drei im östlichen Mitteleuropa, Masaryk, Pilsudski und Horthy. Aber auch Hindenburg erschien in der deutschen Demokratie als Retter in der Not, ehe er acht Jahre später dem falschen Ratschlag folgte, Hitler als den Vorsitzenden der stimmenstärksten Partei zum Kanzler zu berufen. Jedoch auch das, bei allen damaligen Irrtümern über Hitler, trug ihm zunächst bei vielen noch einmal Ansehen ein.

Leider sind die fünf alten Herren einander nie begegnet. Sie hätten sich alle fünf ohne sprachliche Barrieren in bestem Deutsch unterhalten können. Das wiederum belegt, daß Deutsch die lingua franca war in Mitteleuropa und es klagt zugleich alle Deutschen an, die es nachher zur Sprache der Unmenschen gemacht haben. Nicht die Sprache, sondern einigermaßen auseinanderführende politische Bekenntnisse hätten ein Gespräch der fünf Präsidenten behindert. Das ist auch der Grund, warum man sie kaum je im Rückblick nebeneinanderstellt. Aber wir können sie schon einmal an einen fiktiven Tisch setzen. Denn diese fünf Großväter sind einander so ähnlich wie die Staatsschöpfungen, denen sie vorstanden und die man allzu kurzsichtig immer wieder unter den Rubriken »Sieger oder Verlierer von 1918« miteinander konfrontiert. Statt dessen sollte man einmal nach der Schicksalsgemeinschaft dieser fünf Herren und ihrer Staaten fragen. Womöglich hätten sie deshalb nämlich auch sehr gut miteinander ein gemeinsames Gespräch führen können. Vielleicht nicht gerade über die Neuordnung von Versailles. Aber vielleicht doch über die Ähnlichkeit ihrer Aufgaben in der neuen, und nach der Kriegsentscheidung nun einmal gegebenen politischen Gesellschaftsordnung in Mitteleuropa.

So alt sie miteinander waren, so sehr ihr Lebensweg jeweils noch aus der alten Welt der Kaiser und Könige, des Adels und der alten Eliten herkam, in der sie durchwegs vor 1914 Karriere gemacht hatten: Eine gemeinsame europäische Restauration war nicht ihr Anliegen, auch nicht eine gemeinsame europäische Zukunft. Freilich war nur einer von ihnen, der tschechische Professor und Präsident, ein politischer Theoretiker. Sein Buchtitel »Neues Europa« verhieß ein demokratisches und friedliches Programm, wenn auch nicht ohne nationale Akzente. Immerhin: Masaryks Programm könnte noch heute das Interesse der Enkel auf sich ziehen.

Alle fünf aber galten zu ihrer Zeit als Identifikationsfigur ihrer Nationen. Sie waren in mehr oder minder ausgeprägter Weise auch wirklich ein Ersatz für die verlorenen Monarchen, für die Lücke nach der unmittelbar vorangehenden Epoche, wiewohl zwei von ihnen, der Pole und der Tscheche, neue Staaten repräsentierten. Aber neue Staaten mit alter Tradition. Doch alle verkörperten neue Staatsgebilde, auf Verfassungen aufgebaut und nicht auf Monarchen, und also geradeso dem Verfassungstext nach ohne personelle Identifikationsansätze, faktisch auch in Ungarn. Dabei liefen die politischen Intentionen in ihren Staaten durchaus in unterschiedliche Richtungen, aber nicht einmal in dem besiegten, jedoch in seinem staatlichen Bestand bewahrten und deshalb allein neuen und zugleich alten Deutschland hätten diese Präsidenten für eine Wiedererrichtung der Monarchie überwiegend Zustimmung gefunden. Hier war nur Ungarn die Ausnahme, und Horthy galt auch verfassungsgemäß als »Reichsverweser« für einen künftigen König. Das war übrigens eine merkwürdige Konstruktion. Eine Staatsidee im Wartestand. Im zeitgenössischen Europa war die ungarische Staatsidee ohne Beispiel. Aber eine Ersatzfunktion für Kaiser oder König suchte man in den neuen Republiken allgemein, weil die Republik möglichst für alle glaubhaft und sichtbar repräsentiert werden mußte – zumindest doch als Ersatz für die untergegangene Monarchie.

In Österreich gab es zudem noch ein Problem, das die anderen präsidialen Großväter nicht gleichermaßen plagte: die Frage nach der Existenzberechtigung dieses Staates überhaupt. In Ungarn hatte man, zum Vergleich, lediglich die Frage nach dem Monarchen offengelassen, als man den neuen Staat zum Königreich erklärte. In Österreich ließ die Entwicklung jedoch die gesamte Existenz der Republik in Frage stellen. Denn im November 1918 hatte die österreichische Nationalversammlung »Deutsch-Österreich«, so nannte sie die erst noch zu konsolidierende Alpenrepublik, zum Bestandteil der Deutschen Republik erklärt, und zwar einstimmig, von links bis rechts. Volksabstimmungen in Tirol und in Salzburg über den Beitritt zur deutschen Republik brachten noch 1920/21 fast hundertprozentige Ergebnisse, bis die Alliierten die Fortsetzung dieser Abstimmung in anderen Bundesländern verboten, weil sie ihren Nachkriegsplänen widerstrebten. Kaum je gab es eine so offensichtliche Verletzung des damals für die europäische Neuordnung immer wieder bemühten politischen Schlagworts vom »Selbstbestimmungsrecht« wie in diesem Zusammenhang, der freilich und erklärlicherweise nicht in das Bild der Nachkriegsordnung mit einem endlich gebändigten Deutschland paßte.

Die Weimarer Verfassung ihrerseits hatte dem österreichischen Angliederungswunsch in ihren Bestimmungen auch entsprechend korrespondiert und blieb so, unkorrigiert, so lange sie galt. Dabei hatten sich allerdings auch die Deutschen in ihren Siedlungsgebieten in Böhmen, Mähren und dem österreichischen Zipfel von Schlesien diesem Wunsch angeschlossen und damit ein solches Selbstbestimmungsrecht vollends zur politischen Illusion gemacht. Dies hätte die Begründung eines neuen Staates für die Tschechen aus dem historischen Bestand des tausendjährigen Königreichs Böhmen unmöglich werden lassen. Die Karte zeigt das. Weder das eine noch das andere konnte also die Billigung der Alliierten finden. Als dennoch im März 1920 die Deutschen im neuen tschechoslowakischen Staat für ein politisch unsinniges Selbstbestimmungsrecht demonstrierten, weil sie keine klügeren politischen Wortführer gefunden hatten, schoß das tschechische Militär. Und als 1931 noch einmal der Gedanke zumindest einer Zollunion Österreichs mit Deutschland auftauchte, eine rettende Idee vielleicht für die damals völlig desolate österreichische Wirtschaft, griffen die Sieger von 1918 und vor allem die tschechoslowakische Diplomatie ein zweitesmal ein. Die Gründe sind hier nicht zu erörtern. Wichtig ist nur, daß die österreichische Staatlichkeit zumindest um 1920 in den Köpfen vieler Österreicher wie auf Abruf existierte, und es war die schwierige Aufgabe des ersten österreichischen Präsidenten, sie zu festigen.

Mit einer solchen Aufgabe stand der Österreicher unter seinen Kollegen allein. Polen und Tschechen sahen ihre neuen Republiken mit Enthusiasmus. Die Tschechen freilich hatten Minderheitenprobleme. Die Ungarn zogen sich mit einem gewissen Maß von Verbissenheit auf ihre neuen Grenzen zurück, die nur mehr ein Drittel des alten Staates umschlossen. Allein Deutschland war, wenn man das Problem seiner Vorkriegsgrenzen in »Westpreußen« mit den polnischen Ostgebieten und den in der 1872 gebildeten »Reichsprovinz« durchaus nicht zufriedenen Elsässern und Lothringern einmal anders ansieht als die deutsche Nachkriegspropaganda, nun eben Deutschland geblieben. Das Problem der Deutschen lag nicht in den Grenzen. Es lag in der mangelnden republikanischen Festigkeit.

Ein solches Problem war 1925 dem Generalfeldmarschall Hindenburg aufgetragen worden. Er hatte die deutsche Republik nicht geschaffen, etwa aus dem Nichts als unbekannter Emigrant wie der Professor Masaryk; er hatte diesen Staat auch nicht mit Waffen verteidigt gegen den traditionellen äußeren Feind und mit einer schnellen organisierten Armee wie der Marschall Pilsudski. Er hatte auch keine inneren Feinde besiegt, die seinen Staat im Handstreich zur Sowjetrepublik machen wollten, wie der Admiral Horthy. Er war aber auch nicht nur als ein Mann des Ausgleichs und der allgemeinen Zustimmung oder gar Beschwichtigung zu seinem Amt gekommen, wie sein österreichischer Amtskollege Hainisch: Der deutsche Reichspräsident Hindenburg trat 1925 auf die politische Bühne mitsamt seinem Ruhm als der einzige siegreiche deutsche Feldherr in einem insgesamt verlorenen Krieg, nachdem der erste deutsche Staatspräsident Friedrich Ebert am 28. Februar 1925 gestorben war, Sozialdemokrat und insofern Repräsentant der deutschen Opposition gegen Krieg und Monarchie, die dennoch, wie man weiß, 1914 einen »Burgfrieden« geschlossen und im Reichstag Kriegskredite bewilligt hatte.

Der deutsche Reichspräsident wurde im Unterschied zu seinen vier mitteleuropäischen Amtskollegen direkt gewählt. Ein erster Wahlgang unter der deutschen Bevölkerung verlief nach Eberts Tod recht unbefriedigend. Es drohte Unsicherheit, Spaltung, Lähmung für die junge deutsche Republik. Da gab es nämlich für die Präsidentenwahl in Deutschland einen »Rechtsblock«, für den der ehemalige deutsche Innenminister Jarres kandidierte, mit 38,8 Prozent der Stimmen im ersten Wahlgang; da hatte auch der preußische Innenminister Otto Braun mit Unterstützung der Sozialdemokraten kandidiert und 29 Prozent der Stimmen gewonnen; und da war schließlich noch der erst ein Vierteljahr zuvor zurückgetretene Reichskanzler Wilhelm Marx von seiner Partei, dem Zentrum, aufgestellt worden und hatte immerhin ansehnliche 14,5 Prozent der Stimmen auf seiner Seite. Die Weimarer Verfassung kannte für einen derart ohne absolute Mehrheit verlaufenen ersten Wahlgang einen zweiten, in dem die relative Mehrheit galt. Für eine solche Aussicht waren die radikalen Stimmen unerheblich: Hitlers Kandidat, der im Krieg ebenfalls renommierte Generalstabschef Hindenburgs, der politisch seit 1919 aktive General Ludendorff, war im ersten Wahlgang mit einem Prozent abgespeist worden, und sein allfälliger Gegner, der Kommunist Ernst Thälmann, hatte auch nur sieben Prozent gewonnen. Die Unentschiedenheit wäre nun wohl aus dem Gegenüber von einem »bürgerlichen Rechtsblock« und einer »bürgerlich-sozialdemokratischen« Kandidatur zu erwarten gewesen. Für den ungefestigten Staat wünschte man sich eine stabilere Ausgangslage. Aus diesem Grund kam es zu einem Akt der politischen Einsicht und zum Kompromiß in der oft zerstrittenen politischen Landschaft. Man verzichtete auf der rechten Seite auf den bisherigen Kandidaten und gewann den 78jährigen Hindenburg, dem nun alle mögliche Unterstützung der politischen Parteien zugesagt wurde, auch die der üblicherweise mit dem Zentrum wählenden Bayerischen Volkspartei. Aber auch ohne das verhieß Hindenburgs Name Zugkraft.

Hindenburg konnte also als »Retter der Nation« vor der inneren Ratlosigkeit posieren. Sieben Jahre später hatte sich kein anderer als Hitler in dieser Rolle geübt, und tatsächlich kandidierte er auch im März 1932 bei der nächsten Präsidentenwahl gegen den Feldmarschall. Diesmal wurde Hindenburg auch vom Zentrum und von der SPD unterstützt, denn lieber Hindenburg als Hitler! Im ersten Wahlgang schon hätte er beinahe die absolute Mehrheit gewonnen. Hitler hatte immerhin 30,1 Prozent. Ein namhafter Dritter fand sich nur noch in Ernst Thälmann mit jetzt doch immerhin 13,2 Prozent. Man muß alle diese Zahlen auch deshalb besonders beachten, weil sie eine wichtige Ergänzung zu dem immer wieder vorgeführten Parteienspektrum der Reichstagswahlen in der ersten deutschen Republik bilden, und weil sie eben auf Personen gerichtet sind, nicht auf die Facetten der sattsam bekannten Parteiparolen und ihre gutenteils illusionären Programme. Hier galt der Mann und was man von ihm hielt in einem weitaus direkteren Verhältnis als in der üblichen Propaganda. Es gab auch für diese Wahlen nicht jene unübersichtliche Vielzahl von »Listen«, es gab nicht den Wettlauf der Plakatkunst mit ihren Fiktionen von Szenen und Ungeheuern, sondern es gab nur wenige bekannte Kandidaten und ihre Porträts. Hier spielte die Persönlichkeit eine Rolle, wie eigentlich sonst nicht in der zeitgenössischen deutschen Diskussion, deren Programme und Schlagworte längst festgefahren waren. Hier ging es um den besonders vertrauenswürdigen Großvater, hier ging es um das deutsche Vertrauen zur Nachkriegspolitik, für das einer aus der alten Schule des preußischen

Militärs eintrat. Hindenburgs Sympathien für die alte Monarchie blieben nicht verborgen.

Im zweiten Wahlgang vom April 1932 hatte Hindenburg 53 Prozent der Stimmen auf sich gezogen. Hitler fand damals 36,8 Prozent auf seiner Seite, das war mehr als das erstemal und doch nicht mehr, als wenig später bei der Reichstagswahl im Juli seine Partei gewann. Es war freilich genug, um ihn als den mächtigsten Mann nächst Hindenburg zu kennzeichnen.

Hitler hatte für dieses Ereignis jahrelang »getrommelt«. Hindenburg war 1925 aus dem parteipolitischen Niemandsland gekommen. Aber er verkörperte eine Figur, die noch in die Bilderrahmen der Monarchisten paßte; dazu sein Kriegsruhm, der sich unschwer mit dem in Deutschland grundlegenden Revisionismusdenken verbinden ließ: Der Mann, der wiederholt in genialen Schachzügen auf dem Schlachtfeld gesiegt hatte, nicht in den Ausblutungskampagnen der »Materialschlachten«, der stand leicht auch für die Intention, den ganzen verlorenen Krieg irgendwann einmal wieder wettzumachen. Das predigte Hitler freilich auch. Aber da fiel dann doch wohl ein wichtiger Unterschied ins Gewicht: Der schweigsame, schnauzbärtige alte Mann in seiner Generalsuniform sah sehr anders aus als der redegewaltige kantige Schädel mit vorspringender Nase über dem berühmten Bärtchen und der immer wieder in die Stirn fallenden, leicht sanguinischen Haarsträhne im braunen Hemd. Hitler war Gefreiter. Hindenburg strahlte Vertrauen aus.

So war 1932 die Altherrenriege der Präsidenten noch immer im Dienst. Nur für Österreich war der verhältnismäßig junge christlichsoziale Berufspolitiker Wilhelm Miklas, ein Sechzigjähriger, hinzugetreten. Wir könnten nun in diesem Augenblick noch einmal die Frage nach einem gemeinsamen Thema für eine imaginäre Gesprächsrunde jener fünf Würdenträger stellen. Noch immer müßten sie sich wohl, bei wechselnden Vorbehalten, als die ersten Repräsentanten demokratischer Staaten vorstellen. In ihren Nachbarschaftsbeziehungen gäbe es nach wie vor dieselben Spannungen wie zwölf Jahre zuvor. Das Thema würde sich also nicht empfehlen. Aber noch immer gäbe es unter ihnen auch dieselbe Übereinstimmung. Diese Übereinstimmung begleitete nämlich die gesamte mitteleuropäische

Politik all die Jahre seit Kriegsende, aber sie blieb im Hintergrund. Deshalb, wenn wir schon einmal eingreifen dürften in die Politik der Großväter, wäre es wohl nun gerade höchste Zeit, sie auf die Tagesordnung zu setzen. Man hätte dabei extreme Sorgen mildern, das Problem begrenzen, und in dieser wohl einzigen politischen Gemeinsamkeit aber auch Selbstvertrauen festigen können: Alle fünf Präsidenten, nach wie vor, hätten darüber in großem Einvernehmen miteinander sprechen können. Es war die Angst vor dem Bolschewismus.

Um die Legitimität der Republik

Internationalismus oder auch soziale Reformen gleich in der Anfangsphase, etwa die grundlegende Reform der Einkommensteuer durch den Zentrumspolitiker Erzberger in Deutschland, rechtfertigen vor den Augen vieler die neuen Republiken noch lange nicht. Die deutsche nicht, die österreichische auch nicht, und statt dessen suchten Putschisten von rechts und links sie in die Hand zu bekommen. Die deutsche Republik war vier Jahre lang durch ihre Aktionen in Gefahr, die österreichische gar bis zu ihrem Ende. Nur die tschechoslowakische lebte vom Enthusiasmus ihrer tschechischen Bewohner, bei der Abstinenz der Slowaken und beim heimlichen Groll vieler Deutscher. Auch im wirtschaftlichen Bereich hatte die tschechoslowakische Republik einen raschen Start und kannte keine Inflation. In Polen war die monarchische Tradition vor zweihundert Jahren abgerissen. Die Angst vor Rußland hielt die neue Republik zusammen. Jugoslawien, wie man das 1918 stark vergrößerte »Königreich der Serben, Kroaten und Slowenen« 1929 schließlich nannte, war instabil und voll innerer Ränke und Kämpfe vom ersten Tag an bis zu seinem Ende. Rumänien, Bulgarien, Griechenland, alle drei Staaten erst im Lauf des 19. Jahrhunderts beim schrittweisen europäischen Desaster der multinationalen Türkei entstanden, waren Monarchien geblieben und insofern innerlich fester.

Die neue republikanische Nachkriegsordnung in Mittel- und Osteuropa war alles andere als stabil. Die deutsche Republik hatte ein Legitimierungsproblem; die österreichische zwei. Die österreichischen Probleme wogen noch schwerer vor der Öffentlichkeit, denn der neue Staat bezeichnete sich anfangs als Bestandteil der deutschen Republik. Die Alliierten zwangen Österreich zur Selbständigkeit. Wie um das zu überspielen, wandte sich der neue Staat, mit seiner viel zu großen Hauptstadt in einem vornehmlich agrarischen Kleinstaat nicht nur eine soziale, sondern auch eine gesellschaftspolitische Asymmetrie, vehement gegen seine einstigen Herren und Eliten. Die »Habsburger«, die definitiv nicht auf den Thron verzichtet hatten, wurden enteignet. Die Adeligen, die sich außer ihrer Herkunft meist nichts sonderlich Antirepublikanisches hatten zuschulden kommen lassen, wurden »entadelt«, und im ganzen fehlte dem allen die Würde des Abschieds von einer Epoche, die man in Deutschland zu wahren wußte, die Würde der Großzügigkeit. Sie mußte nicht jeweils so weit gehen wie die feierliche Begleitung des letzten sächsischen Königs im November 1918 zum Sonderzug ins Schweizer Exil, die der Monarch angeblich quittierte mit: »Ihr seid mir scheene Rebubliganer!«

Die Weimarer Republik bezog ihre Legitimation, wie ihre Nachbarn auch, aus der Idee von der Souveränität des Volkes. Hugo Preuß hatte eine Verfassung entworfen, der zugestimmt wurde, und jede Reichstagswahl, bald mehr als genug, erneuerte eigentlich diese Akklamation. Die Republik war sichtlich das Werk ihrer politischen Schöpfer und ihrer juristischen Beiräte. Menschenwerk. Kein Bischof fand sich bereit, sie zu segnen. Der neue Eid von Beamten und Soldaten auf die Verfassung der Republik klang nicht so inhaltsschwer wie der alte Eid auf König oder Kaiser. Erst Hitler wird den Schaden 1934 reparieren. Er wird die Armee auf seinen Namen schwören lassen wie zu Wilhelms Zeiten. Man sagt, daß nicht Hitler, sondern sein Reichswehrminister Blomberg im vorauseilenden Gehorsam nur Stunden nach Hindenburgs Tod diese Vereidigung verfügte. Ein fataler Umstand jedenfalls, der im militärischen Widerstand später Bedeutung gewann.

Wie auch immer: damit war es für Hitler unnötig geworden,

sich um die Wahl eines neuen Reichspräsidenten zu sorgen. Er konnte statt dessen per Erlaß den Titel annehmen: »Führer und Reichskanzler«. Der Titel war absolut verfassungswidrig und illegal. Allein an diesem Titel wird deutlich, daß und wie sich Hitler über die Verfassung hinwegsetzte. Daß er sie niemals aufhob, wie manche Leute manchmal unterstreichen, entspricht wohl nicht der abgewogenen juristischen Analyse. Allein mit diesem Titel war sie aufgehoben. Denn von jetzt an wurde »geführt« und nicht regiert. Die Republik wurde zum »Führerstaat« im großen wie im kleinen, mit großen und kleinen »Führern« bis hinunter zu den Bürgermeistern, die allesamt die demokratische Verfassung brachen.

Der Begriff vom »Führerstaat« war das erste, womit Hitler die Verfassung von Weimar veränderte. Und er barg schon den Schlüssel zur sogenannten nationalsozialistischen Revolution. Auf dem Weg dazu folgte er der Lehre von München im Jahr 1923. Denn so illegitim vielen die neue Republik gleich nach dem Krieg erschien, so diszipliniert war die Mehrzahl der deutschen Großväter doch, die ungeliebte Republik, wenn es darauf ankam, zu verteidigen. Das sollte man zu ihrem Verständnis vielleicht deutlich sagen: Hatte Mussolini mit seinen Schwarzhemden im Oktober 1922 Erfolg mit dem Marsch auf Rom, und das Beispiel lag seitdem in der Luft; probte man in Österreich immer wieder einmal den Aufstand und in Jugoslawien die »Königsdiktatur«, so scheiterte Hitler im November 1923 mit seinen Braunhemden beim Marsch auf Berlin an der Legalität. Gleich bei den ersten Schritten auf seinem Weg scheiterte er, sozusagen an der ersten Etappe, gleich in München, im Feuer der bayerischen Polizei.

Hitler ist also beim ersten Versuch an einer gewissen Loyalität zur Republik gescheitert, wie zuvor schon Eisner und Hölz, Kapp und Zeigner. Und Hitler mußte erst, nach der Lehre von München, die Wege erfinden, auf denen er die Menge der loyalen Deutschen um ihre Loyalität betrügen konnte. Die Erste Deutsche Republik war zwar schwach motiviert und ihre Legitimation muß man, gemessen an der Monarchie, sehr gering einschätzen. Aber die Republik hielt stand, weit besser, als ihr der Rückblick oft einräumen will. Der Rückblick ist allerdings wichtig. Denn er könnte klären, ob diese Loyalität gegenüber der Weimarer Republik, der »Judenrepublik«, wie Hitler sagte, tatsächlich der Verfassung galt. Oder ob die Loyalität nicht vielmehr von der nationalen Gesinnung getragen war, eine deutsche Loyalität, keine republikanische, die jedem Großvater im Herzen saß, selbst solchen noch, die einmal auf die sozialistische Internationale geschworen hatten. Die deutsche Loyalität gegenüber der ungeliebten Republik 1918 bis 1932 ist noch ein Forschungsthema.

Vielleicht war Hitlers Putsch vom 8. November 1923 von den Umständen stärker begünstigt als alle anderen Aktionen, die bislang die Republik erschüttert hatten. Vielleicht durfte er sich durch die um sich greifende Krise in der Behördenstruktur der Republik, ja selbst in der Befehlsstruktur der Reichswehr, zu seinem Vorstoß ermächtigt fühlen: Im Januar 1923 hatte die französische Armee zur Erzwingung von Reparationsleistungen das Rhein- und Ruhrgebiet besetzt. Die Regierung in Berlin rief zum passiven Widerstand auf, und eine Welle der nationalen Solidarität ging von rechts bis links durch die Republik, sie erfaßte selbst die Kommunisten. Nur Hitler wandte sich gegen diese hilflose, wie er meinte, deutsche Verweigerungshaltung. Hitler war, anders als andere nationale Parteien und Gruppen, ausgesprochen gegen den populären passiven Widerstand, wie ihn die Reichsregierung in diesen Wochen verkündete, und er forderte statt dessen, nicht die Franzosen im Ruhrgebiet zu boykottieren, sondern die »Novemberverbrecher« in Berlin. Er behielt immerhin so weit recht, als der passive Widerstand im September zusammenbrach und Deutschland tief in der Inflation steckte. Bayern hatte schließlich mit einem Ausnahmezustand reagiert, als die Reichsregierung ihren passiven Widerstand gegen die französische Ruhrbesetzung Ende September beenden mußte. Bayern war nämlich besonders betroffen von der Ruhrlandbesetzung, denn Bayern reichte damals beinahe bis an das Ruhrgebiet. Die Rheinpfalz war noch bayerisch, mit Kaiserslautern und Ludwigshafen, und dort drohte eine Separation vom Reich mit französischer Unterstützung. Schließlich erklärte der Reichspräsident einen Ausnahmezustand für das ganze Reich, gab alle Macht in die Hände des Reichswehrministers und damit in die des obersten Reichswehrgenerals und erreichte vom Reichstag ein fast unbeschränktes Ermächtigungsgesetz für ein halbes Jahr.

Sachsen und Thüringen drohten sich ähnlich wie linksrheinische Gebiete vom Reich zu lösen. München und Berlin traten in offenen Konflikt. Der »Völkische Beobachter«, die Zeitung Hitlers und seiner Partei, wurde zum Zankapfel: Verboten von Reichs wegen, aber nicht sequestriert von Bayerns Regierung und auch nicht von der Reichswehr. Der Kommandeur des bayerischen Reichswehrkommandos wurde von Berlin abgesetzt. Der bayerische Generalstaatskommissar setzte ihn wieder ein. Die Inflation hatte zudem ihren fatalen Höhepunkt erreicht. Man zahlte in Billionen. In diesem Augenblick zu marschieren, und ähnlich wie Mussolini ein Jahr zuvor, mit einem »Marsch auf Berlin« unterwegs Zulauf und dann auf diesem Weg die Macht zu gewinnen, war damals nicht nur Hitlers Ziel. Auch die drei Münchner Machthaber, der Generalstaatskommissar von Kahr, der Reichswehrkommandeur von Lossow und der Befehlshaber der Polizei Seißer liebäugelten mit etwas ähnlichem, und mit dem Sturz der Republik zielten sie womöglich auf die Wiedererrichtung der Monarchie. Zumindest in Bayern erschien das 1923 nicht unrealistisch. Das wollte Hitler allerdings nicht.

Hitler, zur Vorbesprechung für eine Kundgebung am 8. November durch den bayerischen Generalstaatskommissar Ritter von Kahr nicht eingeladen, suchte an jenem Abend die Veranstaltung für sich »umzudrehen«. Er stürmte mit ein paar Begleitern das Podium im Saal des Bürgerbräukellers mit gezogener Pistole, verschaffte sich Ruhe durch einen Schuß an die Decke und erklärte die Reichsregierung wie die bayerische Regierung für abgesetzt. Er beorderte die Veranstalter der Kundgebung in ein Nebenzimmer und ernannte sie dort zu Mitgliedern einer provisorischen Reichsregierung, der er selber als Reichskanzler vorstehen werde. Der plumpe Schachzug mißlang. Die Herren gingen zwar zum Schein auf die Erpressung ein, aber sie hatten ihre eigenen Pläne und nützten die Nacht zu Gegenmaßnahmen. Sie sprengten am anderen Morgen Hitlers Marsch durch die Stadt am Eingang zur langgestreckten

Münchner Prachtstraße, vor der Feldherrnhalle, da, wo vor den Toren der Residenz der bayerischen Könige traditionell das strategische Zentrum Münchens zu suchen war und wo die Marschkolonnen zu voller Breite als die Herren der Stadt sich hätten entfalten können.

Noch ein Blick auf diese Szene hilft unseren Einsichten: Man darf Hitlers taktisches Geschick nicht verkennen, mit dem er die Versammlung am Abend des 8. November zunächst für sich gewann, auch die Kunst dabei, seine Gegenspieler zuerst zu bedrohen und dann mit der Ernennung zu Mitgliedern der geplanten revolutionären Reichsregierung zu bluffen. Danach allerdings erlag er selber einem Bluff der von ihm unter Druck Gesetzten. Schließlich, trotz einiger Hiobsbotschaften, setzte er auf Alles oder Nichts mit seinem Marsch. Ludendorff war der einzige, der abends vorher und tags darauf bei seinem Wort blieb, auch er wie Hitler getäuscht von der Zusage der regierenden bayerischen Autoritäten. Ludendorff war anscheinend auch der einzige, der nach einem Schußwechsel vor dem Polizeikordon, dem drei Polizisten und zunächst vierzehn aus der Marschspitze zum Opfer fielen, aufrecht weiterging, bis ihn die Polizei festnahm. Hier hatte der General richtig kalkuliert. Wer würde auf Ludendorff schießen?

Hitler hatte falsch kalkuliert. Er hatte dem erzwungenen Ehrenwort seiner Gegner vertraut, obwohl er selber durchaus kein vertrauenswerter Partner war. Für alle Zukunft hätte man sich sein Doppelspiel merken müssen: Die rasche Folge von Drohung und Schmeichelei, Gegnerschaft und Bündnis, Verdammung und Werbung wird sich in der deutschen Innenpolitik und dann auch in Europa fortan immer wieder beobachten lassen und Hitlers Strategie kennzeichnen. Politiker nicht nur lokalen, sondern auch internationalen Formats werden ihr aufsitzen. Und einige werden dafür sogar in derselben Weise büßen, wie der bayerische Generalstaatskommissar von Kahr, der am 9. November 1923 in München zunächst Sieger blieb. Elf Jahre später, als er schon längst aus dem Spiel war, ließ ihn Hitler beim sogenannten Röhm-Putsch wie nebenbei erschießen.

Hitler wurde am 9. November 1923 von keiner Kugel getroffen, wohl aber sein Nebenmann. Hitler floh, wurde zwei Tage später in einem Landhaus seiner Gönner verhaftet und nützte den folgenden Prozeß bekanntlich nach einiger Zeit der Besinnung zu einer großen Anklage gegen die Republik und zur Steigerung seine Popularität. Er fand milde Richter. Die stille Zustimmung, die ihn trug, vor und nach seinem Prozeß und dann in immer weiteren Kreisen beim Neuanfang für sich und seine Partei, galt nicht von vornherein und nicht allen seinen Plänen. Aber man war »national gesinnt«, in der bayerischen Bürokratie, in der Justiz, in der Bevölkerung und durchaus nicht nur im sogenannten Kleinbürgertum. Schließlich trug Hitlers Partei den Namen einer nationalen Arbeiterpartei, und auch wenn das eine etwas pathetische und lapidar wiederholte Verbindung blieb, es war eben keine sozialistische, sondern eine nationale!

Vom Fortschritt

Deutschland und Österreich waren besiegt. Der Fortschritt nicht.

Der Fortschritt spielte schon seit Urgroßväterzeiten seine Rolle in den Gedanken der Großväter, aber ihren Enkeln zu erzählen, was denn Fortschritt eigentlich sei, hätten sie vermutlich Schwierigkeiten gehabt. Der Fortschritt hatte kein Gesicht, er war weder eine Person noch eine Anstalt, die man hätte loben oder anklagen können. Er war auch kein Schicksal, in das man sich zu fügen hatte. Er war nicht wie die Börse das Resultat von Spekulationen. Er trug nicht Schuld am Krieg, auch nicht an der Niederlage, und kein Verdienst am alliierten Sieg – allenfalls hatte die Zahl der technischen Errungenschaften unter dem Druck auf beiden Seiten das törichte Griechenzitat vom Krieg als dem Vater aller Dinge wieder lebendig gemacht. Aber dem Fortschritt wurden deshalb auf der Welt keine Denkmäler errichtet. Er verhieß auch nicht das Gute im Jenseits.

Er war vielmehr unmittelbar wirksam vor den Augen aller, genährt von vielen Händen. Er hatte den Krieg gut überstanden, wirkte im Hintergrund mit den Menschen, die seine Gedanken trugen, seine Wege vorausdenken wollten und auf einmal – gebar er Neues. Und Neues für alle, wenn sie nur mithalten konnten: das WC, die Zentralheizung und die Badewanne, Gaslaterne und Straßenbahn, Füllfederhalter und Schreibmaschine, Telefon, Radio und Kino waren Vorkriegserrungenschaften. Im Krieg hatte er die Flugtechnik verbessert und Tanks konstruiert, er hatte Giftgas gebraut und Gasmasken dagegen erfunden, er hatte U-Boote konstruiert und Wasserbomben hervorgebracht, um sie zu bekämpfen. Er hatte die Deutschen gelehrt, den für das Pulver nötigen Stickstoff aus der Luft zu beschaffen, und anschließend erdachte er die beweglichen Prothesen.

»Der Fortschritt ist nicht aufzuhalten.« Ein Lob, das man keiner politischen Bewegung gönnte, wiewohl doch seit 1919 die Massen in Bewegung waren; auch nicht dem Predigtwort von den Kanzeln oder den Aufrufen für eine neue Religion, wie sie in vielen kleinen Zirkeln damals umgingen. Auch der Bildung gönnte man ein solches Beiwort nicht, obwohl sie stets weitere Kreise zog. Doch die kann man nicht sehen. Der Fortschritt als Lebensmacht war sichtbar in seiner Wirkung. Er war dabei auch nicht so spröde wie das Geld. Denn dem Geld muß man nachlaufen. Der Fortschritt kommt.

Dabei war er ein Feind vieler Leute. Sie wetterten gegen ihn. Aber er hatte offenbar ein dickes Fell. Und großzügiger war er auch als die meisten seiner Feinde. Er brachte einem jeden etwas. Natürlich gab er den Reichen mehr als den Armen. Aber er gab auch den Armen, wenn er sie gerade erreichen konnte. Und dann auch wohlfeil: Ein Fotoapparat war ein Weihnachtsgeschenk. Die Straßenbahn dagegen kostete nur wenig, und die Straßenbeleuchtung war für alle umsonst.

Selbst der Krieg hatte dem Fortschritt nicht allzuviel geschadet. Im Gegenteil: er hatte ihn auch genährt. Deshalb wurde er manchmal zugleich mit dem großen Krieg verflucht, denn er hatte die Materialschlachten ausgedacht. Aber die Flüche waren schneller verhallt als die Totengedenken, und das tägliche Leben hieß nach den friedlichen Produkten greifen. Der Landmaschinenbau wurde zum Beispiel ein fortschrittlicher Wirtschaftszweig in den zwanziger Jahren. Die Autoindustrie entwickelte schon gleich nach dem Krieg stromlinienförmige Modelle mit stupenden Geschwindigkeiten. 1921 eröffnete in Pittsburgh in den USA der erste Rundfunksender sein Programm, bald darauf folgte eine Station in Berlin. 1928 machte die Autofirma Adam Opel Versuche mit einem raketengetriebenen Rennwagen und 1929 publizierte Hermann Oberth beim Münchner Verlag Oldenbourg ein unscheinbares Büchlein mit der maßgeblichen Theorie über »Wege zur Raumschiffahrt«.

Der Fortschritt wird oft angesprochen als das Lebensgefühl unserer Großväter, seit die Eisenbahn fuhr. Tatsächlich, die Lokomotive hat viel an sich von seiner Kraft. So spricht man auch von der »Lokomotive des Fortschritts«. Ihre Schienen ähneln seinen Wegen: immer geradeaus. Allerdings kann man Weichen stellen. Im übrigen wirken sie dauerhafter als alle anderen Straßen. So wie die eisernen Schienen hat der Fortschritt in Deutschland die Zeit überdauert, Kaiser und Könige überlebt. Da wurde die Kaiser-Wilhelm-Gesellschaft, ein Hort der deutschen Forschung und also des Fortschritts auf allen möglichen Gebieten, wiederbelebt im Andenken an ihre Gründung 1911 und erst 1948 umbenannt in Max-Planck-Gesellschaft. Die Zahl der Nobelpreise für deutsche Physiker, Mediziner und Chemiker nahm kaum merklich ab, und die Umsetzung des Fortschritts, das Lebenselixier aller technischen Industrie, hatte in Deutschland noch immer so viel Erfolg, daß man sich an der Spitze des Fortschritts wähnen konnte.

Der technische Fortschritt ist sogleich von den Nationalsozialisten beansprucht worden. Hitlers frühe Überlegungen und auch seine Verbindungen zur Großindustrie zielen in diese Richtung. Sein Verhältnis zur Motorisierung des deutschen Volkes, wie er sie früh konzipierte und später mit einem »Auto für das ganze Volk« umsetzen wollte, seine Hoffnungen auf die Kraft der deutschen Industrie gaben diesem Gefühl der engen Verbindung zum technischen Fortschritt und seinen Segnungen sehr früh einen Abglanz von Fürsorge. Dabei trat zwar eine merkwürdige Spannung auf zu den Plänen einer Gesundung der Lebenskraft des deutschen Volkes aus der Rückkehr zum einfachen Leben, die ihrerseits auch schon seit langem Anhänger hatte, eine »grüne Bewegung«, die auch als soziale Siedlungspolitik auf neuen Bauernhöfen aus den letzten Regierungen vor

Hitler nun mit neuen Vorzeichen weitergepflegt wurde. Aber an Spannungen und Gegensätzen ist jede Gegenwart reich. Die inneren Widersprüche der nationalsozialistischen Gedankenwelt sind längst bekannt.

Der Fortschritt hatte noch ein anderes Entwicklungsfeld. Es gab auch Fortschritt in der Kunst. Genaugenommen müßte man der Kunst den Fortschritt in besonderem Maße zuschreiben, denn hier ist er zuallererst anschaulich geworden, in der Baukunst, in der Malerei, in der Skulptur in Holz und Erz. Seit tausend Jahren ist der Fortschritt in der Kunst ein Kriterium des selbständigen Europa, nachdem es sich von der antiken Überlieferung gelöst hatte. Aber auf diesem Feld waren unsere Großväter nicht ganz so zu Hause, abgesehen von der Kunstgeschichte, die natürlich beherrscht wurde von deutschen Professoren.

Im aktuellen Fortschritt der Kunst hatte sich eine Gruppe von Vorreitern gebildet, seit fünfzig Jahren schon, und die ritt von Frankreich aus, und seit einiger Zeit nannte sie sich auch nach dieser Vorreiterei mit einem alten militärischen Namen: Die Avantgarde. Die Avantgarde brachte sich selbst schon bald in Verbindung mit der großen Revolution in Rußland. Der Fortschritt in der modernen Kunst ging aber nicht allein von Frankreich aus. Abstrakte Malerei wurde zuerst 1908 von dem Russen Kandinsky in Deutschland probiert, und abstrakte Baukunst etwa zur selben Zeit von dem Österreicher Adolf Loos. Er wirkte als Architekt und als Kunsttheoretiker in Wien und in seiner böhmisch-mährischen Heimat. Wien war um die Jahrhundertwende ein Kunstzentrum besonderen Ranges. Aber die Avantgarde fand im siegreichen Frankreich auch nach 1918 noch besondere Pflege, während der deutsche Expressionismus, für eine Zeit vor dem Krieg beinahe eine revolutionäre Nationalkunst, in Deutschland im Krieg und am Krieg zugrunde ging. In der deutschen Literatur wirkte er weiter mit Ernst Toller, Oskar Kokoschka, der sich 1919 als Dramatiker versuchte, mit Johannes R. Becher und Ernst Barlach, auch er wie Kokoschka endlich als bildender Künstler auf seinem großen Weg. Emil Utitz führte dann 1927 zurück zur »Neuen Sachlichkeit«. Man könnte eine Parallele zur Architektur seines Landsmannes Loos ziehen. Die Pariser Avantgarde fand weiterhin Wege zu malen und zu schreiben, sie suchte nach einem neuen Lebensgefühl und glaubte eine ganze Weile, es in Rußland entdecken zu können. Sie wollte ihre neue Weltauffassung mit utopischer Emphase auch außerhalb der Kunst für eine neue Lebensgestaltung verbreiten. Mit dem alltäglichen Fortschrittsbewußtsein der deutschen Großväter hatte das nur wenig zu tun. Solche Wege suchten die deutschen Expressionisten schon vor 1914, und noch die Kunst der zwanziger Jahre war davon beeinflußt, die Hitler gleich nach 1933 für »entartet« erklären ließ.

Nur hat sie ihm dabei doch ein Schnippchen geschlagen, diese Avantgarde, mit der »entarteten Kunst«. In den zwanziger Jahren gab es einmal als »Neue Sachlichkeit« den Versuch, alle Formen ins Grobe und Geometrische zu übertragen. Wir finden manches von diesem klotzigen Auftrumpfen in der Architektur jener Zeit. Es ging dabei um eine Geschmacksrichtung, die Rosenberg beispielsweise favorisierte, während sie Hitler selber nach einigem Zögern gemeinsam mit Goebbels mit dem berüchtigten Urteil »Kitsch« bedachte. Man wird wohl kaum irren mit dem Urteil, daß das Symbol des Nationalsozialismus, jenes seit Jahrzehnten schon in der Phantasterei der deutschen Rassisten bemühte und ursprünglich gotisch dünnbeinige Hakenkreuz, in der NS-Graphik damals umgestaltet zu klotzig groben schwarzen Balken, in seiner Schrägstellung nach rechts Dynamik andeutend, dazu heliotropisch in einen weißen Kreis gesetzt, daß dieses in den späten zwanziger Jahren gestaltete Hakenkreuz sehr weit entfernt ist von den »artgerechten« späteren Schöpfungen nationalsozialistischer Kunst, wie etwa dem »Reichsadler« in allen seinen Varianten für Staat, Partei und Wehrmacht mit entsprechend stilisierten Hakenkreuzen. Man wird, vergleicht man die Formen, den Eindruck nicht los, daß das Parteisymbol des Nationalsozialismus ein Kind des eigentlich »entarteten« Kunstverständnisses aus den zwanziger Jahren geblieben ist: Kitsch!

Das Lied der Straßen

Das Lied der Straßen sangen in den Goldenen Zwanzigern und – um es vorwegzunehmen, erst recht im folgenden Jahrzehnt – beileibe nicht nur die paramilitärischen Verbände links und rechts. Das sangen auch die Motoren. Mehr und mehr drang ihr Lied in die Köpfe der Großväter – weit eher, als sie bei Großmüttern eine Rolle spielten. Der Dieselmotor, bislang im Schiffsbau, entwickelte sich allmählich zum handlichen Objekt für Landratten und hielt Einzug in Lastkraftwagen. Damit wuchs auf den alten Straßen eine neue Konkurrenz für die Eisenbahn. Die Herrenfahrer in den »Benzinkutschen« hatten dafür noch nichts bedeutet. Die Laster mit schwerem Motor, auch der Omnibus, brachten Massentransporte zurück auf die Straßen, förderten einen neuen Kreislauf des Verkehrs, überrundeten die schwerfälligen Eisenbahnzüge auf ihren festgelegten Schienenwegen, sparten die Mühen ortsferner Bahnhöfe. Lieferung frei Haus! Die Straße gewann wieder Leben.

Währenddessen war der Benzinmotor ebenfalls immer leichter geworden und hatte das Fliegen gelernt. 1927 überquerte Charles Lindbergh vor dem Westwind den Atlantik, ein Jahr später gelang der Flug in der Gegenrichtung. Im selben Jahr noch gab es in Berlin die erste internationale Luftfahrtausstellung. Aber Fliegen war doch Abenteuer, wenn es auch mit dem Luftpostverkehr und den ersten Passagierlinien Berufschancen bot und in Antoine de Saint-Exupéry seinen ersten Dichter fand. Flieger bildeten einen Exklusivklub. Der allgemeinere Männerwunsch galt dem Auto, allmählich auch im Mittelstand.

Da gab es noch das Motorrad: ein soziales Zwitterding, dieses Zweirad, das eine Zeit nach seinem Entwicklungsvorsprung in der französisch-angelsächsischen Welt bei uns den Namen Motorcycle trug. Die amerikanische Harley Davidson wurde zum Idol für junge, sportliche und unabhängige Männer. Aber schließlich, mit DKW und BMW, Moto Guzzi und Java rückte das Motorrad auch in die Reichweite eines deutschen Facharbeiters.

Auto und Kino hatten längst einen Bund geschlossen, als der

Tonfilm um 1930 Augen und Ohren auf sich zog. Das Auto gehörte zum Traum von der besseren Welt. Weitaus gewichtiger als das Motorrad wurde das Auto zum sozialen Statusträger, und in diesem Zusammenhang sogar zum Zwischenträger von Kunst und Technik. Die Geschichte des Autodesigns führt uns auf zunächst holprigen Straßen vom dreirädrigen »Kraftwagen mit Benzinmotor« des Herrn Benz, der 1885 gleichzeitig mit einem »Kraftrad mit Benzinmotor« des Herrn Daimler zum Patent kam – sozusagen als das Elternpaar vieler künftiger Generationen von »Kraftfahrzeugen« – zum Autodesign als Schöpfung aus Eisen, Stahlblech, Lack, Leder und Messing.

Zunächst ging es um die Imagination einer technisch optimierten »Benzinkutsche«. Aber schon zu Beginn des neuen Jahrhunderts trat ein neues Erfordernis dazu. Die wachsende Geschwindigkeit rief nach windabweisenden Formen. Hatten um die Jahrhundertwende und wenig später Glasscheiben gegen den Fahrtwind genügt, ehe eine durchgehende Windschutzscheibe zum Bedürfnis wurde, gewann das Auto nun aerodynamische Gestalt und – aus reiner Freude – nicht nur schützenden Lack, sondern bunte Farbe.

Der österreichische Ingenieur Edmund Rumpler baute um 1910 Flugzeuge, deren Formen er dem Tierreich abgesehen hatte. Das war nicht ganz neu. Schon für Otto Lilienthal, mit dem überhaupt die Geschichte des Fliegens begann, hatten die Vögel Modell gestanden. Rumpler übertrug Einsichten vom Flug von besonders gleitfähigen Vögeln in ein Fluggerät, das nach ihm und nach diesem Vorbild dann auch benannt wurde: die Rumpler-Taube. Das war ein recht erfolgreiches Flugzeug vor den neuen Impulsen durch die Kriegsfliegerei. Derselbe Konstrukteur versuchte sich zehn Jahre später an einer stromlinienförmigen Form für ein Kraftfahrzeug. Damals gab es schon Autofabriken in Deutschland, in Frankreich, in England und in Italien, in den Vereinigten Staaten und auch in der Industrieregion des alten Österreich, der späteren Tschechoslowakei, und ihre Produkte fanden Absatz überall in der »westlichen Welt« und schufen bereits eine Art von Automode. Der Ford-T ist aus jener Zeit vielleicht das bekannteste Modell. Bugatti, Renault oder Horch trugen Unternehmernamen durch Europa. Ganz anders aber als der plumpe Ford-T, ein verbreitetes Gebrauchsfahrzeug, oder als der aufwendige, aber noch nicht strömungskonforme Tatra-Präsident von 1912 oder der deutsche Benz, benannt nach einer jungen Dame, Mercedes, sah Rumplers in Berlin entstandenes Fahrzeug von 1922 aus: Es gab nicht seinesgleichen in der Autowelt.

Kein Zweifel: Rumplers Konstruktion war in Form und Technik weit entfernt von den Modellen, die bis dahin Adam Opel, Gustav Benz, Henry Ford, Louis Renault oder Franz von Ringhoffer auf den Markt gebracht hatten. Es handelte sich in der Draufsicht um einen kleinen Zeppelin auf vier Rädern. Die Seitenansicht ähnelt allerdings wieder der üblichen Benzinkutsche. Das Innere noch mehr. Jedoch sitzt bei Rumpler, und nur bei ihm in der Autogeschichte, der Fahrer vorn in der Mitte allein wie ehedem auf dem Kutschbock, freilich viel tiefer und hinter einer aerodynamisch geformten Vorderfront. Da ist auch in der Mitte des Fahrzeugs, nicht links oder rechts wie überall anderswo, die Lenkung und die übrige Steueranlage. Der Wagen verbreitert sich erst hinter dem Fahrer zu einer viersitzigen Kabine. Dahinter verengt sich das Fahrzeug wieder und mündet in ein aerodynamisch kalkuliertes Heck mit – 15 Jahre vor dem berühmten Käfer – luftgekühltem Motor. Die Karosserie ist großzügig verglast und hat Seiten- und Heckspoiler. Es gibt für das ganze Gefährt so ausgeklügelte und zugleich elegante aerodynamische Formen, daß man ihm einen geringeren Windwiderstand nachsagt als dem in dieser Hinsicht einst aufsehenerregenden, zwei Generationen jüngeren Sportwagen des Altösterreichers Ferdinand Porsche.

Rumplers »Tropfenwagen« war kein Publikumserfolg. Für die Autoentwicklung scheint er jedoch wichtig gewesen zu sein. Denn man könnte bei diesem Auto vermutlich doch von einem Vorfahren des global berühmten Volkswagens sprechen: Weil ja doch eben auch Autos in besonderer Weise ihre »Vorfahren« haben. Aber niemand tut's. Es ist nämlich kaum bekannt, daß Rumplers »Tropfenwagen«, auch motortechnisch mit mancher Novität ausgestattet, auf Grund seiner windschlüpfigen Form und mit Hilfe seines Motors eine Spitzengeschwindigkeit von 120 Stundenkilometern erreichte, eine Sensation im Jahr

1922! Und daß eben der Konstrukteur ein Landsmann von Ferdinand Porsche war, so wie er aus der österreichischen Schule hervorgegangen. Nur war Porsche eine Generation jünger, kam nach Deutschland, baute um 1935 einen glücklosen Mercedes in runden Formen mit Heckmotor, ehe er den sagenhaften Käfer schuf.

Deshalb muß man sich vielleicht noch nach einer Zwischengeneration umsehen. Merkwürdig: Diese Schöpfung begegnet uns ebenfalls im altösterreichischen Raum, der inzwischen zur Tschechoslowakei geworden war, in Südmähren, wo die Prager Firma Ringhoffer unter dem Namen Tatra ihre Autos baute. Der Konstrukteur hieß Hans Ledwinka. Er entwarf bei der Firma Tatra in Nesselsdorf in Mähren ein gutes Jahrzehnt nach Rumpler das Modell 77. Tatra-Wagen wurden seit 1907 gebaut. Der 77er entstand Anfang der dreißiger Jahre und wich von allen seinen namhaften Vorläufern ab. Er ist aerodynamisch geformt von der Spitze bis zum Heck, großzügig verglast, trägt ebenfalls Spoiler, fuhr 140 Stundenkilometer und wurde, im Gegensatz zu Rumplers Tropfenwagen, seit seiner Serienfertigung 1934 in Europa gut verkauft. Er hatte neben der aerodynamischen Form, die hier etwas gemildert auftrat, einen konventionellen Fahrgastraum. Aber da gab es noch eine Gemeinsamkeit mit Rumplers Modell: der luftgekühlte Heckmotor!

Der Tatra Ledwinkas wurde 1934 auf der Automobilausstellung in Berlin und danach in Paris bewundert und prämiert. Und erst dann kam Porsche! Es gab danach einen Streit um Patentrechte. Er wurde bis vor das Europäische Gericht in Den Haag getragen, aber dann nicht von den Juristen fortgeführt, sondern von der Politik, und ist deshalb nie entschieden worden. Nesselsdorf, tschechisch Kopřivnice, wo der Tatra gebaut wurde, hatte man im Herbst 1938 nach dem Münchner Abkommen als vorgeblich meist deutsch besiedeltes Gebiet dem Deutschen Reich zugeschlagen. Ledwinka, später Generaldirektor, war nach dem Krieg lange in tschechischer Haft und starb in Wien. Der letzte Besitzer der Tatra-Werke, Hans Freiherr von Ringhoffer, starb 1946 in einem Internierungslager in Mühlberg an der Elbe. Auch das kein guter Ausgangspunkt für eine Auseinandersetzung um Patentrechte.

Zurück zur Benzinkutsche! Das Auto erhob von Anfang an Forderungen an seine Umwelt: Es wollte glatte, kreuzungsfreie Straßen. Aber es dauerte lange, bis man ihm diesen Wunsch erfüllte. Zunächst einmal behalfen sich die Autobauer mit Vollgummireifen, um die Erschütterungen zu dämpfen, ehe die luftgefüllten Pneus entwickelt wurden. Die Firma Michelin in Paris hat dafür besonders eindrucksvoll geworben. Das Bedürfnis nach einer planen Straßendecke bestand aber weiterhin, und nicht etwa der Beton, seit Mitte des 19. Jahrhunderts ein Baustoff für Dachgewölbe und Brücken, sondern der geschmeidigere Asphalt machte das Rennen. Zunächst plante man eine Versuchsstrecke als kreuzungsfreie Autobahn mit Asphaltdecke und überhöhten Kurven am Rande Berlins. Als sie fertig war, die »Automobil-Verkehrs-und-Übungs-Strecke« AVUS, war der Weltkrieg vorbei. Ein ganzes Netz von neuen Autobahnen sollte ihr folgen. Zunächst eine kreuzungsfreie Autostraße von Hamburg nach Frankfurt. Weil der Staat dafür kein Geld erübrigte, bildete sich eine private Gesellschaft zur Finanzierung der neuen und revolutionären Autostraße, die HAFRABA. Aber das Reichsgericht in Leipzig verbot eine solche private Finanzierung. Denn sie wäre nur über Benutzungsgebühren möglich gewesen, ein immer noch aktuelles Problem. Deshalb ist unsere Autobahn bis heute kostenfrei, obwohl das Reichsgericht in Leipzig bald nichts mehr zu sagen hatte. Die Autobahn wurde vielmehr Hitlers großes und gemeinsames mit dem Autotraum wahrhaft volkstümliches Programm, volkstümlicher als alles, was er aus der älteren deutschen Politik in seine Propaganda übernommen hatte.

Es gab noch andere Finanzierungsmöglichkeiten, aber sie waren um vieles bescheidener. Am Ende, nämlich am Ende der Weimarer Republik 1932, war gerade nur eine Teilstrecke im verkehrsdichten Rheingebiet von Köln nach Bonn entstanden, und es war die Aufgabe des Kölner Oberbürgermeisters Konrad Adenauer, sie zu eröffnen. Eine versteckte Ironie der deutschen Verkehrsgeschichte: Adenauer, nicht Hitler eröffnete die erste deutsche Autobahn.

Hitlers Autobahn war dann ohne Wenn und Aber schnell zur Arbeitsbeschaffung finanziert. Sie sollte mit eleganten Linien die deutsche Landschaft verschönern, sie sollte die deutschen Menschen im Autotraum in den Wald führen, der ja dem deutschen Wesen so nahe lag, und dementsprechend waren auch die Rastplätze immer mitten im Wald geplant. Die Autobahn – wie das Auto selbst – war eines der lockenden Zukunftsbilder, mit denen Hitler sofort im Frühjahr 1933 die Deutschen betörte. Gebaut wurde später. Auch das ist ein Stück der Illusion vom Dritten Reich. Überall wurden damals Landkarten verbreitet, auf denen die neuen deutschen Autobahnen prangten: Ein Ring um Berlin, und von Flensburg bis Berchtesgaden, von Aachen bis Insterburg, nach der alten Reichsstraße 1, von Emden bis Oppeln. Bis zum Ende des Jahres 1937 waren davon aber erst 2000 Kilometer gebaut.

Der Fortschritt aus Zelluloid

Wenn man nach den Wegen der Bildung in den neueren Gesellschaften fragt, wird man die allgemeine Schulpflicht zuallererst nennen. Ihre Geschichte reicht im großen und ganzen in Kontinentaleuropa 200 Jahre zurück. Sie ist ein wenig jünger in England und an der südlichen und östlichen Peripherie unseres Kulturkreises auch. Ob man an nächster Stelle dann auch gleich das Kino in Erinnerung bringen kann? Was dazwischen liegt, galt privilegierten Schichten. Das Theater war für den höheren Bildungsstand reserviert, geradeso wie das höhere Schulwesen, und die »höhere Tochter« kam mit allerhand standesgemäßer Bildung in Berührung, ehe ihr endlich das Gymnasium zugänglich wurde. Natürlich läßt sich auch die Literatur als Bildungsinstitution begreifen, in ihrer ganz besonderen, jedem still lesenden Individuum vorbehaltenen Begegnung mit dem Autor, massenhaft vermittelt durch Verlage. Es gab in jedem Land Unternehmer, die sich auf diese Massenvermittlung besonders verstanden. Sei es die Kolportage-Literatur, sei es die anspruchsvolle Produktion von Penguin-Books oder der Insel-Bücherei. In den nördlichen Ländern, in Dänemark zuerst, machte das Volksbildungswesen vor einhundertfünfzig Jahren Schule, ähnlich wie in Deutschland vor mehr als hundert Jahren das vereinsmäßig geförderte Wanderlehrertum. Schließlich bildet auch die Zeitung. Die »Vossische Zeitung« aus Berlin, die »Neue Zürcher«, »Hamburger«, »Frankfurter«, »Leipziger«, »Augsburger«, »Kölner«, »Wiener« oder »Prager« bis hinab zur »Passauer« verbinden mit ihrem Namen teils jahrhundertealte Traditionen in der Vermittlung örtlicher Nachrichten mit überregionaler Information und Bildung.

Aber alles das ist nicht zu vergleichen mit dem Kino. Das schuf, nach einer jahrzehntelangen Entwicklung seiner Technik und auch seiner Thematik, eine globale Illusion, weit mehr als Literaten, Lesevereine oder Billigverlage. Es bildete nicht durch Nachrichtenvermittlung, wie die Zeitungen. Es bildete universal, aber nicht nach Lehrplänen. Es schuf eine ganz neue Welt, seine Welt, ein Ersatzleben, ein biographisch ausgerichtetes Illusionsgefüge des tapferen, unverzagten, in seiner eigenen Lebenssphäre mit Selbstrechtfertigung agierenden und vor allem liebenswerten Menschen. Die Privatsphäre, vornehmlich in den Beziehungen zwischen Mann und Frau, wurde dabei zum populärsten Sujet. Das galt zwar auch schon für die Romanliteratur und deren Bildungsvermittlung. Das gilt auch für jede Art von Memoirenliteratur. Doch das Kino schuf das alles bildhaft, hörbar, und insofern mit einer bislang unerhörten Eindringlichkeit, mit der sich das Lesen nicht messen läßt. Es gab bereits die »inneren Bilder« vor, die das Lesen dem phantasiereichen Leser so »anschaulich« werden lassen.

Natürlich ist das Kino ein Kind des Fortschritts. Geboren wurde es schon vor der Jahrhundertwende. Allerdings weiß man nicht so genau, ob es tatsächlich auf die Welt kam, denn genaugenommen beruht das ganze Kino auf einer Täuschung des menschlichen Auges. Aber weil viele menschliche Institutionen doch eigentlich nur auf Täuschung beruhen, hat man die Anfänge der bewegten Bilder als ein physikalisches Experiment neben anderen gelten lassen. 1895 wurden in Paris und in Berlin erstmals bewegte Bilder vor Publikum projiziert.

Der Kinematograph befaßt sich nicht ausschließlich, aber doch hauptsächlich auch mit den Menschen, die er täuscht, und deshalb heißt er im Tschechischen Biograph und das Kino heißt Bio. Die Amerikaner sehen die Sache nüchterner: Sie sagen the moovies, und meinen die »beweglichen« Bilder, und damit treffen sie den Kern. Sie betrieben in den ersten Jahrzehnten die Neuschöpfung mit dem größten Erfolg. Bis gegen 1930 kamen die meisten Filme aus Amerika. Auch der erste deutschsprachige Tonfilm entstand 1929 in Amerika. Als neue Kunst lockte das Kino Regisseure und Schauspieler in Italien und Frankreich, in Deutschland und besonders in der jungen Sowjetunion, wo sich die revolutionäre Avantgarde seiner widmete und 1926 der Regisseur Sergej Michailowitsch Eisenstein mit dem Film vom Panzerkreuzer Potemkin weltberühmt wurde.

Ihren ersten großen Sprung über den Teich machte die Filmkunst schon in den Goldenen Zwanzigern. Sie ist ein Teil des Mythos dieses Jahrzehnts, sie ist vor allem auch ein Teil des Brückenschlags zwischen den USA und Deutschland, was man in der historischen Perspektive oft nicht so deutlich hervorhebt. Die deutsche Universum-Film-AG, kurz UFA, 1917 gegründet und später über den Hugenberg-Konzern ein wichtiges Element der Meinungsbildung und -lenkung in Deutschland, gehört zu den Trägern der Entwicklung. Zunächst produzierte man Stummfilme, und Ernst Lubitsch war einer der bekanntesten deutschen Regisseure. Er ging 1922 nach Amerika und widmete sich bald dem Tonfilm, der 1923 mit einem Streifen über das Leben auf dem Dorfe ans Licht getreten war, kein Wunder, die dörfliche Tonkulisse gilt noch uns als klassisch, wenn auch das Bauernleben uns immer weiter entfernt wird. Erst 1927 wurde ein gegenwartsnäheres Tonfilmsujet dem dörflichen Lärm gegenübergestellt in dem großen Erfolgsstreifen von Walter Ruttmann »Berlin, Symphonie einer Großstadt«. Während in Deutschland Hitler seine Kapriolen drehte, wurde der Engländer Charlie Chaplin als Selfmademan in Stummfilmen in Amerika groß, Hitlers Altersgenosse und bald komischer Widerpart. Auch er, wie Lubitsch, aber wie nicht alle die Helden und Regisseure der Leinwand, schaffte den Sprung ins Tonfilmmilieu und wurde gerade da zum Weltstar und sein eigener Regisseur. Dieser Sprung gelang auch Walt Disney, der 1928 mit seiner Micky

Maus zunächst einmal den Zeichenfilm stumm in die Welt geschickt hatte.

Die Micky Maus symbolisierte ein Bild vom negativen Helden, vom tausendmal unterdrückten heimlichen Sieger. Das könnte an den »Kleinen Mann« von Fallada erinnern, der ein paar Jahre später in den USA zum Bestseller wurde, auch zum Tonfilmhelden, aber die Micky Maus war zudem ein ganz naiver Held. Das filmische Wurzelwerk für künftige Generationenidole ist dicht verflochten. Zunächst aber siegten doch immer wieder die großen und die männlichen Ideale, und mit diesem herkömmlichen Inhalt der strahlenden Sieger gab es schon in den zwanziger Jahren Helden und, in klassischer Weiblichkeit, auch Heldinnen des Films. Aber erst als die Filmhelden sprechen lernten, kam der Film wirklich zur Macht. Kein Wunder, daß er bald auch mit der Machtergreifung Hitlers in Deutschland einherging, und die ins Monumentale gesteigerten Bilder der »deutschen Bewegung«, wie sie Hitler und seine Helfer in Szene gesetzt hatten und wie sie die begabte Kamerafrau Leni Riefenstahl filmte, sind kein unwichtiger Teil der »inneren Machtergreifung« in Deutschland, nicht nur unter den Jüngeren.

Natürlich war der Film zunächst einmal Unterhaltung. Das ist ohnehin auch der Weg einer jeden weltaufgeschlossenen Pädagogik. Der Film brachte Sensation, und Sensationsstreifen wie »Aus dem Leben eines amerikanischen Feuerwehrmanns« waren auch seine ersten Titel um die Jahrhundertwende. Der Film brachte aber dann bald eigene stories, und da nahm er Anleihe beim Theater, wo er sich seine Requisiten holte und die Schauspieler auch. Daß er bei alldem leicht zu versenden war, leichter als jeder Thespiskarren über Land ging, war natürlich ein Faktor für seinen Erfolg. Und auch, daß man nicht viel zurichten mußte für seine schier unerschöpfliche Repetition. Es mußte hauptsächlich dunkel sein.

Am leichtesten ging der Film um die Welt im Operettenmilieu. Dazu gehörte vor allem die rechte Musik. Musik und Bild traten bereits zu Stummfilmzeiten in Verbindung. Aber erst die eingängige Kunst der leichten Muse schuf die Breitenwirkung, zu der das Filmschaffen in der Tonfilmära gedieh. Zu jedem Film der rechte Schlager. Eine solche Musik ließ sich auch leicht merken, und nur wir heute in einer kunstloseren Zeit hören »Schlager«, sprich »hits«, von Twens nach dem Urteil und auf dem Niveau der »Hitlisten« von Teenagern. Der alte Tonfilm war anspruchsvoller.

Der Bildungswert des Films überstieg aber den Bildungswert von Operetten bei weitem. Die größte Bedeutung war wohl, daß er mit einem Schwung Jung und Alt mitnahm in die Welt seiner Helden, und das war vornehmlich die große Welt, mitunter die Welt von Heroen, meist aber die Welt der Wohlhabenden. Auf einmal waren alle dabei an gedeckten Tafeln und lernten zu essen, vielleicht auch zu servieren, zu parlieren, lernten Niederlagen hinzunehmen und Schläge auszuteilen auf die feine Art, auch die »englische«. Der Film brachte immer den Sieg des Guten und niemals die Überlegenheit eines bösen Charakters. Der Film erzog, er belehrte nicht nur, einfach durch die unmittelbare Gegenwartsillusion.

Der Zugang zum Kino war billig. Er lag unter dem Preis einer Theaterkarte und setzte weder Garderobe noch Begleitung voraus. Der Bildungseffekt war vermutlich größer, denn die Kamera führte besser zum menschlichen Antlitz und seinen Regungen als jedes Theaterglas oder der Blick aus der Proszeniumsloge. Die Belehrung ging besser ins Ohr im dunklen Raum unter dem Zwieklang von Wort und Musik, auch ließ sich die Rührung da besser verbergen. Und der Film schuf Idole. Das war zuvor auch schon vom Theater bekannt. Aber die bürgerliche Gesellschaft konnte ihre Theatereffekte nur unter die oberen Zehntausend bringen. Der Film brachte sie allen. Und Pola Negri oder Emil Jannings waren bald bekannter als Wilhelm II. und Woodrow Wilson, auch sah man sie näher.

Der Film als Politikum löste die großen Probleme der Identifikation: Nur waren seine Helden meist unpolitisch. Die Filmhelden aus der Sowjetunion, eine politisierte, ausdrücklich der Agitprop gewidmete Kunstgattung, fanden zwar ebenfalls Publikum, aber nicht ganz so viel, obwohl sie der großen Stummfilmkunst Wege wiesen. Für den sowjetischen Tonfilm galt das weniger. Ohnehin sagte man bald ihrem Herkunftsland nach, daß es dort besser sei, stumm zu sein.

Als Politikum vermittelte der westliche Film zunächst einmal westliche Universalkultur. Dabei fiel die Auslese leicht: Der Film, ob aus Amerika oder Europa, galt stets nur der »westlichen«, der »zivilisierten« Gedankenwelt und ihrem Publikum. Der Filmregisseur mußte nicht fragen nach fremden Milieus. Der Film war »westliche Selbstdarstellung« auf allgemein hohem sozialen Niveau, vermittelte nebenbei viel vom American dream und von heiler Welt mit dem seither sprichwörtlichen happy end. Der Film gab den Optimismus des westlichen Lebens weiter, auch seine Mühen, seine zähe Standhaftigkeit und mitunter auch Heldentum, im Alltag und manchmal im öffentlichen Interesse.

Man kann sagen, daß in der »westlichen Welt« dabei die amerikanische Illusion dominierte. Und das verlängerte und veränderte, trotz Bankenkrach und Massenelend, noch einmal die Attraktivität des ›Landes der unbegrenzten Möglichkeiten‹. Man kann sogar noch weitergehen und sagen, der American dream hatte jetzt, im Film, erst seinen richtigen Ausdruck und seine ihm zugehörige Propaganda gefunden; und das zu einer Zeit, ironischerweise, als seine Grundlagen eigentlich schon im Schwinden waren. Denn die amerikanische Utopie war auf das Einwandererland Amerika gegründet und bezogen, in dem ursprünglich eine unbegrenzte bäuerliche Lebensweise alle umfing, die Landnahme jedermann freistand, und wo die Agrarwirtschaft wachsen mußte, weil die Bevölkerung wuchs. Im industrialisierten Amerika hatte das 20. Jahrhundert die ursprünglichen Grundlagen, die wirtschaftlichen geradeso wie auch die zugehörige Siedler- und Gemeindementalität, bereits zersetzt. Aber im Kino wurde die heile Welt des reichen Amerika noch einmal glaubhaft.

Die reiche Gesellschaft machte sich auch im übrigen Europa auf, um über die lichte Leinwand in einem verdunkelten Raum mit der gehörigen Illusion ihrem Publikum zu begegnen. Und während das Theater der zwanziger Jahre durchaus offenstand für Sozialkritik, war der Film weit eher idealistischen Illusionen verhaftet. Schnell wuchs sein Publikum, schnell mehrte sich die Zahl der Vorführanstalten, und ebenso schnell wuchs der Aktionsraum großer Filmverleiher. Für die Schauspielkunst wurde das Kino auf seine Weise zu einer besonderen Berufserhöhung.

Es bot bestimmten Typen, visuell und akustisch, eine ganz unerhörte Wirkmöglichkeit auf ein Millionenpublikum. Es schuf Idealgestalten. Es suchte sie, es propagierte sie. Nur Monarchen hatten zuvor vergleichbare Publizität in Druck und Fotographie, aber die gekrönten Häupter an vielen Wänden waren kaum je so attraktiv wie die Akteure auf der Leinwand. Traumgestalten, Märchenprinzessinnen. Filmschauspieler stellen seither den größten Teil unserer VIPs, unserer very important persons, und bilden eine Elite.

Das Kino schuf damit auch einen Ersatz für die verlorenen Eliten. Einen Ersatz für das Identifikationsangebot der gekrönten Häupter – offengestanden, es übertrumpfte sie. Es bewegte sich dabei zwar in einer fiktiven Welt, aber gerade damit war es in einen unbesetzten, verlassenen oder nicht mehr ganz vitalen Raum eingedrungen. Fiktive Welten waren lange zuvor einmal religiös besetzt, und die Geschichten der Heiligen, des jenseitigen Lebens oder wunderbarer Ereignisse, das »Eia popeia vom Himmel«, das Heinrich Heine seinerzeit mit boshaften Versen ganz treffend in seiner Macht erkannt hatte und vergeblich auf seine Weise ablösen wollte, das hatte für unsere aufgeklärten Großmütter und -väter nicht mehr viel zu bieten. Das Kino war natürlich aufgeklärt. Und seine Träume, ganz irdische Träume, wie sie Heine verheißen hatte, verbreiteten sich.

Das Kino schien bereit, die ganze Welt mit seinen Träumen zu versorgen. Der Erfolgshunger der Filmproduzenten war unersättlich. Die Wirksamkeit des Films schlug schneller Wurzeln als die mühsame Arbeit der Schriftsteller in der literarischen westlichen Kommunität. Kein Buchverlag konnte sich daran messen. Auch bedurfte es zunächst noch keines dunkelhäutigen Heilands und keiner gelben Madonna, um alle Rassen dieser Erde zu erreichen. Ganz ohne Anleihen aus der Folklore des Fernen Ostens oder des tiefen Afrikas wirkte der Film unmittelbar. Der Missionar, der mühsam sich zurechtfinden mußte in zentralafrikanischer Polygamie, hatte es weit schwerer als die Kinotechniker, die in den neuen städtischen Zivilisationszentren erst dann ihre Leinwände spannten, wenn die urbane Bevölkerung entsprechend entwickelt war.

Das Kino der späten zwanziger, der frühen dreißiger Jahre

schuf ein Stück Weltkultur. Durchaus in mehreren Nationen produziert, boten der deutsche, der französische, der italienische oder auch der tschechische Film doch ganz ähnliches an wie die größte Traumfabrik in Hollywood. Insgesamt, mit manchem Abenteuer, mit Lebensbejahung, Optimismus, Glück und vor allem mit erfolgreicher Partnersuche entspann sich so etwas wie eine universelle Utopie, mit wenigen Ausnahmen. Etwa die Kriegsfilme, die das Ungeheuerliche einzufangen suchten, mit geringerer oder größerer Überzeugungskraft, wie die Verfilmung der großen Anklage von Erich Maria Remarque: »Im Westen nichts Neues«. Buch und Film machten die Runde um den Erdball. Aber das, wie gesagt, waren Ausnahmen. Einzelfilme. Nicht Kino. »Kino«, in den gehörigen sprachlichen Variationen, wurde inzwischen zu einem selbstverständlichen Bestandteil der Freizeitkultur. Und Freizeitkultur überhaupt rangen sich unsere Großväter in kleinen Schritten von ihrer Berufswelt ab. Ins Kino zu gehen, nicht ins Theater oder ins Museum, wurde zur volkstümlichsten, billigsten, zur Scheidemünze von Freizeitkultur.

Das Kino der zwanziger, besonders aber der Tonfilm der dreißiger Jahre schuf und spiegelte zugleich ein Stück westlicher »Weltkultur«. Als Exportartikel war der Film auch Instrument zur Verbreitung der »westlichen« Lebensart in der ganzen Welt, in Japan wie in Indien. Diese Selbstdarstellung der »Westler« bot einen allgemein verbindlichen »Universalismus« an, »Kosmopolitismus« mit noch immer christlichem Wertekanon. Er ließ Filmgrößen auch dort zu Helden werden, wo man ihre Sprache nicht verstand, wo man sich nach Untertiteln orientieren mußte. Sie wurden dann allerdings erst ganz die eigenen mit der Kunst der Synchronisation. Ohne Sprachbarriere hatte zuvor der Stummfilm schon ihre Namen um die Welt getragen, wie den großen Abenteurer Douglas Fairbanks, Harry Piel oder Emil Jannings. Die westliche Welt erlebte sich in oberflächlicher Gemeinsamkeit und es fiel zunächst niemandem ein, nationale Gegensätze im Film zu mobilisieren. Ein frühes Beispiel blieb allein 1915 ein Stummfilm von W. G. Griffith über »Die Geburt einer Nation« als nordamerikanische Darstellung des Sezessionskrieges. Mit dem größten Erfolg gelang das dann aber in den Propagandafilmen des Dritten Reiches, und auch da besonders in den anschaulichen Täuschungs- und Verführungseffekten der antisemitischen Filme. Der Film zählte in den vierziger Jahren zu Hitlers besonderen heimlichen Helfern. Er kehrte das Elend in den von den Deutschen errichteten Ghettos um zur Anklage gegen die »schmutzigen« Juden. Er wirkte mit am diffamierenden Bild vom »lebensunwerten Leben«.

National – international – westlich

Der Ford ist ein Auto aus Amerika. Fiat repräsentiert Italien, Renault steht für Frankreich, der Volvo kommt aus Schweden, und auch an gottverlassenen Tankstellen in der Wüste Nevadas kennt man den deutschen Mercedes. Der Nationalstolz ist hier noch immer rege und prägt auch gegenüber der Technik seine Klischees. Und die Autoindustrie, heute die mächtigste im deutschen Export, ist noch immer national geprägt. Unsere Großväter fuhren ein deutsches, ein französisches, ein amerikanisches Auto nicht mit nationaler Ausschließlichkeit. Aber sie fuhren es immerhin mit nationaler Konnotation: »Der Franzose ist zuverlässig, der Italiener ist spritzig.« Der Opel galt auch noch als solide deutsch, als ihn schon General Motors inkorporiert hatte. Margarine war dagegen beispielsweise schon seit längerem international. Sechzig Prozent der deutschen Margarineproduzenten gehörten in den zwanziger, dreißiger Jahren zum Unileverkonzern. Unsere Großmütter haben das aber nicht weiter diskutiert.

International war, wie gesagt, auch die große neue Unterhaltungsindustrie, der Film. Hier allerdings hatten die Großmütter mehr Kommentare bereit als beim Auto, und sie waren auch interessierter daran als an der Margarine, denn der Film zielte zum guten Teil auf das weibliche Publikum. Freilich gab es auch noch eifersüchtige Großväter, die der Internationalität dieser Unterhaltungsbranche Ungutes nachsagten, nämlich: »Amerikanisierung«. Schließlich kamen um 1928 neunzig Prozent aller Filme aus Amerika. Vornehmlich freilich noch Stummfilme. Der Tonfilm verschob das Bild, und hier machten TOBIS und UFA bald von sich reden. Das wiederum wurde zum Ärgernis für die tschechischen Großväter. 1932 schickte die Prager Boulevardpresse die tschechischen Massen auf die Straßen gegen den deutschen Film. Prag, die einzige Millionenstadt im tschechoslowakischen Staat, war ein Hort für das tschechische Kino – und das mit deutschen Filmen! Also kam es zum Aufstand. Ein paar Kinos mußten büßen für ihre zugkräftigen Streifen aus Deutschland, und die Menschen kühlten ihr Mütchen auch gleich an vornehmlich deutschjüdischen Geschäften. Die machten keine Filme. Aber zu dieser Zeit, um 1932, wohlgemerkt, gab es noch immer bei den Tschechen, und vornehmlich eben in der Großstadt Prag, eine Aversion gegen das damals sogenannte Prager Deutschtum mit seiner engen Vermischung deutscher und jüdischer Bevölkerung, die in einem kleinen Bereich der Großstadt eng beieinander lebte, geeint durch zwei deutsche Theater, vier deutsche Gymnasien, ein Symphonieorchester und zwei vorzügliche deutsche Zeitungen, dazu noch eine Reihe nicht minder vorzüglicher Delikatessengeschäfte. Da blieb lange unwichtig, was da jüdisch war oder nicht, höchstens, daß die einen am Samstag nicht arbeiteten und die andern am Sonntag.

National oder international – allmählich überwand man solche Differenzen in einfacher Daseinsfreude. Die hatte sich langsam ausgebreitet in einem kleinen »Wirtschaftswunder«, wie man damals schon in Deutschland sagte, nach den Schäden der Inflation mit der Einführung der sogenannten deutschen Rentenmark am 20. November 1923. Es war eigentlich ein europäisches Wirtschaftswunder bei der tatsächlich schon damals wirksamen Verflechtung des Wirtschaftslebens. Während das gehobene Bürgertum schon vor dem großen Krieg seine Arbeit etwas gemächlicher betrieb, als wir uns heute denken können, hatte allerseits das Jahr 1918 mit seinen neuen Verfassungen – da in Weimar, dort in Prag, hier in Wien – die 48-Stunden-Woche beschert und ein Recht auf Urlaub. Das hieß Reisebüros eröffnen und Urlaubsreisen planen, und auch ein neuer Bildungstourismus zog sein Publikum nach Italien und nach Griechenland, in die Alpen, an die Nord- und Ostsee. Noch wenig wurde Spanien von der Reiselust entdeckt, meist mit der Eisenbahn, seltener sogar schon mit dem nicht unkomplizierten Motorvehikel, mit dem neuen Tatra etwa, wovon ein aufsehenerregender Fahrbericht über den St. Gotthard zur Firmenwerbung wurde. Reiseliteratur mit möglichst genauen Angaben über alles Sehenswerte einschließlich des rechten Zugangs wurde zum Begriff durch die Ausgaben für Länder, Provinzen, Städte des Verlags Baedeker schon vor der Jahrhundertwende. Er schuf eine eigene Schematik bis hin zu Anweisungen über angemessenes Trinkgeld oder die Kleiderordnung. Fahnensaal: »Herren nehmen hier den Hut ab!«

Internationalität vermittelte mehr und mehr auch der Rundfunk. 1923 begann der deutsche Unterhaltungsrundfunk mit seinen Sendungen, die Schweizer Rundspruchgesellschaft, der österreichische Rundfunk, Radio Prag wenig später. Nun war der Rundfunk natürlich an Landessprachen gebunden, aber er vermittelte einen weltumspannenden Horizont – und Musik! Um es genauer zu sagen, ging sogar vom Rundfunk, als die Sendetechnik vom Kopfhörer zum Lautsprecher gereift war, die erste Welle einer internationalen Verbreitung von neuer Unterhaltungsmusik aus, die in kurzer Zeit einen großen Hörerkreis weit über die konnationale Zuhörerschaft anzog. Man hörte amerikanische Jazzmusik auch dort, wo man nicht englisch sprach.

Radio kann man nicht hören ohne Gerät. Damit hatte sich ein wachsender Bevölkerungsteil an eine moderne Technik gebunden, die ihn ihrerseits langdauernd an sich zog und jeweils auch eine »moderne« Mentalität vermittelte und eine Verbundenheit, »dabei« zu sein. Der Ausbau des Fernsprechverkehrs zog in dieselbe Richtung, und während nicht viele Menschen ausländische Zeitungen abonnierten, hörten doch bald eine merkliche Zahl ausländische Sendungen, zumal die Sendetechnik in diesen Jahren vor der Entwicklung der Ultrakurzwelle mit Langwelle und Kurzwelle weltweit operierte. Die alten Geräte zeigen noch auf ihrem Stationsverzeichnis eine ganze Kulturgeographie der zeitgenössischen westlichen Sender. Moderne haben auf ihren Zahlenskalen nur mehr die provinzielle Reichweite von UKW.

Es gab auch internationale Bewegungen. Nicht nur die olympische, seit 1896 im vierjährigen Rhythmus, durch den Krieg unterbrochen, 1920 zunächst ohne Deutschland wieder aufgenommen, nach diesem Tribut an das Kollektivschulddenken 1924 mit Deutschland um Winterspiele erweitert, bald auch vermittels des Rundfunks zum weltweiten Spektakel ausgebildet. Es gab internationale Wettkämpfe außerhalb von Olympiaden, besonders im Autorennsport, mit Pferden und Jachten. Auch kämpfte man international mit großer Aufmerksamkeit um Nord- und Südpol und um die höchsten Berge.

Internationalität entwickelte auch das Konsumverhalten. Coca-Cola ging um die Welt. »Deutsche, kauft deutsch!« Diese Reaktion war zunächst noch nicht den jüdischen Geschäften zugedacht, sondern eben dem wachsenden Einfluß eines autonomen europäisch-amerikanischen Marktes. Englischen Tweed, französische Dessous und belgische Spitzen zu tragen, Kamelhaarmäntel und Kaschmirwolle, blieb von so groben Anwürfen noch lange unberührt.

Der Buchmarkt dagegen, das war ein deutscher Markt. Zumindest, unsere Sprachverwandten im Südwesten und im Südosten eingeschlossen, ein deutschsprachiger Markt, und er geriet in seiner Größe geradewegs zur Nationalcharakteristik. 31 000 Bücher wurden schon 1921 in Deutschland wieder hergestellt, doppelt so viele wie in England und beinahe viermal so viel wie in den USA. Man verkaufte sie in 13 000 Buchläden. Und ein Buchhändler, das war ein Mann, auf den man hörte. Er kannte die zeitgenössische Literatur. Man konnte sich bei ihm beraten lassen. Man konnte ebenso Bücher entleihen, zumindest in den meisten der größeren deutschen Städte. Weit über dreihundert Leihbibliotheken gab es in Deutschland in dieser Zeit, die siebenunddreißig Millionen Bücher verwalteten, zwei davon, in Berlin und in München, jeweils mehr als eine Million Bände. Solche Zahlen führen freilich schon wieder in die internationale Welt. Und sie stellen Deutschland dabei nicht mehr an die Spitze. Denn es gab außerdem auf der Welt noch dreißig andere Bibliotheken mit jeweils mehr als einem Millionenbestand. Und um die alte Bücherwelt kennenzulernen, die Frühdrucke und die Handschriften, mußte man nach London und nach Uppsala, nach Paris und nach Amsterdam, nach Löwen, nach Prag und nach Mailand reisen, nach Venedig und nach Wien, nach Rom und nach Madrid, auch nach Wolfenbüttel und nicht nur nach Berlin und München.

Und die Universitäten, die schienen nun wirklich eine Brücke zwischen den Nationen zu sein. Zumindest gaben sie sich international in ihrem ehrwürdigen Zeremoniell, und der Doktortitel war weltweit anerkannt. Es entstanden auch nach dem Krieg rasch ein paar neue Universitäten, zum Beispiel in Köln, in Frankfurt und in Hamburg, in Posen, in Brünn und in Preßburg, in Laibach und in Lublin. Und es gab überall viel mehr Studenten: Allein in Deutschland stieg die Zahl der Studenten an den nun 23 deutschen Universitäten und den unverändert 10 technischen Hochschulen beinahe auf das Doppelte des Vorkriegsstandes, die Zahl der Studentinnen etwa auf dreimal soviel. Es gab 1929 rund 135 000 Studentinnen und Studenten in Deutschland. Natürlich gab es dabei auch internationale Kontakte. Aber ein Auslandsstudium blieb in Wirklichkeit doch eine Ausnahme, im allgemeinen Studenten vorbehalten, die das Geld und dazu auch noch die Perspektiven hatten. Statt dessen war in Deutschland der Bierdunst aus den Hörsälen nicht gewichen und noch immer das Studium eine Männerdomäne, vor allem: eine Domäne der alten Burschenherrlichkeit. Es gab unter den Studentenverbindungen nirgendwo Platz für Studentinnen. Aber es gab einen sofort 1919 gegründeten Ring farbentragender Studenten, dessen Fechtübungen wohl nicht das größte Malheur darstellten auf studentischem Boden, sondern sein akademischer Dünkel und die Vorstellung von der standesgemäßen Satisfaktionsfähigkeit.

Also fand die akademische Internationalität nur auf den oberen Rängen statt: Professoren begegneten einander bei internationalen Gelegenheiten, vor allem jedoch in der gelehrten und gedruckten Diskussion. Das freilich war ein echtes akademisches Anliegen. Insofern lagen die Begriffe von akademisch und international eng beieinander. Immerhin lehrte und lernte man in internationaler Verbindlichkeit. Man begegnete einander doch wenigstens in Büchern. Man achtete einander über die Autorschaft. Man war miteinander verbunden im Respekt vor

Forschungsergebnissen, die geradeso galten wie im internationalen Patentrecht, und manchmal gab es auch die Gelegenheit zu akademischen Vorträgen vor internationalem Publikum. Freilich schielte immer wieder der nationale Boden durch, auch wo sich Geisteswissenschaft gerne ihrer Internationalität rühmte. Der schon namhafte Philosoph Rudolf Carnap, einer der zahlreichen reichsdeutschen Professoren an der deutschen Universität in Prag, bekam bei einem Vortrag vor der Kant-Gesellschaft in München gar kein gutes Echo. Unbekümmert um wachsende Vorurteile hielt ganz oben die Schwedische Akademie mit ihrem Nobelpreis zumindest die Gemeinde der Naturwissenschaftler zusammen.

Weiter unten warben inzwischen die Kirchen auch international um ein neues Ansehen. 1848 hatte es den ersten deutschen Katholikentag gegeben, ein interessantes neues Instrument der alten Kirche im Ansehen der revolutionären Appelle in diesem Revolutionsjahr. Seit 1925 gab es den Internationalen Eucharistischen Weltkongreß. Die alte universale Kirche hatte einiges gelernt von organisierter Internationalität. Die evangelische Kirche hatte es in dieser Hinsicht schwerer, wie bekannt. Aber sie ging den gleichen Weg. Im selben Jahr entstand der lutherische Weltkonvent in Oslo. Auch wenn das deutsche Luthertum in einer engeren Art mit dem deutschen Nationalbewußtsein verbunden war als der deutsche Katholizismus, so brachte dieser Konvent doch auch eine besondere internationale Note in das nur allzu leicht nach seiner kirchlichen Organisation wie auch nach seiner Herkunft national verstandene Bekenntnis. Und zugleich wurde die Entwicklung ein Anlaß, sich international in einer besonderen Toleranz zu üben: Denn im selben Jahr 1925 wurde in Jerusalem die hebräische Universität eingeweiht, und es war gar kein Zweifel, daß ihre Existenz in besonderer Weise der christlich-jüdischen Zusammenarbeit gewidmet sein würde – noch unbeirrt von den politischen Entwicklungen, die Jerusalem schließlich wieder zur Heimstatt des über die Welt zerstreuten Judentums machen sollten. Freilich hatte die kirchliche Internationalität Grenzen in der religiösen Toleranz: Papst Pius XI. lehnte 1928 in einer Lehrschrift eine gesamtchristliche ökumenische Bewegung ausdrücklich ab.

Es gab Ansätze für eine neue Möglichkeit internationaler Verständigung. Dabei ging es nicht darum, ob Englisch, Französisch oder gar Deutsch zur Weltsprache werden sollten. Vielmehr gab es eine Bewegung schon seit dem späten 19. Jahrhundert, um mit Hilfe eines künstlichen Sprachderivats Barrieren zu überwinden, eine Kunstsprache zu schaffen, zugänglich gleichermaßen für romanische wie für germanische Ausgangssprachen. Mehr als 1700 örtliche Lehr- und Übungsgruppen zählte diese Bewegung Ende der zwanziger Jahre, und die meisten davon in Deutschland. Die neue Sprache nannte sich Esperanto, und das hieß wohl so etwas wie »Hoffnungssprache«. In seinem Wortbestand war dieses »Esperanto« aus den wichtigsten westlichen Sprachen zusammengesetzt. Das Slawische fehlte. Es fehlte nämlich von Anfang an im historischen Bewußtsein Europas, ab und zu in merkwürdiger Weise durch die Entdeckung oder Wiederentdeckung des Russischen durcheinandergebracht, als ob man es zwischendurch immer wieder aus den Augen verloren hätte. Dazwischen pflegte die westliche Welt in ihrer Eigenheit nach dem Neubau Europas von 1918 sich nur zögernd der Existenz slawischer Staaten bewußt zu werden, die sie zu Kriegsende selber geschaffen hatte, wie Polens, der Tschechoslowakei und Jugoslawiens. Von einer tiefgreifenden Korrektur kann man eigentlich nicht sprechen. Der große Ranke hatte das Wort vom »Romanisch-Germanischen Verein« geprägt, als er Europa meinte, und noch lange ging man nicht nur in Deutschland mit diesem Zitat um, ohne seinen Mangel zu empfinden. Auch die Internationalität in diesen beiden Jahrzehnten zwischen den Kriegen blieb – trotz ihrer drei neuen slawischen Mitglieder und trotz eines besonderen Interesses in Frankreich an der östlichen »Welt« – in ihrem stillen Selbstverständnis einfach »westlich«.

Tanzen oder marschieren?

Es wurde mehr getanzt. Schon zu Biedermeierzeiten hatte der Walzer dem Paartanz zum Durchbruch verholfen. Er brachte in Rhythmus und Tempo eine neue Aufregung, und der Dreivierteltakt mitsamt der raschen Drehung ließ ihn alten Tanzmeistern unschicklich erscheinen. Die artige Kunst, einander nach vorgeschriebenem Schritt zu begegnen, in einem großen Saal Figuren zu tanzen, sich leichthin zu wiegen, zu neigen, den Partner zu wechseln, pflegte aber schon damals nur mehr die »gute Gesellschaft« auf ihren Bällen.

Der Walzer, der Marsch, die Polka, die Française ließen neue Tanzlokale entstehen, zum Wochenendausflug, mit neuer Musik, deren Notenblätter durch Europa flatterten. Paul Linke in Berlin, Franz Léhar in Wien begleiteten um 1900 eine neue, eine tanzende Öffentlichkeit durch das ganze Jahr. Erntedank, Holzauktion, Kirchweih, Hochzeit hatten einst Anlässe geboten, auch der Karneval, wiewohl er deshalb nicht entstanden war – jetzt war in den Großstädten zwölf Monate Zeit zu tanzen. Auch hatte das Tanzen eine weltweite Note angeschlagen trotz der bürgerlichen Enge, Walzer und Polka waren immer und überall ohne Vereinbarung bekannt, wo früher nur die oberen Zehntausend etwas von der Ballordnung verstanden.

Der große Krieg verdarb das Tanzen. Da wurde marschiert. Und als man wieder zu tanzen anfing in Deutschland, nach Hungerwinter und Grippeepidemie, da hatte sich vieles verändert. Zunächst: die Frauen waren anders geworden. Sie übten sich in einem neuen Erscheinungsbild, mit kurzen Röcken und Seidenstrümpfen, mit Bubikopf und vielleicht gar mit einer Zigarette. Sie wurden auch anders zu tanzen gelehrt – oder sie wollten anders tanzen. Woher kam der Impuls? Anders hieß nun: international. Der Foxtrott, der langsame Walzer, der Tango, also wörtlich der »Berührungstanz« und aller damit geweckte Sexappeal, nach dem neuen Wort für eine alte Sache, wirkten mit an einer neuen Tanzkultur, neuen Bewegungsformen, neuen Beziehungen – neuen Bindungen und neuen Bindungslosigkeiten. Die Zahl der Ehescheidungen stieg in den zwanziger Jahren um das Dreifache. Im Mittelalter hatte ein Chronist nach dem Schwarzen Tod notiert: »Da fing alle Welt zu leben an und machte neue Kleider.« Freude der Überlebenden.

Das neue Tanzen begann mit neuer Musik. Schon 1835 hatte ein belgischer Instrumentenbauer namens Sax der Klarinette zu einem neuen Klang verholfen, ungeliebt zunächst in Europa, aber in Amerika aufgegriffen, weil er jenen nonchalanten Ton vermittelte, der gut paßte zu der Kunst, das Leben leicht zu nehmen. Das Saxophon gab den Ton an bei einer neuen Musik, die mit Synkopen munter machte und mit lässiger Melodieführung zugleich entspannte. »Dixieland« kam nach dem Krieg zugleich mit einer neuen Anziehungskraft aus dem ›Land der unbegrenzten Möglichkeiten‹ nach Deutschland, auch nach Österreich und besonders zu den Tschechen, die vor dem Krieg Zehntausende hoffnungsvoller Einwanderer jährlich in »den Staaten« gestellt hatten. Amerika, Tango und Jazz intendierten eine neue Tanzkultur, die der Sehnsucht nach einem fernen Paradies verbunden war, dem American dream und der Schönheit des Südens.

Und dazu die neuen Schlager! Der Tonfilm schob die Operette ein Stück beiseite. Er öffnete zugleich ihr Sujet für alle, und er war auch noch der Musik verbunden, mit zwei, drei »Schlagern« in jedem Film. Eine lässige, eine einschmeichelnde Lebensauffassung ging von all dem aus, lockte junge Leute in neue Tanzlokale, gab auch kleinen Städten damit ein wenig von großstädtischem Flair, das man mit neuer Lichtreklame wenigstens imitierte, wenn die Phantasie in der Dunkelheit mitspielte.

Und die Leute hatten eigentlich auch ein bißchen mehr Zeit für solche Träume. Vielleicht hatten sie sich früher mehr plagen müssen von Montag bis Samstag, und nun gab ihnen die neue 48-Stunden-Woche in Deutschland, in Österreich und in der Tschechoslowakei mehr Spielraum. Vielleicht waren sie beweglicher geworden, weil Ausbildung und Beruf die meisten von ihrer »Heimat«, ihrem Geburtsort, ihrem Elternhaus, ihrem engeren Lebenskreis entfernt hatte, zumindest, soweit sie keine Bauern waren, und das waren um 1900 schon mehr als zwei Drittel nicht mehr in Deutschland, in Österreich, in Böhmen und Mähren. Vielleicht waren sie auch beweglicher, weil sie die Lebensumstände dazu zwangen, später zu heiraten als früher – auch das ein Anreiz, Tanzlokale zu frequentieren.

Natürlich konnten und wollten nicht alle jungen Leute tanzen gehen. Turnvereine hatten einen Mitgliederstand von Hunderttausenden, und der Alpenverein erreichte 1924 eine Viertelmillion Mitglieder, auch in den alpenferneren Regionen. Auch gab es Lese- und Bildungsvereine, Gesangsvereine mit einem ganz anderen Programm als in den Tanzlokalen, und es gab eine richtige Gegenbewegung: das Marschieren.

Das Marschieren hatte eine ganz andere Tradition. Man hatte in Deutschland nie aufgehört zu marschieren, seit Napoleon besiegt war und überhaupt nicht nach der Niederlage von 1918 und trotz der Reduzierung der Armee auf 100 000 Mann. Auch in Österreich nicht, bei weit kleineren Kontingenten. Denn es marschierten nicht nur die Soldaten; es marschierten auch die Veteranen, die Feuerwehr, die Schützen und die Turner. Es marschierte auch der Musikverein, wenn er nicht überhaupt Blaskapellen organisierte, und die spielten fast ausschließlich Militärmusik. »Die alten Märsche« – ein Schatz im deutschen Kulturleben, aber auch bei Tschechen und Österreichern, mit besonderem Schwung, da man sie sogar als Polka oder Walzer tanzen konnte. Auch die Freikorps waren marschiert in den ersten drei Nachkriegsjahren, und dabei marschierte man nicht nur auf der rechten, sondern auch auf der linken Seite, beim Spartakus und unter dem Reichsbanner der Sozialdemokraten. Überhaupt marschierte ein erheblicher Teil der deutschen Parteipolitik, denn Rechts wie Links hatten miteinander bald die Hälfte der Wählerstimmen auf sich gezogen und pflegten ihre politische Kultur mit Marschmusik und marschierenden Kolonnen. Und, nicht zuletzt: in paramilitärischen Verbänden.

Eine Weile schien unentschieden, ob man in Deutschland fortan tanzen oder marschieren sollte. Die Lage war nicht ganz so exzeptionell, sie betraf auch das kleine, besiegte Österreich, wo Rote und Schwarze geradeso marschierten, und in der Tschechoslowakei marschierte die Republikanische Wehr bei den deutschen Sozialdemokraten, es marschierten seit Jahrzehnten die Turner und seit 1930, nach dem Vorbild der SA, der

»Volkssport«. Bei den Tschechen marschierten die Sokoln, die militanten Turner, schon seit sechzig Jahren und waren auch bewaffnet. Auch die Italiener marschierten. Schließlich hatte selbst Mussolini 1922 in dem ungleich tanzfreudigeren Italien mit einem »Marsch« auf Rom ein Zeichen für die neue Form der öffentlichen Präsentation gegeben und dabei die politische Macht gewonnen.

Allerdings hatte ja nun auch wirklich die Fundamentalpolitisierung die Straße erreicht, nachdem sie vom Schloß und vom Herrensitz in die vornehmen Häuser der Honoratiorendemokratie gedrungen war, erstmals bei uns im lange nachhallenden Achtundvierziger-Jahr, und von da in die Mietswohnungen der kleinen Leute. Genaugenommen verhieß die Herrschaft über die Straße, nun eben auch zu marschieren. Und sie bedeutete in jedem Fall einen Angriff auf die etablierte Macht, die ihren Platz hatte in den Amtsstuben, den Behördengebäuden und den Regierungssitzen. Aber das galt doch zunächst als Gedankenspiel, nachdem die »Sturmjahre« 1848/49 erst einmal vorbei waren und die alten Fürstenhäuser ihre Positionen wieder eingenommen hatten.

Dennoch muß man einfach daran denken, besonders, seit es keine Fürsten und Könige in Deutschland mehr gab, daß sich eigentlich nicht nur präsentiert, vor aller Augen zeigt, wer marschiert, sondern daß er auch schon zum Angriff übergeht. Und daß dabei die Marschierer ihre Einigkeit beweisen, weil sie im Gleichschritt zur »Einheit« werden, zur Truppe, über die verfügen kann, wer vorangeht. Und daß außerdem immer nur Männer marschieren. Frauen ist das nicht recht gemäß. Frauen können »einen Zug bilden«, so wie seit Jahrhunderten in den kirchlichen Prozessionen, aber das Marschieren ist Männersache. Alles das wirkt wie ein Ausschluß der Frauen und ein Appell an eine Befehlsstruktur, die nur Männer erreicht. Es ist einfach nicht gleich, wie man auf die Straße geht, um sie zu erobern. In Marschkolonnen wird sie jedenfalls erst einmal für eine Männerwelt erobert. Das Tanzen, von sich aus seit langem auf Paare gerichtet, hätte die Frauen in jedem Fall eingeschlossen. Aber die deutsche Republik tanzte nicht. Sie neigte immer mehr zum Marschieren. So gingen die tanzenden Zwanziger in die marschierenden Dreißiger über: die Goldenen Zwanziger, wenn wir uns dem Selbstlob der deutschen Literaten jener Zeit denn überhaupt anschließen wollen, in die Ledernen Dreißiger.

Nun soll niemand sagen, Marschieren und Tanzen seien aber doch nach Aufwand und Ästhetik weit voneinander entfernt. Das ist eine Frage der Geschmacksbildung, und des Könnens auch. Man kann leichthin tanzen oder mit vollem Ausdruck. Man kann auch mit vollem Ausdruck marschieren. Diese Kunst beherrschten unsere Großväter wirklich. Zumindest hatten die meisten einmal davon genügend gelernt um zu wissen, wie exakt der Körper aufgebaut sein muß, wie man die Arme, die Beine in einer guten Marschkolonne einsetzt, wie man aus dem Augenwinkel auf den Nebenmann achtet (natürlich nicht auf die Nebenfrau!). Eine gute Marschkolonne muß nicht im Stechschritt mit allen seinen Varianten daherkommen, so wenig man auf dem Tanzboden ein Ballett erwartet. Sie muß in voller Geschlossenheit auftreten, mit jeder Armbewegung, mit jedem Fußeinsatz – und wie das nun eben so ist, sie muß dazu nicht einmal, anders als die Tanzpaare, Musik haben.

Ein geübter Blick erkennt das auf einen Schlag.

Kaum war also eine solche Kolonne aufgestellt, zu dritt, zu zweit, zu viert nebeneinander: Schon gab es Anlaß zu zeigen, wer man war, wie man sich zusammengehörig fühlte und was man im Marschtritt konnte. Wie waren doch, befand ein kritischer Beobachter, die Nazis eigentlich dilettantisch, als sie am 30. Januar 1933 durch das Brandenburger Tor marschierten. Da war dann etwas ganz anderes im Gange, als ein paar Tage später das Potsdamer Garde-Infanterie-Regiment Nummer 9 aufmarschierte. Nur freilich: vom Marschieren allein hing es auch wieder nicht ab!

Oder hing es doch am Marschieren? Der Verdun-Veteran, Autor französischer Salonromane, Pierre Drieu La Rochelle fuhr 1934 nach Nürnberg und schrieb an eine Freundin: »Was ich gesehen habe, übertrifft alle meine Erwartungen. Es verblüfft und berauscht, es erfüllt einen mit Zittern und Zagen … Marschieren von Elitetruppen in Schwarz von Kopf bis Fuß … prächtig und arrogant … Die ganze deutsche Nation schwebt im Musik- und Tanzelement.« (Chasanov 2001, 126)

Neue Zeit und neue Utopien

»Kleiner Mann – was nun« in der »Schönen neuen Welt«?

Das war wirklich eine existentielle Frage. Aber versuchen wir uns einmal daran für die Zeit um das Jahr 1930, als die Welt, eben die »westliche«, »zivilisierte«, mehr oder minder tief in der großen Wirtschaftskrise steckte: Schwarzer Freitag, Ohnmacht der Geldordnung, globale Hilflosigkeit, wirtschaftliche Desorientierung, nationaler Egoismus, Hoffnungslosigkeit. Eben damals erschienen zwei Bücher mit solchen Titeln im gleichen Jahr.

Die deutsche Frage nach dem kleinen Mann erhob der bis dahin kaum bekannte Rudolf Ditzen, kein Star der Goldenen Zwanziger, sondern ein literarischer Anfänger. Sein Künstlername war Hans Fallada. Und sein Kleiner Mann war einer von Millionen. Das Buch wurde zum Bestseller, weil es geradewegs aussprach, was Hunderttausenden widerfuhr, rundum in der Welt: Die Hilflosigkeit der Nachkriegsgeneration, aus tristen Kinderzeiten nach ein paar guten Jahren in ein tristes Erwachsenendasein geraten, und das auch noch geschrieben in der nüchternen Sprache der Verzweiflung. Dem Kleinen Mann, der in Arbeitslosigkeit, in Vaterschaft und Ehe hineinschlitterte, war nicht zu helfen. Man nahm teil, und das war eigentlich ein Widerspruch zur Tendenz des Buches. Es hatte die Teilnahmslosigkeit beschrieben, aber gerade das rührte an. Wie auch immer: es mußte bei einer hilflosen Anteilnahme bleiben. Die Welt erschien voller Ausweglosigkeiten. Das war die Situation um die Wende zu den dreißiger Jahren, nicht etwa nur in Deutschland. »Little Man – What Now?« Unter diesem Titel wurde Falladas Buch in den USA übersetzt und verfilmt, sehr schnell, schon 1934, und ging noch einmal zu den Augen und Ohren von Millionen hilflos Teilnehmender. Zu dieser Zeit hat man in Deutschland den amerikanischen Film schon nicht mehr recht zur Kenntnis genommen. Damals lief bei uns schon die Vorstellung von der besonderen deutschen Wiedererweckung um, die der neue Reichskanzler versprochen hatte. Und wirklich: es wurde bald sichtbar, wie er dem »Kleinen Mann« zu helfen verstand!

Geholfen worden wäre dem Kleinen Mann auch in der »Schönen Neuen Welt« des Aldous Huxley. Der englische Autor verheißt für uns alle ein neues Rezept. Auch Huxley geht aus von der Ratlosigkeit der Welt und der Hilflosigkeit des Einzelnen. Aber er weiß sie in einer utopischen Vision zu überwinden und an ihre Stelle eine weltumspannende Ordnung zu setzen, in der er auch gleich den zweiten Mangel behebt, den Fallada unausgesprochen beklagt: einen jeden an den richtigen Platz zu stellen. Denn so wie sich bei Fallada eine »Proletariertochter« und ein »entbürgerlichter«, eben ein »kleiner« Mann gefunden haben und vielleicht gerade nur mit ihrer Ehe die ärmliche Ratlosigkeit ihrer Gegenwart überwinden, so geschieht es in der »Schönen Neuen Welt« nicht mehr. Hier paßt alles zueinander.

Hier werden nämlich nur mehr Retortenbabys zur Welt gebracht. Aber das nicht nur oder nicht vornehmlich, um endlich die Frauen zu emanzipieren, zu »entbinden« von ihrer Aufgabe der Reproduktion der menschlichen Art. Vielmehr wird schon in der Retorte einem jeden Embryo sein Platz zugeteilt aufgrund seiner genetischen Disposition, die man planmäßig manipuliert. Von Alpha bis Omega, von Anfang bis Ende in der Gesellschaftshierarchie werden die Embryonen ausgelesen, verändert und eingeteilt. Man weiß, daß man viele Arbeiter braucht und wenige Aufseher, Männer wie Frauen; daß man Vermittler haben muß für die rechte Weltordnung, Lehrer und Richter; und daß außerdem noch Polizisten unentbehrlich sind. Arbeiter, Wächter und Weise, das sind die drei seit je eine jede Utopie tragenden Gruppen. Schon bei Plato, in der ältesten Utopie unserer literarischen Überlieferung, sind sie zu finden. So wird eine stabile Gesellschaft gezeugt und aufgezogen, die eine geheimnisvolle Führung fest in der Hand hat.

Huxley schrieb seine Schreckutopie in den Jahren, als der große Börsenkrach vom Oktober 1929 mit Kurseinbrüchen und Massenarbeitslosigkeit das ›Land der unbegrenzten Möglichkeiten‹ von Grund auf in Frage gestellt hatte. Aufstieg und Fall traten jäh nebeneinander. Die Frage nach festeren Ordnungen drängte sich auf. Die Frage besonders nach einer neuen Ordnung der bislang so freien amerikanischen Gesellschaft.

Franklin D. Roosevelt versuchte es 1934 mit seinem »New Deal«, einer neuen, staatlich beeinflußten Sozialordnung in der Neuen Welt. Im alten Europa war währenddessen, als Ergebnis von Börsenkrach, Kurseinbruch und Massenarbeitslosigkeit, dieselbe Unsicherheit zutage getreten. Zwar nicht so deutlich in England, wo Lords und Earls noch das Regiment in der Hand zu haben schienen, wo das Oberhaus noch mehr war als eine international respektierte, weil herkömmliche Variante in einem berühmten parlamentarischen System; wo in der nationalen Gesellschaft ohnehin Adel und Landbesitz noch politische Einflüsse behaupteten, die im dekapitierten Deutschland oder gar im entadelten kleinen Restösterreich schon seit dem Ende des Krieges passé waren. Auch in der exportorientierten tschechoslowakischen Republik brachte der Schwarze Freitag die wirtschaftliche Katastrophe. In Deutschland hatte der große Börsenkrach die Schwächen des Kapitalismus vor Augen geführt, und künftig ließ sich alles noch schlimmer denken. Die Arbeitslosenquote war hoch und das Arbeitslosengeld gering. Ratlosigkeit bei den Eliten, bei den Intellektuellen wie bei den »kleinen Leuten«. Jahrzehntelang hatten Rassentheoretiker schon die Überlegenheit der Zuchtwahl gegenüber der ungeordneten menschlichen Paarung hervorgehoben, um bisher unerhörte Eliten hervorzubringen. Huxley schrieb als ein ironischer Visionär. Walter Darré schrieb 1930 von einer neuen Elitenaufzucht als politischem Programm auf neu aufzubauenden »Adelshöfen«, mit Pferdegestüten vergleichbar. Er wurde später bei Hitler Minister.

Es ist die Frage nach dem Ort eines Jeden in der großen Welt, die so völlig aus den Fugen erscheint. Was der »Kleine Mann« sucht, das hat Huxley höhnisch zu bieten: Eingeordnet und vorherbestimmt schon in der Retorte, die Straße zu kehren, ein Flugzeug zu lenken oder im großen Staatsrat zu sein, die Larven der Zukunft zu füttern, zu kastrieren oder auf Hochform zu päppeln nach festen Plänen. Alles hat in Huxleys Zukunftsstaat seinen Platz, der gleichzeitig korrespondiert mit den jeweils angezüchteten Eigenschaften und »Gaben«. Eine so organisierte Welt, natürlich immer unter ironischer Maske, hält Huxley den Amerikanern entgegen, verwoben mit all dem Komfort, der den

›American dream of life‹ seit Hollywoodfilmen begleitet. Was der Kleine Mann dagegen in allem Elend gefunden hat, seine Ehe und sein Kind, das gerade fehlt in Huxleys Welt. Es fehlt natürlich auch in der nationalen Zuchtanstalt, die der künftige Reichslandwirtschaftsminister Walter Darré empfiehlt.

Die europäische Utopie war in ihrem klassischen Kleid aus der Feder des Thomas Morus vierhundert Jahre vor Aldous Huxleys »Neuer Welt« entstanden. Sie schrieb tatsächlich schon seinerzeit, wenn auch noch mit unvollkommenen technischen Mitteln, jedermann einen festen Platz zu in einer nach anscheinend streng rationalen Überlegungen geordneten Gesellschaft. Die Klügsten regierten darin. Alle arbeiteten miteinander, und allen war alles gemeinsam. Adel und Monarchie waren abgeschafft. Privilegien für Gelehrte mußten redlich verdient werden. Weise, Wächter und Arbeiter bestimmten das scheinbar glückliche Staatswesen. »Schöne Neue Welt«! Entstanden war das berühmte, ebenfalls mit aller Ironie verfaßte Buch von der glücklichen Insel Utopia 1516 geradeso aus einer radikalen Gegenwartskritik, und es stellte nicht nur die englischen Zustände zu Anfang des 16. Jahrhunderts an den Pranger. Es lieferte ein »Weltbild«. Man hat den munteren Geniestreich dieser Erzählung niemals vergessen, man hat ihm sogar während der deutschen Reformation manche Nachahmung gewidmet. In der europäischen Literatur wurde das Buch von der fremden Insel »Utopia« zum Grundmuster einer ganzen Literaturgattung. (Seibt 1972)

Gerade jetzt, in den zwanziger, dreißiger Jahren, war die Insel »Utopia« wieder im Schwange. Nicht nur mit Huxleys rasch in alle Weltsprachen übersetztem Bestseller. Natürlich sah man die Gegenwartsbezüge zunächst in der umfassenden Konstruktion einer neuen Gesellschaftsordnung, nicht etwa in den einzelnen Aussagen. Aber immerhin – schon manche der Aussagen des Thomas Morus wirken im Vergleich mit diesem 20. Jahrhundert frappant und waren nun von Aldous Huxley mit den technischen Mitteln der Embryonenaufzucht auf die Spitze des Unerhörten getrieben worden: Konsumtions- und Produktionskommunismus, die absolute Gleichberechtigung von Männern und Frauen, die Arbeitspflicht für alle, die Ächtung des Kriegs und die Abschaffung des Adels. Deshalb geriet Morus mit seiner Gesellschaftskonstruktion in den zwanziger Jahren von neuem in das Blickfeld der Soziologen, als sollten seine Pläne demnächst verwirklicht werden: Es war die Sowjetutopie, die man dabei ins Gespräch brachte. War in ihrem »Kommunismus« die Idee des Thomas Morus nicht Wirklichkeit geworden? Und dachte sie nicht auch wirklich, zumindest im ersten Schwung der Revolution, »utopisch«, wie Lenin erkennen ließ? Hatte doch auch schon Marx den englischen Humanisten Morus zu den Vorläufern seiner eigenen Zukunftsgedanken gezählt! 1924 bereiste der englische Philosoph Bertrand Russell die Sowjetunion, brachte ebenso beides in Verbindung, die englische Utopie aus dem Renaissancezeitalter und die russische Sowjetwirklichkeit, und war entsetzt. Kritiker utopischer Entwürfe hatten längst darauf hingewiesen, wie sehr alle Utopien seit Morus immer wieder geradewegs mit inhumanem Zwang eine bessere Welt zu schaffen suchen, das Einheitsglück für alle mit Gewalt, über deren Unmoral man kaum streiten kann. Es gibt keine tiefsinnigere Dialektik im Diskurs über gesellschaftliche Ordnungen, über das Recht des Einzelnen und den Anspruch der Gesellschaft auf eine vermeintlich bessere Welt, als die Betrachtung utopischer Konstruktionen. Aber das will erst einmal durchschaut sein.

Utopie ging auch um in deutschen Köpfen, aber nicht nur als literarische Kategorie, über die man schmunzeln könnte oder deren fiktive Konstruktionen sich bewundern ließen. In Deutschland war das nichts für Mußestunden: das war politisches Programm! So sah Georg Quabbe die deutsche Situation, als er 1933 in Leipzig eine Utopiekritik mit dem Titel erscheinen ließ: »Das letzte Reich«. Das »letzte« war nach inzwischen schon weithin verbreiteter Sprachprägung das »dritte« Reich, so wie aller guten Dinge drei sind, und ein Buch mit diesem Titel hatte der Kulturhistoriker Möller van den Bruck 1923 veröffentlicht. Sein »Drittes Reich« war das europäische Reich der Mitte, in dem das deutsche Volk seine eigentliche Lebensaufgabe hätte, in Tradition des ersten, des mittelalterlichen, und des zweiten, des deutschen Nationalstaates von 1871, aber nun, in der symbolischen Dreizahl, als überlegene Synthese dieser beiden. Das neue Dritte Reich sollte sich nämlich entfalten gegen alle »Entartungserscheinungen« der »westlichen Zivilisation«. Deutschland sollte der beherrschende Ordnungsfaktor werden zwischen Ost und West, in seiner Kultur unabhängig, aber freilich führend, und dabei auch innerlich ein »Führerstaat« von eigener Art. »Das eigenständige Volk«, ein anderer Buchtitel wenig später, erklärte die Deutschen kurzerhand zum »jungen Volk«, abgegrenzt vom »dekadenten Westen«. Das waren längst nicht mehr literarische Spielereien. Das ging in die Köpfe solcher Großväter, die anderes vorhatten, als Romane zu lesen.

Nun also eine Utopie vom »Dritten Reich«? Dagegen wandte sich Georg Quabbe als falsche Verlockung utopischen Denkens, und sein Buch erschien sogar noch in dem für seine Vorhersagen fatalen Jahr 1933, obwohl seine Warnungen unverkennbar waren. Quabbe schilderte die emphatischen Erwartungen unter Studenten. Er warnte unverhohlen vor den jungen Nationalsozialisten an den Universitäten, er vermittelt etwas vom Echo des »deutschen Aufbruchs« auf jenem Niveau der Gesellschaftspyramide, wo man kritischere Reaktionen erwartet. Und doch sind solche Aufbrüche aus Studentenmilieu nicht unbekannt. Quabbe erscheint das aber als eine wichtige Lektion für seine Leser: Es gibt, so erläutert er, eine allgemein verbreitete Sehnsucht nach diesseitiger, gesellschaftlicher Harmonie, die sich in utopischen Konstruktionen äußert. Sie kann, so sieht er seine Gegenwart, sich auch äußern in einer bewußten Hingabe an den »deutschen Geist«, auch wenn man gar nicht recht wisse, was das eigentlich sei, und diese Hingabe kann wie eine jede utopische Konstruktion die Allgemeinheit in einen Zwang einbinden, alle auf dasselbe Ziel auszurichten. Quabbe vertraut nicht auf die menschliche Neigung zur Harmonie. Er erkennt eine jede Utopie als Zwangsanstalt, in der die Pläne ihres Urhebers immer einen Teil der Gesellschaft gewaltsam zur vorgegebenen Ordnung rufen müssen. Die Grundkonstruktion des Thomas Morus, die auch, wie er meint, vor dem strengen Auge Lenins hätte bestehen können, hält er für eine drohende Gefahr am deutschen politischen Horizont. (Quabbe 1933, 20f.)

Es mag sein, daß der weite Schritt zwischen der scheinbar so kühlen Konstruktion des englischen Humanisten im 16. Jahrhundert und der zeitgenössischen Emphase für den »deutschen Geist« in seiner Darlegung nicht überzeugend genug überbrückt wurde – oder es mag einfach sein, daß Quabbes Buch 1933 schon mitten in eben die befürchtete utopische Emphase traf – es wurde von der Wirklichkeit überholt.

Die Wirklichkeit überholte auch die tschechische Utopie des Karel Čapek. Es geht um den »Krieg mit den Molchen«. Karel Čapek war Prosaist von hohen Graden, bis dahin erfolgreich als Interpret des tschechischen Kleinbürgertums. Seine Sicht war oft dem »Kleinen Mann« Falladas verwandt, aber nicht einem kraftlosen und depossedierten kleinen Mann, sondern einem, der umsichtig zupackt in seiner Mitmenschlichkeit und dabei weise die menschlichen Schwächen bedenkt. Fast ist man versucht, den 1918 politisch siegreichen Tschechen gegen den besiegten Deutschen zu stellen. Aber das stimmt nicht mehr recht. Die Weltwirtschaftskrise hatte inzwischen auch den tschechischen Staat erreicht und wirkte dort noch, als 1936 Deutschland die Krise scheinbar schon wieder überwunden hatte.

Čapek war schon 1922 unter die Utopisten gegangen. Aber als Kritiker. Damals ließ er eine Maschine für das Absolute erfinden, eine Fabrik für die göttliche Güte, um in abenteuerlichen Verwicklungen die uralte Weisheit zu zeigen, daß der Mensch mit der absoluten Güte nicht leben kann. Das war, wenn man will, eine Utopie gegen alle utopischen Spekulationen. Aber heiter, wie sie ihre Sache vertritt, war man seinerzeit gern bereit, mit Čapek zu schmunzeln. Immerhin wurde die »Fabrik für das Absolute« mehrmals gedruckt, auch deutsch.

»Der Krieg mit den Molchen« dagegen ist eine ernstere Sache. Und seine Verschlüsselung ist leicht zu begreifen. Deshalb gab es eine erste deutsche Ausgabe 1937 gerade nur noch in Wien. In Berlin hätte sich kein Verleger dafür mehr finden lassen. Erst nach dem Krieg, eben dem, vor dem Čapek warnte, sind deutsche Auflagen wiederholt worden. Man zählt das Buch manchmal neben Hašeks »Braven Soldaten Schwejk« zu den hervorragenden tschechischen Beiträgen zur Weltliteratur.

Čapeks Molche sind gelehrige Tiere unter der Wasseroberfläche, die sich durch geschickte Adaption und Unterwanderung zu Herren der Welt entwickeln. In klugem Einsatz ihrer Einigkeit, wobei sich die »Nordmolche« für eine überlegene Rasse halten, nützen sie die Uneinigkeit und die Appeasement-Politik der Europäer, um mit dem Ruf nach mehr »Lebensraum für Molche« die Welt zu erobern. Das Buch endet pessimistisch. Čapek starb dann auch zum Jahresende 1938 »an gebrochenem Herzen«, wie man so sagt. Er hat den Krieg mit den Molchen nicht verhindert.

Nach dem großen Zusammenbruch der alten Ordnung im Weltkriegsinferno eine neue und ganz andere Zukunft auszudenken, das erschien seit 1918 als eine Aufgabe für die ganze Menschheit. So entstand denn auch eine der großen utopischen Hoffnungen dieses Säkulums vor achtzig Jahren in der noch nicht recht formierten deutschen Kriegsemigration in der Schweiz. Damals wurde Ernst Bloch mit dem Leben von Thomas Müntzer bekannt, und er sah in ihm einen bislang vergessenen Vorläufer des deutschen Sozialismus, ähnlich wie Friedrich Engels ihn gesehen hatte. Über manche historischen Realitäten setzte sich Blochs Müntzer-Interpretation dabei hinweg. Bloch ließ nicht mehr ab von der sozialen Utopie über die folgenden unruhigen Jahre hin, und als er 1958 Leipzig verließ und im Westen erschien, da folgte sein größtes Werk, »Das Prinzip Hoffnung«, in zwei Bänden gleich hinterher. Bloch hatte jahrzehntelang daran geschrieben.

Seine Gedanken formten sich schon 1918 in einem Buch über den »Geist der Utopie«, 1923 in verbesserter Fassung, und noch einmal umgearbeitet 1964. Bloch begann damals für sich das Anliegen des utopischen Denkens zu entwickeln, »aus dessen Schoß die Zukunft sich selbst gebiert«. Das hieß nichts anderes, als die treibende Kraft aller gesellschaftlichen Veränderung erkannt haben zu wollen. In Blochs Gedankenwelt legte das auch den Grund für seinen Glauben an das »Prinzip Hoffnung« als Formprinzip eines jeden Einzelnen. Es ist dieses Prinzip, das den Glauben an Gott ersetzen sollte. Wahrscheinlich haben wohl nur die westlichen »Linken« die Bedeutung des Buches begriffen, dessen Ansätze um 1915 mit Blochs Exil in der Schweiz begannen, dessen Publikation vier Jahrzehnte danach zusammenfiel mit der Flucht Blochs aus dem Sowjetblock ins westdeutsche Frankfurt. Blochs Buch sollte zum Kultbuch der linken Intellektuellen werden, die vornehmlich im Westen lebten und den »realen Sozialismus«, wie er schließlich hieß, als politische Stümperei im Osten abtaten. Bloch wollte mit seinem Buch von der Hoffnung als humanem Prinzip überhaupt einen neuen Gott sich gebären lassen, eben weil die Utopie die Zukunft hervorbringt, was er Morus und Müntzer, was er der ganzen Geschichte der europäischen »Sozialutopie« abgelesen haben wollte. (Seibt 1972, 295) Und zwar ein Prinzip, das Gott wieder einführte. Nicht als den absolut Fernen, sondern als den uns Eingeborenen, den wir alle gemeinsam hervorbringen. Nicht als den persönlichen Gott, sondern als Gott in jedem von uns. Und die Hoffnung, sei es auch die Hoffnung auf den paradiesischen Kommunismus hier im Diesseits, die tragen wir, nach Bloch, alle in uns als ein Kennzeichen unseres Menschseins. Es war die Antwort Blochs auf Nietzsches »Gott ist tot!«.

Legale Täuschung

Kein Tag wie jeder andere: 30. 1. 1933

Um die Jahreswende 1932/33 geriet das deutsche Staatswesen in eine Krise, wie es deren schon einige in den zwölf Jahren gegeben hatte, seit die Erste deutsche Republik bestand. Keine Existenzkrise von vornherein. Aber immerhin ein Problem für die Regierungsbildung. Zuvor war im Mai 1932 der Stabilitätskurs des Zentrumspolitikers Heinrich Brüning gescheitert, »hundert Meter vor dem Ziel«. Gemeint war, zumindest im Verständnis von Zeitgenossen, ein politisches Ziel: »die Überwindung der kommunistischen ebenso wie der nationalsozialistischen Gefahr«. (Stahlberg 1996, 20)

Die Arbeitslosigkeit hatte ihren Höhepunkt zu dieser Zeit überschritten, und die deutschen Reparationszahlungen standen vor dem endgültigen Erlaß. Auch hier hatte Brüning beinahe seine Ziele erreicht. Allerdings regierte der Zentrumspolitiker Brüning mit Duldung von Konservativen, die ihn nun, angeregt von Brünings eigenem Parteifreund Franz von Papen, gerade zu dieser Zeit im Stich ließen, um die Dinge selber in die Hand zu nehmen. Papen verließ das Zentrum, noch ehe ihn seine Partei ausschloß, und verhieß mit seinen neuen politischen Bundesgenossen die Lösung aller Probleme. Hindenburg berief ihn am 1. Juni 1932 zum Reichskanzler. Papen bildete ein »Kabinett der nationalen Konzentration« ohne parlamentarische Mehrheit und löste damit verfassungsgemäß am 4. Juni den Reichstag für Neuwahlen auf. Brünings Verbot von SA und SS wurde aufgehoben. Im Gegenzug tolerierte Hitler die Übergangsregierung, aber seine Straßenkämpfer machten sofort Wahlkampf mit der Faust. Sie provozierten gewaltsame Auseinandersetzungen und »eroberten« kommunistische Wählerviertel in Hamburg, in Berlin und in anderen Industriegroßstädten. Diese Art von Wahlwerbung war in der deutschen Verfassung nicht vorgesehen, und den Boden dieser Verfassung hatte man bereits verlassen, wenn man »die Straße den braunen Bataillonen« überließ. Das taten im Sommer 1932 alle: die Polizei, weil man es ihr befahl, und die Bürger, weil sie in ihrem nationalkonservativen Herzen die radikale Linke verabscheuten. Damals erschoß der junge Erich Mielke in Berlin zwei Polizeioffiziere.

Immerhin hatte der Wahlkampf auf der Straße nur begrenzten Erfolg: Bei den Reichstagswahlen vom 31. Juli konnten sich die beiden großen demokratischen Parteien mit klarer Zielsetzung, die SPD und das Zentrum, wenn auch mit Verlusten behaupten, ebenso wie die Kommunisten. Eindruck scheint die Gewalt auf der Straße am ehesten im Bereich der bürgerlichen Orientierungslosigkeit hinterlassen zu haben. Bei einer verhältnismäßig hohen Wahlbeteiligung von 84 Prozent verloren die liberalen und kleinbürgerlichen Parteien zugunsten der Nationalsozialisten. Die erreichten 37,3 Prozent und damit 230 von 608 Reichstagsmandaten. (Die Zahlen nach Thamer 1994, 211 f.) Elf Tage vorher hatte von Papen im »Preußenputsch« die sozialdemokratische Landesregierung von Preußen beseitigt und sich selbst zum Reichskommissar ernennen lassen.

Preußen war das bei weitem größte Land der Republik mit zwei Dritteln der deutschen Bevölkerung. Der Putsch sollte das Gewicht der Konservativen heben, was ihnen die Reichstagswahl aber nicht bestätigte. Von Papen brach mit diesem Eingriff die Verfassung. Er beseitigte zugleich mit der preußischen Regierung die preußische Selbständigkeit, aber das war wohl eine Einsicht, zu der ihre besonderen Hüter, die preußischen Konservativen, erst spät gefunden haben.

Kraft seiner Entscheidungsbefugnis berief der Reichspräsident nach der Wahl im August dann nicht den Wahlsieger Hitler, sondern wieder Franz von Papen zum Reichskanzler. Hitler wurde der Posten des Vizekanzlers angeboten, aber mit sicherem Gefühl und entsprechend seiner Losung: Alles oder nichts! lehnte Hitler ab. Papen versuchte sich an einem Zwölfmonatsplan mit freiwilligem Arbeitsdienst und Steuerhilfen für neue

Arbeitsplätze. Aber der Reichstag ging nicht mit und mußte am 12. September wieder aufgelöst werden. Hitler hatte verfügt, daß bei einem Mißtrauensantrag die nationalsozialistischen Abgeordneten gemeinsam mit den kommunistischen gegen den Kanzler stimmen sollten. Damit hatte er sogar die Kommunisten in seine Pläne eingespannt, die ihre Lage nicht durchschauten und sich für einen »Coup gegen die Bourgeoisie« billig hergaben. Also mußte sich der Reichskanzler bis zur nächsten Wahl wieder auf den Reichspräsidenten stützen und mit Notverordnungen regieren. Das war ein in der Verfassung vorgesehener Ersatz für die reguläre Gesetzgebung durch das Parlament, der sich auf die Vollmacht des Reichspräsidenten gründete. Dahinter steckte auch ein bißchen Ermattungsstrategie gegenüber den Nationalsozialisten. Und wirklich, bei der neuerlichen Reichstagswahl am 6. November fielen die Nationalsozialisten um vier Prozent zurück. Die Wahlbeteiligung war geringer, der Höhepunkt ihres Erfolges schien überschritten. Papen fand allerdings auch danach keine parlamentarische Unterstützung. Also trat sein Kabinett am 17. November zurück.

Nun begann der nächste, schon ein wenig ernstere Akt im parlamentarischen Spiel. Der Reichspräsident, noch immer nicht geneigt, Hitler als den Vorsitzenden der stärksten Partei im Reichstag zum Kanzler zu machen, berief nun den General von Schleicher, der als Reichswehrminister schon zuvor der Regierung angehört hatte und den Plan verfolgte, die Nationalsozialisten zu spalten, mit dem »linken Flügel« der NSDAP um Gregor Strasser zu kooperieren und Hitler auszuschalten. Auch wollte er sich auf eine »Front der Gewerkschaften« stützen. Strasser schien dazu bereit, trat von seinem Parteiamt als Reichsorganisationsleiter zurück, hatte dann aber zu einem demonstrativen Auftritt gegen Hitler offenbar nicht die Kraft. Hitler übernahm selbst das vakante Amt und konnte damit die Krise in der Partei und ihre Spaltung verhindern. Um sie zu überwinden, half ihm unversehens Franz von Papen, der auf diesem Weg gegen seinen Rivalen Schleicher wieder zurück ins Kanzleramt wollte. Papen und Hitler trafen sich heimlich am 4. Januar 1933 in Köln und wurden Bündnispartner mit wechselweise falschen Versprechungen. Ein Bund zwischen der

NSDAP und Papens Deutscher Nationaler Volkspartei sollte die Basis der Koalition bilden.

Schließlich bot sich die Berufung Hitlers zum Reichskanzler als ein Ausweg aus der Koalitionskrise. Und so wurde Hitler tatsächlich mit Hilfe von konservativen Nationalisten in den Sattel gehoben, wie denn die »nationale Gesinnung« unter den Deutschen, oft deutlich und bewußt abgehoben von allem anderen, das die Nationalsozialisten propagierten, doch zum Steigbügel für Hitlers Teufelsritt taugte. Und mit gutem Gewissen ritten die großen und liefen die kleinen Großväter hinterher. Von Papen favorisierte diese Entwicklung auch noch als »eine demokratische Chance«. (Stahlberg 1996, 29)

Einige Tage zuvor war im Hause Papen um diese angebliche Chance gerungen worden – allerdings weniger der Demokratie wegen; vielmehr wollte Papen zurück an die Macht, wenn nicht an erster, so doch zumindest an zweiter Stelle, die ihm Hitler anbot und schmackhaft machte. Papen wohnte mit seiner Familie pikanterweise ohnehin noch immer in der Dienstwohnung des Reichskanzlers, die der amtierende Kanzler Schleicher nicht beanspruchte. Hier trafen sich die durchweg konservativen Politiker, die bereit waren, hinter dem Rücken Schleichers eine neue Regierung Hitler-Papen zu unterstützen. Unter denjenigen preußischen Konservativen, die vor einem solchen Weg mit aller Entschiedenheit warnten, tat sich besonders Ewald von Kleist-Schmenzin hervor, der zwölf Jahre später als führender Kopf der Widerstandsbewegung unter der Guillotine starb. Er war »gewissermaßen das schärfste Kaliber unter den konservativen Antipoden Hitlers, das man damals in den Kampf werfen konnte«. (Stahlberg 1996, 29) Andere beruhigten sich bei der Vorgabe Papens, Hitler als Reichskanzler in einer konservativen Mehrheit von Ministern im Kabinett an Koalitionsbedingungen zu binden und »an die Leine zu nehmen«. (Zitiert nach Fest 1987, 513)

Reichskanzler von Schleicher sah sich plötzlich isoliert und verlassen von seinen ursprünglichen Bundesgenossen und erfuhr enttäuscht am 28. Januar, daß auch Hindenburg nicht mehr auf ihn setzte. Hindenburg selbst wehrte sich allerdings gegen eine Kanzlerschaft Hitlers solange als möglich. Am Ende scheute der 86jährige selbst die Entscheidung und ernannte den gewandten Wortführer der Konservativen, Franz von Papen, zum bevollmächtigten Unterhändler. Aber dessen Sondierungsergebnis stand nach dem Kölner Gespräch mit Hitler bereits fest. Die ganze Republik mit allen ihren Dutzenden von Politikern und Parteien bot keinen anderen Ausweg mehr, obwohl das Treffen bekannt geworden war und viele von Hitlers Gegnern Tag für Tag die Bedrohung wachsen sahen. Es gab keine Abwehr im parlamentarischen Gefüge. Es gab keine Notbündnisse von links nach rechts, denn ein Bündnis mit den Kommunisten schlossen alle anderen Parteien aus, in einer später vielfach unterschätzten Furcht vor der Weltrevolution. Aber ohne Kommunisten hätte es keine Mehrheit gegen Hitler gegeben. So muß man wohl doch die immer wiederholte Tatsache, Hitler habe niemals eine demokratische Mehrheit besessen und sei also nie von der Mehrheit der deutschen Wähler legitimiert worden, ein wenig korrigieren: Hitler und die Kommunisten besaßen gemeinsam eine undemokratische Mehrheit. Mit dieser Mehrheit hatten sich unsere Großväter von der Demokratie abgewandt.

Auch die andere Kraft im Staate, die gelegentlich schon erfolgreich Widerstand gegen einen Putsch von rechts geleistet hatte, die Gewerkschaft, war von vornherein ohnmächtig. Denn man kann bei Millionen von Arbeitslosen keinen Generalstreik inszenieren. Blieben Reichswehr und Kirchen: Jedoch – die Reichswehr stand still und die Kirchen hielten still. Das betraf die Kirchen aller Konfessionen. Sie allein, wie die nächsten Jahre zeigten, wurden von Hitler als klugem Taktiker noch ernstgenommen, als er alle anderen möglichen Widersacher schon aus- oder gleichgeschaltet hatte, besonders auch Gregor Strasser, lange Zeit der zweite Mann in der Partei, der sich 1932 noch gegen »eine zur Religion werdende Weltanschauung« gewandt hatte. (Thamer 1994, 216) 1937, als eben diese nationalsozialistische »Weltanschauung« schon tief genug in die Gedankenwelt der Deutschen eingegangen war, bekannten sich doch noch immer 95 Prozent von ihnen zur Mitgliedschaft in einer dieser Kirchen.

Man nimmt immer wieder einmal Gelegenheit, dem greisen

Hindenburg eine Mitschuld an Hitlers »Machtergreifung« zuzumessen. Allein, wenn irgend jemand unter den deutschen Spitzenpolitikern in diesen Tagen aufrichtig verfassungsgemäß handelte, dann er. Hätte er durchschauen können, daß von Papen, sein Vertrauter, selber heimlich den Zusagen Hitlers aufgesessen war? Nationalsozialisten und Kommunisten hatten nach dem letzten Wahlergebnis vom 6. November 1932 miteinander gerade die Hälfte, genau fünfzig Prozent, des deutschen Wählerpotentials gewonnen. Beide galten nach ihren Losungen als Feinde der Republik. Daß es dem alten Feldmarschall, der in den letzten Monaten wiederholt auf Militärs bei der Wahl seiner Kanzler gesetzt hatte, nun schwerfiel, einen Mann mit dem höchsten Staatsamt zu betrauen, den er offensichtlich für einen Abenteurer hielt, wurde deutlich genug. Aber niemand zeigte ihm einen anderen Weg.

Die Berufung Hitlers zum Reichskanzler, Hindenburg endlich am 29. Januar abgerungen und durch die Vereidigung des neuen Kabinetts am nächsten Vormittag besiegelt, feierten Hitlers Anhänger am Abend mit einem gewaltigen Fackelzug. Bis gegen Mitternacht zogen die NS-Verbände durch das Brandenburger Tor. Es sollen mehr als 25 000 Mann marschiert sein. Am Nachmittag hatte Hitler bereits sein neues Kabinett den Reichstag auflösen und Neuwahlen beschließen lassen. Es folgten Aktionen in unerhörter Schnelligkeit und unter Bruch aller zuvor gegebenen Versprechungen und Offerten. Schon nach wenigen Tagen gab es die ersten »Schutzhäftlinge«, das heißt Verhaftungen angeblich zum Schutz der Betroffenen vor dem gerechten Zorn des Volkes; in Oranienburg bei Berlin und in Dachau bei München wurden die ersten Schutzhaftlager errichtet, nahe den vermuteten Zentren des Widerstands. Das darf man einmal im Hinblick auf die »Geographie der Bewegung« hervorheben, die in ihrer Selbstdarstellung umgekehrt eben diese Zentren für sich in Anspruch nahm. Aber das »rote Berlin« hatte Goebbels eben noch nicht wirklich für Hitler erobert, und in München lebte noch manche Erinnerung an die versuchte Errichtung einer Räterepublik von 1919 weiter. Die kommunistische Partei wurde verboten, die sozialdemokratische bedrängt, selbst der Vizekanzler Papen mußte bald merken, daß hier niemand »an die Leine gelegt« wurde – außer ihm selbst. Bald verbot ihm Hitler mit erhobener Stimme, sich für Verfolgte einzusetzen. SA und SS, jetzt Hilfspolizei und ohne Zügel, jagten ihre Gegner. Es gab viele unaufgeklärte Morde. Ein spektakulärer Fall betraf den gerade in Berlin gastierenden »Magier« Hanussen, der sich nicht in den Dienst Hitlers stellen wollte. Es gab aber auch Mordfälle in Bayern. Es gab eigentlich überall Leichen im Wald und unklare Gerüchte über Mörder im Braunhemd.

Hitler hatte, wie gesagt, rasch den Reichstag auflösen lassen. Er ließ für den 5. März eine neue Reichstagswahl ausschreiben. Da brannte, wie auf Bestellung, am 27. Februar nachts das Reichstagsgebäude. Ein Mann konnte im Gebäude gefaßt werden, der Niederländer Marinus van der Lubbe. Der hatte auch noch einen kommunistischen Parteiausweis in der Tasche, erwies sich als geistesgestört und wurde hingerichtet. Zwei Zeugen wiesen auf verschiedene gleichzeitige Brandherde in dem großen Gebäude hin, die einen Einzeltäter eigentlich ausschlossen. Diese beiden Zeugen verschwanden in den nächsten Wochen von der Bildfläche. Die Frage nach dem Motiv ließ sofort und immer wieder den neuen Reichstagspräsidenten Göring als Täter erscheinen. Von seiner Dienstwohnung führte ein unterirdischer Gang in den Reichstag. Gerade diese Plausibilität macht die Vermutung allerdings auch wieder allzu plump. Wie auch immer: die bis heute ungeklärte Brandstiftung schien nachhaltig die Berechtigung von Hitlers Warnungen vor der kommunistischen Gefahr zu bestätigen; man hätte sie deutlicher nicht demonstrieren können. Man fragte offenbar nicht danach, welchen Nutzen die Kommunisten als Täter eigentlich von so einer Aktion hätten haben sollen. Das lodernde Schauspiel, ausgiebig in der Presse aller Richtungen vor Augen geführt, machte Hitler zum Retter in letzter Stunde und veranlaßte den Reichspräsidenten ungewöhnlich rasch, schon am nächsten Tag, zum Erlaß einer Notverordnung »zum Schutz von Volk und Staat«. Sie setzte der deutschen Rechtsstaatlichkeit ein Ende. Fortan konnte willkürlich verhaftet werden und bleiben, wer den neuen Machthabern ein Ärgernis war. »Damit war praktisch der Ausnahmezustand über Deutschland verhängt… Hier, und nicht erst im Ermächtigungsgesetz ein paar Wochen später, wurde die entscheidende gesetzliche Grundlage nationalsozialistischer Herrschaft geschaffen.« (Thamer 1994, 252) Diese Notverordnung wurde nie wieder aufgehoben.

Mystik und Zahlenspiele

Eigentlich hatte, ohne einen regulären Wahlsieg und ohne einen illegalen Putsch, auch eine Reihe von Zufällen Hitler zur Macht verholfen, als sich seine Sache schon überholt zu haben schien. Zufälle und merkwürdige Begünstigungen! Der auf einmal unentschlossene Strasser, der in seinem Ehrgeiz blinde Papen, der überspielte Hugenberg, der ratlos kapitulierende Hindenburg. Dazu kam nun der rasch genutzte Reichstagsbrand, wer auch immer ihn gelegt hatte. Von bleibender Bedeutung war für viele der Glaube just an diese Kette von Zufällen als eine besondere »Fügung«, was sie auch immer davon wußten. Vom »namenlosen Gefreiten«, was ähnlich klang wie der »unbekannte Soldat«, bis zum »Führer der Nation«: Besonders Dr. Paul Joseph Goebbels, bei Jesuiten in die Schule gegangen und auf gutem Fuß mit Wundern und Wallfahrten, setzte auf die Gläubigkeit an den »wunderbaren Weg des Führers«. Damit war ein irrationales Element angesprochen, dem die demokratische Republik mit ihrem parlamentarischen Kampf um Kompromiß und Mehrheitsvoten nichts entgegenzusetzen hatte. Der Glaube an Schicksal, Bestimmung, an die unsichtbare Hand auf jedem Lebensweg, hatte sich längst von seinen ursprünglich religiösen Bindungen gelöst und korrespondierte mit jedwedem Selbstbewußtsein. Wie der und jener in ihrem Lebensrückblick von sich sagen konnten, sie hätten da und dort »die Hand der Vorsehung« gespürt – und wer neigte nicht zu solchen Aussagen? – so wußte Goebbels schon von der Nacht zum 31. Januar 1933 an vom wunderbaren Weg des Führers zu sprechen. Goebbels eigener Hang zum blinden Führerkult, den er perfekt in eine Strategie umzusetzen verstand, hatte den nüchternen Gregor Strasser, den einzigen in Hitlers Führungsriege, der über eine solide bürgerliche Berufsposition verfügte, und Wahlkämpfe auch selber finanzierte, von Hitler seit langem distanziert. Strasser verfocht sozialradikale Thesen. Aber der Führerkult mit seiner volkstümlichen Glorifizierung traf bald auf die Bereitschaft zum bedingungslosen Glauben, die Goebbels mit Spürsinn zu schüren wußte. Darin traf er auch Hitlers Selbstbild, der immer häufiger von seiner »Berufung« sprach.

Der Reichstagsbrand gab die Gelegenheit, die Mirakelgeschichte fortzuspinnen. Obwohl es überhaupt kein Wunder mehr war, daß Hitler und seine obersten Helfer in diesen Tagen, der brutal skrupellose Göring und der juristisch gewiefte, älteste Mann in der Führungsriege, der ehemalige Münchner Polizeijurist und jetzige Reichsinnenminister Wilhelm Frick, die nächste Aktion gut einzufädeln wußten mit Legalitätsbruch und falschen Versprechungen. Legalitätsbruch war, nach der Reichstagswahl vom 5. März die 12,3 Prozent Wählerstimmen für die Kommunisten mit 81 Sitzen im Deutschen Reichstag einfach zu annullieren. Falsche Versprechungen hatte man für feinere Verhandlungspartner bereit, in diesem Fall für das katholische Zentrum, noch immer mit 92 Abgeordneten gewichtig, und für seinen Verhandlungsführer, den Prälaten Kaas.

Der Wahlkampf um die parlamentarische Mehrheit am 5. März, der letzten demokratischen Wahl in der Ersten Republik, forderte 69 Tote, davon 51 auf der linken Seite. Allein diese Zahl zeigt die Hilflosigkeit der demokratischen Exekutive. Sie zeigt aber auch, daß die Nationalsozialisten den Bürgerkrieg schon gewonnen hatten, ehe ihn die demokratischen Prozeduren der ihrer Gewalt gegenüber hilflosen Republik legalisierten. Und sie läßt schließlich erkennen, daß die Unterlegenen, die Kommunisten, ebenso zur Gewalt neigten, nur mit weit geringerem Erfolg. Freilich pflegt man im historischen Rückblick nicht die Toten auf den Straßen zu zählen, sondern die Stimmen in den Wahlurnen: Trotz aller Gewalt erreichte Hitlers Partei nur 43,9 Prozent bei der höchsten Wahlbeteiligung seit langem von nicht weniger als 88,7 Prozent. Die Sozialdemokraten hatten einiges an Stimmen eingebüßt, die Kommunisten zählten zu den großen Verlierern mit mehr als vier Prozent, einem Viertel ihres Stimmenanteils, Zentrum und Bayerische Volkspartei behaupteten sich mit 1,1 Prozent Stimmenverlust im Vergleich zur Novemberwahl recht gut. Da war es elegant, gerade das Zentrum für die Zustimmung zum geplanten Ermächtigungsgesetz zu gewinnen, obwohl man sich ausrechnete, daß ohne die kommunistischen Stimmen die erforderliche Zweidrittelmehrheit im Reichstag für den Beschluß, Hitler für vier Jahre eine vom Parlament nicht kontrollierte Regierungsvollmacht zu geben, ohnehin erreicht war. Es gelang Göring und Frick, in den Verhandlungen mit dem Zentrum zunächst die Zustimmung zu einem Zahlenspiel zu erreichen, das die kommunistischen Abgeordneten aus der Gesamtzahl der gewählten Reichstagsmitglieder im weiteren Verfahren ausschloß. Dabei ging es um die einzige Gemeinsamkeit, die unter den Verhandlungspartnern wirksam war: Die Angst vor den Kommunisten trieb nicht nur Wähler, sondern auch Parlamentarier auf die Seite Hitlers. Denn auch auf kommunistischer Seite gab es nicht nur Schlägerbanden, sondern auch Mordkommandos. Nicht nur die NSDAP, sondern auch die DKP hatte sich zum »Bürgerschreck« entwickelt. Aber die NSDAP war ein »nationaler« Bürgerschreck. Einen solchen konnte man eher hinnehmen, als den »bolschewistischen«.

Zur Zweidrittelmehrheit kam man also auch ohne Zentrum. Mit dem Zentrum sah die Zweidrittelmehrheit aber weit komfortabler aus. Manipulationen an der bestehenden Geschäftsordnung wurden mit Zustimmung des Zentrums durchgeführt; eine Verminderung der sozialdemokratischen Abgeordnetenzahl war bereits durch die zahlreichen Verhaftungen erreicht. (Martin Schumacher 1994) Am Ende war das Zentrum nicht etwa nur aus bequemem Fatalismus, sondern durch aktive Hilfe bei den Vorverhandlungen an der Zustimmung zum »Ermächtigungsgesetz« beteiligt. Auch wenn man nicht in die Köpfe und kaum in die Debatten der Zentrumsabgeordneten Einblick hat: es gab Fraktionszwang, aber unterhalb der Decke gab es Gegenstimmen. Zudem gilt auch hier wieder: Wer war denn eigentlich frei auf der nichtkommunistischen Seite von jenem Motiv, das Hitler geradewegs überall in die Hände spielte, selbst bei der SPD, vom nationalen Kampf gegen den »jüdischen Bolschewismus«? Die Zentrumsabgeordneten sicher nicht weniger als die Zentrumsanhänger, denn unter den Abgeordneten herrschte die Furcht vor einer Herrschaft jener Partei, die sich offenbar zur Weltrevolution bekannte und von deren Sieg jene Kirchenverfolgungen zu erwarten waren, wie sie aus Rußland berichtet wurden. Der demokratische Weg zwischen links und rechts war schmal und erschien vielen endlos. Hitlers Ermächtigungsgesetz war aber immerhin demokratisch verpackt und legal befristet. Nicht einmal Brüning konnte seine Fraktionskollegen beschwören, gerade Brüning nicht, der kaum ein Jahr zuvor als Reichskanzler gescheitert war. Oder etwa der junge Johannes Schauff, der jüngste unter den Abgeordneten des ganzen deutschen Parlaments? Das Zentrum stimmte zu, wenn auch unter Fraktionszwang.

Die erfahrenen Politiker in der Partei suchten sich rechtzeitig zu arrangieren, und bei vielen wirkte auch der versprochene Kirchenschutz. Prälat Kaas ließ sich sogar von Hitler selbst mit dem Hinweis auf einen Brief gewinnen, der die kirchenfreundlichen Intentionen garantieren sollte. »Der Brief traf nie ein.« (Thamer 1994, 277) Die Sozialdemokraten, deren Fraktionsmitglied Carl Severing, Reichsminister a. D., noch auf dem Weg in den Reichstag verhaftet wurde, hatten offenbar unter keinen Umständen Gnade zu erwarten und sahen sich allesamt der Verfolgung ausgesetzt, kaum, daß sie das Parlament verlassen hatten. Sie stimmten tapfer dagegen. Aber das Zentrum stimmte unter falschen Versprechungen zu, die zum kleineren Teil der demokratischen Ordnung, zum größeren der kirchlichen Bewegungsfreiheit in der Zukunft galten; es wurde mit den plumpsten Täuschungen gewonnen. Prälat Kaas emigrierte noch 1933 und lebte fortan im Vatikan.

Hitler geriet bereits jetzt in den Bann seiner eigenen Glorifizierung. War er zwölf Jahre zuvor angetreten als »Trommler für eine gute Sache« und hatte er die »gute Sache« im November 1923 in die Katastrophe geführt, so sah er sich jetzt selbst und alle seine Gefolgschaft gerechtfertigt. Hatte er den Absturz ins politische Nichts überstanden und seine Partei im Meinungsgewirr der deutschen politischen Ratlosigkeit schließlich zur stärksten in der Republik gemacht, so wuchs er jetzt mit seinem politischen Sieg zum wunderbaren Retter. Noch allerdings hatte er nichts und niemanden gerettet. Noch bestand das Wunder allein darin, daß so viele ihm glaubten.

Natürlich nicht alle. Aber jeder Widerstand wurde sofort in den Untergrund gedrängt. Kein Generalstreik, kein Putsch der Reichswehr, keine Massendemonstration trat Hitler in den Weg. Es gab auch keine Mehrheit für eine parlamentarische Opposition. Und weil seine Gegner die Ratlosigkeit befallen hatte, die Ratlosigkeit gerade dort, wo man Hitler »immerhin« das nationale Argument seiner Agitation glaubte – wenn man auch jeweils sozial, religiös, demokratisch, bürgerlich, konservativ, wirtschaftlich manches an ihm auszusetzen hatte –, deshalb setzte er sich auch mit einem Coup nach dem anderen durch und hatte seine Gönner selbst im deutschen Judentum wie beim Industriellen Paul Silverberg. (Thamer 1994, 211) Steigbügelhalter brauchte er nicht mehr, er saß im Sattel und hielt die Zügel in der Hand. Aber es ging Hitler nicht etwa nur um Gegner, die zu besiegen und mit all seiner zügellosen Wut sofort auch möglichst zu liquidieren waren. Nicht liquidiert, sondern gewonnen werden sollte die Masse der Deutschen, gläubig werden, damit Hitlers Plan gelang. Sein Plan konnte nur gelingen bei einer Zustimmung möglichst vieler, wenn nicht aller, die weit mehr wog als die Zustimmung bei einer Reichstagswahl. Sein Plan hieß: Krieg.

Die falsche Mentalität

In der Debatte um das Ermächtigungsgesetz gab es am 23. März im Deutschen Reichstag, der nicht und nie mehr in dem vom Brand gezeichneten Gebäude tagte, sondern in einem Theater, der sogenannten Kroll-Oper, einen aufschlußreichen Wortwechsel zwischen Adolf Hitler und Otto Wels. Das war, als Hitler dem Vorsitzenden der Sozialdemokraten die Alternative anbot: Versöhnung oder Vernichtung. Eigentlich eine Ungeheuerlichkeit in einem Parlament, noch dazu in einem, das sich gerade anschickte, eben die Drohung mit dieser Alternative mit einer vierjährigen Ermächtigung zu belohnen. Die deutsche Presse war damals noch nicht geknebelt. Sie war auch noch nicht »gleichgeschaltet« wie bald nachher; sie war allerdings schon um »Wohlverhalten« bemüht, und dennoch muß man sich wundern, daß niemand in ihrer Berichterstattung Alarm schlug, wenn in einem parlamentarischen Diskurs nicht von Mehrheit oder Minderheit die Rede war, sondern von Versöhnung oder Vernichtung. Da ist in Wahrheit doch wohl das eine so unannehmbar in einer parlamentarischen Diskussion, nämlich die Versöhnung, denn es muß um Einsicht oder um Kompromisse gehen, wie das andere: die Vernichtung. Die Vernichtung des Gegners war nicht etwa eine bloße Metapher im Munde Hitlers, das wissen wir heute. Wußten das unsere Großväter nicht?

Seit Wochen gab es, besonders nach dem Reichstagsbrand und der Notverordnung vom 28. Februar, willkürliche Verhaftungen. Es gab bereits Konzentrationslager, wenn auch unter dem verlogenen Namen der »Schutzhaft«, es gab mehr oder minder unaufgeklärte Morde an Juden, wie etwa bei Landshut der jüdische Makler Otto Selz. Und jedesmal nannte man halblaut die Mörder. Der niederbayerische Regierungspräsident schrieb sogar in seinem Bericht, daß Männer mit roten Armbinden bei dem Ermordeten gesehen worden seien. Natürlich meinte er rote Armbinden mit dem Hakenkreuz.

Mit dem Vernichten oder Versöhnen waren offenbar so viele Leute einverstanden damals im Frühjahr 1933, daß sich keine namhaften Stimmen dagegen wandten. Sie müssen wohl auch mit der Absicht überhaupt einverstanden gewesen sein, die vielen Zuhörer und Zuschauer, wenn sie vielleicht auch nicht mit den SA- und SS-Gruppen sympathisierten, mit Sprechchören und Rüpeleien die Abgeordneten unter Druck zu setzen. Und anscheinend fand sich auch niemand, der einen zweiten Satz aus Hitlers erregtem Einwurf gegen den Redner Otto Wels aufgriff: »Ich glaube, daß Sie für dieses Gesetz nicht stimmen, weil Ihnen Ihrer innersten Mentalität nach die Absicht unbegreiflich ist, die uns beseelt …«

Hitler hatte sich hier mit einem bemerkenswerten neuen Begriff aus der Sozialpsychologie in die intellektuelle Arena begeben. Von Mentalität sprach man damals erst selten. Es hat den Anschein, als wollte er mit diesem neuen Wort nicht nur die Aktualität seiner Bildung demonstrieren, sondern auch sein weitreichendes Verständnis der Verbindung von Ideen und Politik, Gedanken und sozialer Wirklichkeit bei seinen Gegnern. »Mentalität« war in solchen Zusammenhängen damals noch ein Forschungsbegriff. Hitler griff ihn auf. Und er stellte der Mentalität des Führers der Sozialdemokraten Otto Wels jene »Absicht« gegenüber, »die uns beseelt«. Es ging um die Errichtung eines geeinten Deutschlands, »beseelt« in edelster Absicht, alle Verbrechen eingeschlossen, die deswegen bereits verübt waren. Und sie wurde einer »innersten Mentalität« der Sozialdemokraten gegenübergestellt. Beides im selben Parlament. Mit warmer Anteilnahme für die Seele der Nation die einen, angeblich mit der kalten Reaktion von gesellschaftlichem Bewußtsein und Kalkül die anderen. Die stets so schreib-, druck-, denk- und diskussionsfreudige deutsche Intelligenz, gerade recht entfaltet in ihren »Goldenen Zwanzigern«, hätte gewiß diese einseitige Zuerkennung angreifen müssen, handelte es sich doch um die Aberkennung der »rechten Gesinnung« in ihrer eigenen Sprache! Man nahm sie hin. Gefragt nun einmal auf intellektueller Ebene und abgesehen von den Tagesereignissen, die ein Intellektueller ja mitunter nicht erkennen muß – war man wirklich ahnungslos? Oder vielleicht nur mutlos, was man besonders »dünnbeinigen Intellektuellen« wohl eher verzeihen könnte als eben so rechten parlamentarischen Kampfnaturen? Oder vielleicht doch in ahnungsvoller Abkehr begriffen von den eigenen Vorstellungen von Demokratie und Diskussion? War diese massenweise Abkehr der deutschen Intellektuellen 1933, nachdem man den Widerstand einiger Unverbesserlicher gebrochen hatte, womöglich verbunden mit einer heimlichen Sympathie für die emphatische Rhetorik des Führers und seine Bewegung? Für die Abkehr von allem intellektuellen Individualismus zugunsten der Massenumarmung?

Hitler verfocht bekanntlich einen in den kleinbürgerlichen Niederungen der Wiener Straßenatmosphäre eingeatmeten frenetischen Antisemitismus, wie er in Deutschland im großen und ganzen so nicht bekannt war. Er trat zudem mit Thesen zum Gang der Weltgeschichte auf, die sehr wohl hätten im geistigen Deutschland Widerspruch finden können. Allein schon wegen der geringeren Reibungsflächen war der altösterreichische Antisemitismus in Deutschland nicht recht zu züchten. Nur in wenigen Städten, in Berlin und Hamburg, in Mannheim und Köln, lag der jüdische Bevölkerungsanteil über einem Prozent. Im gesamten Reich war er geringer. In Wien dagegen erreichte er das Zehnfache. Zudem gab es in Deutschland keine so sichtbare jahrzehntelange Zuwanderung jüdischer Bevölkerung aus den orthodoxen Gebieten der österreichischen Ostprovinzen, die nach Sprache, Lebensgewohnheiten und sozialem Niveau so anders erschien und die die Furcht vor dem Fremden besonders reizte. Die Thesen der Alldeutschen waren zwar seinerzeit um die Jahrhundertwende in Österreich wie in Deutschland zu hören, aber der Alldeutsche Verband im Reich war eher imperialistisch als antisemitisch.

Forscher und Künstler jüdischer Herkunft hatten auch in Deutschland einen überdurchschnittlichen Anteil. Doch der war vor 1933 weithin unbeachtet und unbekannt, und ein Autor wie Jakob Wassermann beklagte sich in seinem Lebensrückblick darüber noch nicht, so wenig wie Max Liebermann oder der juristische Fachschriftsteller Bendix oder der Erfolgsautor Lionel Feuchtwanger von Hitler als Juden verbellt oder belästigt wurden.

Es genügt freilich nicht zur Demonstration der Unschuld unserer Großväter, wenn man so oder so ähnlich immer wieder den Antisemitismus Hitlers als Wiener Import hervorhebt. Denn es gab demgegenüber auch keine namhafte Verteidigung des deutschen Judentums in der intellektuellen Szene, weder vor, noch gar erst nach dem Sieg des Nationalsozialismus. Das war gewiß ein Verrat an intellektueller Solidarität. Noch schlimmer sah es aus mit dem intellektuellen Verrat demokratischer Prinzipien. Weder Hitler noch seine Helfer hatten je das »Führerprinzip« bemäntelt. Dennoch setzte sich die demokratische Mehrheit gegen die Herabsetzung ihrer Grundsätze nicht zur Wehr. Die radikalste Selbstdarstellung der Philosophie der »Bewegung« lieferte schließlich der Deutschbalte Alfred Rosenberg mit seinem »Mythos des Zwanzigsten Jahrhunderts« 1930.

Hier war der nordische Rassenwahn samt seinem Gewaltprinzip zur Geschichtsphilosophie erhoben und alle Bewegung in der Weltgeschichte, nicht etwa nur in der europäischen, wurde der fabulösen »nordischen Rasse« und ihren Eroberungen zugeschrieben.

Weder die deutschen Philosophieprofessoren noch die deutschen Historiker haben sich je mit Rosenberg auseinandergesetzt. Auch Walter Darré fand Beifall und nirgends Entsetzen oder deutliche Ablehnung, als er 1929 die Gründung von Zuchtanstalten für eine neue nordische Elite auf dem Lande empfahl. Er wurde, im Hinblick auf seine Vorbildung und doch nicht ganz ohne Ironie, 1933 Landwirtschaftsminister. Man kann davon absehen, daß so viele Deutsche »Mein Kampf« gar nicht gelesen haben wollen. Dieses Buch war weit einfacher in seinen Aussagen als Marxens »Kapital«, mit dem man sich in der deutschen Arbeiterbewegung seit Jahrzehnten plagte. Und doch ging niemand aus der Fachwelt kritisch gegen Hitler vor in Deutschland zwischen 1927 und 1933, als diese Kampfschrift schon eine Viertelmillion Käufer gefunden hatte, und nahm einzelne Sätze zur Zielscheibe intellektueller oder doch zumindest politischer Agitation, wie etwa: »Wer leben will, der kämpfe also! Und wer nicht kämpfen will in dieser Welt des ewigen Ringens, verdient das Leben nicht!« War mit diesem primitiven Leitsatz aus Hitlers Gedankenwelt nicht auch schon die Verdammung des »lebensunwerten Lebens« angesprochen?

Kein Widerspruch also bei den deutschen Intellektuellen. Eher Zuspruch. Besonderes Aufsehen errang dabei ein damals noch junger Philosoph, jung im biologischen wie im akademischen Sinn: Martin Heidegger in Freiburg war gerade so alt wie Hitler. Er hatte eine lange innere Entwicklung ohne großes Aufsehen zurückgelegt, vom katholischen Philosophiehistoriker bis zu seinem durchschlagenden, von mancher Wandlung genährten Buch »Sein und Zeit« 1927, mit dem er die klassische Philosophie aus den Angeln heben wollte, um eine neue Seinslehre zu schaffen. Das Buch ist nie vollendet worden. Freilich bewegte sich seine fachphilosophische Auseinandersetzung auf einer ganz anderen Ebene als die Gedanken Hitlers. Nicht nur wegen ihrer Intentionen, sondern auch wegen ihrer Subtilität, die Heidegger 1927 mit einem Schlag in die Elite der europäischen Philosophen hob. Hatte er noch wenig zuvor engste, ja fast schülerhafte Verehrung für den um eine Generation älteren Freiburger Kollegen Edmund Husserl, einen Vertreter jener jüdischen Geistigkeit, die das deutsche Kulturleben um vieles bereicherte, so war er über die Einsichten, die ihm Husserls Phänomenologie vermittelte, schon mit seinem großen Wurf von 1927 hinausgeschritten und dachte um 1930 über den Einzelnen in der Gemeinschaft nach.

Heidegger blieb lebenslang ein Fragender, zutiefst von der Ratlosigkeit des ins Dasein geworfenen Menschen bewegt. So kennt sein Lebensweg bis 1972 auch viele Stationen. Eine dieser Stationen war seine Entdeckung der möglichen Selbstfindung des Einzelnen in der Gemeinschaft, deretwegen er 1933, faszinierender akademischer Redner, der er war, an die Spitze der deutschen Wissenschaft treten wollte, um das deutsche Volk zu erwecken, es auf den großen Führer einzuschwören, dem er sich selber in einem akademischen Stoßtrupp andienen wollte, und dessen »wunderbare Hände« ihn tief beeindruckten. (Safranski 1994, 264) Der durchschnittliche intellektuelle Großvater hatte seinerzeit gewiß nicht den Mut, sich mit Heideggers Philosophie auseinanderzusetzen. Er kannte auch nicht Hitlers Hände. Der durchschnittliche Student seinerzeit entdeckte immerhin gelegentlich, daß man zwar mit Begeisterung den geistreichen Fragen von Heideggers Vorlesungen sich hingeben konnte, auch dessen tiefsinnigen Wortschöpfungen, aber doch, bemüht um das unmittelbare Verständnis, am Ende die philosophischen Antworten kaum in klare Erkenntnis zu fassen imstande war. Auch das preußische Kultusministerium hatte sich um 1930 in einem Gutachten so ähnlich ausgedrückt, als eine Berufung des gleichwohl rasch berühmten Philosophen nach Berlin zur Debatte stand.

Warum nun aber diese Sprachlosigkeit der deutschen Intellektuellen? Sie begegnet uns sogar bei einem so wortmächtigen und einsichtigen Soziologen wie Werner Sombart, der Hitler nach den Erinnerungen seines Sohnes für eine Katastrophe hielt und für den Weg in einen neuen Krieg. (Nicolaus Sombart 1996) Aber mit dieser Verzweiflung im Studierzimmer war gerade, wenn auch auf hohem Niveau, der Ratlosigkeit deutscher Intellektueller Ausdruck gegeben: »Für die traditionellen Eliten wurde der neue ›Glaube an den Führer‹ mit der Autorität des Monarchen in Verbindung gebracht. Grundlegende Elemente des kaiserlichen Staates und des nationalsozialistischen Regimes wurden in der Person des neuen Führers verknüpft.« (Friedländer 1998, 131 mit dem Hinweis auf Broszat 1981, 428) Doch ist das wohl noch nicht die ganze Wahrheit. Denn nicht nur die Monarchie fehlte, auch die Philosophie. Die geistige Richtung, die klare Entscheidung – es sei denn, sie sei sicher eingebettet gewesen in religiöse Überzeugung! (Haecker 1989)

Davon war ein guter Teil der deutschen Intellektuellen freilich weit entfernt. Noch weiter mögen doch aber sehr viele von den klaren Konsequenzen entfernt gewesen sein, die Hitlers Ermächtigungsgesetz verhieß! Denn noch einige Wochen danach, zu Beginn des Sommersemesters 1933, pries der namhafte Altphilologe an der Kieler Universität, Felix Jacoby, seine Gegenwart, die ihm das Erlebnis der deutschen Erneuerung durch den großen Führer beschert habe. Ähnlich äußerte sich an der Breslauer Universität Eugen Rosenstock. Beide Professoren waren für ihre »nationale Gesinnung« bekannt. Beide waren Juden. (Safranski 1994, 261)

Auch Gottfried Benn gehörte zu denen, die nach einer säkularisierten politischen Religion suchten. Auch er dachte an neue Eliten. Er dachte vornehmlich, er, der individualistische Lyriker von hohen Graden, an eine Errettung aus den Nöten der individuellen Existenz mit Hilfe der nun plötzlich aufgewachten Nation. Er dachte so in seiner Poesie, wie Heidegger auf der abstrakten Reflexionsebene über das menschliche Geworfensein. Er dachte das für einige Zeit, lang genug, den Übergang in die neue Ära enttäuschend zu finden und mit wachsendem heimlichen Widerstand zu verharren bis zu den Schikanen der Gestapo am Schluß. Der Wiener Josef Weinheber, vielleicht der begabteste Lyriker seiner Nation in diesem Jahrhundert, schrieb damals eine »Hymne an den Führer«. Manche seiner modernen Interpreten sind bemüht, die Adresse dafür im Anonymen und nicht gerade in der Berliner Reichskanzlei zu suchen. Das ist wohl ein erfolgloses Bemühen im Hinblick auf die Verführung so vieler anderer Dichter und Schreiber, Denker und Redner unter den Deutschen und mit dem faden Versuch so zu tun, als seien Österreicher seinerzeit nicht dabei gewesen. Weinheber hat sich in den letzten Kriegstagen umgebracht.

Dabei spielten die deutschen Intellektuellen auch noch in ihrer Menge, ohne die großen Namen, eine verhängnisvolle Rolle. Denn: Sie waren ratlos! Viele biographische Rückblicke sprechen das geradewegs aus oder lassen es erkennen. Nicht selten war diese Ratlosigkeit eine Generationenfrage. Aber sie war offensichtlich auch in der jüngeren Generation verbreitet, bei den damals Zwanzig- bis Dreißigjährigen. Auch für den historischen Befund ist die Einsicht in die Wege der schleichenden Machtergreifung lange vorher und unmittelbar danach noch aufregend. Da geht es nicht nur um den Vorsitz in dem im Grunde verachteten Reichstag durch den einzigen Großbürgerlichen in der NS-Führungsriege, den höchstdekorierten Kriegsflieger Hermann Göring. Aber Göring war keine intellektuelle Leitfigur. Goebbels, »der kleine Doktor«, hatte da ein ganz anderes Format, mit all seinen zielgerichteten und raschen Entscheidungen in der Tagespolitik und mit offenbar kühlem Überblick des Ganzen bei steter Bereitschaft, Emotionen anzuregen, Gläubigkeit zu wecken. Goebbels zeigte einen solchen Überblick in manchem Kommentar. Aber seinem Tagebuch hat er zugleich anvertraut, wie ihn Hitler 1926 für sich gewonnen hatte. Das war keine Beziehung unter Gleichgesinnten. Es war eine Unterordnung. Und sie führte ihn zur kraßesten Mißachtung seiner ganzen eigenen Vergangenheit. Gleichzeitig entwikkelte er in wachem Bewußtsein seines Tuns eine ruchlose Massenregie der Deutschen, »bis sie uns verfallen sind«.

Auch die Schliche des Münchner Polizeijuristen Wilhelm Frick als Innenminister der neuen Regierung tragen den Stempel der Bedenkenlosigkeit. Er hatte die Zweidrittelmehrheit für das Ermächtigungsgesetz durch Eliminierung der unentschuldigt Abwesenden aus der Gesamtsumme der Abgeordneten erleichtert, eine Geschäftsordnungsänderung, bei der ihm das Zentrum mit seinen ebenfalls akademisch geschulten Vertretern freundlich zur Seite stand. Und den Terror, die unmittelbare Bedrohung der Abgeordneten beim Zugang zur Abstimmung hatte der neuernannte Innenminister Frick wohl ebenso zu verantworten, wie innerhalb des Sitzungssaales der Reichstagspräsident Hermann Göring.

Hitlers Gedankenwelt sollte aber auf das ganze geistige Deutschland ausgedehnt werden, und das war sie bei weitem noch nicht bezüglich des Rassenwahns und des Gesinnungsterrors. Hier half der neue »Reichsminister für Volksaufklärung und Propaganda«. Die Bezeichnung des neuen Ministeriums ist eigentlich für den unvoreingenommenen Hörer eher decouvrierend, sie erinnert an manche offenen Worte in Goebbels' Tagebuch. Denn im allgemeinen wird man doch wohl »Aufklärung« und »Propaganda« kaum in ein- und denselben Arbeitsbereich zusammenziehen. Aber Hitler hatte schon in seiner Kampfschrift verkündet, daß man »Wahrheiten« auch einhämmern könnte durch stete Wiederholung, und der »kleine Doktor« half ihm dabei. Die »Psychologie der Massen« des französischen Autors Gustave Le Bon aus dem Jahre 1895 hatte 1921 in Deutschland ihre 27. Auflage erreicht und gehörte zu den geheimen Ratgebern des rheinischen Katholiken. Mit einem knappen Erlaß »reinigte« er die Preußische Akademie der Wissenschaften und der Künste. Bezeichnend, wer ging, anstatt ausgeschlossen zu werden, bezeichnend, wer ausgeschlossen wurde, bezeichnend, wer nun um leere Plätze buhlte. War solcherart fast durchweg die erste Garnitur beseitigt, mit bemerkenswerten Ausnahmen unter den großen deutschen Schauspielern, so galt es, eine neue Garde des geistigen Deutschland in neuen nationalsozialistischen Denkstrukturen zu rekrutieren – aber das war schwieriger als die Zensur der alten. Im Bereich der Literatur blieb es bei zweitrangigen oder eigentlich einem nationalen Expressionismus zugewandten Autoren, die in der literarischen Entwicklung schon abgelegt erschien, wie bei Erwin G. Kolbenheyer, oder der Blut- und Bodenromantik eines Hans Friedrich Blunck, Hans Grimm, später Hans Watzlik und anderer, die die deutsche Literatur künftig repräsentieren sollten. Die Wege der Wissenschaft waren härter zu korrigieren. Hier wurde vorgeschrieben, alle jüdischen Gelehrten künftig nicht mehr zu nennen, ganz gleich, wie wichtig ihre Arbeiten auch waren.

Es gab in diesen Wochen aber noch eine besondere intellektuelle Aktion; nicht gegen Menschen, sondern gegen Bücher gerichtet. Anschaulich, symbolisch, enthüllend, denn sie führte die geistige Entscheidungsfreiheit nach Jahrhunderten zurück in eine Welt, die ihre Ketzer verbrannte und ebenso die verketzerten Bücher.

Am 10. Mai, mit dem Beginn des neuen Semesters und nach der Relegierung Dutzender jüdischer Professoren, meldeten sich diejenigen zu Wort, die zwar noch keine Bücher zu schreiben imstande waren, aber Bücher zu vernichten wohl. Der NS-Studentenbund, mitunter aber auch die weltanschaulich noch nicht so eindeutig festgelegte Deutsche Studentenschaft, errichteten in allen Universitätsstädten Scheiterhaufen und zündeten Bücher an. Das spektakulärste Autodafé der deutschen Literatur zelebrierten sie Unter den Linden in Berlin, und auch der neue Reichsminister für Volksaufklärung trug dazu mit Grußworten bei. Einige Autoren wurden namentlich genannt, von Kautsky bis Kästner.

»Gegen Juda, gegen Rom ...«

Hitler wollte die Juden »entfernen«. Das plante er schon 1919 in einem Programmentwurf; als »letztes Ziel, unverrückbar«. (Friedländer 1997, 86) Dasselbe kündigte er den Deutschen in seinem »Kampf« an, der ja als Buch nicht nur seine Stellungnahme zur deutschen Politik darstellt, sondern auch ein Wahlprogramm. Aus der Zustimmung unserer Großväter zu diesem Programm erwuchs das furchtbarste Verbrechen, das überhaupt in unseren, in den Geschichtsbüchern der »westlichen Welt«, zu verzeichnen ist. Hitlers Partei hatte, aus kleinen und lange hoffnungslosen Anfängen, zwar nie die absolute Mehrheit, aber zuletzt doch die meisten Wähler in der Republik.

Die Art der »Entfernung der Juden«, das Inferno für Millionen in den Formen einer unvorstellbaren Vernichtungsmaschinerie, die allerdings war in »Mein Kampf« noch nicht zu erkennen. Zu erkennen war der unbeugsame »Wille zur Macht«, zur brutalen Durchsetzung. Millionenfach fehlte es offenbar an Vorstellungskraft unter unseren Großvätern, um diese schriftlichen Vorsätze in die Wirklichkeit zu übertragen. Es fehlte auch die einfache Frage, wie weit denn die »Entfernung« gedacht sei: Aus den Ämtern, aus dem Land, aus dem Leben? Eine Diskussion über Hitler als Gefahr für die Menschheit fand seinerzeit für alle sichtbar am ehesten unter Karikaturisten statt. Auch dem großen Gesellschaftssatiriker Karl Kraus fiel zu Hitler sehr wohl etwas ein; er ging bald mit der Parole um: »Alles nur nicht Hitler!« Die deutsche Intelligenz nahm Hitler nicht ernst. Die »Weltbühne« des künftigen KZ-Häftlings und Friedensnobelpreisträgers Carl von Ossietzky zeigte sich von Anfang an entsetzt, und dann und wann einmal ein einzelner, der es gewohnt war, gründlich nachzudenken, wie Theodor Haecker oder Ewald von Kleist. Im übrigen fehlte es gewiß ohne die historische Lektion ebenso an Vorstellungskraft wie an Glaubwürdigkeit für den Dämon Hitler. Denn im Widerspruch zu den rigiden Thesen stand, vielfach bezeugt, immer wieder die Person Adolf Hitlers, höflich, zurückhaltend, eher linkisch, mit österreichischer Bescheidenheit – solange derselbe Hitler nicht hinter einem Rednerpult auf und nieder hüpfte, gestikulierend, mit schriller Stimme allen Feinden Deutschlands den Tod verkündend, besonders den Juden.

Auch das hätten die Leser bereits dem »Kampf« entnehmen können. Denn Juden werden dort vorwiegend als Parasiten bezeichnet und immer wieder in haßerfüllten Wendungen als Ratten, Spinnen, Blutegel. Ungeziefer muß vernichtet werden. Die augenscheinliche Unfähigkeit der Juden, einen eigenen Staat zu gründen, habe sie seit zweitausend Jahren zum Ausbeutervolk gemacht, zum Parasiten bei verschiedenen Wirtsvölkern, vornehmlich beim deutschen. Mit größtem Selbsterhaltungstrieb seiner einzelnen Glieder sei das jüdische Volk »eine sich blutig bekämpfende Rotte von Ratten«, wenn nicht die gemeinsame Gefahr sie zusammenstehen lasse. Ohne Feinde würden sie »in Schmutz und Unrat ersticken« oder »in haßerfülltem Kampfe sich gegenseitig zu übervorteilen und auszurotten versuchen, sofern nicht der sich in ihrer Feigheit ausdrückende restlose Mangel jedes Aufopferungssinnes auch hier den Kampf zumTheater werden ließe«.(Hitler 1942, 331) So sei »der Jude« das gerade Gegenteil aller anderen Völker, des deutschen voran, und deshalb hätte er auch ein besonderes Augenmerk auf die Lähmung und Zersetzung des deutschen Volkskörpers gerichtet, gleich einer heimtückischen Krankheit, die auch das Denken lähmt.

Die Vergleiche sind unmißverständlich. Die »Entfernung der Juden« mag für einen Leser dieser Tirade vor siebzig Jahren in ihrer künftigen Wirklichkeit noch unvorstellbar gewesen sein. Aber Hitlers Darstellung, das unterliegt keinem Zweifel, reicht weit über alle Eiferei. Sie übertrifft als politische Kampfschrift nicht allein in ihrer Radikalität, sondern auch in der Bildhaftigkeit und in der gnadenlosen Brutalität alles, womit sich unsere Großväter damals gelegentlich politisch beschimpften. Auch die kommunistische Losung vom »Klassenkampf« klingt humaner, weil sie die furchtbare Realisierung im Sowjetparadies, die damals schon im Gange war, in ihrer distanzierten Diktion verhüllt.

Mitunter wissen unsere Großväter zu ihrer Entschuldigung vorzutragen, daß sie Hitlers Kampfschrift eben erst nach 1933 kennengelernt hätten, als man im Standesamt jedem neuen Ehepaar das Buch als literarischen Hausschatz überreichte. Und man hätte dieses Geschenk entgegengenommen und nicht gelesen. Eine solche Entschuldigung ist wohl allzu einfach. Hitlers politisches Bekenntnis näherte sich gegen Kriegsende der 800. Auflage mit beinahe zehn Millionen Exemplaren. 1925 und 1927 in zwei Bänden erschienen, danach in einer ungekürzten Dünndruckausgabe, war das Buch in Deutschland ein Bestseller, noch ehe sein Autor die Autorität des obersten deutschen Politikers besaß. Bis dahin hatte nämlich schon eine Viertelmillion Menschen Hitlers Buch gekauft und den Umständen nach auch sicher gelesen. Und natürlich wurde es ebenfalls im deutschsprachigen Ausland mit Erfolg empfohlen. Auch in Österreich, in der Schweiz und in der deutschsprachigen Tschechoslowakei war Hitler unter politisch interessierten Lesern ein Begriff.

»Ob Christ, ob Jud ist einerlei. In der Rasse liegt die Schweinerei!« Dieser Vers, den man dem Vordenker der »Alldeutschen« im alten Österreich nachsagt, dem niederösterreichischen Gutsbesitzer und Reichsratsabgeordneten der siebziger, achtziger Jahre, Georg Ritter von Schönerer, ist wohl das Radikalste, was der zeitgenössischen Haßliteratur ein halbes Jahrhundert vor Hitler einfiel. Denn dieser Vers übersteigt den herkömmlichen Antisemitismus und verlegt die Auseinandersetzung in unveränderliche »menschliche Kriterien«: Die Rasse. Rassen-»lehren«, sofort mit wertender Tendenz, kannte das 19. Jahrhundert viele. Der französische Diplomat und Autor Graf Gobineau wird in diesem Zusammenhang meist zuerst genannt, der um die Jahrhundertmitte einen vierbändigen »Versuch über die Ungleichheit der Rassen« publizierte, wonach die »arische« am besten abschnitt. Er gehörte zum ferneren Freundeskreis um Richard Wagner. Danach spielte in der deutschen Aufmerksamkeit eine besondere Rolle der »Bayreuther Kreis« um den Maestro der deutschen Opern in der zweiten Jahrhunderthälfte, ein Kultbund, der mitunter bereits gefährliche nationale Selbstmordtheorien von »Götterdämmerung« entwickelte und letztlich auch schon das »Judentum« zum mythischen Endfeind des »Germanentums« stilisierte, personifiziert in Siegfrieds Kampf mit dem Zwerg Mime, der das Nibelungengold hütete, wie weiland die jüdischen Bankiers das deutsche Volksvermögen. Das ganze deutsche Bildungsbürgertum kannte die Geschichte, es war insofern auch noch empfänglich für ihre plumpe Konstruktion, mit besonderem literarischem Effekt darunter der »wahldeutsche« englische Kulturphilosoph Houston Stewart Chamberlain, der sich, Schwiegersohn Richard Wagners, in dieser Verwandtschaft wohl auch zuhause fühlte. Dazu traten die kurzatmigeren, aber schreibfreudigen Deutschtümler Lagarde und Langbehn.

In Wien lernte Hitler noch eine Reihe anderer Namen aus den Schriften der österreichischen »Alldeutschen« kennen. Aber sie schrieben mit anderem Einschlag als die deutschen Autoren, nämlich deutlicher emotionsgeladen und schärfer judenfeindlich. Man kommt leicht auf den Gedanken, daß jener Ritter von Schönerer mit seiner in Niederösterreich wie in den Wiener Unterschichten und später namentlich im böhmischen Egerland sehr volkstümlichen Haßpropaganda die Auseinandersetzung auch bei geschulteren Skribenten beeinflußt hätte. Allerdings verloren die »Alldeutschen« in Böhmen rasch an Einfluß, als eine Reform den Wahlzensus bei der Landtagswahl von 1905 herabsetzte: Die etwas ärmeren Steuerzahler, die nun wählen durften, hatten für solche Themen weniger übrig. Das Thema nahm währenddessen der Wiener Bürgermeister Dr. Karl Lueger in die Hand. Dessen Judenhaß war wohl der Grund, daß der Kaiser ihn, den Bürgermeister seiner Hauptstadt, niemals empfangen hat.

Nach Schönerer Hitler! Es scheint bemerkenswert, daß zwei Autoren aus Österreich mit zügellosen Formulierungen dem Radikalismus vorangingen. Auf die Ausrottung des politischen Feindes ließ man es vor den Massenschlachten des Ersten Weltkriegs offenbar noch nicht ankommen im Sprachschatz der »Alldeutschen Blätter«. Auch Tschechen und Deutschböhmen, Musterbeispiele von wechselweisem Haß in der zeitgenössischen westlichen Welt, wünschten einander zwar schon seit langem in den Karikaturen ihrer Presse alles Böse und ergingen sich in allen möglichen, auch peinlich distanzlosen körperlichen Aggressionen. Mitunter erinnern sie an die Phantasie von Wilhelm Busch, der einen gutmütigen Blutrunst unter seinen Lesern zu reizen wußte. Allzu bekannt bis heute ist die Empfehlung des alternden Historikers Theodor Mommsen in der Neuen Freien Presse 1897 nach dem gescheiterten Ausgleichsversuch während der sogenannten Badeni-Krise, auf die tschechischen »Apostel der Barbarei« oder auf die »unverbesserlichen Slawenschädel« doch einfach »einzuschlagen«. Das sind Eruptionen, die man in persönlichen Unzulänglichkeiten suchen mag, vermischt mit dem Versuch von Verdammungsbeweisen, die über den Tag hinausreichen. Sie sind zweifellos an vielen Biertischen wiederholt worden, sie wurden vielleicht sogar zum Ritual männlichen Schwadronierens, und man kann sich denken, daß sie in einzelnen Formulierungen auf primitivem Niveau noch übertroffen wurden. Die Empfehlung zur generellen Vernichtung des Gegners nach Art der Ungezieferbekämpfung schlossen sie nicht ein. Selbst wenn man auf einen Schädel einschlägt, ist diese Brutalität noch eine zwischenmenschliche Begegnung; doch wenn man Bazillen, Ratten, Spaltpilze, Parasiten vernichtet, fehlt jede Menschlichkeit. Das ist es, was offensichtlich Hitlers »Kampf«-Tiraden von gängigen Hetzschriften unterscheidet. Das ist es auch, was seine Propaganda weit entfernt vom üblichen Antisemitismus, selbst jener aggressiven Form, wie sie im alten Wien gepflegt wurde und wie sie immer wieder im Zusammenhang mit Hitlers Jugend- und Lehrjahren zitiert wird.

Eine solche Empfehlung fehlt auch noch im preußisch-deutschen Bereich der »Alldeutschen Bewegung«. Heinrich Claß, Verbandspräsident, ließ 1912 seine politische Phantasie schweifen unter dem Titel: »Wenn ich der Kaiser wär' …« Danach sollten alle Juden aus allen öffentlichen Positionen vertrieben werden, keinen Grundbesitz haben, unter Fremdenrecht gestellt werden. Als Juden sollten gelten, die 1871 der jüdischen Religionsgemeinschaft angehört hatten, und ihre Nachkommen, bis hin zu Enkeln auch nur eines Großelternteils. Der Kaiser selber, dem die Schrift zugespielt wurde, hielt den Übermittler für einen »seltsamen Schwärmer«, die Alldeutschen, die für solche Pläne eintraten, für »gefährliche Leute« und die Idee, die Juden aus dem öffentlichen Leben auszuschließen, »für geradezu kindlich«. (Friedländer 1998, 90) Wilhelm II., bei aller nationalkonservativen Gesinnung, war so wenig in antisemitischen Vorurteilen befangen wie der österreichische Kaiser.

Luegers Partei, die stärkste im Wiener Parlament, nannte sich christlichsozial. Die »christlichen«, kirchlichen Wurzeln des Antisemitismus sind bekannt. Man bemühte sich auch immer wieder, sie auf die ungetauften Juden zu begrenzen. Der Zusammenhang von Christentum und Antisemitismus wird jedoch nicht zu bestreiten sein. Daß hier, in jenem primitiven Knüttelreim Schönerers, bereits unwichtig wird, »ob Christ ob Jud«, das zeigt eine neue Wendung an – es verkündet die »Bestialität« in der dreistufigen Prophetie Grillparzers, die auf Humanität und Nationalität am Ende folgt – nebenbei das Ende des christlichen Zeitalters in unseren Gedanken. Und daß dabei von einer »Schweinerei« die Rede ist, rückt Schönerer bereits in die Nähe von Hitlers menschenverachtendem Wortschatz. Schönerer mag, wie mehrfach und anschaulich gezeigt worden ist, einer anderen Situation mit diesen und wohlklingenderen Redensarten Ausdruck gegeben haben, als sie in Deutschland bestand:

Wie schon mehrmals erwähnt, gab es eine starke, der westlichen Welt und dem mitteleuropäischen Judentum ferne jüdische Einwanderung aus den östlichen Provinzen der Habsburgermonarchie. Es gab in Rußland wie in Österreich bis dahin unbekannte Schwierigkeiten, als im späten 18. Jahrhundert der polnische Staat unter seine Nachbarn aufgeteilt wurde und dadurch polnische Juden zu russischen oder österreichischen Untertanen wurden. Vorher waren Juden in Rußland selten und keinesfalls ein Bevölkerungsproblem. Nachher verbreitete sich in Rußland seit 1881 eine kirchlich genährte Pogromstimmung, die fast jährlich zur Osterzeit über das Land ging und kaum bestrafte Untaten auslöste.

Um die 25 Prozent lag der Anteil jüdischer Bevölkerung zu Anfang des zwanzigsten Jahrhunderts in Krakau, bei zehn Prozent in Budapest, und zehn Prozent nennt man schließlich auch für Prag, acht Prozent für Wien – das alles recht relativ nach dem Stand des Städtewachstums und der Eingemeindungen –, aber jedenfalls sah und erlebte man den Zustrom »fremder Juden«, während sich die seit Jahrhunderten Ansässigen längst »emanzipiert« und angeglichen hatten, auch großen Anteil hatten an der Bildungsrevolution um die Jahrhundertwende, in akademischen Berufen, die Selbständigkeit verhießen.

In Deutschland sah das alles anders aus. Höchstens vier Prozent Juden gibt man für die rasch wachsende Hauptstadt Berlin um die Jahrhundertwende an, zwei Prozent für Hamburg, und nirgendwo und nirgendwann in namhaften deutschen Städten kannte man im übrigen mehr als ein Prozent jüdischer Bevölkerung, vor allem nicht im Reichsganzen von 1871. In Deutschland wirkte der 1894 gegründete »Alldeutsche Verband« vornehmlich imperialistisch für Kolonialpolitik und für ein deutsch dominiertes Mitteleuropa. Auch hier kannte man den seit 1897 in österreichischen Vereinssatzungen beliebten »Arierparagraphen«, der Mitglieder jüdischer Herkunft noch ohne genauere Kriterien ausschloß – nicht immer zum Nutzen der Vereine –, aber insgesamt war der deutsche Antisemitismus weniger zielgerichtet und deutlich milder als der österreichische. Im Weltkrieg hatten 100000 jüdische Soldaten in der deutschen Armee gedient und 12000 waren gefallen, rund 30000 ausgezeichnet worden, alles das ein hoher Prozentsatz. Das bestätigte noch einmal ihre nationale deutsche Gesinnung. Jüdischer Herkunft war, wie schon erwähnt, der Schöpfer der Weimarer Verfassung Hugo Preuß, Jude war der zweite Außenminister der Republik Walter Rathenau; aber nicht als Juden, sondern als »Erfüllungspolitiker« hatten ihn die Kugeln zweier rechter Terroristen im Juni 1922 erreicht. Juden waren im übrigen an vielen Universitäten, Behörden, in freien Berufen beliebte Mitbürger.

»Gegen Juda, gegen Rom, bauen wir den deutschen Dom.« Schönerer hatte noch ein anderes Schlagwort geliefert: Juda. Er präsentierte es hier in einem nebulösen Zusammenhang, neben einem geographischen oder doch wenigstens historischen Ort. Als sei es ein politisches Gebilde, vergleichbar der römisch-katholischen Kirche oder dem römischen Imperium, das man übrigens noch in einigen anderen schlechten Versen bekämpfte. »Juda« erinnerte an biblische Traditionen. Es gehört damit jedenfalls zu den alten Mächten in unserem Kulturkreis. Und es steht gegen den »deutschen Dom« wie das römische Christentum gegen ein neues, ein »deutsches« – als seien sie beide »ungermanisch« und bei gleicher Gelegenheit aus dem »deutschen Denken« zu verbannen. Auch das lebte fort in Hitlers Haßtiraden. Während sich in den dreißiger Jahren ein mutiger Bonner Theologe damit befaßte, die enge Verbundenheit zwischen der römischen Kirche und der germanisch-deutschen Vergangenheit zu zeigen, freilich ohne den erforderlichen verstärkenden Widerhall unter den deutschen Kirchenhistorikern, half niemand, den Phantasiekomplex »Juda« zu demontieren. Statt dessen fanden sich Graphiker, die ihn an die Wand malten. Und schon mit den Wahlplakaten in der sogenannten »Kampfzeit« ging das Schreckbild in die Vorstellungsbilder ein. »Juda« wurde nicht nur zur menschlichen Karikatur. Es wurde auch zum Ungeheuer, zur Fratze.

Dabei verdient freilich der »deutsche Dom« noch eine Anmerkung. Wenn schon wirklich gelesen, dann zeigte Hitlers Kampfschrift hier eine Inkonsequenz, eine Lücke zur Schonung des Christentums, die ihm vielleicht in seiner späteren Politik nützlich wurde: Christus selbst, ohne Zweifel ein Jude schon im einfachen Urteil des Pilatus, wurde gelegentlich von Hitler von seinem manischen Zerrbild ausdrücklich ausgenommen. Er wurde ihm sogar gegenübergestellt: Nach Hitler ist der »Geist des Judentums« »dem wahren Christentum innerlich so fremd, wie sein Wesen es zweitausend Jahre vorher dem großen Gründer der neuen Lehre selber war. Freilich machte der aus seiner Gesinnung dem jüdischen Volke gegenüber kein Hehl, griff, wenn nötig, sogar zur Peitsche ...« (Hitler 1942, 336) Haben diese Worte Hitlers Kirchenpolitik unmittelbar nach 1933 den Weg geöffnet?

Hitlers Antisemitismus war in Deutschland gewiß nicht volkstümlich. Und er schlug doch Wurzeln. Dieses Paradoxon ist immer wieder Diskussionsthema. Es wird nicht dadurch widerlegt, daß man zeigen kann, daß der Antisemitismus im zeitgenössischen Frankreich oder gar in Polen weit stärker entwickelt war. Man muß begreifen, daß Hitlers Antisemitismus, von dem vielleicht ein vorsichtiger Werbemanager 1924 abgeraten hätte, in seiner besonderen Funktion geradewegs unentbehrlich wurde für die Werbekampagne Hitlers, und daß er deshalb durchgesetzt werden mußte.

Hitlers Propaganda – und das war seine Propaganda, wer sie auch immer im einzelnen formulierte – konnte mit weithin akzeptierten Gründen den Kommunismus bekämpfen. Aber sie konnte nur in Grenzen die deutschen Kommunisten angreifen, denn die waren letztlich Teil des »deutschen« Volkskörpers. Sie sollten, zumindest in der Selbstdarstellung dieser Propaganda, als Volksgenossen gewonnen werden. Weit weniger noch konnte Hitler die Kirchen bekämpfen. Weit eher mußten die Christen gewonnen werden. Kein Bischof wurde zum Märtyrer der NS-Zeit, und nur einer wurde schließlich zur Resignation gezwungen. Zwar mußte eine große Anzahl niederer Würdenträger beider Konfessionen aufs Schafott oder in die Konzentrationslager. Aber als Institution blieben die Kirchen verschont, ebenso wie ihre höchsten Vertreter. Die Protestanten spalteten sich in eine »reichstreue« und eine »bekennende« Kirche, da ließ sich dann leicht nachgreifen. Die Katholiken zeigten sich geschlossener, wenn auch nicht ohne Ausnahmen, aber sie mußten erst recht geschont werden, ob sie sich gewinnen ließen oder nicht. Sie bildeten ein Drittel der Bevölkerung im Staat.

Ganz anders die Juden: sie waren zum Teil Establishment, mittleres zumindest, sie waren Teil der republikanischen Ordnung, gerade in Deutschland, die man verändern wollte, ja sie waren ihr oft mehr verpflichtet als nichtjüdische Juristen, Ärzte, Beamte, Professoren, denn sie waren aus Neigung und Herkunft liberal. Oder sie waren sozialdemokratische Funktionäre in weiterer Konsequenz ihres Verständnisses von sozialer Emanzipation, oder sie waren ohnehin Objekte von lokalem Sozialneid. Sie waren, soweit sie noch die Synagoge besuchten, untereinander besser bekannt und glaubwürdig, und sie hatten ihre Verbindungen, auch wenn sie nicht mehr Synagogengänger waren. Ihre Kontakte bewirkten manche Karriere – ähnlich wie die akademische Protektion unter Burschenschaften, aber die war kaum je Gegenstand kritischer Prüfungen. Und sie waren, in einer niemals widerlegten Karikatur, als »Fremde« erkennbar, auch wenn es gerade da immer wieder stupende Gegenbeispiele gab, denn im Phänotypus erwies sich an nicht wenigen blauäugigen Blondköpfen die Haltlosigkeit aller antisemitischen Theorien. Als Fremder aber, mit welcher Lüge auch immer, wurde »Der Jude« zum unentbehrlichen Feindbild für die gesamte NS-Propaganda. Es ließ sich immer wieder schöpfen aus seiner unbezweifelbaren Existenz, verbunden mit der ebenso unbezweifelbaren Unfaßbarkeit, denn es gab keine umfassenden jüdischen Gegenangriffe, ehe sich 1938 der jüdische Weltbund des Themas annahm. So konnte man leicht eine Kette von Verleumdungen herleiten mit all der Unsicherheit, der ständigen Gegenwart des Versuchers. In der Ideologie übernahm »der Jude« den Part des Versuchers, Zerstörers, der grundsätzlichen Negation – hier wurde die infame Personifikation allmählich zur Unperson, zum »Ungeziefer«, das man allenfalls los werden wollte, oder zum Teufel, der entlarvt werden mußte. Als Teufel aber war »der Jude« ganz unentbehrlich in der NS-Meinungsmache, die nicht primitiv genug sein konnte, wie Hitler selber in aller Offenheit empfahl, um geglaubt zu werden. Und das »jüdische Ungeziefer« wurde in Deutschland propagiert, als heimlich östlich der deutschen Grenzen schon die ersten Vernichtungsaktionen liefen.

Hitlers Judenhaß brachte unseren Großväter nichts grundsätzlich Neues, er brachte es allerdings auf ganz neue Weise. Seine Strategie der Indoktrination ist bekannt: »Die Aufnahmefähigkeit der großen Masse ist nur sehr beschränkt, das Verständnis klein, dafür jedoch die Vergeßlichkeit groß. Aus diesen Tatsachen heraus hat sich jede wirkungsvolle Propaganda auf nur sehr wenige Punkte zu beschränken und diese schlagwortartig so lange zu verwerten, bis auch der Letzte unter einem solchen Wort das Gewollte sich vorzustellen vermag ...« »Die Kunst liegt nun ausschließlich darin, dies in so vorzüglicher Weise zu tun, daß eine allgemeine Überzeugung von der Wirklichkeit einer Tatsache, der Notwendigkeit eines Vorganges, der Richtigkeit von etwas Notwendigem usw. entsteht... Jede Propaganda hat volkstümlich zu sein und ihr geistiges Niveau einzustellen nach der Aufnahmefähigkeit des Beschränktesten... Handelt es sich aber darum, ein ganzes Volk in ihren Wirkungsbereich zu ziehen, so kann die Vorsicht bei der Vermeidung zu hoher geistiger Voraussetzungen gar nicht groß genug sein ... Gerade darin liegt die Kunst der Propaganda, daß sie, die gefühlsmäßige Vorstellungswelt der großen Masse begreifend, in psychologisch richtiger Form den Weg zur Aufmerksamkeit und weiter zum Herzen der breiten Masse findet. Daß dies von unseren Neunmalklugen nicht begriffen wird, beweist nur deren Denkfaulheit oder Einbildung.« (Hitler (1925) 1942, 196 ff.)

Hitler pur: Durch Propaganda in die Herzen der breiten Massen ...! Man hätte schon 1925 im ersten Band von »Mein Kampf« den Meister des politischen Massendirigismus erkennen können, dazu die klare, aber in ihrer Zuneigung zu diesen Massen, die er nicht liebte, durchaus begrenzte Hinwendung des Autors. Für ihn war die Masse ein Machtmittel. Solche Überlegungen waren zweifellos nicht neu in der deutschen Politik. Aber sehr neu erscheint das Fingerspitzengefühl, der fortan immer wieder bewiesene Spürsinn für die rechten Wege der Massenwirksamkeit, mit denen Hitler schließlich eine durchaus einseitige Liebe zu wecken wußte. Nur hatte er die Funken, die Ideen dieser Liebe nicht entzündet: Sie waren längst in viele Köpfe unserer Großväter und wohl auch Großmütter gesenkt, und deshalb fiel Hitlers Propaganda eben auch auf keinen steinigen Boden: Er machte aus dem weitverbreiteten antisemitischen Sentiment Judenhaß; aus der lebendigen Angst vor dem Bolschewismus abendländische Solidarität; und aus der längst propagierten Forderung nach mehr Lebensraum, 1926 noch einmal aktualisiert in Hans Grimms vierbändigem Roman »Volk ohne Raum«, Triebfeder der deutschen Kolonial- wie der preußischen Ostpolitik, seine geopolitischen, durchaus eingängigen und auf dem Niveau auch für die Beschränktesten einleuchtenden Scheinanalysen. Hitler war von vornherein bei vielen Deutschen populär, bereits vor seinen Propagandaerfolgen, weil er gerade den Beschränkten nach dem Munde redete. Er war weit weniger originell als viele, auch im Verdammungsurteil, von ihm dachten. Er war lediglich – das allerdings mit der Virtuosität eines Meisters – imstande, die schlummernden, halben, angedeuteten und angedachten deutschen Ängste, Egoismen und Spekulationen auf niederem Niveau zu mobilisieren, sie zum Wahn zu steigern, zur Massenhysterie. Das soll seine Dämonie nicht verharmlosen. Es soll auch seine Faszination nicht verkleinern. Es kann nicht einmal unsere Großväter entschuldigen. Hitler präsentierte sozusagen den Kehrricht der nationalpolitischen Diskussion der vergangenen Jahrzehnte als das deutsche Elixier.

Hitlers Helfer wie seine Historiker erklärten manchmal im Nachhinein, seine Folgerichtigkeit nicht erkannt, seinen unbegrenzten Machtwillen nicht durchschaut zu haben. Am Ende hätte Hitler gar keine programmgerechte Politik betrieben. Aber »Hitlers Weltanschauung« (Jäckel 1969) läßt sich konsequent deuten. »Was Hitler eigentlich wollte, steht tatsächlich in diesem Buch.« (Fest 1987, 295) Ist das nun eine Entschuldigung für die zuletzt nahezu zehn Millionen Deutscher, die dieses Buch gekauft oder besessen und nicht gelesen haben wollen? Ist es die Salvierung der »Beschränkten«?

Zur Schlagkraft seiner Propaganda zählte, daß er seine drei politischen Ziele in eins brachte, in seinem Programm ebenso wie in seiner Politik. Man ist versucht, Hitlers simples Propagandarezept zu ironisieren: Die Juden beherrschten den Bolschewismus und die Bolschewisten waren die Macht im Osten. In den Osten mußte man ziehen, um Juden und Bolschewisten mit ein- und demselben Schlag zu treffen und zugleich für die Deutschen neuen Lebensraum zu schaffen. Hitler propagierte und ließ propagieren – am meisten bei den Jüngsten –, daß Deutschlands Zukunft im Osten liege. Und das war zwanzig Jahre lang Alltag seiner Sprache und seiner Meinungsbildung, seiner Zeitungen und seiner Filme, seiner Jugenderziehung und seiner vertraulichen Botschaften vor ausgewählten Zuhörern. Niemand sollte ihn daran hindern, auch nicht »die Verschwörung des Weltjudentums«.

Was ist nun aber Wirklichkeit? Politische Wirklichkeit von 1933 bis 1945 ist zweifellos nicht ein Zustand, sondern ein Prozeß. Hitler hatte seine Wirklichkeit auch sechs Jahre lang verheimlicht, ehe sie mit voller Deutlichkeit heraustrat. Verheimlicht und doch in Chiffren und Drohungen ausgesprochen in programmatischen Reden, auf Parteitagen, bei Staatsakten, in Verträgen und auch in Wagnissen, die faszinierten: dem Aufrüstungsbeschluß, der Rheinlandbesetzung, der Saarlandbesetzung, danach, immer in Steigerung, durch den Einmarsch in Österreich und schließlich, zum erstenmal unter internationaler Billigung, mit dem Münchner Abkommen zur Zerstörung der Tschechoslowakei. Jede dieser Aktionen war eine Offensive gegen die europäische politische Ordnung. Jede wurde zum Sieg durch die Passivität ihrer Hüter, vornehmlich Frankreichs. Und seine drei Ziele hatten im Innern wie in der Außenpolitik seine Aktionen gedeckt: Die allmähliche »Entfernung« der Juden aus Ämtern und Öffentlichkeit; die Entmachtung und Auflösung der Parteien, der Gewerkschaften, der politischen Positionen von Kirchen und Reichswehr und schließlich die deutsche Wiederaufrüstung und damit die Auflösung des Versailler Vertrags bis zur Konsequenz des neuen Krieges.

War Hitlers Antisemitismus in kleinen Portionen schon lange dem deutschen, nicht nur dem altösterreichischen Bürger gereicht worden, so erschienen seine politischen Expansionspläne ebensolange bereits der deutschen Öffentlichkeit serviert worden zu sein. Nicht Elsaß und Lothringen war Hitlers Ziel, der Zankapfel aus dem säkularen Duell der beiden »Erbfeinde« am Rhein. Das galt ihm als kleinbürgerliches Unverständnis der deutschen Zukunft. Und die alte Kolonialpolitik nicht minder:

»Wir schließen endlich ab die Kolonial- und Handelspolitik der Vorkriegszeit und gehen über zur Bodenpolitik der Zukunft.« (Hitler [1925] 1942, 742) Aber schon 1894 war in Deutschland ein Deutscher Ostmarkenverein entstanden, rief auf zum »Volkstumskampf« gegen Polen und forderte »Enteignung polnischen Grundbesitzes und ›Umsiedlung‹ und ›Ausweisung‹ jener Polen, die sich widersetzten«. (Ullrich 1997, 179) Und bereits 1894 war in den »Alldeutschen Blättern« des gleichnamigen Verbands zu lesen: »Nach Osten und Südosten müssen wir Ellenbogenraum gewinnen, um der germanischen Rasse diejenigen Lebensbedingungen zu sichern, deren sie zur vollen Entfaltung ihrer Kräfte bedarf, selbst wenn darüber solch minderwertiges Völklein wie Tschechen, Slowenen und Slowaken ... ihr für die Zivilisation nutzloses Dasein einbüßen sollten.« (Zitiert nach Ullrich 1997, 381) Der Alldeutsche Verband und seine Leser waren keine Massenbewegung. Sie waren aber doch mit mehr als 20000 Mitgliedern eine meinungsbildende Kraft im deutschen Bürgertum, besonders im gehobenen, und Alfred Hugenberg, einer der parlamentarischen Wegbereiter Hitlers 1933, zählte zum Vorstand. Man muß daneben die Mitteleuropa-Pläne Friedrich Naumanns, jedoch nicht ohne Vorsicht, ins Gespräch bringen. Denn sie waren ungleich elastischer, und auch einfach bereit, fremde nationale Daseinsrechte zu respektieren. Sie waren zudem auf Mitteleuropa gerichtet. Aber doch eben auf das östliche, und insofern wiesen sie in die gleiche Richtung, und gerade bei den unaufmerksam »Beschränkten« weckten sie vergleichbare Assoziationen.

Die Bereitschaft, Hitlers antimarxistischen Parolen zu folgen, muß nicht erklärt werden. In Jahrzehnten hatte der Kampf um den Aufstieg der Sozialdemokratie darauf vorbereitet, besonders weil diese Partei sich erst 1919 mit Entschiedenheit von ihrem radikalen Flügel trennte, der künftigen Kommunistischen Partei, und weil von den bis dahin unerhörten Greueln der bolschewistischen Revolution doch Hinreichendes bis nach Deutschland gedrungen war, um nicht nur den solcherart praktizierten Marxismus, sondern überhaupt alles suspekt zu machen, was auch nur irgendwie mit Revolution in Verbindung zu bringen war. Man hat vermutet, daß Hitler deshalb immer wieder die Bezeichnung bevorzugte: Nationalsozialistische Erhebung.

Es bleibt Hitlers Wendung gegen den Versailler Vertrag. Sie war vermutlich von allen seinen Propagandazielen das populärste. Die Ablehnung des Vertrages war in allen möglichen politischen Richtungen volkstümlich, wenn auch nicht mit Hitlers Radikalität, und sie griff, denn hier ging es um eine eigentlich von den Siegern zu garantierende Friedensordnung, auch im Ausland um sich. »... Motive der Schuld, der Ehre, Gleichheit, Selbstbestimmung: es waren dies nun die Formeln, die Hitler mit wachsendem Nachdruck ins Spiel brachte ... In dieser Rolle des großen Gläubigers der Siegermächte, ein Bündel uneingelöster Forderungen in der Hand, hat er vor allem in England nachhaltige Wirkungen erzielt, da seine Appelle nicht nur das schlechte Gewissen der Nation für sich hatten, sondern auch der traditionellen englischen Gleichgewichtspolitik entgegenkamen.« (Fest 1987, 667)

Die NSDAP als Männerbund

Fragt man die Großväter nach der Demokratie in den zwanziger Jahren, dann muß man glauben, es war von vornherein schlecht um sie bestellt. Hitlers Marsch auf die Feldherrnhalle kann uns eigentlich anders belehren: Die Macht in Bayern lag in der Hand eines Generalkommissars, jenes Herrn von Kahr, der als Regierungspräsident von Oberbayern zweifellos eine solide Karriere hinter sich hatte und das gewiß in voller dienstlicher Loyalität. Er war als königlicher Beamter groß geworden, aus einer Familie, die schon lange dem König gedient und sich von ihm den Beamtenadel erdient hatte, und man darf sich nicht wundern, daß er, vor größere Befugnisse gestellt als sie ein Regierungspräsidium einschließt, mit dem Gedanken spielte, zur Monarchie zurückzukehren. Dahin wären ihm wohl die meisten seiner Standesgenossen und seiner Kollegen gefolgt und daran hätten ihn auch die wahren Machthaber in der Reichswehr nicht gehindert. Zulauf verzeichneten in Bayern die nationalen Kampfbünde, die sich oft als lokale Schützenkompanien präsentierten. In jener zwielichtigen Sphäre von politischer Absicht und Biertischstimmung näherten sie sich am ehesten wieder der bayerischen Monarchie, der bekanntlich selbst die Sozialdemokraten seinerzeit ehrlich gedient hatten. Überdies hatte das kurze Experiment der bayerischen Räterepublik mit starkem landfremden Einschlag und mit geringer Unterstützung der ohnehin schwachen Arbeiterschaft im bayerischen Agrarstaat viele Leute verschreckt – schließlich gab es damals auch eine Anzahl »Liquidierter«. Dem »roten« folgte der »weiße Terror« durch Freikorps, die man zu Hilfe rief. Auch hier gab es wieder eine Anzahl teils unbeteiligter Toter, die offenbar das bürgerliche Nationalbewußtsein leichter verschmerzte.

Gegenüber dem Terror von links und rechts erschien die Berliner Republik und ihre Verfassung doch noch als das kleinere Übel. Es ging immer um das Gleichgewicht. Und das Gleichgewicht hielt man in diesem Fall durch die Neigung nach rechts. Selbst die vielbeklagte »Rechtsblindheit« der zeitgenössischen deutschen Justiz war nichts als ein Echo der Volksmeinung. Die Volksmeinung wurde im großen und ganzen beeinflußt durch die »Schule der Nation«. Die meisten Männer hatten ja »gedient«, empfanden Ordnung und Gehorsam auf allen möglichen Ebenen als Notwendigkeit, und es gehörte beileibe nicht nur in gehobenen Kreisen zum guten Ton, konservativ zu sein. Es gab auf allen gesellschaftlichen Ebenen »Kameraden«.

Das war auf seine Weise auch das deutliche Echo aller neun Reichstagswahlen zwischen 1919 und 1933. Sämtliche deutsche Regierungen in diesen vierzehn Jahren, läßt man einmal jede Definition einer »Mitte« beiseite, waren Koalitionen mit rechts. Unentbehrlich dabei war stets das katholische Zentrum, besonders an Rhein und Ruhr, in Westfalen und in Oberschlesien zuhause, und seine bayerische Schwesterpartei, die Bayerische Volkspartei BVP. Es gab niemals eine Linkskoalition, aber stets eine Furcht davor, genährt durch den Radikalismus der KPD, deren Lärm um die Weltrevolution ihre tatsächliche Stärke bei weitem überstieg. Die Kommunisten hatten zu keiner Zeit mehr Abgeordnete als die Sozialdemokraten im Reichstag, und beide zusammen – schließlich hatten sich die Kommunisten als revolutionärer Flügel von den Sozialdemokraten erst 1919 getrennt – erreichten nie auch nur die Hälfte aller Stimmen. Also war es gewiß nicht die drohende Gefahr von links, die nach rechts trieb, ganz abgesehen von der vielleicht höheren Einsicht, daß wiederholt in den ersten Jahren der Republik nicht etwa die Parteien von rechts, sondern die Sozialdemokraten die Verfassung gerettet hatten. Und dennoch blieben sie den meisten Wählern suspekt.

Suspekt blieb die Nationalsozialistische Deutsche Arbeiterpartei aber ebenso. Das war eine Partei, die weder die Arbeiter anzog, trotz ihres Namens, noch das bildungsbewußte Bürgertum. Es war eine Partei der kleinen Leute, der Lehrer und der demobilisierten Truppenoffiziere, jedenfalls nach der Führungsriege zu urteilen; ein Männerbund, der viele kleinere Männerbünde inspirierte. Und das nicht etwa nur auf der oberen Ebene. Vielmehr gerade dort, wo ein Bund unter Männern ersetzen kann, was ein berufliches, akademisches, ein irgendwie gestaltetes Karriereerlebnis vermittelt. Unter den lokalen Gruppen, die Hitlers Bewegung trugen, waren auffällig viele im bürgerlichen Leben gescheiterte Existenzen. Schließlich gab es um die Mitte der zwanziger Jahre nur drei Akademiker in der Parteiführung: Den wohlsituierten Landshuter Apotheker Gregor Strasser, der auch einigermaßen selbständig beim Wiederaufbau der Partei nach dem November 1923 in West- und Norddeutschland agierte; den arbeitslosen jungen Germanisten Joseph Goebbels, den Strasser für die Partei gewonnen hatte, und dazu den etwas überalterten Münchner Polizeijuristen Dr. Wilhelm Frick, Jahrgang 1877, also ein gutes Stück älter als alle anderen in den oberen Rängen, den um zwölf Jahre jüngeren Adolf Hitler eingeschlossen.

Bei den frühen Reichstagswahlen errangen die Nationalsozialisten nur klägliche Minderheiten, seit sie im Mai 1924 erstmals kandidierten. Erst im September 1930 wurden sie, bereits im Gefolge der Weltwirtschaftskrise, mit mehr als 18 Prozent nennenswert, und zwar vornehmlich in agrarischen und kleingewerblichen Regionen. Im Juli 1932 errang die Partei ihre bis dahin größte Stimmenzahl, mehr als ein Drittel der Stimmen bei starker Wahlbeteiligung, aber bei der rasch folgenden Wahl im November ging ihre Zahl wieder zurück. Allerdings hatten sich die Nationalsozialisten inzwischen an Länderregierungen beteiligt, zuerst in Thüringen, und sich damit vor bürgerlichen Augen als »regierungsfähig« erwiesen. Sie blieben im Reichstag die stimmenstärkste Fraktion. Trotzdem fand Hitler, selbst als er schon Reichskanzler war, bei der letzten demokratischen Wahl am 5. März 1933 bekanntlich für seine Partei nur eine Stimmenzahl von 44 Prozent.

Ein junger Abgeordneter des Zentrums, Johannes Schauff, mit späterer interessanter Untergrundgeschichte, hat damals gemeinsam mit seiner Frau eine Untersuchung vorgelegt, wonach ein Mehrheitswahlsystem 1932 den Nationalsozialisten nur zwölf Abgeordnete im Reichstag eingebracht und ihnen damit die wachsende parlamentarische Beachtung versperrt hätte. Er mag recht gehabt haben. Vielleicht auch mit seiner These, ein solches Mehrheitswahlrecht hätte dem zeitgenössischen politischen Reifegrad der deutschen Bevölkerung besser entsprochen. Das statt dessen praktizierte reine Verhältniswahlrecht ermöglicht uns andererseits heute, die damaligen politischen Reaktionen deutlicher zu erkennen. Die Wahlergebnisse können uns gleichsam als Meinungsumfrage dienen. Der Kurs lag leicht rechts, ohne Chancen für die andere Seite, aber weder Ängste noch Hoffnungen wiesen nach jenseits der parlamentarischen Demokratie. Das wurde erst anders, als das (kleine) »deutsche Wirtschaftswunder« mit dem »Schwarzen Freitag« im Oktober 1929 zu Boden ging. Die vier darauf noch folgenden Wahlen weisen es aus.

Daher also Hitlers Erfolg?

Hitlers Partei war nach dem gescheiterten Putsch desolat, er selber schwieg und war nach seiner Entlassung aus der Landsberger Festungshaft auch per Gesetz in den meisten deutschen Ländern zum Schweigen verurteilt. Die Reichstagswahl im Mai 1924 brachte 6,5 Prozent, die nächste im Dezember noch weniger. Jedoch: »Wenn es eines Beweises bedarf, daß der Nationalsozialismus in seiner historischen Gestalt ohne Hitler kaum denkbar ist« (Thamer, 114), dann ist es der Weg der »Bewegung« in den folgenden »Kampfjahren«. Dasselbe gilt dann geradeso auch von Hitlers kleiner, nach dem vergeblichen Aufstand 1923 politisch auch von den »Rechten« abgelehnten Partei, die nach der Verfassung der Republik niemals die parlamentarische Mehrheit gewann – aber offenbar in ihrer Form für Hitlers Agitation die rechte Bühne war. Weniger die Partei, ihr Programm, ihre Ideologie vermochte die meisten Deutschen anzuziehen, sondern ihr Aktionismus.

Hitlers Partei eroberte die Straße. Das war ein neuer Weg in die Demokratie, und nicht der parlamentarische. Er traf aber Verhältnisse, wie sie der Durchsetzungsstrategie von Männerbünden auf unterer intellektueller Ebene entsprechen. Einen guten Teil der Erfolge der Partei brachte diese handgreifliche Umsetzung in der »Kampfzeit«. Sie hielt sich immer hart am Rande der Gesetze. Die Verfassung mußte dabei nicht mehr, wie 1923, gebrochen werden. Hitlers Unternehmungen, sein eigenwilliges und oft treffendes Urteil, abweichend von der offiziellen Politik, seine Propaganda, sein Ansehen, seine unverhohlene und dauernd wiederholte Forderung im Namen der »Volksgemeinschaft« und seine immer wieder eher spielerische Art, auf ungewöhnlichen Wegen seine Gegner zu bluffen und zu verblüffen – vergleicht man seinen Aufstieg Schritt für Schritt, dann wird erklärlich, wie mit der gehörigen Wiederholung die Meinung um sich greifen konnte: »Der Führer hat immer recht.« Und diese Meinung griff über die Grenzen der Bewegung allmählich hinaus. Es erscheint als eine billige Entschuldigung unserer Großväter, daß Hindenburgs Altersschwäche und ein parlamentarisches Mißgeschick Hitler die Macht in die Hand gegeben hätten, dazu noch ein unerwartetes Signal der »roten Gefahr« durch den fatalen Reichstagsbrand. Das alles erklärt wohl die Dinge nicht hinreichend. Das Gemisch aus Taktik und Überrumpelung, soweit es sich deuten läßt, der Eindruck, den man vom wohlinszenierten Auftreten dieser Partei seit ihrem ersten »Reichsparteitag« nach ihrer Erneuerung, zielbewußt in Weimar 1925 abgehalten, gewinnen mußte, verbreiteten nach außen und nach innen allmählich die ungeheuerliche Vorstellung von Hitlers »Berufung«. Sie bildete einen geschickt propagierten Mythos, lange vor 1933. Und vieles kam dazu, was einen rechten deutschen Mann einfach zu überzeugen hatte – wenn er eben einer war, und kein dünnbeiniger Intellektueller, kein Miesmacher, kein Drückeberger, kein Spießbürger. Was galt so eine Vorstellung in dieser Zeit, in der kaum ein anderer von den Kabinettspolitikern so recht von sich reden machen konnte!

Im Frühjahr 1927 haben die Landesregierungen von Sachsen und Bayern das Redeverbot gegen Hitler aufgehoben. Im Sommer 1927 brachte der erste Parteitag in Nürnberg einen Massenerfolg mit Braunhemden, Hakenkreuz, Faschistengruß und römischen Adlern und Standarten. Zuvor hatte Hitler die sozialistischen Intentionen Gregor Strassers unterdrückt, ihn wie seinen Intimus Goebbels in einer nach Goebbels Tagebucheinträgen unwiderstehlichen Umarmung an sich gezogen, und den aggressiven wie gewandten Goebbels als Gauleiter in Berlin eingesetzt. Damit festigte sich der »homoerotische Männerbund«. (Fest 1987, 349 f.) Hitler selbst lebte in dieser Zeit sehr zurückgezogen, mit großspurigen Ausgaben und Steuerschulden. Es gibt aus jenen Jahren auch Äußerungen über die nötige Geduld für den »Sieg der Bewegung«, die ihn zumindest im Rückblick als unbeirrten Propheten zeigen. Seine Chance kam im Herbst 1929 mit der Weltwirtschaftskrise.

Jeder neue Erfolg Hitlers war von seinen vorhergegangenen gespeist. Man kennt die simple Regel. Sie ist geradewegs eine Definition für Hitlers Aufstieg: Dutzendmal der Erfolg von Massenkundgebungen und Aufmärschen. Vor 1923 zunächst sein persönlicher Erfolg in der eigenen Partei; danach die wachsende Aufmerksamkeit im Vielparteiengewirr des deutschen Staates. In den ersten Regierungsmonaten der Erfolg innenpolitischer Neuerungen und »Ordnungsmaßnahmen« vor den Augen und Ohren aller. Selbst heute, an den dunkelsten Biertischen in Mitteleuropa, bei deutschen, bei österreichischen, ja selbst noch bei Großvätern aus der deutschen Nachbarschaft ist unter den dummen Parolen noch immer zu hören: »Bei Hitler war Ordnung!« Es war die Ordnung der sauberen Aufmärsche, die Ordnung der Fahnen und Fanfaren, die Ordnung der leergeprügelten Rednersäle und sogar auch noch die Ordnung der rasch errichteten KZs, die sich unter diesem Nimbus vereinigten. Die Mehrheit in den Parlamenten konnte Hitler angesichts der parteipolitischen Verhältnisse nicht gewinnen. Er suchte und fand einen anderen Weg, den die Demokratie nicht versperrt hatte: die Mehrheit auf den Straßen!

Auf den deutschen Straßen war Hitler der Größte. Seine Schlägerbanden eroberten eine Stadt nach der anderen und waren dabei nicht in jedem Fall, aber im gesamtdeutschen Durchschnitt immer wieder Sieger über Schlägerbanden von der DKP. Was heißt das: Auf der Straße? Das heißt eben nicht im Haus, nicht unter dem Dach der Bürger, nicht im Rathaus und nicht im Reichstag. Das meint statt dessen gerade jene Scheinwelt, in der sich Revolutionen für gewöhnlich entwickeln und in der hinlänglich viele unserer Großväter mit ihren Gedanken lebten, die jüngeren, aktiveren zumal, die um den Dank des Vaterlands getäuschten Soldaten und die nach dem Erlebnis von Krieg und Männlichkeit gierenden Nachgeborenen: »Die Partei war ein Männerbund« (Thamer, 177), und die vielen kleineren Männerbünde in den Freikorps, in den Kampfbünden, in SA und SS, ebenso allerdings im »Reichsbanner« und ebenso beim »Roten Frontkämpferbund« fanden zuletzt ihren Erlebnisersatz darin, eine Saalschlacht zu gewinnen, eine Straße zu erobern oder die Straßen einer ganzen Stadt. Die Auseinandersetzung des politischen Radikalismus fand nicht im Meinungskampf um den Wähler statt, sondern im Faustkampf – und die politischen Entscheidungen haben sich letztlich danach gerichtet. Hitler wurde zum Reichskanzler berufen, wiewohl er zu dieser Zeit nur ein Drittel der Wähler hinter sich hatte!

Es ist kaum bekannt, daß eine Frau mit einer Gegenschrift Hitler Paroli bot: »Sein Kampf« hieß ihr Buch konsequenterweise. Und Irene Harand, die Autorin, hatte treffend nicht nur den Diktator Hitler vor Augen, als der er sich schon erwiesen hatte, als ihr Buch 1935 in Wien erschien, nicht nur den Mörder oder Mordverdächtigen in vielen Fällen im Dritten Reich, auch nicht nur den gefährlichen Nachbarn, sondern auch den brutalen Mann. Vor allem allerdings: den Judenfeind. Daß sich Hitlers Erfolg zum erheblichen Teil auf den immer wieder geschürten Judenhaß gründete, suchte sie in ihrer »Antwort an Hitler« zu zeigen, und den Wahnsinn seines Hasses. Sie rief um Hilfe im Namen der Gerechtigkeit, der Menschlichkeit, der Sicherheit, im Namen aller Friedfertigen, an die sie appellierte – freilich vergeblich aus Österreich, das inzwischen schon zu Hitlers Angriffszielen gehörte.

Und das alles nicht, weil die Deutschen etwa »Mein Kampf« nicht gelesen hätten. Das Buch war zwischen 1927 und 1933 in mehr als einer Viertelmillion Exemplaren verkauft worden. Es war damit, gemessen an anderen Sachbüchern, aber auch an der Belletristik, ein ganz ungewöhnlicher Erfolg geworden. So schlecht dieser Erfolgsautor auch immer schrieb – und so wenig wir annehmen müssen, daß ihm alle seine Buchkäufer zustimmten: Die häufige Ausrede unserer Großväter, sie hätten Hitlers Politik nicht gekannt und »Mein Kampf« nicht gelesen, hält dieser Zahl gegenüber nicht stand. Das Volk der Dichter und Denker, das Hitlers exzentrische Rassen- und Weltmachtshysterie binnen sechs Jahren zum Bestseller machte, mag damit noch nicht aus einem Volk der Leser zu einem Volk der Parteigänger Hitlers geworden sein, in Deutschland nicht und auch nicht in Österreich oder in Böhmen. Dort empfahl man es immerhin schon 1930 für den Weihnachtstisch. Für interessant genug, um sein Buch zu kaufen, hielt man Hitler aber überall. Also galt er wohl auch vielen interessant genug, den Versuch mit seiner Regierung zu wagen. Da war selbst ein Generalstreik nicht mehr am Platz – ganz abgesehen von der Arbeitslosigkeit!

Und keine Opposition?

Es ist eine kurze und lehrreiche Geschichte, wieviel Jubel Hitler auf sich zog, als wäre er im braunen Hemd das Goldene Kalb. Überhaupt, Hitler und die Bibel: der Vergleich zeigt, daß man sie in Reden und Schriften immer wieder zu Hilfe nahm, um den Auserwählten zu bezeichnen oder zu »verteufeln«. Biblisches Wortgut war noch lebendiger in den Köpfen als heute und mußte zur Bekräftigung oder zur Anschaulichkeit dienen. Mit Bibelzitaten unterstützten auch manche ihren Widerstand gegen Hitler.

Ich meine nicht die immer wieder zu recht genannten Männer

des deutschen Widerstandes und ihre Frauen; auch nicht jene Handvoll Münchner Studenten und ihre Kommilitonin Sophie Scholl, im Kontakt mit dem Professor Huber und im Gespräch mit Theodor Haecker, die schon das Anliegen einer nächsten Generation verkörperten und die ein sichereres Urteil hatten über Hitler und seine Helfer als Millionen ihrer Altersgenossen. Ich meine die einstweilen noch einsamen Verfemten, von denen zu wenig gesprochen wird bei den Erzählungen von 1933 und den folgenden Jahren, die den unglaublichen ›Aufschwung‹ der deutschen Politik, die erstaunliche Reaktionsschnelligkeit Hitlers miterlebten und den neuen politischen Optimismus, geradewegs die Lebenserfüllung für viele, die sich nach dem Goldenen Kalb gesehnt hatten, und für andere, die sich erst zögernd mit seiner neuen Religion bekannt machten.

Die Rede soll also sein von den Zweiflern, die immer erst nachdenken und ihre Gedanken sichern mußten gegen ihre eigenen nationalen Erwartungen und mitunter auch gegen all das, was um sie herum förmlich an allen möglichen Stellen unvermutet hervorkam wie Gras zwischen Pflastersteinen. Das alles läßt sich aber nicht belegen und oft nicht einmal recht darlegen. Es geht um die deutschen Skeptiker, die im Lande blieben, weil sie Emigration für unvorstellbar, für unehrenhaft oder einfach nach ihren Möglichkeiten für undurchführbar hielten – denn emigrieren konnten nur Reiche oder Künstler, Schriftsteller oder Fachleute. Emigrieren konnten auch nur wenige Politiker, wie der ehemalige Reichskanzler Heinrich Brüning etwa oder die Spitze der Sozialdemokratischen Partei mitsamt der Parteikasse. Oder Kommunisten, soweit sie den Weg ins Ausland noch fanden oder in Moskau neue Aufträge erwarteten; oder »linke Intellektuelle«, die Studium und Beruf hinter sich gelassen hatten, um der kommunistischen Partei zu dienen, der einzigen gerechten in der Welt nach ihrer Meinung, und erst zu spät zwischen den Mühlsteinen von links und rechts die Ausweglosigkeit ihrer Mühen begriffen (Sperber 1977); oder jüdische Patrioten, wenn sie endlich verstanden hatten, was ihnen drohte, und dazu noch Mittel, Wege, Verbindungen fanden, freilich je länger desto weniger. (Klemperer 1996, Bd. 1)

Zu bedenken sind auch die stillen Widersacher wie der Autodiktat und Kulturphilosoph Theodor Haecker, der im kleinen Kreis noch gegen Hitler agierte, als daraus schon keine politische Opposition mehr werden konnte (Haecker 1989; Hahn 1998); zu denken ist an den deutschen Verleger Edmund Schlusche in der Tschechoslowakei, der heimlich katholische Widerstandsliteratur druckte und über die Grenze schmuggeln ließ. Gemeint ist mancher aufrechte Lehrer, der seinen Schülern vorsichtig ganz anderes zu vermitteln suchte als die Lehre von Krieg und Mannestugend. (Hammer 1988)

Sie erlebten um sich den Lärm der Gläubigen. Aber sie glaubten nicht. Sie hatten feinere Ohren als ihre Mitwelt für das Elend der Ungläubigen. Sie wußten schneller als die anderen von Schicksalen in KZs, als man die noch nach manchem Weg hinein und heraus für Institutionen einer gewaltsamen Umerziehung für schwer Belehrbare halten konnte und nicht für Mordanstalten.

Es gab immer und zu jeder Zeit diesen Widerstand gegen Hitler.

Es gab immer Großväter, die ihm nicht glaubten, und Großmütter, die seine Person wie seine Pläne ablehnten. Es gab nur nicht viele, die wirklich wußten, warum, und noch weniger, die etwas anderes hätten dagegen halten können. Es gab in dieser Unsicherheit auch immer eine stille Opposition in der Judenfrage. Saul Friedländer kommt in seiner gründlichen und ausgewogenen Darstellung über das Dritte Reich und die Juden bis zum Jahr 1939 zu dem Schluß, daß die Deutschen, während 1938 »die Österreicher anscheinend nach mehr antijüdischen Aktionen dürsteten als die Bürger im nunmehrigen Altreich, in ihrer Gesamtheit den Aktionen Hitlers eher träge oder als passive Komplizen folgten«. (Friedländer 1998, 262 und 348) Bei einem gewissen Dissens gegen die Maßnahmen des Regimes unter Katholiken, Mitgliedern der Bekennenden Kirche und in der Bauernschaft sei die Regierungspolitik doch nicht offen in Frage gestellt worden. Über traditionellen Antisemitismus hinaus, wie er auch anderwärts in Europa, namentlich in Frankreich, zu finden gewesen sei, habe die deutsche Bevölkerung in den dreißiger Jahren nicht nach antijüdischen Maßnahmen verlangt, »und sie rief auch nicht nach ihrer extremsten Verwirklichung ... Die Mehrheit der Deutschen akzeptierte einfach die von der Regierung unternommenen Schritte und sah weg.« Und eine Minderheit formierte sich nicht.

Victor Klemperer, als Jude entlassener Professor in Dresden, den Friedländer bei diesen Ausführungen nebenbei in Erinnerung bringt, sah in seinen umfangreichen Tagebuchnotizen die Dinge von einer anderen Seite. Es ging ihm nicht nur um Verfolgungsmaßnahmen, die er schließlich am eigenen Leibe zu spüren bekam, sondern was ihn bedrückte, kränkte, wütend werden ließ, war die persönliche Mutlosigkeit seiner deutschen Freunde und Bekannten, die nachlassenden menschlichen Kontakte, die Ausgrenzung bis zur verdeckten und immer schwebenden Bedrohung. Im Sommer 1935 gewann er »den Eindruck, daß viele sonst wohlmeinende Menschen, abgestumpft gegen inneres Unrecht und speziell das Judenunglück nicht recht erfassend, sich neuerdings halbwegs mit Hitler zufriedengeben«. (Klemperer 1996, 206)

So oder so wird man Hitlers Judenpolemik in den zwanziger Jahren nicht zu den förderlichen Faktoren seines Aufstiegs zählen dürfen, nicht zu den Faktoren, die ihm binnen kurzem ein großes und immer weiter wachsendes Ansehen schufen und seine Gestalt ins Prophetische hoben, auch wenn Hitler selber die Dinge so darstellte. Die Arbeit seiner Vorgänger im Reichskanzleramt, vor allem Brünings und des langjährigen Reichsbankpräsidenten Schacht, darf man statt dessen sehr wohl zu den Grundlagen seines Erfolges zählen. Vor allem die im Vergleich aller westlichen Länder, die USA inbegriffen, so rasche Beseitigung des dringendsten Notstands, der einen jeden Deutschen direkt oder indirekt belastete: die Arbeitslosigkeit. Hieran wurde er gemessen, und dieses Maß entschuldigt viele Großväter wohl am ehesten für ihr Mitläufertum. Der verbreitete Revisionismus gegenüber der europäischen Friedensordnung von Versailles ist aus der Zeit und im Hinblick auf die unnötigen damit verbundenen Demütigungen im Zeitalter eines noch immer lebhaften »nationalen Ehrgefühls« ähnlich zu sehen. Die Abstumpfung gegen Unrecht, wie sie Klemperer sah und wie sie tausendmal nach außen drang, die Duldung des Terrors und der Überheblichkeit hunderter kleiner und größerer Machthaber ist nicht so leicht zu begreifen. Sie ist allerdings auch nicht so leicht zu messen.

Zudem: Die als die große Gefahr jahrelang beschworenen Kommunisten waren auf einmal durch den fatalen Reichstagsbrand am 27. Februar in den Augen der Öffentlichkeit so sehr belastet, daß sich der Reichspräsident schon anderntags zu einer »Notverordnung« bewegen ließ, die der Exekutive auf einen Schlag mehr Macht verschaffte als einen Monat später das Ermächtigungsgesetz. Die Kommunisten waren binnen weniger Tage verhaftet oder geflohen, viele konnten sich nicht einmal in den Untergrund retten.

Dann gab es aber auch die im Verständnis aller »Nationalgesinnten« noch immer respektablen Eliten aus der Kaiserzeit in den oberen gesellschaftlichen und politischen Rängen. Sie hatten die deutsche Republik vierzehn Jahre auf verschiedenen Ebenen eher mit Ratlosigkeit begleitet. Ihr gemeinsames Politikverständnis beruhte auf dem deutschen Nationalbewußtsein seit 1871, meist noch mit einem Seitenblick zur Monarchie, deren Verwurzelung in den Köpfen nicht so deutlich auszumachen ist wie die Behauptung alles dessen, was national positiv anzusehen war – und in diesem Rahmen gab es auch eine begrenzte Befürwortung Hitlers und seiner Politik. Sie hatten miteinander keine demokratische Elite gebildet und die verschiedenen, wenn auch divergenten Kräfte waren einander nur im stillen Einverständnis verbunden: Liberale, politisch engagierte Katholiken und Protestanten, Industrieführer, Professoren, Literaten, Reichstags- und Landtagsabgeordnete der nicht ausdrücklich wie Kommunisten und Sozialdemokraten im öffentlichen Ansehen verketzerten Parteien, die kirchlichen Würdenträger und ihre Kanzelmacht, die Reichswehr, die ministerialen Apparate in den Reichs- und in den Länderbehörden und nicht zuletzt – die Polizeioffiziere in den großen Städten. Man darf dabei nicht aus dem Auge verlieren, daß Hitlers Deutschland zu dieser Zeit zu zwei Dritteln aus Preußen bestand, daß es preußische Konservative waren, Papen voran, die ihn in sein Amt gehoben hatten, und daß der »Preußenputsch« des Reichskanzlers Papen im Juli 1932, nämlich die Absetzung des gewählten sozialdemokratischen preußischen Ministerpräsidenten Braun und seiner Regierung wegen

»Handlungsunfähigkeit« und die Einsetzung eines Reichskommissars wegen Umsturzgefahr, als der Papen selber fungierte, der Versuch einer konservativen Machtübernahme war. Die Machtübernahme schlug fehl und zerstörte im Gegenteil die konservative, die preußische Landesbasis. Erst ein halbes Jahr später stand derselbe Papen, nun vereint mit Hitler, neuerlich vor dem Kanzleramt, diesmal aber nur mehr zum Vizekanzler ausersehen. Die konservative deutsche Potenz, auf Preußen zentriert und in Preußen ansässig, existierte noch immer. Wollte sie doch, nach Papen, Hitler nur benützen, um ihn rechtzeitig wieder fallen zu lassen!

Vornehmlich gegen diese möglichen konservativen Gegenspieler inszenierten Hitler und seine Helfer am 21. März 1933 den »Tag von Potsdam«. Aus Anlaß des Gedenkens an die Eröffnung des ersten deutschen Reichstags durch Bismarck 1871 dienten sie sich im traditionsreichen Heiligtum der preußischen Armee, in der Garnisonskirche der alten preußischen Residenz, den ehemals »tragenden Kräften« des preußischen Staates an, soweit sie ohne die Monarchie repräsentabel erschienen. Es waren vornehmlich Militärs. Allerdings war auch der preußische Kronprinz eingeladen. Und vor dieser Kulisse begegneten einander der Reichspräsident und Generalfeldmarschall der alten Armee und eben der unbekannte Gefreite des großen Kriegs – und es sah so aus, als wollte sich die nationalsozialistische Bewegung als Träger der preußischen Traditionen darstellen. Das wollte sie in Wirklichkeit nicht. Aber diese Demonstration hat die mögliche Gegenfront doch gründlich irritiert.

Dabei war natürlich diese »nationalkonservative Front« gar nicht einheitlich. Immerhin hielt sich die Deutschnationale Volkspartei, Hitlers Koalitionspartner, für eine solche Kraft. Sie war eine Neugründung vom November 1918 aus ohnmächtiger Reaktion gegen den verlorenen Krieg mit all den Schwächen einer bloßen Negation. Zwar hatte sie in dem Zeitungskönig Hugenberg einen Zugang zur Beeinflussung der öffentlichen Meinung, aber eben nur insofern, als viele Deutsche in politischer Unverbindlichkeit nationalkonservativ dachten. Hitlers »Bewegung« gerierte sich demgegenüber jedoch als »Weltanschauung«. Sie verlangte mehr, wenn auch mit Inkonsequenzen. Sie verlangte »Revolution«, und das überbrückte auch Grundsätze zwischen bäuerlichen und städtischen Interessen, appellierte an Verantwortung und unmittelbare Handlungsbereitschaft, verband die ständige konservative Kritik an der politischen Führung in der wachsenden Weltwirtschaftskrise vor 1933 mit der Bereitschaft zum Risiko für totale Alternativen. Gerade die verhieß Hitler.

Es gab noch den deutschen Föderalismus. Berlin war nicht Dresden, nicht München, nicht Hamburg. Aber gerade Berlin war durch den Preußenputsch getroffen, und der nächste preußische Ministerpräsident hieß Hermann Göring. Das machte diese föderale Kraft zur Farce. Es gab auch noch die politischen Parteien in Deutschland, die Gewerkschaften, sozialdemokratische, liberale, christliche, es gab tausende mehr oder minder unpolitischer Vereine bis hin zu den deutschen Stenografen. Alles das, zwar Schritt für Schritt, aber in wenigen Wochen, fiel den Folgen des Ermächtigungsgesetzes zum Opfer, wie es sich Hitler am 24. März vom Reichstag ausbedungen hatte.

Die Herrschaft des Nationalsozialismus aber war noch immer nicht gesichert mit solchen Maßnahmen. Hitlers Regierung verfiel vor und besonders nach dem Ermächtigungsgesetz, das auf vier Jahre befristet war, in einen wahren Wirbel von Maßnahmen, zum Teil unmittelbar auf dem Verordnungsweg, was Hitler bevorzugte, zum Teil durch »spontane Aktionen« in großen und kleinen Städten, vor allem in den Hauptstädten der Länder, die nach dem von SA-Stoßtrupps erzwungenen Rücktritt ihrer Ministerpräsidenten neuen »Reichsstatthaltern« anvertraut wurden. Am längsten wehrte sich gegen seine Entmachtung der bayerische Ministerpräsident Heinrich Held, ein Mann der bayerischen Volkspartei – acht Tage. Die bayerische Presse, auch die seiner Partei, hat ihm dabei nicht geholfen.

In der politischen Struktur der deutschen Gesellschaft gab es wohl noch Ansatzpunkte für einen Widerstand, nachdem im Juli 1933 alle politischen Parteien außer der NSDAP aufgelöst, die Gewerkschaften in die Deutsche Arbeitsfront verwandelt, Polizei und Beamte in der Hand eines festen Innenministers waren: nämlich die Reichswehr und die Kirchen. Aber die Reichswehr umfaßte nur 100 000 Mann und hatte dementsprechend ein kleines Offizierskorps. Und die Kirchen waren in Konfessionen gespalten, wenn auch nicht mehr so tief wie zu Zeiten Bismarcks. Dabei steckten die protestantischen Landeskirchen in einer Orientierungskrise, seit ihre Spitzen, seit die Landesfürsten fehlten. Die Katholiken, durch das Zentrum politisch weit besser formiert, trugen ihrerseits noch an dem Vorwurf nationaler Unzuverlässigkeit. Aber beide, Militär und Kirchen, waren von vornherein der nationalsozialistischen Weltanschauung nicht zugänglich, aus prinzipiellen Gründen, auch wenn 1933 noch in einzelnen Ortskirchen die SA zum Gottesdienst marschierte oder nicht nur junge Reichswehroffiziere mit »der Bewegung« liebäugelten. Hier konnten sich Oppositionelle einnisten, nur: Beide waren seinerzeit gemeinsam in den Weltkrieg verwickelt gewesen, auf unterschiedliche Art, aber in nationaler Mission. Die einen hatten gekämpft und die anderen hatten gesegnet. Und beide waren durch den verlorenen Krieg getroffen worden, deshalb auch für Revisionismus zu gewinnen. Hitler gab sich in seinen beständigen und deutlichsten Äußerungen vom ersten Tag an als »Revisionist«.

Sehr geehrte Großväter …

… es folgt nun ein merkwürdiges Kapitel. Ein Kapitel über etwas, das in Eurer Welt eine Rolle spielte, die wir gar nicht mehr recht erfassen können, obwohl wir die Reste noch einander als Formeln per Post übersenden: Sehr geehrte …

»Onorevoli« sind die Mitglieder des italienischen Parlaments noch heute. »Euer Ehren« ist ein Begriff aus jedem angelsächsischen Gerichtssaal, und Baldur von Schirach, Jahrgang 1907, einer der Jungen in der NS-Führungsriege, Nichtsoldat, sang der alten deutschen Armee die Worte nach:

> Das war es nicht, im alten deutschen Heere,
> das Prunken der Schabracken und Standarten.
> Es war die Ehre …

Schirach konnte singen. Selbst Adorno hörte ihm damals anerkennend zu.

Die Ehre war ein weitverbreiteter Begriff in Eurer Welt, sehr geehrte Großväter, so daß wir heute noch wie selbstverständlich damit umgehen, wenn wir einen Brief schreiben, der nicht gerade nach Amerika geht. Denn dorthin schrieben wir viel lokkerer: »Hallo, Grandies ...«

In Euren Ohren muß das aber wohl eine Ungehörigkeit sein: Ohne »Sehr geehrte« könnt Ihr noch heute gekränkt sein an Eurer Ehre, es sei denn, ihr gehörtet zu dem im deutschen Briefverkehr wirklich sehr viel kleineren Kreis der »Lieben«. Wir wissen das, wir können das sogar noch ein bißchen im Sinn des guten Tons nachhören. Aber wir verstehen nicht mehr recht die Ehre eines Standes und schon gar nicht die Ehre der Nation. Und auf jeden Fall, das muß man Euch leider auch gleich sagen: wenn wir sie verloren hätten, diese Ehre der Nation, dann seid Ihr überhaupt die letzten, die uns deshalb Vorhaltungen machen dürften. Denn in diesem Fall, wie gesagt, wäret Ihr die Mitverantwortlichen. Wie auch immer wir sie nämlich begreifen, diese nationale Ehre: Ihr habt sie nicht verteidigt, als sie verdreht und entstellt wurde, und zumindest habt Ihr zugesehen, wenn nicht Beifall gezollt, als sie vertan wurde. Als wir Deutschen uns unehrenhaft verhalten haben, weil wir alte Zusagen gebrochen haben, als wir ein generationenlanges Miteinander von Haus zu Haus, unter Kollegen, unter sehr geehrten Damen und Herren, verraten haben, als wir Hilfe und Zuflucht unter Freunden und Mitmenschen verleugnet haben. Das war in Eurer Zeit, sehr geehrte Großväter!

Da ist nicht viel zu Eurer Verteidigung zu sagen: Ihr hattet die deutsche Ehre wohl lebhaft genug in Euren Köpfen, aber weil man von Ehre als einer Selbstverständlichkeit in guten Kreisen nicht spricht, habt Ihr denen das Wort überlassen, die sie ständig im Munde führten. Und als jedermann den Lauf der Dinge schon sehen konnte, als per Gesetz im April 1933 ein paar zehntausend jüdischer Deutscher ihrer Berufsehre, als im September 1935 die etwa 535 000 Deutschen mit jüdischen Vorfahren ganz und gar ihrer deutschen nationalen Ehre beraubt wurden; als Thomas Mann im Exil 1934 nach den Morden an angeblichen

SA-Verschwörern und einer ganzen Reihe zweifellos Unschuldiger sich seiner Zweifel schämte, ob er nicht doch wieder zurückkehren sollte (Thamer 1994, 302); als der Friedensnobelpreisträger Carl von Ossietzky seit 1933 elend in einem Konzentrationslager leben mußte und ihm auch ein Besuch des Rotkreuzpräsidenten und angesehenen Schweizer Diplomaten Carl Jakob Burckhardt nicht helfen konnte, da hättet Ihr von der deutschen Ehre reden müssen!

Reden nun wir einmal davon:

Ehre ist ein uralter und zentraler aristokratischer Begriff, in seiner historischen Bedeutung und Wandlung gründlicher Untersuchung wert, auch wenn sich die Historiker mit der Ehre so recht noch nicht befaßt haben. Dabei haben wir diesen Baustein einer alten Gedankenwelt noch ständig auf der Zunge und stellen ihn auch in allen möglichen Varianten vor Augen, obwohl er für unsere Orientierung nicht mehr dasselbe Gewicht hat wie in alten Zeiten. Ein Ehrenmann ist noch immer ein elitärer Begriff, und es geht auch heute noch um männliche Ehre. Frauenehre haben wir anders im Kopf, und von einer Ehrenfrau sprechen wir nicht, allenfalls von einer ehrenhaften oder von einer Ehrenjungfrau mit ganz anderer Konnotation. Politische Ehre war männliche Ehre in Eueren Köpfen und auf die wechselweise Hochachtung innerhalb einer Gruppe bezogen und ebenso zwischen Gruppen gültig, so wie einst die kriegerische Ehre in der Umgebung von Fürsten und Königen, unter adeligen Herren einer Region, im geistlichen Konvent, im Offizierskorps, in der »guten Gesellschaft« und in der ganzen Armee.

Ehre ist, wie Baldur von Schirach ganz richtig erfaßte, am leichtesten aus der Negation zu deuten: Die verletzte, die verlorene, die geraubte Ehre können wir besser erkennen als die behauptete. Ehre ist Ausdruck gesellschaftlicher Anerkennung von Einzelnen untereinander, eben in der guten Gesellschaft oder in der Gesellschaft der Guten. Sie galt einmal als das Grundgesetz in der Londoner Society, am Hof in Paris und in den vielen kleinen deutschen Residenzstädten. Ehre galt aber auch ähnlich unter den Gutsherren eines Landes, den Ratsfamilien einer Stadt, den Mitgliedern einer Ständeversammlung. In der Ständepyramide, der Gesellschaftsordnung der alten Welt, tropfte Ehre sozusagen von oben nach unten. Jeder Stand hatte Anteil daran. Zwar waren alle Ehren unter Standesgenossen gleich, aber die Fürstenehre wog schwerer als die Ritterehre. Solche Ansichten beeinflußten noch die Gedankenwelt von Euch Großvätern, nicht nur in Briefformeln.

Ehre ist ein Vertrauensvorschuß, den man auch verlieren kann. Ehre kann aberkannt werden, sie kann auch verspielt werden durch »ehrenrühriges« Verhalten. Eine solche Ehre ist mit dem Stand verbunden, dem man durch seine Geburt oder seinen Beruf zugehört, vorausgesetzt freilich, man ist auch »ehrlich« geboren, wohlgeboren oder gar hochwohlgeboren – das schreiben einander manche Großmütter und Großväter noch heute auf den Briefumschlag.

Wenn man aber eine solche Ehre hatte, dann mußte man sie auch gegen »Ehrabschneidung« verteidigen. Es war eine männliche Ehre, also hing ihre Verteidigung zusammen mit dem uralten Respekt vor jedem Kampf als einem Gottesurteil. Die Ehre verteidigte man im Duell. Wer nicht dazu gehörte, hatte kein Recht auf einen solchen Ehrenschutz. Er durfte sich nicht duellieren. Er war nicht satisfaktionsfähig. Er konnte keine Genugtuung geben für Beleidigungen, die er anderen zufügte, und er konnte keine Genugtuung verlangen, wenn er beleidigt wurde. Das war letztlich auch ein kluger Ehrenschutz für die Oberen, denn andernfalls hätte ihre kleine Gruppe in der Allgemeinheit allzu viele Feinde angezogen.

Das Ritual des Duells, schon aus dem Mittelalter als »Gottesurteil« bekannt, hatte sich unter Offizieren im Dreißigjährigen Krieg mit Säbel und Pistole entwickelt und schnell unter den Kavalieren der Zeit verbreitet, erklärlich, denn das war eine sehr kriegerische Zeit mit berüchtigten Raufbolden. Der so unendlich lange Krieg lastete auf Deutschland und zerstörte seine Städte, »entehrte« seine Menschen. Da verrohten die Sitten, man balgte sich und kämpfte überall, und weder Frankreich, noch Italien, noch England sind je so lange von so berüchtigten »Kavalieren« heimgesucht worden mit Federbüschen an den Helmen und lockeren Degen an der Seite. Die rauhbeinigen Kavaliere waren für ihre eigene Person äußerst ehrbewußt. Das Duell war vielfach nur ein Vorwand des Faustrechts. Vielleicht hat Deutschland deshalb so viel von dieser Ehre in sich aufgenommen, weil zu lange zu viele solcher zweifelhafter Kavaliere in Deutschland ihre Ehre austobten vor dem vielgelobten Großen Friedensschluß von 1648. Vielleicht hat auch besonders die deutsche akademische Jugend so zweifelhafte Kavaliere gesehen und nachgeahmt in Kleidung und Trinksitten wie in keinem anderen Land bis heute, mit der ganzen Arroganz der angemaßten Standesehre. Diese akademische Maskerade erfaßte in Kostümen, Gesten und Gesinnung weit mehr junge Männer, als sich von den ein, zwei Prozent wirklichen Adels in der deutschen Gesellschaft herleiten ließe. Und das, weil die Studenten jener Jahre flugs sich auch zu »Kavalieren« machten, Waffen trugen, fochten, duellierten. Über diese akademische Aristokratie, unecht, wie sie war, erreichte auch das Bürgertum die Ehre der Ehrenwerten, und mit der allgemeinen Wehrpflicht kam vor 200 Jahren auch noch die Offiziersehre ins Spiel.

Das war eine dem Kriegeradel abgesehene, nachgeahmte Attitüde, unter deutschen Studenten, Akademikern, Reserveoffizieren gepflegt seit Kaisers Zeiten. Die Verteidigung dieser Ehre mit Säbel oder Pistole gab es nur an deutschen und österreichischen Universitäten, in Studentenverbindungen, Altherrenvereinigungen – in der gesamten akademisch gebildeten Oberschicht, soweit sich die Studentensitte gehalten hatte, Mensuren zu schlagen: Säbelgefechte mit begrenztem Körperschutz zur Probe der männlichen Standfestigkeit. In Paris, in Amsterdam, in Pittsburgh oder in Oxford war dergleichen unter Studenten unbekannt, unter erwachsenen Menschen erst recht. Es gab in Deutschland wie in Österreich ein besonderes Verhältnis zu dieser Waffenehre. Duelle waren gesetzlich verboten. Aber sie galten als das typische, nein, sie wurden sogar zum begriffsbildenden Kavaliersdelikt. Da glaubt man heute, weil wir dieser ganzen Welt so fern sind, ein Kavaliersdelikt sei so etwas wie ein kleiner Rechtsbruch, mit der Hand vom Tisch zu wischen, wie falsch zu parken oder höchstens, eine falsche Steuererklärung abzugeben. Nein, nein: ein Kavaliersdelikt, im Munde unserer Großväter, war Totschlag im Duell! Die katholische Kirche verbot diese Ehrenprobe. Katholiken fühlten sich dennoch ehrenwert. Aber seid ehrlich, liebe Großväter, besonders liebe protestantische Großväter, blieb nicht doch ein wenig hängen in Eueren Köpfen von der etwas geminderten katholischen Ehre?

Ferdinand Lassalle, der große Sozialpolitiker und eigentlicher Begründer der deutschen Arbeiterbewegung, starb 1864 nach einem Duell, und Fontanes Bestseller »Effi Briest« wurde in diesem Zusammenhang zu einem durchaus deutschen Trauerspiel, weit näher der Wirklichkeit als Lessings »Emilia Galotti«. So sah das männliche Ehrverständnis noch für unsere Urgroßeltern aus und hielt sich auch bis in unser Jahrhundert gegen die bestehenden Gesetze.

Es gab nun freilich nicht nur Adelige, Akademiker und Offiziere. Es gab auch selbstbewußte Bürger. Die setzten der adeligen Ehre und allen ihren Nachläufern eine andere Ehre entgegen, die bürgerliche Ehre. Das heißt auch hier, das rechte Ansehen unter Seinesgleichen. Auch bürgerliche Ehre ist nicht frei von der Voraussetzung der rechten Geburt. Ehelich mußte man in diesem Fall geboren sein, zwar nicht von Stand, nicht »hochwohlgeboren«, aber mit kirchlichem Segen. Im übrigen stützte sich das bürgerliche Ansehen dann bekanntlich auf Besitz, Bildung und Arbeit. Die stehen in Wechselbeziehungen zueinander, aber in deutlicher Konkurrenz zur adeligen Ehre, so sehr, daß man sie einst mit einem solchen bürgerlichen Ehrbewußtsein auch konterkarieren konnte: Arbeit adelt. Deshalb gibt es auch eine Arbeitsehre, die der Pfuscher verletzt. Es gibt ehrliches Handwerk und ehrbare Zünfte. Und auch das reicht über die »alten Zeiten« hinaus, lebt und webt durch das 19. und selbst durch dieses 20. Jahrhundert. Auch wir kennen noch die Berufsehre und schützen sie wie andere Ehrbegriffe vor »Verletzung« und »Herabsetzung«.

Da muß aber nun endlich auch von einer ganz anderen Ehre unter den Menschen gesprochen werden. Die entstand nicht in Nachahmung der adeligen Ehre. Sie entstand als ihr Gegenspieler. Denn sie gilt nicht als Standesehre. Sie gilt nicht nur für Hochwohlgeborene und sie gilt nicht nur für Wohlgeborene, sie gilt für alle Menschen, die nun eben einmal geboren sind. Sie steht also jedermann zu in unserer Gesellschaft. Eine solche

Ehre ist, umgekehrt gedacht, etwas, das die Gesellschaft in stiller Übereinkunft bei allen Menschen voraussetzt. Wir umschreiben sie heute als Menschenrecht und Menschenwürde. Sie ist viel jünger als die uralte Adelsehre und auch jünger als die Ehre der Arbeit aus dem Mittelalter. Aber sie ist geradeso aus der Einschätzung der Umstehenden entwickelt und definiert, aus den »Umständen«. Die beste Erläuterung dieser Ehre sind wohl die verschiedenen Erklärungen der Menschenrechte aus dem revolutionären 18. Jahrhundert in Amerika und in Frankreich. Sie sind als gemeinsame Willenserklärung von 1948 auch die Grundlage der Vereinten Nationen geworden. Diese Menschenrechte sind definiert durch »Freiheiten von etwas« und durch »Anrecht auf etwas«, so daß sie nicht einfach gleichzusetzen sind mit dem bloßen menschlichen Dasein in einer jeden menschlichen Umgebung.

Die Ehre eines Mannes oder die Ehre eines Menschen: Dazwischen habt Ihr, arme Großväter, ja auch noch die Ehre einer Frau gesetzt. Das ist ein sehr merkwürdiger und eigentlich archaischer Komplex. Ein Schutzkomplex, ganz ohne Zweifel, weil von alters her Frauen auch Euere Jagdbeute waren und der erfolgreiche Jäger durchaus Ehre verdient. Aber in einer gewissen und wahrscheinlich schon in Urgesellschaften eigenen Vereinbarung der wechselweisen Besitzstandswahrung ist festgelegt, was für uns die Bibel überliefert: »Du sollst nicht begehren Deines Nächsten Weib.« Das jedenfalls ist unehrenhaft im Rahmen der Männerehre. Es steht nicht da: »Du sollst nicht begehren Deiner Nächsten Mann.« Den Frauen war und ist entsprechendes nicht verboten, aber nicht, weil Moses diese Zeilen im himmlischen Diktat vergessen hätte (Genesis 2. Buch), sondern weil es zu seinen Zeiten eben unnötig war, so etwas anzumerken. Frauen hatten keinen Handlungsspielraum in diesem Zusammenhang. Wenn sie in späteren Kapiteln des ältesten und weisesten unter unseren Geschichtsbüchern dennoch handelten, wie die Frau des Potiphar, oder gerade nicht handelten, wie Susanna im Bade, dann geht es um einfachen Sündenfall oder um eine tugendhafte Standhaftigkeit, nicht um die Ordnung der Gesellschaft. Die oblag Männern. Aber sich tugendhaft fremden Männern zu verweigern, wie die biblische

Susanna oder die römische Lucretia, das galt und gilt durchaus als ein Bestandteil weiblicher Ehre. Deshalb wird freilich dann auch wieder kein Duell unter Frauen geführt. Ehebrecherinnen werden biblisch gesteinigt, germanisch gehängt, slawisch erschlagen, griechisch erdolcht, die Sitten wechseln.

Christus selber bot im Neuen Testament auch die Wiederherstellung an für die verlorene Frauenehre. So recht durchgesetzt hat sich diese Einsicht nicht. Statt dessen erhöhte die Kirche die Jungfrauenehre, förderte und beschirmte die Konsensehe, das heißt, auch und gerade die weibliche Zustimmung zum Eheschluß in einer Zeit, in der reiche wie auch arme Eltern ihre Kinder nach den Gesichtspunkten von Macht und Besitz einander zuführten und da man Bräute in Wirklichkeit kaufte oder verkaufte, wie in der komischen Oper Smetanas. In all diesen Jahrhunderten galt die Ehre einer Frau eben als so etwas wie ein Schatz, den man horten und bewahren konnte. Das »Brautkleid« symbolisiert den Zusammenhang. Darüber wachten Priester und Juristen, letztlich wachte darüber die ganze Männergesellschaft. Gleichzeitig blieb aber das große Paradoxon des wirklichen Lebens lebendig. Die Heimlichkeiten des Lebens wurden zum Märchen, zum Herdgetuschel, zum offenen Wort unter Männern, zum Minnesang, zum Roman, zur heroischen Oper: immer mit dem Reiz des Verbotenen. Der Reiz bestand eben im Ausbruch aus der Ehrenordnung unter einer besonderen Rechtfertigung: Nennen wir es Liebe. Eine solche Rechtfertigung fand auch kaum Anstoß in der Männerwelt. Aber nicht nur die Ehrgesetze, sondern auch die Standesordnungen zu übersteigen war Frauen möglich – selbst als Aschenbrödel konnten sie mit ihren besonderen Qualitäten zu Königinnen werden. Am besten, wir nennen das wieder Liebe.

Wenn wir aber ganz ernsthaft fragen, dann schimmert durch die alten Märchen auch eine ernsthafte Antwort: Gerade da, wo wir von Liebe sprechen, sind die starren Gesetze der Männerwelt durchbrochen worden. Der unter Philosophen und Historikern diskutierte Durchbruch unserer Gesellschaft zum Verständnis der persönlichen Freiheit und zur individuellen Beweglichkeit wäre wohl ohne die Liebe und ihre zutiefst individualistische Problematik schwerer oder vielleicht unmöglich gewesen. Pardon, verehrte Großmütter, für diesen Exkurs. Er macht vielleicht das strenge Kapitel über die männliche Ehre erträglicher.

Zurück zur Ehre der Nation, die Ihr manchmal noch heute gedemütigt glaubt. Ein Irrtum! Denn die Nation wurde nicht gedemütigt vor fünfzig Jahren, die Nation hat sich selbst gedemütigt. Sie wurde nicht ihrer Ehre beraubt, sie hat ihre Ehre selber weggeworfen wie alle Menschen, die dulden, mitansehen oder gar mittun, wenn die Ehre anderer Menschen geschändet wird. Nicht ihr Leben, sondern ihr würdiges Leben, nicht einmal ihr Tod, sondern ihr würdiger Tod sollen bewahrt werden, denn Ehre ist eben auch ein Appell, der sich nicht eingrenzen läßt. Es geht um so etwas wie unterlassene Hilfeleistung. Immer, überall, heute auch. In unserem Fall vor mehr als fünfzig Jahren. Da habt Ihr Euch verlogen um die Ehre der alten Welt herumgedrückt, um die Herrenehre, die auch andere Ehren gelten ließ. Ihr habt Euch alle Ehre auf einmal selber zugeschrieben und alle anderen Ehren abgeschafft, aus eigener Überheblichkeit, und eben diese Überheblichkeit verstieß gegen die Ehre der Nation. Sie verstieß auch gegen das Ehrgefühl in jedermanns Gewissen. Aber das ehrliche Gewissen geht leicht unter im Sprechchor der Nation. Da blieb die deutsche Ehre liegen: zugleich mit der Ehre der jüdischen, der andersdenkenden, der roten, schwarzen, schwachen Großväter, der lebensunwerten, der »Untermenschen«. Da, sehr geehrte Großväter, da haben wir alle den großen Ehrverlust erlitten, von dem niemand sagen kann, wann er je wieder wettgemacht ist. In Wirklichkeit hat sich die Unehre breit gemacht, überall, wo ohne Einspruch gejagt, gefoltert, gemordet worden ist: Auf den deutschen Straßen, in den deutschen Lagern aller Art, in den polnischen, den tschechischen, den russischen Lagern und in den Gaskammern, und wieder den polnischen und den tschechischen Straßen, und wieder in den Lagern aller Art. Bei aller Banalität des Bösen.

Auch die Unehre hat ihre Gemeinschaft. Zwischen 1918 und 1933 war kaum einer der Dichter, Politiker und Publizisten in Deutschland imstande, die deutsche Ehre mit einer demokratischen Ehre zu verbinden. Danach beanspruchten die Nationalsozialisten die deutsche Ehre und machten das Sonnensymbol zum Ehrenzeichen für alles Lebende, Starke und Siegreiche, zur Ehre der Sieger und zur Ehre der Raubtiere. Um das zu kaschieren, redeten sie beständig von der »Ehre der Nation«. Sie demonstrierten mit dieser Devise am »Tag von Potsdam«, am 21. März 1933, ihr Bündnis mit der »alten Ehre«, mit Hindenburg und der Reichswehr, und feierten so die Eröffnung eines neuen Reichstags, der in Perversion aller parlamentarischen Ehre nach ein paar Tagen seine Rechte an den alleinbevollmächtigten Reichskanzler abtrat.

In der Selbstdarstellung der neuen Herren hatte bald schon ein verhängnisvoller Ehrbegriff die alte Ehre verdrängt in einer unheilverheißenden Weise. Jetzt ging es um Rassenehre. Und die sollte, anders als bei Adel, Stand und Hochwohlgeboren, zwar alle Volksgenossen vereinen, aber nicht alle Deutschen. Sie schloß eine Minderheit aus. Das war nicht einmal ein Prozent der Bevölkerung des Deutschen Reiches. Aber es waren mehr als fünfhunderttausend Menschen.

»Blut und Ehre« stand auf den Fahrtenmessern der HJ. »Meine Ehre heißt Treue« war auf den Dolchen der SS eingraviert. Schlagworte eines rassenbewußten Ehrverständnisses. Pubertäre Schlagworte. Sie waren aber nicht so weit entfernt von der zeitgenössischen Juristensprache. Mit ihrer Hilfe kam es schon im April 1933 zum »Gesetz über die Wiederherstellung des Berufsbeamtentums«. Das klingt wie eine Verwaltungsverordnung. Aber es ging um »Rassenehre« und schloß alle Juden aus dem Staatsdienst aus. Hindenburg legte – und war dabei nicht jener vertrottelte Greis, als den ihn die Karikatur manchmal darstellt – Einspruch ein. Aber sein Einspruch betraf nur die jüdischen Frontkämpfer, und die wurden, solange Hindenburg lebte, ein knappes Jahr noch, zunächst wirklich ausgenommen. Soldatenehre. Danach war auch diese alte Ehre ausgelöscht.

Zwei Jahre später wurde ein Gesetz »Zum Schutz des deutschen Blutes und der deutschen Ehre« erlassen. Dieses Gesetz schuf die Grundlage für alle Verfolgungen jüdischer und jüdisch »versippter« Deutscher. Waren sie zuvor von bestimmten Berufen ausgeschlossen, so grenzte sie dieses Gesetz nun von der nationalen Lebensgemeinschaft aus. Das Gesetz unterschied fortan zwischen Reichsbürgern – der großen Zahl jener damals gut sechzig Millionen Deutscher ohne jüdische Vorfahren – und Staatsbürgern. Das waren jene etwa fünfhunderttausend Deutschen mit mindestens zwei jüdischen Großelternteilen. (Zu den Zahlen Friedländer 1998, 168) Das Gesetz hatte für alle Deutschen verpflichtende genealogische Recherchen zur Folge. Und wie bei anderen Ehrbegriffen auch – man sprach von ihnen, ohne so genau zu wissen, worin sie bestanden. Nur ihren Verlust konnte man deutlich erkennen. Denn ehrlos zu sein, hieß schon seit Urzeiten auch: rechtlos sein. Wer ohne Rassenehre war, dem drohte Besitzverlust, Berufsverlust, Kennzeichnungspflicht, Ausstoßung aus der »Volksgemeinschaft«, Heimatverlust, Deportation, Tod.

Mein Kampf

Hitler hatte, je länger je mehr, die deutsche Bevölkerung in eine Diktion des »Kämpfens« gestürzt. Es war zu kämpfen gegen den drohenden Bolschewismus, wie er sich einstweilen in Deutschland in der kommunistischen Partei etabliert hatte. Es war zu kämpfen gegen die »Reaktion«, die »Erfüllungspolitiker«, gegen die »vaterlandslose Sozialdemokratie«. Es war zu kämpfen in den Straßenschlachten der Reichstagswahlen, und hier handgreiflicher, als das die politische Kultur einer Demokratie vorsah. Es war zu kämpfen an der »Arbeitsfront« gegen die Arbeitslosigkeit, und danach in den »Erzeugungsschlachten« des Vierjahresplanes, kaum daß Hitler die Regierung fest in der Hand hatte und seine Feinde besiegt schienen. Es war vor allem immer und überall zu kämpfen und zu kämpfen, und als endlich der wirkliche äußere Krieg begonnen hatte, da gab es noch den Feind im Inneren, und alle Funktionäre waren engagiert an der »inneren Front«.

Zuvor war auch noch zu kämpfen gegen die Verleumdungen des Auslands, das sich in der Karikatur des schreienden, am Rednerpult rasenden deutschen Politikers bemächtigt hatte. Es war auch in persönlichen Unterredungen zu kämpfen, wobei sich Hitler immer wieder eines sehr undiplomatischen Tons im Umgang mit fremden Diplomaten bediente, nicht erst auf dem Gipfel seiner Macht, sondern schon in den kritischen Anfängen. »Die Erwähnung der Behandlung der Juden führte dazu«, berichtete der britische Botschafter Sir Horace Rumbold von einem Gespräch am 11. Mai 1933 dem britischen Außenminister, »daß sich der Kanzler in einen Zustand großer Erregung hineinsteigerte...« (Zitiert nach Saul Friedländer 1998, 82) Zweifellos erreichte Hitler mit derartigen Ausbrüchen nicht immer sein Ziel. Aber er vermochte wohl nicht selten auf diese Weise einzuschüchtern. Selbst der britische Premier Lord Chamberlain scheint im September 1938 vom ausfallenden Ton Hitlers nicht unbeeindruckt geblieben zu sein. Hitler selber kämpfte 26 Jahre lang, seinem eigenen Bekenntnis nach, und riß immer mehr Deutsche mit in diesen Kampf. »Auf, auf zum Kampf, zum Kampf sind wir geboren«, sang die SA.

Es war vor allem zu kämpfen gegen die Juden. Denn man kann nicht gegen Fiktionen kämpfen, zumindest nicht lange und nicht mit der Aussicht, viele Menschen dabei auf seine Seite zu ziehen. Weit geschickter ist es, den Feind zu personifizieren, ihn nahe zu bringen, ihn unmittelbar an der Grenze zu wissen oder gar im eigenen Land. Untersuchungen zum Fremdenhaß im Zusammenhang mit Nationalismusforschung, Minderheiten- und Randgruppenproblemen und der Geschichte von Konfessionskämpfen haben bestätigt, daß ein Feindbild den sichersten Weg zur Gruppenbildung und zur Entwicklung des bekannten »Wir-Bewußtseins« darstellt, vielleicht sogar den einzigen. Die Geschichte des auserwählten Volkes ist selbst eine lebendige Quelle für diese Entwicklung, und weil jedermann soviel Bibelkenntnis besaß, knüpfte Hitlers Propaganda auch geschickt am Bekannten an. Die Geschichte der Judenverfolgung in Hitlers Reich ist allerdings um vieles komplizierter. Sie verband wie in der Bibel den deutschen Daseinskampf mit der unmittelbaren Existenz eines Feindes, der mit umgekehrten Vorzeichen die Deutschen in Knechtschaft hielt. Dazu gab es dann auch gleich den Begriff der »Zinsknechtschaft«, und man sprach von »Weltverschwörung«, um das kaum Glaubhafte glaubhaft zu machen. Diese Phantasie brachte die Deutschen ebenso in die vermeintliche Defensive wie einst die Juden in die Knechtschaft der Ägypter. Aber dagegen sollten sie sich, wieder umgekehrt als im biblischen Bericht das Volk des Moses, nicht durch einen großen Exodus wehren, sondern sie sollten die Juden zu einem solchen Exodus zwingen. Knechtschaft und Vertreibung, Auserwählungs-, Verfolgungs- und Selbstbehauptungsdenken aus biblischen Versatzstücken endet hier wie dort mit der Vernichtung des Feindes.

Die lange Geschichte der Judenverfolgung reicht über ganz Europa und ist nicht zu trennen von der Geschichte des Christentums, von Anfang an, seit der Bekehrung des Paulus. Alle christlichen Königreiche haben sich mit jüdischem Blut im Namen ihres christlichen Selbstbewußtseins befleckt, das russische Reich bis zum späteren 18. Jahrhundert ausgenommen, ehe es, wie schon erwähnt, bei der Aufteilung Polens auch einen guten Teil des jüdischen Siedlungsgebietes in Ostpolen erhielt. Bis dahin gab es kaum Juden in Rußland und also auch keinen Feind für die russische Orthodoxie. Nun holten die russischen und die ukrainischen Christen schnell auf. Der »Pogrom«, das »Draufhauen«, eine russische Vokabel, ist seither zum Begriff für Judenmassaker geworden.

Hitler wußte anfänglich das Wort nicht richtig zu schreiben. Die Sache begriff er schnell. Aber Hitlers Judenvernichtung, die seine »Helfer« seit 1933 probierten und sechs Jahre später exekutierten, war kein Pogrom. Es war der Versuch, die Juden insgesamt auszulöschen, zu tilgen in einem bürokratisch organisierten Arbeitsgang, ohne diese Opfer als Menschen zur Kenntnis zu nehmen. Man braucht keinen Historikerstreit, um die Einmaligkeit dieses Handelns zu begreifen. Man muß nur Himmler zitieren, der in seiner Rede in Posen vom 4. Oktober 1943 seine Henkersknechte lobte, sie hätten etwas in der Weltgeschichte bisher einmaliges getan und seien dabei »anständig geblieben«. (Zitiert nach Nittner 1967, 288 f.)

Die deutsche nationalsozialistische Judenverfolgung ist zunächst einmal die schmerzliche Geschichte eines ungeheuerlichen Vertrauensbruches für die jüdischen Deutschen, Österreicher, Sudetendeutschen, dem schon mit der umgekehrt attribuierten Bezeichnung von »deutschen Juden« nicht ganz

Rechnung getragen wird. Wie tief der Vertrauensbruch noch immer in den Köpfen sitzt, läßt sich ganz leicht prüfen, wenn man in Österreich nach jüdischen Österreichern fragt, bei einem der berühmten Pfingsttreffen nach jüdischen Sudetendeutschen oder in den vielen Museen für deutsche Regionalgeschichte nach dem jüdischen Anteil. Constantin Frantz, Historiker und politischer Publizist, hatte 1879 von »deutschen Reichsbürgern jüdischer Nation« gesprochen. Aber hunderttausendmal fühlten sich die jüdischen Deutschen einfach als Deutsche, hatten gutenteils ihre Religion reformiert und sich mit deutscher Liturgie und Predigt auf einen Kult neben den anderen deutschen Religionen umgestellt, soweit sie noch gläubig waren, oder waren evangelische oder katholische Christen geworden, seit zwei, drei oder mehr Generationen. Viele von ihnen pflegten ganz normale zwischenmenschliche Beziehungen mit ihren christlichen Zeitgenossen, und die Zahl von ungefähr 700 000 »Halb- und Vierteljuden« in Nürnberger Diktion spricht für das große Ausmaß wechselweiser Eheschließungen in den letzten 100 Jahren. Die Zahl von weniger als 600 000 »Volljuden« in Deutschland 1933 bezeugt die Bereitschaft von beiden Seiten zum Miteinanderleben, zur Integration.

Diese Verbindung war in der Prager deutsch-jüdischen Sprachinsel schon um die Jahrhundertwende so gewachsen – um einmal die nationaljüdische Perspektive zu zitieren –, daß die Angst vor dem Aussterben »reinrassiger Juden«, gerade umgekehrt zu den antisemitischen Pamphleten der Zeit in Deutschland und in Österreich, im jüdischen Gemeindeleben diskutiert wurde. In Kafkas Prag wurde sie in Abendvorträgen als eine der Ursachen des voraussichtlichen Verschwindens des Judentums aus der Weltgeschichte diskutiert, und es gab daraufhin nicht einmal heftige Reaktionen, jedenfalls nicht nach Kafkas Beobachtungen. (Brod 1951, 246)

Es gab aber sehr wohl Kollegialität am Arbeitsplatz, namentlich unter »vorurteilsfreien« Akademikern. Nicht nur Verwandtschaft verband. An den deutschen Universitäten gab es 1933 nicht weniger als 1200 jüdische Professoren, wenn auch nicht allzu viele Ordinarien darunter, und an der kleinsten, der Prager deutschen Universität, lehrten 75 jüdische von insgesamt 300

Dozenten. Es gab Kliniken, Gerichte, Groß- und namentlich Kleinhandel mit jüdischer Mitarbeiterschaft. Ihre christlichen Patienten, Kollegen, Studenten hatten vor 1933 nie kollektive Klagen erhoben. Es gab Schauspieler, Schriftsteller, Sänger, die zu den Publikumslieblingen zählten. Es gab beispielsweise die sechs »Comedian Harmonists«, von denen drei jüdischer Herkunft waren, die seit 1928 und noch bis 1934 vor einem geradewegs enthusiastisch dankbaren Publikum in Deutschland und Europa auftraten und mitunter sogar von uniformierten Parteifunktionären Beifall fanden – Publikumslieblinge, ehe sie die »Nürnberger Gesetze« auseinanderrissen. (Fechner 1988, 213 ff.)

Die größten deutschen Zeitungen waren in jüdischer Hand und zahlreiche Buchverlage, und beides spricht ja doch für entsprechenden Erfolg und Zustimmung bei den Lesern und nicht etwa, wie sich unsere Großväter anhören mußten, für die jüdische List.

Da war für den inneren Krieg in Hitlers Sinn zunächst einmal die Aufgabe gestellt, »den Juden zu enttarnen«. Sie setzte ein erhebliches Maß an denunziatorischem Eifer voraus und ebenso einen Mangel an Urteilsfähigkeit: Das wohlfeile Geschäft, der vertraute Arzt, der erfolgreiche Rechtsanwalt, auch der beliebte Schriftsteller und der engagierte Sozialpolitiker paßten gar nicht ins Feindbild. Und doch griffen die kollektiven Legenden, die es nicht nur in Hitlers Wanderreden seiner ersten Karrierejahre, sondern auch in den nimmermüden antisemitischen Pamphleten lange vor ihm gab, nach augenscheinlich seit Jahrzehnten gehüteten Vorurteilen nun mit besonderer politischer, gar staatlich empfohlener Bestätigung um sich und nährten jene Unsicherheit, die an und für sich eine jede menschliche Begegnung begleitet. Weil es dabei aber ein stilles Vorverständnis gab, wie auch gegen Zigeuner, Polen, »Welsche«, das rasch zu mobilisieren war, entstand umso leichter eine negative Erwartungshaltung und war auch leichter ein unausgesprochenes Einverständnis herzustellen, um halbe, schiefe, kollektive Urteile zu nähren.

Dazu gab es schon vor der Jahrhundertwende die sogenannten Arierparagraphen in Vereinen und Studentenverbindungen, ohne daß wirksam im Namen der bürgerlichen Gleichberechtigung gegen ihre Rechtmäßigkeit protestiert worden wäre. Es gab spekulativen Antisemitismus in elitären Zirkeln und handgreiflichen auf der Straße aus sozialem Neid. Es gab allerdings noch nicht Begriffe wie »Halb-« oder »Vierteljude«, die seit 1935 die deutsche Gesetzgebung zu kuriosen Bruchrechnungen veranlaßte. Umso höher stieg die »Entdeckungs-« oder, bereits eingesponnen in die Verschwörungslegende, die »Enttarnungswelle«. Der jüdische Arzt, der Goldstein hieß, konnte sie kaum mehr steigern. Aber der Bankier, der sich auf einmal als Halbjude auswies, der Richter, der keine vier »arischen« Großeltern nachweisen konnte oder der Staatssekretär, dem man den Makel eines »Mischlings« nachsagte, hielten jene Unsicherheit lebendig, die einen Ausweg, eine Bestätigung im »Enttarnen« noch möglichst vieler solcher feindlicher Aktivitäten suchte. Dazu traten Neidkomplexe: Die jüdische Geschäftstüchtigkeit war unumstritten und für alle zu erkennen, in Kaufhausketten wie im erfolgreichen Kleinhandel mit seinen Angeboten. Die jüdische Fähigkeit in den Labors und Krankenhäusern, in Forschungsgängen und Problemlösungen sah man freilich nicht. Mit der Diffamierung der christlich-jüdischen Ehe zunächst zur rassischen Mesalliance und dann zur »Rassenschande« wuchs die Fülle der denunziatorischen, auch voyeuristischen Agilität. Sie griff in komischer Paradoxie bekanntlich selbst nach Hitler und Heydrich. Und, man mag sich die Sache genau vor Augen halten: Bereits die seit 1935 allen Deutschen aufgezwungene Suche nach mindestens vier, wenn nicht acht »arischen« Vorfahren ließ nicht nur die Taufmatrikel aller Konfessionen im Quellenwert steigen, sondern sie band die Aufmerksamkeit jedes einzelnen in eigenartiger Weise an die Mutmaßungen des Rassedenkens als einer der kämpferischen Pflichten in seiner eigenen Familie und machte sie zu Grundwahrheiten im Umgang unter Menschen. Sie zwang jeden Deutschen zur Aktivität, denn keineswegs mußte die Exekutive etwa nach dem »Nürnberger Gesetz« vom 15. September 1935 jedem Betroffenen, jedem Inspektor, Leutnant, Lehrer oder Wachtmeister nachweisen, Jude oder Mischling zu sein, wie in einem Strafprozeß, sondern umgekehrt: Jeder »Volksgenosse« hatte sich als »Arier« auszuweisen, als Nichtjude, er mochte seine Vorfahren kennen oder nicht. Man zählte 1935 neben etwa 500000 Juden in Deutschland, Männern wie Frauen, Christen oder nicht, weit mehr »Mischlinge« unterschiedlichen »Grades«.

Aber die brutale und unerbittliche Propaganda verschreckte die Zweifler. Selbst in der solidesten deutsch-jüdischen Nachbarschaft im deutschen Sprachraum (Cohen 1981), in der schon häufiger genannten Prager Sprachinsel, die wiederholt seit 1918 zugleich Rebellion der tschechischen Großstadt gegen Deutsche und Juden gleichermaßen erlebt hatte, wo also am ehesten ein besonderes Zusammengehörigkeitsgefühl gewachsen und Antisemitismus recht kleingehalten war, schwiegen nach 1938 die Mutigen. Sie ließen, Deutsche wie Tschechen, die antijüdischen Maßnahmen geschehen, sie vollzogen sie teils schon vorauseilend, noch ehe die Hand Hitlers im März 1939 auch den Rest der Tschechoslowakei erreicht hatte. Sie wurden allenfalls zu Fluchthelfern für die Verfolgten, ehe die letzte Tür zuschlug. Die »Volkstumskämpfer« aber, die für das rassereine Deutschtum sich schon zuvor auch in Prag ereifert hatten, traten nun auf einmal ganz nach vorn und erklärten am Ende sogar Karl IV., den böhmischen König und römischen Kaiser, den »Vater des Vaterlandes« aller Böhmen und großen Baumeister des mittelalterlichen Prags, ein Freund der böhmischen Juden, wegen seiner slawischen Vorfahren zum »Mischling«. (Pfitzner 1938) Also war auch der Kaiser enttarnt.

Enttarnung war das Schicksalsproblem der vielen Mischehen. Besonders die Kinder aus solchen Familien litten in ihrer Unsicherheit, angesichts derselben Umwelt, die ihren jüdischen Verwandten nicht half und sie selber mit Mißtrauen und Geringschätzung bedachte. Die Parteipropaganda griff bis in die persönlichen Probleme der Partner, und nicht alle Ehen blieben das lebensrettende Band für den inkriminierten Teil. Hier waren Hilfsbereitschaft und Unbeirrbarkeit in besonderer Weise herausgefordert, weil sich die Ausgrenzung der Umwelt dann auch auf den nichtjüdischen Partner richtete, auf die Kinder, auf die ganze Verwandtschaft. Die Gestapo-Leitberichte meldeten damals nicht nur Zustimmung, sondern auch schweigende Distanzierung. Der junge Karlsbader Deutsche, der in fester Solidarität zu seiner jüdischen Frau und ihrer Familie freiwillig an der Spitze des »Schandmarsches« der Karlsbader Juden am

9. November 1938 durch seine Heimatstadt zog, demonstrierte seinen Widerstand auf eine wohl in jener berüchtigten »Reichskristallnacht« in Deutschland einmalige Weise. (Hahn 1998)

Himmlische Gnade

1926, also noch mitten in der »Kampfzeit«, gründete die NSDAP eine eigene Jugendorganisation. Das war nichts Ungewöhnliches. Es gab in jenen Jahren, in einer völligen Verkehrung des ursprünglichen Aufbruchs der Jugendbewegung um die Jahrhundertwende, schon eine Reihe von parteipolitisch ausgerichteten Jugendbünden, für das Zentrum, für die Deutschnationalen, für die Sozialdemokraten, die Kommunisten. Jede weltanschaulich definierte Partei warb auf diese Weise. Es gab katholische und evangelische Jugendbünde. Es gab Pfadfinder, international und in weltweiter Verbindung mit ihrem englischen Ursprungsland, und es gab noch immer »Freie« Bünde, mit dieser Bezeichnung, die schon auf die Bindungen vieler anderer Bezug nahm.

Die Hitlerjugend war unter ihnen allerdings etwas Besonderes. Sie allein war nach einem lebenden Politiker benannt. Nicht einmal in den anderen europäischen totalitären Bewegungen war das üblich, weder in Italien noch etwa in der Sowjetunion. Sie sollte zunächst Jungen, dann auch Mädchen von 14 bis 18 Jahren, schließlich seit 1936 »Jungvolk« und »Jungmädchen« erfassen, die 10- bis 14jährigen. Sie war nun »Staatsjugend« geworden, und drei Jahre später wurde die Mitgliedschaft zur Pflicht für alle deutschen Jugendlichen.

Die HJ knüpfte natürlich an die Jugend- und Wandervogelbewegungen im deutschen Sprachraum an. Zunächst in Äußerlichkeiten, wie etwa der »Kluft« mit kurzer Hose, einheitsfarbenem Hemd, Halstuch und Lederknoten, Windbluse mit langem Kragen für Jungen und Windjacke aus »Samtvelvet« für Mädchen über Rock und weißer Bluse. Sie vertrat auch das Prinzip der jugendlichen Selbstorganisation. Aber sie wandelte sich von Jahr zu Jahr, auch schon vor der Wendung der Dinge 1933. Aus der Kluft wurde die Uniform. Und wenn die deutsche Jugendbewegung ursprünglich gegen die Übertragung der Erwachsenenwelt auf Heranwachsende protestiert hatte, gegen den steifen Kragen auch schon für Teenager, so stand bald neben dem total erfaßten und gleichgeschalteten Volksgenossen im braunen Hemd der Hitlerjunge im braunen Hemd und neben die reichsweite Organisation der SA mit ihren Verbänden und Gliederungen trat die HJ in ebensolchem Aufbau, mit Dienstvorschriften und Dienstgradabzeichen. Der kleine Politsoldat trat neben den großen. Das eben war ein Verrat an der Jugendbewegung.

Ein anderer läßt sich vom Namen ablesen. Zwar wollte auch die bunte Schar der Jugendgruppen eine Generation zuvor dem Leben dienen, sprach von »Selbstbefreiung« und von einer künftigen gerechteren Gesellschaft. Sie hatte manches gemeinsam mit den Kunst- wie Lebensprinzipien und mit den Utopien des deutschen Expressionismus. Sie wollte im Generationengegensatz neue Wege suchen, gegen das »Alte und Morsche«, mit den Ansprüchen und der Selbstüberschätzung der Unerfahrenen, aber Vitalen, mit ihren Träumen und ihrem Schwung. Alles das sollte die vorgeprägten Bahnen hinter sich lassen. »Trau keinem über Dreißig!« Der Slogan aus unserer Zeit war auch damals schon in den Köpfen. Hitler war vierzig Jahre alt, als die Jugendbewegung der Partei nach ihm benannt wurde.

Von vornherein mit einem politischen Auftrag, verlor sie die junge Welt nicht aus dem Blick. Das »Jungvolk« zumal, die 10- bis 14jährigen Buben, ebenso die gleichalten »Jungmädchen«, die hatten noch freien Auslauf in Fahrten, Geländespielen, bei der Suche nach den Abenteuern der Knaben- und Mädchenträume. Die Älteren wurden ernsthafter »vorgebildet«. Hier spielte bald die vormilitärische Perspektive mit, das Kleinkalibergewehr und der Geländesport, die Spezialisierung in Flieger-, Marine-, Motor-HJ. Dergleichen blieb dem »Bund deutscher Mädchen« zwischen 14 und 18 natürlich versagt. Aber weil auch hier Jugend durch Jugend geführt wurde, waren die Führerinnen doch innerhalb der örtlichen Parteiverbände und auch durch ihre verbandsinternen Unternehmungen vor Verantwortungen und Entscheidungen gestellt, die nicht unmittelbar mit der Vorbereitung auf Küche und Kinder zusammenhingen, wie sie die Partei ihren Frauen zuschrieb. »Führerinnen« stiegen auf in den Gliederungen der HJ bis zur Gauleiter-(Gebietsführerinnen)-Ebene, und wenn auch auf jeder dieser der Parteigliederung nachgebildeten Stufen jeweils der männliche Partner den Akzent etwaiger Entscheidungen über den gemeinsamen Verband setzte, so wurden doch die Stimmen der jungen Frauen sehr wohl gehört und konnten nicht übergangen werden. Der Bund Deutscher Mädchen wurde jedenfalls bis zur vorletzten Stufe in der Reichshierarchie auch durch junge Frauen geführt.

Die HJ war geradeso eine antiintellektuelle Jugendbewegung wie alle anderen vorhergehenden auch. Sie war auch lange, nach ihrem ursprünglichen Namen, in besonderem Maß »Nationalsozialistische Arbeiterjugend«. Arbeiterjugend war in Wirklichkeit von allen bis dahin bestehenden Jugendbünden kaum angesprochen worden, mit Ausnahme der sozialdemokratischen Falken und der Kommunisten. Tatsächlich kopierte die Jugendorganisation der NSDAP in ihren Anfängen die kommunistische Jugendbewegung, und, ähnlich wie sie, war sie nur wenig intellektuell bestimmt, sondern blieb »jung«, das heißt voluntativ und emotional.

Einen besonderen Charakter hatten im Rahmen aller deutschen Jugendbünde Kommunisten wie Nationalsozialisten auch deshalb, weil sie internationale Kontakte suchten. Das taten vor ihnen lediglich die Pfadfinder. Die Boy Scouts waren durch ihren englischen Gründer 1908 auf ein soziales Ziel gerichtet, bei allem Freiraum für den Erlebnischarakter, und insofern auch auf die künftige Soziabilität ihrer Mitglieder. Das erinnert von fern an die HJ, ebenso, wie die Pfadfinder in ihrer internationalen Organisation die einzige Jugendorganisation bildeten, die eine quasimilitärische Gliederung mit Leistungsproben für jedes ihrer Mitglieder vorsah, ausgedrückt in äußeren Abzeichen. Auch hatten die Pfadfinder schließlich eine Mädchenorganisation aufgebaut und banden beide, Jungen wie Mädchen, durch ein Gelöbnis an ihren Gründer und an ihre Pflichten. Sie salutierten einander, sie hißten Fahnen, sangen und trommelten, sie hatten Fahrtenmesser und exotische Hüte, die dem militärischen Bereich nachgebildet waren. Nur war bekanntlich der Pfadfinder täglich zu einer guten Tat verpflichtet. Dem Hitlerjungen war bald aufgetragen, Gut und Böse zu vergessen: »Du bist nichts, Dein Volk ist alles!«

Die HJ richtete sich von vornherein nach »nationalsozialistischen« Grundsätzen. Die Organisation geprägt hat der bei ihrer Gründung 19jährige Baldur von Schirach, Lyriker und Student, der sich erst im Lauf der nächsten Jahre halbwegs einen Platz in dem Kreis um Hitler verschaffen konnte und dann, im Frühjahr 1933 zum »Reichsjugendführer« ernannt, allerdings mit einem Schlag die Methoden der gewaltsamen »Gleichschaltung« nach dem Vorbild der Älteren zu praktizieren verstand. Allenfalls die geradeso von einem Jüngeren aufgebaute und ausgerichtete prätentiöse »neue Rassenelite« ließe sich mit der aggressiven Selbstdarstellung der HJ vergleichen; auch die SS, ausgerichtet nach den Ideen des um sieben Jahre älteren Heinrich Himmler, trug in ihren Symbolen und ihrer Organisationsidee etwas an sich von spätpubertären sozialen Leitbildern. Es erscheint bezeichnend, daß die beiden Jüngsten im Kreis der »Reichsleiter«, Himmler und von Schirach, die nach 1933 in persönlichen Rivalitäten gegen die ein Jahrzehnt Älteren – die meist im Ersten Weltkrieg »Gestählten« und da auch Ernüchterten und in Ränken und Rangkämpfen Erfahreneren – erst ihren Platz suchen und behaupten mußten, auch zugleich am weitesten griffen in ihren Träumen, zu den Alpträumen der Weltverbesserung durch Ausrottung der eine, zu den Wunschträumen der Erziehung eines neuen Menschen der andere, Utopisten alle beide.

Man müßte, um diesen Gedanken fortzusetzen, nun freilich auch noch den dritten der Jüngeren um Hitler und seine Träume mit in Betracht ziehen, den wieder ganz anderen, am spätesten zu Hitler gestoßenen und vielleicht am meisten von ihm protegierten Architekten Albert Speer. Er entwarf das Konzept einer neuen Reichshauptstadt »Germania« anstelle des alten Berlin und schuf das Theater-Szenario des »Parteitagsgeländes« von Nürnberg. Sein Versuch, den »neuen nationalsozialistischen Menschen« durch eine neue Architektur zu kreieren, schuf für fünf Jahre in Nürnberg eine Theaterkulisse, die Millionen beeindruckte. (Sereny 1995)

»Hitlerjugend« – »Meine Jugend«, sagte Hitler ein ums andere Mal. Und er wünschte sie sich in einer Mischung aus Nietzsches blonder Bestie, natürlich jünger, aus fanatischem Gruppengeist und gleichzeitig in besonderer persönlicher Hingabe – an ihn, wen sonst. Keiner anderen Gliederung seiner Partei, seiner nationalen Mobilmachung, hat sich Hitler so persönlich zugewandt, und allein seiner SS vertraute er in vergleichbarem Maß. Das Vertrauen in die HJ aber war zukunftsbezogen. Es verband ihn, der gerade 47 Jahre alt war, als er die HJ zur Staatsjugend erklärte, auch mit jener Ersatzreligion, die Schirach unter jungen Hitler-Anhängern bis dahin aufgebaut hatte. Wiederum nur die SS hatte hier Vergleichbares zu bieten an Liturgie und Mysterium.

1936 also wurde die HJ zur »Staatsjugend«; 1939 wurde ihre Mitgliedschaft Pflicht. Das macht deutlich, daß und wie sehr sie sich als Konkurrenz der anderen Institution fühlte, die Pflicht für alle jungen Menschen war: der Schule. Dem entsprach auch die Rivalität zwischen dem »Reichsjugendführer« und dem »Reichserziehungsminister«. Als Reichsleiter hatte Schirach dem Reichsminister Bernhard Rust zwar ein Gewicht in der Parteihierarchie entgegenzusetzen. Dennoch mußte er hier Kooperation akzeptieren. Waren die Konkurrenzen mit anderen Jugendbünden schnell ausgespielt, binnen Monaten, mit der Ausnahme kleiner Gruppen in beiden Kirchen, so war die Konkurrenz der Schulen nicht auszuschalten. Auch wegen des institutionellen Gewichts: bei der HJ konnte man kein Abitur ablegen.

Allerdings entwickelte die »Staatsjugend« dann doch auf diesem Feld eine besondere Aktivität: Die »Adolf-Hitler-Schulen«, freilich eine kleine Zahl, sollten als höhere Schulen den künftigen Führer-Nachwuchs der Partei bis zum Abitur heranbilden. Und kein Wunder, daß sie auch wieder Konkurrenz bei der SS fanden, die den Aufbau von »Nationalpolitischen Erziehungs-Anstalten« (NPEA, auch Napola) begann. Die Konkurrenz zwischen HJ und SS hielt sich im übrigen im Verborgenen bis Kriegsende, aber sie war stets lebendig.

In der großen Mehrzahl waren die HJ-Mitglieder aber keine Oberschüler. Stärker als alle anderen deutschen Jugendverbände war die HJ auch schon vor ihrer Einsetzung als »Staatsjugend« oder gar als Pflichtvereinigung vom Zulauf aus einfacheren Bildungsschichten bestimmt. Das war vor 1933 vielleicht eine Folge des Konkurrenzkampfes gegen die kommunistische Jugendarbeit, die mitunter in Abwerbung endete. Es war aber auch eine Frage des selbstgestellten Auftrags, junge Menschen aller Bildungs- und Berufsschichten zu erfassen, das ganze Volk. Daß diese Einstellung der Erhebung zur Staatsjugend vorausging, ist nach dem generellen Geltungsanspruch, den die HJ bis 1936 entwickelt hatte, nicht erstaunlich. Daß sie danach 1939 zur Pflichtinstitution für alle Altersklassen wurde wie die Schule, trat zu ihrem Auserwählungsdenken, das sie darüber hinaus pflegte, dann allerdings in Widerspruch. Man kann zu besonderer persönlicher Hingabe nicht verpflichtet werden, weder individuell, noch innerhalb des Ganzen, von dem man sich dann nicht mehr unterschiede. Die Pflicht-HJ verödete.

Währenddessen trug sie freilich ihre Hitler-Religion in die Öffentlichkeit wie keine andere der NS-Gliederungen. Und das, erklärlicherweise, mit jugendlicher Unbekümmertheit, sowohl unter den Jungen als auch besonders unter den Mädchen. Und ähnlich der alten Jugendbewegung, aber wieder in den Zwangsformen »marschierender Kolonnen«, drückte sie ihre Anschauung auch musikalisch aus. Nicht mit munterem Schritt zu frohen Liedern unter Klampfenklang, wie einst die »Wandervögel«, sondern im Gleichschritt hinter großen Fahnen, mit Trommeln und Fanfaren und sehr ernstem Gesang: »Himmlische Gnade uns den Führer gab / Wir geloben Hitler Treue bis ins Grab!« Dieses Gelöbnis hielten zehn Jahrgänge bis zur bitteren Erfüllung.

Eigentlich ist von einer nationalsozialistischen Religion nichts bekannt. Freilich erklärten sich manche Leute in den dreißiger Jahren für »gottgläubig« oder »deutschgläubig« anstelle von »konfessionslos«. Man spricht heute oft von Religionsersatz oder auch von Ersatzreligion. Religion ist die gläubige Selbstbindung an ein transzendentes Wesen oder auch nur an transzendentes Sein, an einen Gott also oder wenigstens an einen Himmel, und die Rede davon läßt sich in Varianten immer wieder aus Hitlers, aus Goebbels' und aus weniger begabter NS-

Rhetorik lesen. Es heißt »der Allmächtige«, »die Vorsehung«, auch »der Herrgott«, und ein britischer Historiker will in Hitlers Reden seit 1935 eine besondere Inanspruchnahme eines solchen höchsten Wesens beobachtet haben. (Kershaw nach Thamer 1994, 349) Aber auch schon 1933 schloß Hitler seine erste große Rede im Berliner Sportpalast mit einem »Amen«, wie zumindest viele gehört haben wollen, und Verbindungen zu eben jenem höchsten Wesen finden sich schon in seiner Kampfschrift zehn Jahre zuvor.

In dem zitierten Lied von der »himmlischen Gnade« gibt es nicht nur einen Himmel, sondern auch seine Gnade, und dazu das Ergebnis einer »himmlischen« Handlung, die auf einen Handlungsträger schließen läßt, auch wenn ein solcher Handlungsträger nicht angesprochen ist. Wenn himmlische Gnade uns den Führer geben konnte, dann muß auch jemand diese Gnade handhaben. Also gibt es einen Gott in diesem Himmel, und sein Gnadengeschenk deutet, nach den bekannten Vorstellungen von Himmel und Gnade, auch auf seine Handlungsfähigkeit. »Himmlische Gnade« ist eine unter Christen bekannte Vorstellung von Gottes Allmacht. Gott kann gnädig sein, wenn er nur will, und das ist zweifellos ein Stückchen christlicher Glaubenslehre, wie es vor sechzig Jahren mit oder ohne Schulunterricht allgemein verständlich war. Insofern knüpft diese Formulierung an christliches Gemeinwissen an, und das ist wohl wichtig für die Einsicht in die immer wieder angesprochene nationalsozialistische »Ersatzreligion«. Sie ist nicht einfach Ersatz. Sie ist eine eigenartige religiöse Komposition. Und man kann mit ihrer Hilfe religiöse Gedanken auf einen besonderen Weg schicken: Man kann »nationalsozialistisch glauben«.

Denn wenn man im Rahmen dieses Liedes fragte, ob denn die Zuwendung der himmlischen Gnade ganz ohne unser Zutun über uns gekommen sei, etwa nach Luthers Gnadenbegriff, oder ob wir sie nicht doch auch ein wenig verdient hätten, etwa im katholischen Verständnis, oder ob am Ende nicht der Himmel mit uns Deutschen »ein Einsehen« hätte, dann wäre wohl eine ganz andere Antwort als eine christliche zu hören gewesen. Man hätte uns erklärt: Wir haben diese Gnade verdient. Denn die Gnade verdient der Starke. Das jedoch ist nicht christlich. Oder gar: Gott ist auf der Seite der Deutschen. Denn Gott versteht unsere deutschen Nöte. Er ist eigentlich ein deutscher Gott. Aber der Christ hat einen anderen Begriff von Stärke als jenen, der hier angesprochen wird. Auch glaubt der Christ nicht an einen »deutschen Gott«, es sei denn, er wäre eigentlich kein Christ sondern »deutschgläubig«. So sind bekannte christliche Begriffe in den Köpfen verändert worden. Eine solche Veränderung kann man aber nicht nur als »Ersatzreligion« bezeichnen. Sie läßt sich genauer definieren. Sie ist eine Verkehrung des Christentums! Dabei kann man davon ausgehen, daß christliche Begriffe allgemein verbreitet und so selbstverständlich waren, daß man sie als Transportmittel auf religiösen Gedankenbahnen benützen konnte, nachdem man sie mit anderem Inhalt versehen hatte. So wirkt dann das ganze Gedankengebäude viel annehmbarer: Gott, seine Gnade, seine Vorsehung, auch sein Wohlwollen, seine Liebe also letztlich, lassen sich als bekannt und positiv verstanden voraussetzen, aber zugleich tragen solche Begriffe ein völlig umgedeutetes Verständnis in die aufnahmebereiten Ohren. Dabei entsteht schließlich eine für Christen unerträgliche menschliche Arroganz: »Herrgott, mit Worten sind wir karg. Hör gnädig unser Beten nun. Mach uns den Führer hart und stark! Das andre wolln wir selber tun…« Dergleichen sang man nicht, man sprach es. Bei Morgenfeiern der HJ.

Was anstelle der Anleihen aus christlichem Wissen weithin wirkte, war nun allerdings ein Element, das auch die Anhänger der christlichen Konfessionen nicht selten schon für die gesamte Religion nehmen: ihr »Gottesdienst«, die Liturgie. Die NS-Liturgie, ausgebildet auf verschiedenen Ebenen und bei unterschiedlichen Gelegenheiten und wie im christlichen Kalender angelehnt an das Bauernjahr mit eingeschobenen Gedenktagen für Märtyrer und Hochfeste, um den gläubigen Nationalsozialisten durch die Zeit zu begleiten, ersetzte auch den wichtigsten Glaubenssatz, den eine jede der jenseitsbezogenen Weltreligionen seit 3000 Jahren zum Kernpunkt erhoben hat: Die ganz persönliche Bindung und die ganz persönliche Heilserwartung in einem irgendwie ausgestalteten Jenseits. Karl Jaspers, gar kein Freund der Nationalsozialisten, sprach von einer »Achsenzeit der Weltgeschichte«, seit es solche Jenseitsbezüge in den Weltreligionen gab. Die Nationalsozialisten schlossen diese dreitausendjährige Errungenschaft in ihrem Bekenntnis aus. Hier wird ihre Verbindung zum zeitgenössischen Religionsverfall faßbar. Die NS-Religion war ohne Jenseitserwartung und auch deshalb weit unterschieden von Judentum, Christentum, Islam oder Buddhismus. Aber sie war hierin recht konsequent: Augenscheinlich lebte nach ihren Vorstellungen der Mensch nur im Kollektiv weiter, in seiner Erbmasse, in seinem Gedenken, in seinem »Volk«. Das ist als Ablehnung des noch immer weitverbreiteten persönlichen Jenseitsglaubens der christlichen Kirchen nur selten im Nationalsozialismus ausgesprochen worden, weil eine solche Ablehnung dieser NS-Religion, bei aller Berufung auf »Vorsehung« und »Herrgott«, in Wahrheit alle persönlichen Gottesvorstellungen nimmt. In allem Glauben an einen persönlichen Gott spiegelt sich auch der Glaube an die eigene unsterbliche Persönlichkeit in irgendeinem wie immer gearteten Jenseits. Religiöse Konfusion war es aber wohl zum mindesten und moralische Haltlosigkeit, die sich in den Köpfen vieler Diener des Regimes auf hoher wie auf niederer Ebene festgesetzt hatte. Ohne das wären die Ungeheuerlichkeiten der neuen Elite undenkbar; von Hitler über Heydrich und Himmler bis zum letzten Hilfsschützen in den Mördergruben des »Ostens«.

Die Grundzüge der neuen »NS-Religion« waren jungen Köpfen leichter einzupflanzen als erwachsenen. Auch in dieser Hinsicht konnte man von der Hitlerjugend Besonderes erwarten. Aber andererseits soll man die sogenannte weltanschauliche Schulung in der HJ nicht überschätzen. War die HJ doch bei vielen gerade deshalb beliebt, weil sie andere Aufgaben bot als der Alltag in der Schule. HJ hieß zuerst einmal: nicht lernen müssen! Freilich gehört dazu noch ein besonderes Kapitel der neuen Pädagogik, die da angewendet wurde. Weder allzuviel lernen noch allzuviel wissen sollte der junge Volksgenosse. Glauben sollte er. Und glauben lernt man nicht über den Kopf. Glaube kommt aus dem Erlebnis, aus Nachahmung in Gemeinsamkeit. Glaube läßt sich nicht so gut durch Bekenntnisse allein verbreiten und üben, denn die nehmen wieder ihren Weg über den Verstand. Statt dessen kann man sich in den rechten Glauben zum

Beispiel »einsingen«. Dabei kann man auch die eigene Stimme wie einen Beitrag zu den vielen anderen Stimmen mitbringen und im Chor die Gemeinschaft noch einmal besonders erleben. Hatte das die Konkurrenz, eben die alte christliche Kirche, nicht schon seit Jahrhunderten erkannt und praktiziert? Prozession mit Gesang – ließ sich das nicht im Zeichen der HJ viel besser machen?

In breiten Kolonnen durch eine Stadt zu marschieren, mit riesigen Fahnen, die für junge Schultern oft zu schwer schienen, mit Fanfaren und großen Trommeln oder mit dem klingenden Spiel der alten preußischen Militärmusik, das war ebenso anziehend wie einen Marinekutter zu Wasser zu lassen und sich an den Riemen zu versuchen. Natürlich war das Segelfliegen für Sechzehnjährige eine Attraktion, und für unverbesserliche Intellektuelle gab es Zuflucht in den »Kultureinheiten«, in klassischen Jugendorchestern oder Theatergruppen.

Aber die Lieder! Sie prägten eigentlich das Gemeinschaftserlebnis der vielen, die sich davon nur irgendwie anrühren ließen, vom Frühappell bei Sonnenaufgang bis zum Mitternachtsfeuer, und mit den wenigen Worten, die man eigentlich nur benötigt, um junge Menschen in der unausgesprochenen, ungeklärten und deshalb auch unaussprechlichen Art zu verbinden – einfach durch den Nebenmann, durch die Gruppe, durch den Erlebnisgehalt einer nächtlichen Waldwiese. Die Soldatentugenden einschließlich des Totenkults, die echten oder vermeintlichen Landsknechtslieder, die freundlichen Volksweisen für den Mädchenchor, und das alles so oft mit dem Eifer einer Gemeinschaftsleistung gesungen, im Marschtakt, vor Fremden, in der eigenen Runde! Die ganze Jugendbewegung ist ohne ihre Lieder unverständlich. Zu einigen hatte der Gelegenheitslyriker Schirach den Text gemacht. Im übrigen regierte Disziplin, und an der Masse von zuletzt neun Millionen Jungen und Mädchen in dieser Organisation gemessen, regierte sie effizient.

Singen war eben auch eine Frage der Disziplin. Dabei hielt sich die gesungene Gesinnung immer in der Ambivalenz von düsteren Gelöbnissen und sonnenfrohen Zukunftsverheißungen. Selbst jenes religiöse Lied, das Hitler Treue bis ins Grab gelobte, wechselte am Schluß den Tenor. Es folgt: »Wir Jungen schreiten gläubig, der Sonne zugewandt. Wir sind ein neuer Frühling im deutschen Land.« Frühling bis ins Grab!

Viele Einzelheiten zum Verständnis dieser Entwicklung, des allmählichen Mentalitätswandels, der Distanz zu den gleichwohl bemühten religiösen Gedankenschienen und der bei allem zukunftsfrohen Perspektive sind trotz der in Deutschland außergewöhnlich umfassenden und gründlichen Forschung eigentlich noch nicht genug bearbeitet. War in Deutschland nicht, als es nur einmal erweckt war, in wenigen Tagen aus dem senilen »System« ein »junges Volk« entstanden? Wurden die Deutschen nicht bald nach 1933 immer wieder als ein »junges Volk« den »vergreisten« Westeuropäern gegenübergestellt? Eine muntere Einsicht, wie schnell seinerzeit unsere Großväter wieder jung wurden! Unter ihnen spielten die Jungen nicht nur als Gruppe eigener Art eine Rolle, sondern, eingebunden in ihre Familien, wurden sie auch zu Trägern der »rechten jungen Gesinnung« in einfachen Sympathiebekundungen, und ihre Auseinandersetzungen im Rahmen des üblichen Generationengegensatzes bekamen einen »weltanschaulichen Akzent«, unbewußt oder gar absichtlich. Die Alten, die ihre eigenen Jungen so oft nicht verstehen, im Lauf des gesellschaftlichen Fortschritts besonders seit Schillers Zeiten ein literaturfähiges Thema, wurden auf einmal zu Gegnern. Eine solche Gegnerschaft war zu Schillers Zeiten neu in der deutschen Generationengeschichte. Es war auch neu in der deutschen Literatur, und dort fand es erst noch kaum Niederschlag. Nun wurden die Alten im Blick der Jungen nicht zu den konservativen Stützen des Staates, sondern zu Feinden für den erneuerten, den jungen Staat. Und wenn schon nicht zu Staatsfeinden, dann wurden sie zumindest zu Miesmachern, zu Meckerern, was beides in Hitlers Deutschland bald einen nicht ungefährlichen Sinn hatte. In Berlin 1937 zu »meckern«, das war etwas ganz anderes, als etwa im selben Jahr in Wien zu »mosern«. Mosern hieß, die resignative Art der nachhabsburgischen Wiener Weltbetrachtung mit dem Namen eines beliebten Volksschauspielers in humorige Verbindung zu bringen. Wer moserte, regte zum Lachen an. Wer meckerte, kam ins KZ.

Der Höhenflug

»Die historische Betrachtung blickt nicht ohne Irritation auf die Mitte der dreißiger Jahre zurück, als es Hitler gelang, seine im Innern bewährten Überwältigungspraktiken in der gleichen spielerischen Manier und mit unvermindertem Erfolg außenpolitisch zu wiederholen.« (Fest 1987, 663)

Hitlers Ziel war nicht nur die Revision des Vertrags von Versailles. Dieses Ziel hatten vor ihm alle deutschen Politiker mehr oder weniger entschlossen angesteuert. Man kann annehmen, daß es dafür in allen Parteien in Deutschland eine Mehrheit gegeben hätte, vermutlich auch bei den Kommunisten. Weniger groß war wohl der politische Wille, deshalb einen Krieg zu führen. Und bis in die höchsten Ränge politischer Verantwortung der ersten deutschen Republik reichte gewiß die Sorge, einen solchen Krieg verfrüht oder aus einer unsicheren Ausgangsbasis zu wagen. Hitler hatte in seine Propaganda die Revision von Versailles mit besonderen Ambitionen eingeschlossen. Er hatte damit sicher manche Zustimmung bei deutschen Konservativen gefunden und hatte darüber hinaus eine für viele selbstverständliche Leitlinie deutscher Politik angesprochen. Aber seine Ziele hatte er bekanntlich viel weiter gesteckt. Nur galt es für ihn, den Argwohn zu bannen, daß seine Regierung entsprechende Absichten auf internationalem Parkett ebenso durchsetzen wollte, wie die NS-Wahlpropaganda dies zuvor auf deutschen Straßen verheißen hatte. Schließlich war Deutschland im Oktober 1934 aus dem Völkerbund ausgetreten und seine Propaganda hatte auch sonst an der deutschen Position in der Weltpolitik keinen Zweifel gelassen. Seinen Parteigenossen gegenüber hat Hitler seine Verhüllungstaktik immer wieder einmal ausgesprochen, und erstaunlich ist, daß seine Täuschungsmanöver nicht deutlicher ans Licht drangen und kein größeres Mißtrauen fanden, in Deutschland wie in der Welt. Nicht einmal das Prinzip und die stete Wiederholung scheint durchschaut worden zu sein, obwohl er sich mitunter auch ironisch von jenen abgrenzte, die nichts als die Revision von Versailles im Kopf hatten. »Von ausschlaggebender Bedeutung war auch hier offenbar wiederum jenes Element der Doppeldeutigkeit, das zum innersten Wesen Hitlers gehört und alle seine Verhaltensweisen, seine taktischen, politischen und ideologischen Konzeptionen unverwechselbar geprägt hat.« (Fest 1987, 664)

Gelegentlich konnte Hitler in diesem Zusammenhang auch deutlich werden, aber nur in solchen Situationen, in denen er sich in vertrautem Kreis wußte und sich gläubiger Zuhörer sicher war. Eine solche Gelegenheit war wohl eine Geheimrede vor Kreisleitern auf der Ordensburg Vogelsang im April 1937. Sie galt nicht der Außenpolitik. Sie galt der jüdischen Frage, aber sie offenbart sein Vorgehen allgemein. »Ich will ja nicht gleich einen Gegner mit Gewalt zum Kampf fordern«, erläutert er. »Ich sage nicht Kampf, weil ich kämpfen will, sondern ich sage: Ich will dich vernichten. Und jetzt, Klugheit, hilf mir, dich so in die Ecke hinein zu manövrieren, daß du zu keinem Stoß kommst, und dann kriegst du den Stoß ins Herz hinein.« Sehen wir ab von der Brutalität, der Lust, mit der er die finale Aktion seiner Unternehmungen schildert: Wichtig ist die Verschleierung seiner Ziele, mit denen er diese Aktion zunächst verdeckt: »und jetzt, Klugheit, hilf mir!« (Friedländer 1998, 206 zitiert diese Rede auch mit den Begleitumständen der erhaltenen Tonaufnahme, wonach sie in einem »Und das ist es!« endet, in höchster Lautstärke wie in einer »orgiastischen Explosion«.)

Genau die von ihm hier angesprochene Klugheit half Hitler, zunächst ein gutes Verhältnis zur katholischen Kirche zu suchen, jener Institution, deren Bedeutung er als österreichischer Katholik aus seinen Vorkriegserinnerungen gewiß nicht unterschätzte und deren hierarchische Geschlossenheit ihn ebenso beeindruckte, wie ihn ihr ungebrochener Einfluß auf ihre Gläubigen vorsichtig machte. Das Zentrum, die politische Partei der deutschen Katholiken, war im März 1933 durch falsche Versprechungen zur Zustimmung für das Ermächtigungsgesetz gelockt worden. Am 20. Juli wurde dann ein Konkordat mit der römischen Kurie geschlossen, dem in Deutschland viel Anerkennung folgte, während es im Ausland viele Politiker auf Hitlers Mäßigung als Regierungschef hoffen ließ. Ende September begann dagegen für die weniger geschlossene Organisation der evangelischen Christen ein geschickt genützter Streit zwischen einem amtlich geförderten »Reichsbischof« der Deutschen Evangelischen Kirche, Ludwig Müller, und einem von Pastor Martin Niemöller geführten »Pfarrernotbund«. Die innere Auseinandersetzung wurde bis 1945 nicht entschieden. Weder die eine noch die andere Entwicklung hinderte die nationalsozialistische Kirchenaufsicht, gegen oppositionelle Pfarrer beider Konfessionen einzuschreiten bis zu Todesurteilen, auch schon vor der Verschärfung der ideologischen Auseinandersetzung in Kriegszeiten. Leider nahmen die einen wie die anderen Kirchenleitungen solche Verfolgungen ihrer Getreuen im allgemeinen hin.

Schien dem Christentum, vor allem dem geschlossen und international agierenden katholischen, ein weithin sichtbarer Spielraum sicher, um außen wie innen gegen Hitler nicht zu opponieren, so drohte innerhalb Deutschlands wie auch für Hitler selbst die Gefahr einer Rebellion in den eigenen Reihen. Wieder eine List: Hitler behauptete die aktuelle Gefahr einer Revolte durch die halbmillionenstarke paramilitärische SA, und das wurde sein Vorwand für einen Überfall auf das Hauptquartier des obersten SA-Führers Ernst Röhm in Bad Wiessee, garniert mit der Nachricht von der an der Spitze der SA verbreiteten Homosexualität. Röhms entsprechende Neigung war in Wirklichkeit seit langem bekannt und geduldet worden. Nun diente sie auf einmal zu seiner Diffamierung, während etwa 100 Menschen (Thamer 1994, 300 im Vergleich mit kleineren Zahlen in Ploetz 1981, 941) standrechtlichen Erschießungen oder Mordkommandos in ihren Wohnungen zum Opfer fielen, darunter Hitlers seit Januar 1933 nicht mehr aktiver einstiger Helfer und zweiter Mann in der Partei, Gregor Strasser, und Hitlers Vorgänger im Kanzleramt, der General von Schleicher, der mit Strasser im Januar 1933 die Spaltung der NSDAP versucht hatte. Hitler gewann sogar das Reichsgericht in Leipzig zur Kollaboration. Es deklarierte nämlich bereits am 4. Juli, am vierten Tag nach dem Beginn der fälschlich so benannten »Röhm-Revolte«, die Berechtigung der Morde aus »Staatsnotstand«. (Höhne 1984)

Vor kritischen Beobachtern war das sicher eine gewagte Aktion. Aber nun fanden sich schon recht viele Beobachter, für die der Zweck die Mittel heiligte. Denn Röhms Forderung nach einer »Zweiten Revolution« hatte Besorgnis erregt, und die Beseitigung der militanten Konkurrenz für die reguläre deutsche Armee sicherte Hitler fortan das Wohlwollen der Reichswehr, wiewohl zwei Generäle unter den Opfern waren. Röhms SA war in Deutschland für viele so sehr mit Mord und Gewalt verbunden, daß man die Liquidierung ihrer Führung trotz einer Reihe unzusammenhängender Mordaktionen mit sogar irrtümlichen Opfern für einen »Akt politischer Moralität und Gerechtigkeit« anzusehen sich bereit fand. (Kershaw 1980, 70) Das allerdings zeigt auch wieder den Verfall der Rechtsstaatlichkeit bei den Beobachtern: wo mit politischem Maß »Moralität« gemessen wird, ist das für alle erkennbare und verbindliche Maß an Rechtlichkeit verlorengegangen. Jedoch: »Die Erbarmungslosigkeit des Vorgehens und die Rücksichtslosigkeit, mit der man sich dabei über rechtsstaatliche Normen hinwegsetzte, steigerten die Popularität des ›ordnungsstiftenden‹ Führers ...« (Thamer 1994, 333)

Am 2. August dieses Jahres 1934 verstarb Hindenburg. Hitler quittierte das mit einem Gesetz zur Abschaffung des Amtes, und das war formal ein Bruch der Weimarer Verfassung. Statt einen neuen Präsidenten wählen zu lassen, zog er per Gesetz vom selben Tag das Amt an sich, konstruierte den Titel »Führer und Reichskanzler« und die Anrede »Mein Führer«. Noch am Abend des Tages wurde die Reichswehr auf ihn persönlich vereidigt anstatt auf die Verfassung. Das war ein neuer Verfassungsbruch, aber er geschah so rasch, daß den Mißtrauischen keine Zeit zu Reaktionen blieb. Dieser Eid wird dem »opportunistischen Eifer« des Reichswehrministers Blomberg zugeschrieben. (Fest 1987, 651) Die deutsche Beamtenschaft, einschließlich der Reichsminister, leistete in den folgenden Wochen einen ähnlichen Eid. Nicht die Verfassung, sondern »der Führer« bildete fortan den Kern der deutschen Staatstreue wie zu Kaisers Zeiten. Damit war das republikanische Element aus den Angeln gehoben, war der Boden des republikanischen Denkens verlassen, und wollte man diesen Schritt sarkastisch sehen, könnte man sich an den Kommentar des Königs von Sachsen von 1918 erinnern: »Ihr seid mir scheene Rebubliganer ...«

Das Thema war ernster. Hitler hatte das Bedürfnis, eben diesen Schritt zu rechtfertigen, und verordnete deshalb wie in einer »Blitzumfrage« eine Volksabstimmung binnen zweier Wochen zum 19. August. Immerhin 84,6 Prozent der abgegebenen Stimmen hießen die Neuerung gut. Das war, nach allem Propagandaaufwand, eigentlich kein allzu ermutigendes Votum für den künftigen »Führerstaat«, besonders wenn man die geringe Beteiligung beachtet. Im November 1933 hatten Reichstagswahlen immerhin 92 Prozent der Stimmen für die Einheitsliste der NSDAP ergeben. In manchen Regionen gab es jetzt beinahe ein Drittel Gegenstimmen. (Fest 1987, 655; Thamer 1994, 338)

Dennoch: Der »Führerstaat« war formal vollendet, und es hätte keiner besonderen Anstrengungen bedurft, sich der letzten Mißtrauischen zu versichern, wäre es nicht darum gegangen, die Deutschen in einen nächsten Krieg zu führen. Der erforderte die Zustimmung möglichst aller, mit Lockungen und Drohungen. Zunächst aber mit möglichst gegenläufigen Aktionen. Niemand hatte vor Hitler an politisch verantwortlicher Stelle die extreme Losung vom künftigen deutschen »Lebensraum im Osten« ausgegeben, wie sie die Alldeutsche Bewegung schon um die Jahrhundertwende für nicht allzu viele ihrer Enthusiasten proklamiert hatte. Also schien es Hitler wichtig, seine Forderungen aus der Kampfzeit erst einmal zu verschleiern.

Hitler hatte im Januar 1934 einen Nichtangriffs- und Wirtschaftspakt mit Polen geschlossen. Zweifellos im Rahmen seiner Taktik und ohne einen Augenblick von seinem Ziel abzuweichen, Osteuropa an sich zu reißen, schuf er damit doch, weniger in Deutschland, als hauptsächlich in Polen und in der internationalen Welt, den Eindruck der Friedfertigkeit, der Konzentration auf die inneren deutschen Affären und mehr noch: der freundlichen Unterstützung gerade jenes Staates, der bisher als einziger unter den Europäern der sowjetischen Aggressivität, wie sie sich auch immer äußern mochte, siegreich entgegengetreten war. (Roos 1979) War Pilsudski doch im März 1920 bis Kiew vorgestoßen und hatte danach im Oktober den Gegenstoß der Roten Armee im »Wunder an der Weichsel« abgeschlagen. Polen zählte zu den Garanten des europäischen Systems von Versailles.

Zur selben Zeit mußte Polen aber auch seine Westgrenzen definieren. Seit der Aufteilung des alten Königreichs an die preußischen, russischen und österreichischen Nachbarn an allen Grenzen mit jeweils sehr gemischten Bevölkerungsanteilen im 18. Jahrhundert hatte vornehmlich die preußische Germanisierungspolitik ab 1880 und dazu der alte Prozeß des Landesausbaus mit deutschen Zuwanderern und sprachlicher Eindeutschung in den schlesischen Herzogtümern die Bestimmung von Sprach- und Mehrheitsgrenzen über Volksabstimmungen zu einem Lebensproblem der polnischen Westpolitik gemacht. Um Oberschlesien war trotz Volksabstimmung unter alliierter Aufsicht gekämpft worden. Drei aufeinanderfolgende polnische Aufstände in dem Deutschland zugesprochenen Teil Oberschlesiens hatten nicht zum Ziel geführt, der dritte gipfelte in der »Schlacht um den Annaberg«, den ein deutsches Freikorps im Mai 1921 erstürmte. Die Schlacht wurde zum Mythos und beflügelte noch die polnische Legion im Kampf um Monte Cassino 1944. Aber auch in Deutschland »spitzte sich damals der Kampf um die Grenzen dramatisch zu«, und am Ende »kannte die deutsche Enttäuschung« über die »Zerreißung des nach dem Ruhrgebiet größten industriellen Ballungsraums keine Grenzen«. (Hoensch 1979, 254 f.) Allein schon die deutschen Rücksiedler aus Polen hielten das Thema lebendig. Der deutsch-polnische Vertrag schob es mit einem Federstrich beiseite, zugunsten der gemeinsamen Abwehrfront gegen die Sowjetunion. Hitler, so schien es, verstand sich auf großzügige Friedenspolitik.

Er verstärkte den Ruf seines friedlichen Revisionismus bald durch eine neue diplomatische Aktion. Sie zielte nach Westen. Dort war vertragsgemäß im Januar 1935 das Saargebiet nach einer Abstimmung an Deutschland zurückgegeben worden, und man muß das neunzigprozentige Ergebnis nicht für einen Erfolg der Nationalsozialisten halten, wiewohl sie ihn dafür in Anspruch nahmen und sich des musikalischen Slogans »Deutsch ist die Saar« zur Melodie des Bergmannsliedes »Glückauf« bemächtigten. Hitlers Erfolg war das nicht. Aber er machte doch Eindruck in Deutschland und gewann internationale Sympathien mit einem britisch-deutschen Flottenabkommen, das die deutsche Seerüstung begrenzte, zugleich aber auch überhaupt anerkannte, wiewohl sie dem Versailler Vertrag zuwiderlief, und mehr noch: Das Flottenabkommen begleitete Hitlers »Königsgedanken« (Fest 1987, 670; Thamer 1994, 529) einer Aufteilung der Weltherrschaft zwischen einer britischen Seemacht und einer deutschen Landmacht, eine Idee, die ganz mit dem großen Plan für die Eroberung Osteuropas korrespondierte. Wenn man immer wieder einmal von Hitlers Jugendeindrücken spricht, die dem künftigen Diktator bleibende Inspirationen vermittelten, dann wird man diesen »Königsgedanken« nicht unbeachtet lassen. Die Briten hatten eine solche Idee in den Vertragstext nicht eingeschlossen. Aber Hitler las sie heraus, es inspirierte seine Vorstellungen von der Herrschaftsaufteilung unter die beiden einander so ähnlichen Rassen, und es zählte zu seinen folgenschweren Fehlern, daß sich vier Jahre später die britische Politik nicht an seine Phantasmen gebunden fühlte.

Vor allem anderen aber war dieser Vertragsabschluß vom 18. Juni 1935 ein wirklicher Erfolg seiner Politik in deutschem Ansehen. Freundliche Intentionen gegenüber England waren populär, sie betrafen schon die Verwandtschaftsverhältnisse im Kaiserhaus und reichten mindestens bis zum Tausch von Helgoland gegen Sansibar von 1890. Sie hatten stets einen Platz in der deutschen politischen Weltsicht. Sie wurden wiederbelebt und mit Hitlers diplomatischem Geschick verbunden, das vielen weitsichtiger erschien als die kaiserliche Politik samt ihrer Verwandtschaft. Im alten Kaiserreich hatte seinerzeit das Wettrüsten mit England zu unnötigen Spannungen geführt, die Idee von der deutschen Großmacht zur See irritierte die Engländer und erwies sich doch im Weltkrieg als nutzlos. (von Krockow 1992, 80; Ulrich 1997, 193 ff.) »Der ungeheure außenpolitische Erfolg des Flottenabkommens mit England festigt Hitlers Stellung aufs bedeutendste«, schreibt Victor Klemperer in seiner inneren Emigration am Rand von Dresden resigniert in sein Tagebuch. (Klemperer 1996, 206)

Mit dem Flottenabkommen war auch eine dunkle Wolke im Süden von Hitlers Horizont gewichen. Noch im April 1935 hatten Großbritannien, Frankreich und Italien gegen deutsche Verletzungen des Vertrags von Versailles gemeinsam vorgehen wollen. Deutschland hatte zuvor nämlich vertragswidrig die allgemeine Wehrpflicht wieder eingeführt. Die »Wehrmacht« war entstanden und hatte das Berufsheer der »Reichswehr« abgelöst. Als aber Hitler Italiens Abessinienfeldzug unterstützte, gegen das Votum des Völkerbunds, wich die italienische Gegenstellung einer Bündnisbereitschaft beider Diktaturen. Die »Achse Berlin-Rom« wurde zwar erst im Oktober 1936 beschlossen. Aber die beiden Regimes, die man heute miteinander als »faschistisch« bezeichnet, sahen sich nach anfänglicher Gegnerschaft schon gegenüber dem französischen Beistandspakt mit der Sowjetunion im Mai 1935 und der Aufnahme der Sowjetunion in den Völkerbund im September Seite an Seite. Gemeinsam beschlossen sie auch, Franco in Spanien zu helfen. Inzwischen folgte die Tschechoslowakei dem französischen Vorbild mit einem wechselseitigen Beistandspakt, der nur äußerlich den politischen Absichten angenähert war. In seiner Substanz war er nutzlos. Denn während Frankreich im Bedarfsfall dem möglichen Gegner, Deutschland also, mit einem Zweifrontenkrieg drohen konnte wie 1914, war eine vergleichbare Drohung aus Prag für die deutsche Politik irrelevant, und ein direkter sowjetischer Beistand, der drei Jahre später tatsächlich lebensrettend für den kleinsten Staat der »kleinen Entente« gewesen wäre, nachdem Frankreich seine Verpflichtungen nicht erfüllte, scheiterte, weil es keine direkten Landverbindungen zwischen der Tschechoslowakei und der Sowjetunion gab und nicht einmal wohlwollende Nachbarn. (Pfaff 1997) Weder mit Polen noch gar mit der Republik Österreich unterhielt die Tschechoslowakei Verteidigungsbündnisse, wiewohl diese direkten Anrainer Deutschlands sich doch zuallererst gleichermaßen bedroht fühlen mußten, hätten sie nur überhaupt die Politik Hitlers gemeinsam durchschaut. Die Tschechoslowakei jedenfalls hatte mit dem Beistandspakt mit der Sowjetunion, auch wenn er die Hilfe Frankreichs zur Bedingung der sowjetischen Hilfsleistung machte, das Gesetz ihres Daseins verlassen. Sie war als Glied eines cordon sanitaire gegen das revoltierte Rußland 1919 ins Leben getreten.

Als der französisch-sowjetische Vertrag vor seiner Ratifizierung Anfang 1936 auf starke Bedenken in der französischen

Öffentlichkeit stieß, die längst ihre eigene »Volksfrontregierung« unter Léon Blum mit ihrem heimischen Antisemitismus und mit antikommunistischem Mißtrauen betrachtete, nützte Hitler die internationale Uneinigkeit und ließ am 6. März 1936 die nach dem Versailler Vertrag bisher »entmilitarisierte« Zone links des Rheins besetzen. Das war wieder eine Unternehmung, die man im Ausland nur halbherzig verurteilte, ähnlich wie die Einführung der allgemeinen Wehrpflicht, weil man im Grunde die Ausnahme eines Territoriums von der allgemeinen Staatshoheit 1918 nur für eine vorübergehende Maßnahme gehalten hatte. Und sowohl in Frankreich wie auch in England gab es Politiker, die Hitler nach vorangehenden Spannungen mit der Sowjetunion eigentlich gar nicht so wirklich übel wollten. Der Coup gelang, der Erfolg war deutlich, wenn auch nicht übermäßig, weil viele Deutsche eher den Frieden gefördert als die Wehrbereitschaft gestärkt sehen wollten.

Aber es war doch wieder ein Schritt auf Hitlers Weg, der sich in die Propaganda von der wiedererstarkenden Größe und von der allgemeinen Friedenspolitik Hitlers ummünzen ließ. In diesen Zusammenhang gehörte besonders die Vergabe der Olympischen Spiele nach Deutschland. Nach dem Weltkrieg zunächst von diesem Fest der Völkerverständigung ausgeschlossen, zählte Hitlers Deutschland nun wieder zu den Gastgebern und war bemüht, alles Ansehen zu nutzen, das in der westlichen Welt mit diesem Fest verbunden war. »Wir rufen die Jugend der Welt« hieß die deutsche Losung unter den fünf bunten Ringen. Im Februar 1936 wurden zunächst die bayerischen Alpen vorgeführt, mit Garmisch-Partenkirchen als Austragungsort, das man von München auf einer neuen Autostraße rasch erreichte. Im Sommer in Berlin wurden dann alle Register der Propaganda gezogen. Ab und zu war unter den deutschen Olympioniken noch einer oder eine, den eigentlich die Nürnberger Gesetze getroffen hätten, und unangenehm für das Rassedenken waren auch einige farbige Sieger aus den USA. In den Besucherzentren waren zuvor diskret die infamen Schilder verschwunden, die jüdische Geschäfte brandmarkten. Und nicht nur die Jugend der Welt ließ sich täuschen, sondern auch mancher erfahrene Diplomat.

Die ersten Distanzierungen störten nicht: Pius XI. erließ im März 1937 eine Enzyklika, die »mit brennender Sorge« Deutschlands Kirchenpolitik verurteilte. Sie durfte nicht von den Kanzeln verlesen werden. Eine zweite, weitergehende, verhinderte der Tod des Papstes. Hjalmar Schacht, der Architekt von Hitlers »Wirtschaftswunder«, wurde im November 1937 auf eigenen Wunsch als Wirtschaftsminister entlassen. Der Präsident des Internationalen Roten Kreuzes, Carl Jakob Burckhardt, besuchte in diesem Jahr die deutschen Konzentrationslager und da besonders Carl von Ossietzky, den Friedensnobelpreisträger von 1935, der das KZ nicht hatte verlassen dürfen, um seinen Preis entgegenzunehmen. Der Besuch war nicht mißzuverstehen, trotz eines sehr vorsichtigen Berichts. Ossietzky starb ein paar Monate später im Mai 1938 in einer Berliner Klinik. Aber die Sorge um die öffentliche Meinung hatte bis dahin Hitler und seine engsten Mitarbeiter bereits von der Vorsicht nach allen Seiten weg und zu rüden Ausfällen geführt.

Seit Ende 1937 lief nämlich die nächste Stufe der zielbewußten Kriegspläne. Hitler erläuterte den Oberbefehlshabern der drei Wehrmachtsteile am 5. November die »Nahziele« seiner künftigen Ostraumpolitik. Sie richteten sich auf Österreich und die Tschechoslowakei. Aber das blieb unter höchster Geheimhaltung. Und auch seine Opponenten operierten ganz im Geheimen. Denn jeder Widerstand unter Generälen und Diplomaten mußte im Hinblick auf die Popularität des Führers äußerstes Geheimnis bleiben: Hitlers Erfolgsschiene außen wie innen, vor den Arbeitern wie vor den Intellektuellen, vor allem jener, die seit drei Generationen die gute Sache der deutschen Nation zu ihrem Anliegen gemacht hatten, hätte kaum irgendeine Opposition gerechtfertigt. Im Rückblick auf die letzten zwanzig Jahre hätten wohl drei Viertel aller Deutschen eben diesen Hitler zum erfolgreichsten deutschen Politiker erklärt und allenfalls seine antijüdische Politik für einen kleinen Schönheitsfehler gehalten, zumal die Betroffenen selbst bis dahin noch immer nicht die Flucht aus Deutschland um jeden Preis angetreten hatten. Noch lebten 360 000 jener Deutschen in Deutschland, die bald zum Ziel von Vernichtungsaktionen werden sollten. (Friedländer 1998, 272) Noch sang und marschierte die deutsche

Jugend in glänzenden Paraden auf den Reichsparteitagen in brauner, in schwarzer und in grauer Uniform mit Spaten und Gewehr. Noch übten sich tausende Journalisten und Dutzende Universitätsprofessoren am deutschen Geist und seiner Verbreitung. Noch stand der Höhepunkt von Hitlers Diplomatie bevor: eben jene »Nahziele« an den Reichsgrenzen im Süden und Südosten, auf die er seine kaum ein Jahr alte Wehrmacht Anfang November einzuschwören begann.

Auf dem Gipfel

Einer der wenigen ehrlich um ein demokratisches Zusammenleben von Tschechen und Sudetendeutschen in der Tschechoslowakischen Republik, um deutsche Loyalität und um soziale wie nationale Gerechtigkeit bemühten deutschen Politiker – deren es nicht viele gab – hat mir im Lauf unserer mehr als zwanzigjährigen Bekanntschaft dreimal die folgende Geschichte erzählt:

Nach dem 13. März 1938 habe er um eine Audienz beim tschechoslowakischen Staatspräsidenten Edvard Beneš gebeten. Sie wurde ihm gewährt. Da habe er den Präsidenten mit Nachdruck auf die veränderte Situation in Mitteleuropa nach dem »Anschluß« Österreichs an das Deutsche Reich und auf die unmittelbare Gefahr eines deutschen Angriffs auf die Tschechoslowakei hingewiesen. Er wußte sich besonders von Freunden im Ausland informiert über Hitlers bevorstehende Pläne zur Liquidierung der Tschechoslowakei. Und er sprach nicht nur im eigenen Anliegen, sondern er sollte zugleich die Sorgen einiger politischer Freunde vortragen. Er sah die Tschechoslowakei seit dem Einmarsch der deutschen Wehrmacht in Österreich am 13. März von drei Seiten bedroht. Deshalb ersuchte er den Staatspräsidenten zum einen um dringende Klärung sudetendeutscher Wünsche, um den Krisenherd im Innern des Landes zu beruhigen, zum anderen darum, außenpolitische Hilfe zu mobilisieren, und schließlich insgesamt um größte Alarmbereitschaft. Zugleich offerierte er seinerseits alle Bemühungen der Demokraten in der Tschechoslowakei, den Staat geschlossen zu verteidigen.

Jener Mann zählte nämlich zu den deutschen Politikern, mit denen die tschechoslowakische Regierung seit langem im Gespräch und in unmittelbarer politischer Zusammenarbeit stand. Er war einer der sogenannten »Aktivisten«, Parlamentsabgeordneter und Vertreter einer der Parteien, die von 1926 bis 1935 die Mehrheit der deutschen Stimmen im tschechoslowakischen Parlament inne hatten, eine gute Mehrheit, zwei Drittel aller deutschen Stimmen: Christlichsoziale, Sozialdemokraten, Landbündler; und deren Vertreter seither ununterbrochen als Minister im tschechoslowakischen Kabinett saßen, ein lebendiger Beweis, daß in diesem Staat nicht ohne und über die Deutschen regiert wurde, und daß man trotz der Agitation der Extremisten auf beiden Seiten nach einem guten, vor allem nach einem demokratischen Vertrauensverhältnis suchte.

Mit einem solchen Politiker also sprach der tschechoslowakische Präsident. Er hatte ihm offenbar auch seinerseits etwas mitzuteilen und ihn deshalb zur Audienz empfangen. Er hörte, so die Erzählung, seine Sorgen an und zeigte ihm daraufhin eine Landkarte, auf der in das tschechoslowakische Staatsgebiet eine Reihe von sowjetischen Stützpunkten eingezeichnet gewesen sei, die im Sinn des bekannten tschechoslowakisch-sowjetischen wechselweisen Hilfs- und Verteidigungspaktes errichtet waren und besonders als Basen der sowjetischen Luftflotte die Bedrohung aus Deutschland abwehren sollten. Nach dieser Landkarte war die Tschechoslowakei nicht von drei Seiten durch Deutschland bedroht, sondern sie schob sich wie eine Faust weit in das Gebiet des Deutschen Reiches und war imstande, ihrerseits nach drei Seiten Bedrohung zu verbreiten. Das war gerade die umgekehrte Interpretation desselben Bildes, das den sudetendeutschen Abgeordneten besorgt gemacht hatte. Und deshalb, habe der Präsident ihm gesagt, solle er sich keine Sorgen um die Zukunft des Staates machen. Der sowjetische Beistandspakt werde es schützen. Den Beistandspakt mit der Sowjetunion hatte die Tschechoslowakei gerade drei Jahre vorher geschlossen, am 15. März 1935. »Im Jahr 1938 war die sowjetische Luftwaffe immer noch die größte der Welt.« (Bullock 1996, 771)

Der Erzähler, überzeugter Katholik und Abgeordneter der Deutschen Christlichsozialen Partei im tschechoslowakischen Parlament, seit Jahren einer der führenden Köpfe einer deutsch-tschechischen Ausgleichspolitik, hat danach nichts mehr getan, um den Präsidenten zu warnen. Er sah auf dieser Karte seine Heimat auf einmal von einem Netz sowjetischer Militärbasen überzogen und fühlte sich vor der Alternative: Hitler oder Stalin. Da entschied er sich im stillen für Hitler. Er ergab sich in das Schicksal, das die Sudetendeutsche Partei im geheimen und natürlich auch ohne sein Wissen gerade in denselben Tagen in direkter Übereinkunft mit Hitler dem Land bereitete. Und er ist ein gutes Exempel für die Tragik der Sudetendeutschen. Es gibt auch schlechte.

Einen harten politischen Opponenten der Tschechoslowakei zum Beispiel, der meinen Gewährsmann freilich an Alter, sozialer Stellung und Arroganz bei weitem überragte: Dieser Mann hatte schon im sogenannten Österreichischen Reichsrat der Vorkriegszeit gesessen, im Wiener Parlament, und hatte nach dem Krieg im Herbst 1918 in voller Unfähigkeit zum politischen Kompromiß und auch ganz gegen den Rat der reichsdeutschen Diplomatie mit einigen Gesinnungsgenossen seines Formats das Selbstbestimmungsrecht für die nun zum erstenmal in der Geschichte von ihren tschechischen Landsleuten in Böhmen und Mähren politisch isolierten Deutschen gefordert. Die Forderung war töricht. Sie bezog sich zwar auf das Programm, das Wilson als Kriegsziel seinen amerikanischen Repräsentanten und Senatoren im Januar 1918 in 14 Punkten genannt hatte, aber eben dieses Programm ist niemals auch nur von einer, geschweige denn von allen kriegführenden Mächten als Friedensbedingung den Besiegten offeriert worden. Um so weniger konnten sich die Deutschen im besiegten ehemaligen Österreich-Ungarn darauf berufen. Dieser Mann scheiterte also Anfang 1919 mit seinen politischen Vorstellungen, er floh aus der neuen Tschechoslowakei, wurde amnestiert und kehrte wieder zurück, gründete nun selber eine politische Partei, kam mit ihr 1921 ins erste tschechoslowakische Parlament, scheiterte dann aber mit ihr bei den nächsten Wahlen von 1925 und schied aus der Politik aus.

Auch dieser Mann war im Frühjahr 1938 besorgt um die weitere Entwicklung. Privatmann, der er inzwischen seit 13 Jahren war, beschränkte er sich darauf, einen Essay zu schreiben, um wenigstens mitzureden. Freilich konnte er nur erwarten, auf deutscher Seite mitzureden. Da publizierte er im April 1938, wenige Tage nach dem für den christlichsozialen »Aktivisten« so enttäuschenden Gespräch mit dem tschechoslowakischen Staatspräsidenten, einen Artikel in einer rechtsradikalen deutschen Zeitschrift, die in der Tschechoslowakei ziemlich unbehelligt seit 1930 erschien. Nachdem er reichlich Spott über die »Herren Professoren von Versailles« ausgegossen hatte, empfahl er ein ganz anderes Minderheitenkonzept, als man es dort 1919, freilich mit allen Mühen und Unzulänglichkeiten, den neuen ostmitteleuropäischen Staaten abgerungen hatte: Er empfahl, nationale Minderheiten kurzerhand zu vertreiben und ein Europa aus einheitlichen Nationalstaaten zu schaffen.

Es ist sicher, daß er nicht die drei Millionen starke deutsche Minderheit in der Tschechoslowakei vertrieben wissen wollte. Er dachte bei seiner seltsamen Empfehlung offensichtlich bereits im April 1938 an eine neue Grenzziehung, nach der es möglichst wenig Minderheiten auf beiden Seiten geben sollte. In diesem Sinn sollte dann wohl, im Hinblick auf Streusiedlungen und Sprachinseln, ein Bevölkerungstransfer der Homogenisierung dienen. Der Autor erinnerte jedenfalls an eine solche Lösung zur Zeit der Konfessionskriege in Europa, die wegen der religiösen Einheitlichkeit ähnliche Konsequenzen gezogen hatte und bekannte Umsiedlungen gerade auch in Böhmen und Mähren auslöste. Er wollte durch diesen historischen Rückblick ausdrücklich die Furcht vor einem solchen Unternehmen nehmen. Und er erhoffte wohl allgemeine Zustimmung mit der Forderung, bei den Juden mit einer solchen Maßnahme zu beginnen und empfahl wörtlich »eine Umsiedlung dieses zur Unruhe gewordenen Elementes unter Mitwirkung ganz Europas...« (Seibt 1998, 365; dort auch Einzelheiten) Die beiden Politiker heißen Hans Schütz und Rudolf Lodgman von Auen.

Man muß sich erinnern: Tatsächlich ist damals in verschiedenen Ländern, in Deutschland wie auch in Frankreich, eine Ansiedlung von Juden, besonders von solchen, die wegen Hitlers Politik aus Deutschland emigrieren wollten, im französischen Mandatsgebiet Madagaskar erwogen worden. Auch sprach man von einer begrenzten Ansiedlung im britischen Mandatsgebiet Palästina. Hatte der Autor durch seine Verbindung ins Ausland von solchen Plänen erfahren? Darüber hinaus wünschte jener altösterreichische Reichsratsabgeordnete ein »Diktat der vier europäischen Großmächte gegen kurzsichtige Widerspenstige«, um nach seinem Rezept Europa in Ordnung zu bringen. Vier Monate später diktierten eben jene vier Großmächte in München der widerspenstigen Tschechoslowakei die Abtretung des seit einiger Zeit auch international sogenannten Sudetengebietes an das Deutsche Reich.

Die deutsche Propaganda bemühte unentwegt die »historische Stunde«. Deshalb sollte man wohl die Historie zu Rate ziehen. Denn auch auf diesem Feld hat Hitler keine anderen Ziele verfolgt als solche, die bereits seit der Bewußtseinsbildung der deutschen Nation, seit dem Untergang des alten römisch-deutschen Kaiserreiches 1806 und dem Aufstieg eines neuen republikanisch-nationalen Wunschbildes um die Revolution von 1848 im Schwange waren, historische Ziele also. Damals, als sich nach französischem Vorbild die deutsche Nation in Frankfurt versammelte, um sich eine Verfassung zu geben, hatte man in selbstverständlicher Inanspruchnahme auch die Deutschen aus dem habsburgischen Kaiserreich zur Teilnahme eingeladen, und so saßen in der Paulskirche Abgeordnete aus Ober- und Niederösterreich, der Steiermark, Kärnten und Tirol, sowie aus Böhmen und Mähren. Ja, der Präsident der Frankfurter Nationalversammlung war selbst ein »Österreicher«, kein Geringerer als der steierische Landeshauptmann Erzherzog Johann, auch wenn oder gerade weil er in seiner eigenen Familie als enfant terrible galt – vielen Menschen war damals der hochadelige Habsburger im »grauen Rock des Volkes«, übrigens der Urvater unserer Trachtenmoden, unstandesgemäß verheiratet mit der Wirtstochter von Bad Aussee, das besondere Vorbild für einen rechtschaffenen Deutschen. Zwar hatte der führende tschechische Intellektuelle, der große Historiker Franz Palacký, ebenfalls zur deutschen Nationalversammlung nach Frankfurt eingeladen, den Deutschen in einer generationenlang nachwirkenden Lektion erklärt, daß er dorthin nicht gehöre, weil er Tscheche sei, und damit seinem eigenen Volk sozusagen einen internationalen Reisepaß beschert. Aber mehr als sechzig deutsche Abgeordnete aus den böhmischen Ländern, Vorfahren der künftigen Sudetendeutschen, kamen nach Frankfurt und beklagten schließlich die endgültige »kleindeutsche« Entscheidung des Parlaments, die Millionen Deutscher im Süden des alten Reiches von ehedem aus dem geplanten neuen deutschen Staatswesen ausschloß, ebenso wie zwanzig Jahre später die Verwirklichung einer solchen Staatsgründung durch Bismarck.

Im preußischen Geschichtsbewußtsein, das 1871 das neue deutsche Kaiserreich dominierte, blieb dieser Ausschluß weniger bewußt. Manche deutsche Historiker nehmen ihn in seiner Auswirkung auf die nationale Mentalität noch heute kaum zur Kenntnis. (von Krockow 1992) Die Rabulistik der Alldeutschen wie die antislawische Komponente der »deutschbewußten« Österreicher in der Habsburgermonarchie waren vom Bewußtsein des Ausschlusses bei der »kleindeutschen« Gründung des deutschen Nationalstaats von 1871 genährt, und das Bemühen, sich immer wieder als die »besseren Deutschen« zu zeigen, hatte da seine Wurzeln. Dem Österreicher Hitler lag sie natürlich besonders nahe. Den siebzig Millionen Deutschen ließ sich zumindest deutlich machen, daß sich im Laufe des Jahres 1938 ihre Zahl durch Österreicher und Sudetendeutsche um zehn Millionen vermehrt habe. Goebbels' Propaganda trieb diesen Erfolg geradezu ins Orgiastische. »Achtzig Millionen hinter mir!« wurde zum Begriff für Hitlers neue Position in Europa bis in den karikierenden Sprachgebrauch.

Die Aufeinanderfolge der Schritte zeigte das gleiche taktisch geschickte Vorgehen Hitlers wie bei der Ausschaltung aller möglichen Gegner in der deutschen Innenpolitik nach 1933. Nur konnte man die außenpolitische Entfaltung des Kalküls weit anschaulicher propagandistisch ausschlachten. Solcher Darstellungen bemächtigte sich die Propaganda sofort bis in die Schulzimmer, um allen Volksgenossen die hitlersche Generalstabskunst vorzuführen: Zunächst die Rheinlandbesetzung, dann das Saargebiet, dann die »Achse« mit Italien, das noch drei Jahre zuvor gegen eine Annektierung Österreichs eine drohende Haltung eingenommen hatte; danach eine Nutzanwendung des »großdeutschen Willens« in Österreich, der sich tatsächlich seit Kriegsende 1918 immer wieder einmal gezeigt hatte, aber jetzt bei Vermeidung einer Volksabstimmung, die womöglich noch dreißig, vierzig Prozent Gegenstimmen ergeben hätte, vollzogen wurde. Hitler argumentierte statt dessen mit einem bestellten Hilferuf aus Wien, dem folgte der Einmarsch der Wehrmacht, und der löste einen überbordenden Jubel der Bevölkerung aus, nicht genau meßbar, aber für alle sprechend, und erfuhr die schweigende Zustimmung der Garantiemächte des Versailler Friedens.

Mit der gesamten Wendung seiner Politik rüttelte Hitler nicht etwa im Osten an den Versailler Bestimmungen, so wie er zuvor im Westen mit dem Einmarsch ins Rheinland einen Coup aus dem Handgelenk probiert hatte. Er ging überhaupt nicht auf den geographischen Bahnen der klassischen deutschen Außenpolitik, die nach Polen und nach Rußland wiesen, und er argumentierte auch nicht so. Sein Schlagwort hieß vielmehr: »Alle Deutsche in ein gemeinsames Reich!« Dergleichen hatte die deutsche Diplomatie noch niemals verlauten lassen. Hitler ging einen Weg, den seine Diplomaten nicht kannten, sowenig er im Repertoire der internationalen Diplomatie zu finden war. Auch entsprach er nicht den herkömmlichen Generalstabsplänen. Ein »volkstümlicher Weg« eben. Nicht das Jahr 1918 schien ihm einen solchen Weg zu weisen, sondern das Jahr 1848; nicht den Alliierten von ehedem galt der Affront, sondern der Staatengeschichte des 19. Jahrhunderts, die nach dem Ende des alten Reiches die Deutschen auseinandergebracht hatte. Und daß sie doch wieder zusammen wollten, daran sollte niemand zweifeln. Recht dargelegt hatte Hitlers Forderung geradezu etwas Demokratisches an sich, entsprach dem auf der Welt weit verbreiteten, wenn auch niemals verbindlichen Prinzip der nationalen Selbstbestimmung und schlug Wellen bis in die Schweiz, wo man eine Zeitlang auch ernsthaft einen neuen Reichsgau Schweiz am Horizont aufscheinen sah.

Der prompte Jubel in Österreich, der Welt leicht zu vermitteln und kaum statistisch zu überprüfen, rechtfertigte das Unternehmen so sehr, daß Hitler dann auch am 14. März auf dem Wiener Heldenplatz eine »Vollzugsmeldung vor der Geschichte« erstatten konnte; eine Geschichte, die man in Preußen-Deutschland schon vergessen oder niemals ernst genommen hatte. Jetzt wurde sie wieder hervorgeholt. Sogar der Vorsitzende der österreichischen Sozialdemokraten gratulierte Hitler, und die Gesamtheit der österreichischen Bischöfe bekannte sich zu ihm – mit dem Zusatz, das tue sie ganz ohne Zwang und aus eigenem Willen, ein Zusatz, nicht ohne Ironie zu lesen. Die Welt las ihn anscheinend in naiver Arglosigkeit. Zumindest so glaubhaft wie dort erschien das Argument aber auch vor dem seit Jahrhunderten festgefügten nationalen Selbstverständnis Frankreichs oder Englands. Der Vorwurf der nationalen Aggression wurde kaum erhoben. Es gab nicht einmal eine Geste des Protests im Völkerbund, wo man noch sieben Jahre zuvor auch nur eine Zollvereinigung zwischen Deutschland und Österreich abgelehnt hatte. Die Sowjetunion protestierte. Aber ohne wirksames Echo. Deutsche zu Deutschen. Das ließ sich hinnehmen. Das konnte man auch – jetzt, 1938, und nicht 1918 – als eine Devise Wilsons gelten lassen. Fortan also: »Großdeutsches Reich«.

Und nun, ganz wie Hitler das in einer launigen Stunde den Kreisleitern 1937 auf der Ordensburg Vogelsang erklärt hatte, nun war der tschechoslowakische Staatspräsident in eben jene Ecke gedrängt, aus der er keinen Stoß mehr führen konnte, und die Tschechoslowakei war folgerichtig das nächste Opfer. Aber auch das in zwei Schritten, und nicht vorschnell in einem. Der erste Schritt stand noch unter der Parole der selbsterklärten deutschen Fürsorgepflicht für alle Auslandsdeutschen. Die Deutschen in Böhmen und Mähren-Schlesien waren eigentlich keine Auslandsdeutschen. Ihnen galt vor 1918 auch keine entsprechende Aufmerksamkeit. Aber danach hatte man sie im »Verein für das Deutschtum im Ausland« zu pflegen begonnen, und irgendwann 1935 war das entsprechende Ressort Himmlers in Berlin in diese Spur getreten und folgte ihr. Die Prager Politik trug der neuen Entwicklung kaum Rechnung. Sie widmete ihr allenfalls einige Aufmerksamkeit, als sich Berlin eine allzu laute Betätigung der in die Tschechoslowakei emigrierten Schriftsteller und Politkünstler verbat, die von Prag aus der Welt die Augen zu öffnen versuchten. Aber mehr als Erika Manns »Pfeffermühle« und als die Collagen von John Heartfield wirkte die wachsende Vollbeschäftigung in Bayern, Sachsen und Schlesien über die Grenze in die deutschen Siedlungsgebiete Böhmens und Mährens mit ihrer dort seit Jahren unveränderten »strukturellen Arbeitslosigkeit«. In den traditionell armen Randgebieten Böhmens und Mährens gab es seit dem schlagartigen Abfall der Leichtindustrie in der Weltwirtschaftskrise seit 1930 Hunger und Arbeiterelend. Die Rundfunkpropaganda aus München, Gleiwitz und Königswusterhausen tat ein übriges, so daß die meisten Deutschen in den böhmisch-mährischen Grenzgebieten Hitlers Erfolge buchstäblich vom Hörensagen kannten – und das recht eindringlich. Immerhin hatten sie schon 1925 denjenigen Parteien eine Absage erteilt, die zu Kriegsende zum Anschluß an Deutschland aufgerufen hatten; und sie hatten vor der Weltwirtschaftskrise, noch 1929, zu zwei Dritteln die staatsbejahenden deutschen Parteien gewählt und damit auch die deutschen Minister in der tschechoslowakischen Regierung. Bei der nächsten, etwas verspäteten Wahl 1935 schlug das Stimmenverhältnis um. Es hieß noch nicht: »Heim ins Reich!« Es hieß zunächst »Autonomie«. Auch das war eine Forderung seit 1848, aber ohne feste Definitionen. Die deutschen Schulen und die deutschen Gemeinden in der Tschechoslowakei waren ohnehin weitgehend »autonom«. Aber die Autonomisten wollten mehr. Die »Sudetendeutsche Partei« und ihr »Führer« Henlein empfahlen sich Hitler, prompt gerade im November 1937, 14 Tage, nachdem Hitlers Adjutant Hoßbach in seiner berühmten Niederschrift Hitlers Weisung festgehalten hatte, Österreich und die Tschechoslowakei als Nahziele seiner Ostpolitik zu liquidieren. Vier Monate später unterstellte sich die Sudetendeutsche Partei seiner Politik bedingungslos, am 28. März 1938, vierzehn Tage nach dem Einmarsch Hitlers in Wien.

Hitler hatte die Reihenfolge seiner Schritte wohl erwogen. Der großdeutsche Gedanke war in Österreich mit größerem Recht zu vertreten als in den tausendjährigen Grenzen Böhmens und Mährens. Außerdem hatte seit dem März 1938 »Großdeutschland« nun mit seinen neuen Grenzen die Tschechoslowakei von drei Seiten umfangen. Sie war, wir erinnern uns, »in die Ecke gedrängt«.

»Ein Volk, ein Reich, ein Führer!« Da sollten die österreichischen, seit 1848 immer wieder einmal ihrer nationalen Sehnsüchte beraubten Großväter nicht jubelnd den Wiener Heldenplatz füllen, auch die Großmütter, so jubelnd, wie Wien das noch nie erlebt hatte? Und dann sollten die Sudetendeutschen, obwohl zu einem Zehntel noch immer »antifaschistisch« und widerstandsbereit, zu einem Zehntel aber auch durch jahrelange Arbeitslosigkeit verhärmt und verhungert, zu fünf, sechs Zehnteln im kleinbürgerlichen Nationalismus altösterreichischer Prägung befangen und gewiß zu keinem Zehntel geübt in der Rolle von Märtyrern für die Demokratie und dazu noch ausgeliefert an fanatische Jungfunktionäre samt ihren Drahtziehern in Berlin, dann sollten diese mißleiteten, politisch unwissenden, in ihrer Mehrzahl deutlich ohne politische Eliten seit zwanzig Jahren unsicher agierenden Sudetendeutschen nicht der Welt das Schauspiel überschäumender Begeisterung liefern, das Hitler sowohl international haben mußte wie auch in seinem eigenen Land? »Die Hälfte der Deutschen ist dumm gemacht«, konstatierte damals der noch immer verzweifelt deutsche »nichtarische« Professor Klemperer, während sich statt aller Hoffnungen die Schlinge der Judenverfolgung für ihn wieder ein Stück enger zog. »Und es ist auch wirklich ein Ungeheueres erreicht.« (Klemperer 1996, 403 und 426)

Erreicht war in diesem 38er Jahr, unruhig wie alle die Jahre zuvor, eine besondere Zielrichtung der Unruhe in den Augen der deutschen Großväter: nach außen! Seit fünf Jahren waren sie immer wieder angetreten, um zu marschieren, in SA und SS, in Partei und HJ, zu Festen und Feiern beinahe jeden Sonntag nach dem NS-Kalender. Sie sollten sich einsetzen für drängende innere »Schlachten« an verschiedenen »Fronten«, und überall auch noch kämpfen für den »deutschen Geist« gegen alle »Überfremdungen«. Aber nun schien das anstrengende Treiben Form zu gewinnen: Marschieren nach Österreich, um den »Anschluß« zu festigen, marschieren in den »Blumenkrieg«, eine erste, sehr freundliche Verhüllung des gefürchteten Worts, um die Sudetendeutschen damit »heimzuholen«. Daß Blomberg zurücktrat und Schacht zurücktrat, der Wehr- und der Wirtschaftsminister, daß der Außenminister im selben Jahr ging und der wohl fähigste General Freiherr von Fritsch aus dem Amt gedrängt wurde, berührte allenfalls jene Oberschicht, die sich schon zuvor nicht gegen Hitler in einer aktionsfähigen Opposition zusammengefunden hatte; daß zum Jahresende die Judenverfolgung mit dem zynischen Namen der »Reichskristallnacht« ihren bisherigen Höhepunkt erreichte, mit mehr als fünfzig Toten und neuerlichem rüdem Druck zur Auswanderung bei möglichst weitgehender Ausplünderung der Emigranten, das nahm man mit stiller Mißbilligung oder mit Gleichmut hin. Wer noch Kontakte zu den Betroffenen hatte, war vielfach bereit, ihnen sein Mitgefühl auszudrücken – aber möglichst, wenn es niemand sah. Am allerwenigsten waren die Deutschen, die im »Altreich« und die in den »heimgeholten« Gebieten, einschließlich der »Beutedeutschen« in Böhmen und Mähren wohl imstande, über das Jahresende hinaus weiterzudenken: Und doch wurde da, in unverhohlener Gewalt, die bislang ohnehin bereits gefügige »Resttschechoslowakei« wie im Kolonialimperialismus zum »Protektorat« gemacht, und dann endlich hatte Hitler den Weg frei für seinen Krieg.

Wieviele der nun vereinten achtzig Millionen Unwissenden hätten das Ende vorhersehen sollen? »Ein Volk, ein Reich, ein Führer!« Zum ersten Mal war Deutschland mit Spruchbändern überschwemmt, ein bisher noch seltener Träger für die Wortwerbung, und der Text darauf nur schwer abzulehnen. Die innere Abwehr, mit der sich bisher viele Menschen umgaben – niemand kann ergründen, wie viele – hatte selten so einen schwachen Stand wie gegenüber dieser Losung. Und wenn sie denn bei dem und jenem noch fest verankert war – wer sollte es zu diesem Zeitpunkt wagen, gegen Hitler zu opponieren, der offensichtlich »friedlich« gewonnen hatte, was bisher alle ohne Krieg für unerreichbar hielten? Wer mag die Generäle verurteilen, die ihn nur verhaften wollten, wenn seine Politik strandete und seine Popularität jenen Schock erlitte, der eine solche Opposition nicht als ein Jahrhundertverbrechen am deutschen Volk und »am größten Deutschen aller Zeiten« erscheinen ließe? Und wieder die »historische Stunde«: Hatte je ein deutscher König und Kaiser, Minister oder General eine solche »deutsche Wiedervereinigung« zustande gebracht wie Hitler in diesem 38er Jahr zwischen März und Oktober? Mit Österreich und Böhmen?

Freilich hatte sich dieser Erfolgstaumel nicht nur dem nationalen Egoismus verschrieben, sondern er verriet auch alle menschliche Solidarität. In Österreich zunächst, weil in diesem jungen Staat mit schwieriger Nachkriegsgeschichte und wirtschaftlichen Stabilisierungsproblemen die Gegner Hitlers, vielfach denunziert durch lokale Anhänger der NSDAP, durch Nachbarn und anscheinend wohlwollende Mitmenschen, verhaftet, drangsaliert, interniert, liquidiert wurden. Sozialdemokraten, Kommunisten, vor allem aber, und das in aller Öffentlichkeit, Juden. Wieder bewährte sich die Konzeption der NS-Massenpsychologie, einen inneren Feind leibhaftig zu präsentieren. In Wien gab es mehr Juden als in Hamburg oder Berlin, und viele von ihnen hatten den Termin zu einer raschen Flucht versäumt. Der Wiener Mob, mit oder ohne Parteiabzeichen, der nun auf sie losgelassen wurde, schuf für ein paar Tage eine Vorahnung des Infernos der »Endlösung«. Heydrich drohte sogar damit, des deutschen Ansehens im Ausland wegen die Urheber der schlimmsten Ausschreitungen zu verhaften. Und am Ende waren die Chancen der Emigration durch die neue Zahl der ins Ausland Drängenden nicht besser geworden. Die restriktiven Maßnahmen der Schweiz, der hoffnungslose Versuch Roosevelts, im Juli 1938 in einer Weltkonferenz in Evian zumindest Absichtserklärungen für die Aufnahme jüdischer Emigranten zu erreichen, die ganze Ohnmacht der demokratischen Solidarität, ja sogar antisemitische Stimmen aus diesem Anlaß in der Weltpresse waren für Hitlers Propaganda ein neuer Anlaß zu brutaler Genugtuung: »Niemand will sie«, konnte der »Völkische Beobachter« als Schlagzeile von Evian berichten. (Zitiert nach Friedländer 1998, 270)

Auch das Münchner Abkommen trieb im Herbst 1938 in Böhmen und Mähren Zehntausende ins Elend. Die Jubelnden dieses sonnigen Oktobers haben sich mitunter bis heute noch nicht umgesehen nach ihren demokratisch exponierten Landsleuten, die damals in die Resttschechoslowakei zu fliehen versuchten, weil sie Sozialdemokraten oder Kommunisten waren, weil sie Juden waren, weil sie womöglich schon 1933 vor Hitler aus Deutschland oder im März 1938 aus Österreich geflohen waren. Es flohen aber auch zweihunderttausend tschechische Bewohner aus den abgetretenen 28 000 Quadratkilometern, eine Fläche ungefähr so groß wie Bayern südlich der Donau. Darunter gab es Familien, die hier seit Generationen lebten; aber auch solche, die seit der Gründung der Tschechoslowakei da ihren Wohnsitz genommen hatten, oft als Beamte im Staatsdienst, oft auch aus ganz persönlichen Gründen. Ihre Flucht war überstürzt, ihre zurückgelassene Habe wurde ganz unterschiedlich behandelt, ihre Zahl vermehrte jedenfalls in den ersten Oktobertagen das Unglück auf den Landstraßen, und ein guter Teil dieser Flüchtlinge füllte tschechische Notunterkünfte bis zum Kriegsende.

Nun aber erst die Tschechen in ihren neuen Grenzen! Diese Grenzen verhießen keine sonderlichen Lebenschancen für den Reststaat, auch wenn man die Denkschriften nicht kannte, mit denen eilfertige Sudetendeutsche in diesen Tagen Hitlers Politik dazu anregen wollten, den »gesamten böhmisch-mährischen Raum« der Rechts- und Wirtschaftssphäre des Reiches einzugliedern. Die Trennung nach sprachlichen Mehrheiten in jedem Dorf lief tatsächlich der Verkehrs- wie der Wirtschaftsstruktur des Landes zuwider, wie denn die Sprachgrenze kaum irgendwo sozialen oder wirtschaftlichen Gegebenheiten gefolgt war. Man hatte eben nicht gegen-, sondern miteinander gelebt in siebenhundert Jahren, und wenn es dafür noch eines Beweises bedurft hätte, die Inkongruenz zwischen Sprach- und Wirtschaftsgrenzen konnte ihn liefern. Tschechische Politiker hatten um die »historischen Grenzen« in Versailles zwanzig Jahre zuvor mit allen Mitteln gekämpft, mit Tatsachen und mit zweckdienlichen Behauptungen, und Tatsache war vor allem, daß die deutschen Bewohner Böhmens und Mährens seit siebenhundert Jahren in kleineren und größeren Schüben ins Land gesickert waren, als Bauern, Handwerker, Kaufleute, auch als Mönche und Nonnen, aber ohne adelige Oberschicht, und seither zwar mit deutlichen sprachnationalen Schwerpunkten, aber auch mit engverzahnten sprachlichen Grenzlinien lebten. Es ging um die Fünfzig-Prozent

Grenze nach der letzten Volkszählung 1930. Es ging also in vielen Fällen um Sieger und um Verlierer der lokalen Statistik. Es gab Überraschungen, und es gab Tränen.

Eigentlich paßt diese Zuordnung gut für das Jahr 1938. Nein, mehr noch: Mit diesem Jahr begann ein tränenreiches Jahrsiebt für die Deutschen und ihre Nachbarn, wie ein Fluch, und die Tränen begannen bei den Deutschen und sollten auch da wieder enden. Allerdings flossen zunächst Freudentränen: Selbst Hitler soll geweint haben, als er am Abend des 13. März in Linz das »Gesetz über die Wiedervereinigung Österreichs mit dem Deutschen Reich« unterschrieb. (Fest 1987, 754) Und viele, viele Freudentränen begleiteten ihn dann bis nach Wien. Die Tränen der Juden, der eiligen und auch der glücklosen Flüchtlinge aus dem Land, sah man nicht und sprach auch kaum davon. Und dann wieder Tränen im ersten, rasch errichteten KZ in Mauthausen bei Linz.

Voll Tränen war danach der September für die Tschechen. Der Zusammenbruch des stolzen Staates, geradeso ausgelöst von unsichtbaren Mächten im Ausland, wie er zwanzig Jahre zuvor von solchen unsichtbaren Mächten aus der Konkursmasse der alten Monarchie hervorgehoben worden war, brachte Zehntausende zur ohnmächtigen Verzweiflung, zur Massenpanik vor den öffentlichen Lautsprechern, als der Garant des Vertrauens für viele, der Staatspräsident, als Edvard Beneš seinen Rücktritt und damit die Kapitulation vor den vereinigten europäischen Großmächten bekanntgab. (Feierabend 1971, 28) Und dann die Freudentränen der Sudetendeutschen! Danach wieder die Tränen der Juden, der Flüchtlinge, der Verhafteten, Geschlagenen, Erschlagenen! In Tränen endete das Jahr schließlich auch. Die vom Hohn der Akteure begleitete »Reichskristallnacht« vom 9. auf den 10. November hatte rund 30000 Verhaftungen im Gefolge.

Bis alles in Scherben fiel

Mourir pour Danzig?

Manche Memoiren lassen den Krieg bereits mit dem Münchner Abkommen beginnen. Das ist ein Kompliment an das zeitgenössische tschechoslowakische Selbstgefühl. Aber in München begann der Krieg noch nicht. Denn ein Krieg ist ein Prozeß, der, einmal in Gang gesetzt, in der oder jener Form zum weiteren Handeln zwingt. Krieg ist Kampf, und den muß man immer weiterführen, Schlag auf Schlag. Man kann ihn nur in beiderseitigem Einvernehmen beenden oder durch den Tod.

Die Definition und Abtrennung der sogenannten Sudetengebiete hätte Hitler nicht zu weiterem Handeln gezwungen, weil sie im internationalen Konzert und mit Zustimmung der anderen drei anerkannten europäischen Großen jener Zeit vor sich ging. Er hätte danach, wie er es auch versprochen hatte, »keine weiteren Gebietsforderungen in Europa« mehr erheben müssen. Seien wir uns darüber klar, so wie seinerzeit unsere Großväter hofften, die deutschen wie die »befreiten«, die englischen wie die französischen und die italienischen auch: »München« hieß noch nicht Krieg.

Im Gegenteil! Chamberlain verließ in London bekanntlich das Flugzeug, das er, der 69jährige, erstmals in seinem Leben benützt hatte, um schnell in Berchtesgaden, in Godesberg und dann in München zu sein, um Hitler förmlich nachzueilen, ihn zu beschwichtigen, von einem Krieg abzuhalten; er kam also nach Hause und zeigte den wartenden Engländern den Vertragstext mit den Worten: »Peace for our time«, »Friede für unsere Zeit«: die Engländer jubelten. Auch in Paris jubelten die Menschen, ganz entgegen Daladiers Befürchtungen, und in Deutschland jubelten sie erst recht, ausgenommen nur jene etwa 20000 Menschen in den KZs und zwei- bis dreihunderttausend, die Deutschland gerne verlassen hätten und dazu den Weg nicht fanden. Die Zahl der 1937 etwa 7000 Häftlinge, zum Teil »politische Häftlinge«, zum Teil nach zweifelhaften Definitionen »asoziale«, hatte sich nach dem Einmarsch in Österreich im Frühjahr 1938, in das sogenannte Sudetenland im Oktober und in die restliche Tschechoslowakei im März 1939 drastisch vermehrt. Ausgenommen auch ein paar Zehntausend Oppositionelle in Deutschland, die hofften, Hitler möge weiterrennen und endlich am europäischen Widerstand scheitern. Alle anderen hofften nur einfach, nun sei es genug mit den riskanten deutschen Herausforderungen an die europäische Adresse. Hitler hatte Österreich »bekommen«, wie man sagte, dazu das nun sogenannte Sudetenland, es gab neue Grenzen und man erwartete neuen Frieden, man akzeptierte die überall sichtbaren Spruchbänder »Ein Volk, ein Reich, ein Führer« und die Formel »Heimkehr ins Reich« trotz ihres inneren Widerspruchs, denn weder die Menschen Österreichs noch gar die Deutschen in den böhmisch-mährischen Randgebieten hatten je in den deutschen Grenzen von 1871, volkstümlich »im Reich«, ein solches »Heim« gesehen. Und wenn Hitler damit auch endgültig das System von Versailles ausgehebelt hatte, und wenn deshalb auch allein Polen, die baltischen Republiken und Jugoslawien noch als Staatsschöpfungen von 1919 übriggeblieben waren, wobei sich die Republik Litauen beeilte, unter deutschem Druck das sogenannte »Memelland«, den deutschen Siedlungsstreifen an der Westgrenze, an Deutschland abzutreten – die »Appeaser« in London wie in Paris waren bereit, alles hinzunehmen, um den Frieden von 1919 nicht »leichtsinnig« zu gefährden. Zuvor hatte gerade die Tschechoslowakei als besonders gelungene Schöpfung des Versailler Friedenswerkes gegolten, mit ihrer hochentwickelten politischen Kultur, die auch ihre deutschen Bewohner teilten, mit Auspizien für eine blühende Wirtschaft, waren nur erst einmal die Schatten der Weltwirtschaftskrise gewichen, mit dem besonderen Segen Frankreichs, dessen Presse vor dem Münchner Abkommen aber kein positives Echo gefunden hatte bei der Frage: »Mourir pour la Tchécoslovaquie?«

Man starb also nicht für die Tschechoslowakei. Aber wann und wofür war man denn überhaupt zu sterben bereit? Wann sahen sich die Menschen, die Politiker und ihre Wähler in Frankreich und in England, den vornehmsten Garanten der Ordnung von Versailles, so sehr herausgefordert, daß sie der schrittweisen Auflösung ihrer europäischen Nachkriegsordnung entgegentraten? Bald konfrontierte Hitler die europäische Öffentlichkeit mit seiner nächsten Forderung.

Nach dem Debakel von »München«, sagen einige, habe der Krieg im März 1939 mit dem Einmarsch in die Resttschechoslowakei begonnen. Das war tatsächlich eine rein militärische Aktion, die unverhohlen durch Erpressung des neuen tschechoslowakischen Präsidenten bei einem Besuch in Berlin erfolgte, ohne jede Billigung von Paris oder London, ohne jede völkerrechtliche, nach der Verfassung der Tschechoslowakei auch ohne staatsrechtliche Legitimierung. Aber auch dieses Manöver kann noch nicht als Krieg gelten. Die »Politik mit anderen Mitteln«, die uns der preußische Kriegstheoretiker Clausewitz als Kriegsdefinition hinterließ und die man mit dem mündlichen Ultimatum an den herzkranken Präsidenten Hácha in der Reichskanzlei am 15. März schon praktizierte, erfuhr auch damals noch keinen militärischen Widerstand. Böhmen und Mähren wurden binnen einiger Stunden von motorisierten Truppen besetzt, ohne Gegenwehr im Innern und ohne militärische Maßnahmen von außen. Man kann sogar noch eine gewisse internationale Zustimmung für diesen Gewaltakt erkennen. Denn die Slowakei, die sich bei dieser Gelegenheit vom künftigen »Protektorat Böhmen und Mähren« löste und am 14. März als selbständige Republik »unter deutschem Schutz« entstand, wurde danach von 28 Staaten diplomatisch anerkannt, darunter sowohl die USA als auch die Sowjetunion. Das war gewiß kein Protest gegen die Auflösung der Tschechoslowakei, mag sie da und dort auch noch so sehr von Bedauern begleitet gewesen sein.

Mehr noch: obwohl die einseitige deutsche Erklärung des »Reichsprotektorats Böhmen und Mähren« am 15. März 1939 durchaus gegen den Geist des Abkommens von München verstieß, das in seinen acht Punkten Grenzgarantien für die Resttschechoslowakei vorgesehen hatte, wenn auch nicht ausgeführt, unternahmen weder England noch Frankreich nach Hitlers Einzug in Prag etwas anderes als in Noten zu protestieren und dabei ihre politischen Orientierungen im stillen zu revidieren und höhere Rüstungsausgaben zu planen. Deutschland gab 1938 mehr als die Hälfte seines Haushalts für seine Wehrmacht aus, weitaus mehr als alle anderen Staaten außer der Sowjetunion. England erhöhte schon Ende 1938 für das nächste Jahr seinen Rüstungsetat mit einem großen Schritt um 65 Prozent, nämlich von 120 auf 200 Millionen Pfund Sterling. Es faßte den Bau von 5- bis 6000 neuen Jagdflugzeugen ins Auge, für jene Zeit eine unerhörte Zahl. Frankreich verstärkte die Maginot-Linie. Alles das war aber nur erst eine Zurüstung. Es war noch kein Krieg.

Krieg führte man allerdings bereits in Europa. Spanische Generäle hatten 1936 gegen ihre republikanische Regierung geputscht. Sie hatten Truppen von Marokko ins Mutterland gebracht und unter Francos Führung die spanische Republik in grausamen Kämpfen erobert, unterstützt von 3000 deutschen Freiwilligen, Fliegern und Bodenpersonal und einer zahlreicheren italienischen Hilfstruppe. Auf der anderen Seite hatten die kommunistischen Parteien in aller Welt zur Verteidigung der spanischen Republik aufgerufen. Die Sowjetunion sandte dazu zwar keine unmittelbare Hilfe, aber etwa 60 000 Freiwillige von überall her kämpften in sogenannten Internationalen Brigaden. Dabei zeigte sich wieder die Teilung der öffentlichen Meinung in »aller Welt«, genauer in Frankreich, England und Amerika. Trotz internationalen Zustroms für die spanischen Republikaner war den offiziellen Regierungen ringsum doch eine mögliche kommunistische Machtausweitung unheimlich. Die Verbreitung von Erfolgs-, Greuel- und Kriegsberichten auf beiden Seiten blieb denn auch unterschiedlich. So renommierte Schriftsteller wie Ernest Hemingway oder George Orwell engagierten sich bei den Internationalen Brigaden als Kriegsberichterstatter. (Hemingway 1955; Orwell 1964) Dagegen suchte der distanziert vom Nationalsozialismus in Italien lebende Stefan Andres unter dem Titel »Wir sind Utopia« der verlorenen Humanität auf beiden Seiten gerecht zu werden. Allein die

Bombardierung der kleinen Baskenstadt Guernica durch deutsche Flugzeuge fand weltweit und allgemein Entsetzen, festgehalten von Pablo Picasso in einer grausamen Szenenfolge. (Imdahl 1985)

Schließlich aber war die spanische Krise beseitigt, ehe, wie es schien, der Brand weiter griff. Die Regierung der Aufständischen mit General Franco als »Führer«, als caudillo, mit deutlichem Akzent ihres totalitären Charakters, wurde schon vor ihrem endgültigen militärischen Sieg im Frühjahr 1939 von den Westmächten anerkannt, die Internationalen Brigaden aufgelöst; ihre entlassenen Mitglieder waren nirgendwo gern gesehen. Die linken wie die rechten Berichte wirkten nach. Trotz mancher Sympathien für die spanische Republik spaltete der Spanische Bürgerkrieg ganz offen die republikanischen Sympathien in Europa für »links« und »rechts«, trennte also Staaten, denen man trotz eines parlamentarischen Gehäuses Anschluß an die kommunistische Weltrevolution zumutete, von scheindemokratischen »Führerstaaten«, die man nun auch »Faschisten« nannte. Eine solche Spaltung war neu in der europäischen Politik. Sie traf im April 1936 Frankreich selbst, die »Mutter der Republiken«, wo bis zum April 1938 eine »Volksfront« aus Sozialisten und Kommunisten die Regierung stützte. Dabei stand nun die Sowjetunion, seit 1918 gemieden im europäischen Konzert, seit 1935, wenn auch wirkungslos, zurückgerufen ausgerechnet durch die zu ihrer Abwehr einst gegründete Tschechoslowakei in einem Beistandspakt, schon mit einem Fuß in der Tür. Traten nun mit einem Bund gegen die Faschisten, gegen Italien, Spanien und vor allem gegen Deutschland, endlich die Sowjets in das europäische Haus? Und wollten die europäischen »Linksintellektuellen« wirklich nichts lernen vom Bericht Orwells, der versucht hatte, die Methoden des kommunistischen, von Moskau gelenkten Terrors innerhalb der »linken« internationalen Brigade zu enthüllen?

Offiziell hatte die Sowjetunion weder zum Vertrag von München noch zum Fall von Madrid Stellung bezogen. Jede Option war offen, nur Hitler war mit der Errichtung des Protektorats aus dem stillen Einverständnis über die Korrekturen von Versailles ausgestiegen. Nun erhob er Forderungen gegen Polen.

Nun griff er die Grenzziehung zwischen Oder und Weichsel an, die das deutsche Ostpreußen vom Hauptland trennte und dazwischen 1919 eine »Freie Stadt Danzig« unter Völkerbundsaufsicht bei wiederholten Differenzen mit Polen hatte entstehen lassen. Damit war der nächste wunde Punkt im Friedenswerk von Versailles bloßgelegt. Es gab in Danzig Streit um die Postgrenze, um ein polnisches Munitionsdepot auf der Westerplatte, um den Ausbau des Handelshafens Gdingen. Es gab auch Streit um einen »Korridor« mit Bahn und Autostraße für den Zugang nach Ostpreußen. Es gab wieder Anlaß für Hitler, die Verhältnisse für unerträglich zu erklären. Und konsequent fragte die französische Presse jetzt also ihre Leser: »Mourir pour Danzig?«

Protentokrat

Protentokrat ist tschechisch. Es heißt: Für diesmal!

Protentokrat – Protektorat: Mit diesem Zungenbrecher bezeichneten die Tschechen einen für ihr Nationalbewußtsein schrecklichen Sachverhalt: Das war, als ihr stolzes Staatsschiff am 15. März 1939 mit fürchterlichem Krach auf Grund gelaufen war.

Der Absturz begann im September 1938 mit dem Vertrag von München. Als in München im »Führerbau« in der Arcisstraße 12 am Abend des 29. September 1938 die vier Staatschefs der europäischen Großmächte zusammentraten, um darüber zu befinden, wie und wann die ein paar Tage zuvor bereits beschlossene Abtretung der vorwiegend deutschen Siedlungsgebiete der Tschechoslowakei an Hitlers Deutschland zu vollziehen sei, da war eine Delegation der Tschechoslowakei zu den Verhandlungen gar nicht zugelassen. Eine Demütigung, die den Beschlüssen entsprach. Und seither folgte eine Demütigung nach der anderen: Von ihren Bundesgenossen, ja Mitschöpfern ihres Staates, sahen sich die Tschechen auf einmal im Stich gelassen, trotz ihrer respektablen Militärmacht und der fiebernden Verteidigungsbereitschaft gegen Hitler, die selbst einen Teil ihrer deutschen Mitbürger, der vielgeschmähten verräterischen Sudetendeutschen, einschloß. (Pfaff 1998) Aber ohne ihre westlichen Verbündeten und ohne die sowjetischen, die sie erst 1935 gewonnen hatte, konnte sich die Republik nicht zum bewaffneten Widerstand entschließen. »Beneš hat aufgegeben und dadurch das moralische Rückgrat unserer Gesellschaft, die zum Kampf bereit war..., für lange Zeit gebrochen«, schrieb 1972 der Philosoph und Dissident Jan Patočka. (Patočka 1992, 218 f.) Sein Wort hallt noch nach.

Man hieß am 29. September 1938 in Prag die wütende oder weinende Menge auseinandergehen, die sich zur Verteidigung des Vaterlandes versammelt hatte. (Feierabend 1971) Man ließ das ganze tschechische Volk in eine tiefe Vertrauenskrise stürzen gegenüber seinem eigenen, zwanzig Jahre lang vergötterten Staat, gegenüber der zwanzig Jahre als Vorbild gepriesenen französischen Republik, gegenüber der westlichen Demokratie überhaupt, gegenüber dem Staatspräsidenten Beneš und dem Legionärsgeneral Syrový. Man entließ den bislang rastlos für das Staatswohl tätigen Edvard Beneš ins Exil und übergab an seiner statt die Zügel des Staates dem bis dahin politisch unbekannten Verwaltungsgerichtspräsidenten Emil Hácha. Man mußte mit arroganten Deutschen um den genauen Grenzverlauf verhandeln, man mußte danach auch noch den unsolidarischen Zugriff der beiden Nachbarn Polen und Ungarn wegen kleiner Gebietserwerbungen ertragen und deshalb am 2. November einen »Wiener Schiedsspruch« der Achsenmächte akzeptieren. Man mußte eine fast 200 000 Menschen zählende Fluchtwelle tschechischer Bewohner aus den deutschen Grenzgebieten aufnehmen und dazu den nicht endenwollenden Jubel der Sudetendeutschen, ihr fast hundertprozentiges Bekenntnis zum Deutschen Reich in einer Nachwahl zum Deutschen Reichstag am 4. Dezember und die schmähliche deutsch-französische Nichtangriffserklärung vom 6. Dezember ertragen. Man fühlte sich anstelle des bisher international unter Demokraten geübten Respekts vor der kleinen Republik mißachtet und verraten. Manche Tschechen wandten sich danach auf dem Absatz um und »kollaborierten«. Das Wort haben zwar erst zwei Jahre später die Franzosen erfunden; die Sache erfand die tschechische Industrie schon im November 1938. (Barth 1999, bes. der Beitrag von Lutz Budraß. Zum Begriff der Kollaboration Lemberg 1971)

Am 14. März 1939 erklärte der slowakische Landtag unter deutschem Druck die Unabhängigkeit der Slowakei. Der östliche Bestandteil des tschechoslowakischen Staates, die im bisherigen Staatsnamen nicht vertretene Karpatho-Ukraine, wurde währenddessen von Ungarn besetzt, trotz eines Votums für nationale Selbstbestimmung der ukrainischen Mehrheit in dieser Provinz. Daraufhin ersuchte der tschechische Staatspräsident Emil Hácha in Berlin um eine Unterredung mit Hitler, aus rätselhaftem, jedenfalls sehr unbedachtem Impuls, vielleicht nur, um die tschechische moralische Souveränität in diesem Auflösungsprozeß zu bewahren. Er ging ungeschützt in die Höhle des Löwen. Er lieferte mit seiner spontanen Reise aus der noch nicht unmittelbar bedrohten Prager Residenz vor aller Welt eine Demutsgeste, eigentlich eine Demonstration für die vorweggenommene Unterwerfung. Einmal mehr spielte das Schicksal Hitler die Trümpfe in die Hand: Hácha wurde natürlich persönlich bedroht in der Reichskanzlei wie in einem Ganovenspiel. Er mußte sich mit Göring zurückziehen, um von ihm zu erfahren, wie sehr es der deutsche Luftmarschall bedauerte, müßte er Prag mit Bomben angreifen. Sein Schicksal vor Augen und einem Herzanfall nahe fügte sich der tschechische Verwaltungsjurist, den nur die Verlegenheit nach der Flucht von Edvard Beneš zum Staatspräsidenten gemacht hatte. Er legte also sein Land »vertrauensvoll in die Hände des Führers des Deutschen Reiches«. Am 16. März ließ Hitler bereits in Prag das deutsche »Protektorat Böhmen und Mähren« verkünden.

Der Begriff »Protektorat« erinnerte in der europäischen Staatenwelt an Kolonialherrschaft. Das Wort brachte insofern nicht den möglichen freundlichen Akzent von Schutz und Schirm zum Ausdruck, sondern es bedeutete Bevormundung eines ansonsten zur Selbstregierung unfähigen Staatsgebildes und entsprach damit ungefähr Hitlers Urteil über die Tschechen, das man schon in seiner vielberufenen Kampfschrift lesen kann. (Hitler 1942, 101) Hácha behielt zwar den Titel eines Staatspräsidenten, »das Protektorat wurde aber nicht als Staat betrachtet«.

(Slapnicka 1970, 118) So gab es denn auch fortan einen Reichsprotektor, der in Prag residieren sollte, ein sozusagen ehrenwerter Mitläufer Hitlers aus der honorigen Schule der deutschen Diplomatie, den bisherigen Reichsaußenminister Freiherr von Neurath. Und es gab bald auch einen Hitler voll ergebenen Sudetendeutschen, der in einem »Duumvirat« (Brandes 1969, 28) die konservative Liberalität des deutschen Protektors zu korrigieren hatte. Es gab einen sudetendeutschen Stellvertreter des tschechischen Oberbürgermeisters von Prag, einen sudetendeutschen Stellvertreter des Landespräsidenten von Böhmen und einen ebensolchen für den Landespräsidenten von Mähren. Zwischen dem »Sudetenland« und dem »Protektorat« gab es bis 1945 eine ziemlich gut bewachte Grenze, die auch die Verbindung der Menschen fortan zerschnitt. Politische Beziehungen gab es zwischen ihnen nicht mehr. Im »Sudetenland« regierte ein im Mai 1939 ernannter »Reichsstatthalter«. Er war, ungewöhnlich im »alten« Reichsgebiet, auch zugleich »Gauleiter« der erst noch zu organisierenden NSDAP. Nach einigem Tauziehen wurde der »Führer« und »Sprecher der Sudetendeutschen« aus der alten Tschechoslowakei auf diese Position berufen, der Turnlehrer aus dem westböhmischen Grenzstädtchen Asch, Konrad Henlein. Henlein war und wurde zum Symbol der Sudetendeutschen schlechthin, zu ihrem Stellvertreter vor der Geschichte vor allem aber auch im Kern der tschechischen Erinnerung. Alle loyalen Deutschen gerieten hinter ihm in Vergessenheit. Er wurde den Tschechen zum personifizierten Verräter an der böhmischen Staatsidee, während er sich fortan forciert abwandte vom Schicksal der Tschechen und allein – reichlich illusorisch – versuchte, die Sudetendeutschen zu guten Reichsbürgern zu machen und »das Reich« an den neuen Protektoratsgrenzen enden zu lassen. Am Schicksal der Tschechen war er insofern, anders als andere nationalsozialistische »Raumpolitiker«, tatsächlich wenig beteiligt. (Gebel 1998; Zimmermann 1999)

An diesem Schicksal nahmen auch die Sudetendeutschen in den folgenden Jahren kaum teil. Hácha wollte keine sudetendeutschen Beamten im Potektorat – »und seinem Wunsch wurde weitgehend Rechnung getragen«. (Slapnicka 1970, 119)

Aber auch ihr Anteil an den Posten und Pfründen im »Dritten Reich« war begrenzt, begleitet von Mißtrauen über ihre Sachkenntnis bei den deutschen Behörden, über ihre Zuverlässigkeit bei der Partei, über ihre soldatische Vorbildung bei der Wehrmacht, über ihre treuherzige Unkenntnis des geheimen NS-Terrors und außerdem auch noch im Konkurrenzkampf um die neuen Positionen im neuen »Reichsgau« und im »Protektorat« mit den »Altreichsdeutschen«. So brachten sie es überall im besten Fall nur zu »Stellvertretern«, von oben bis unten, bis zu Stellvertretern der neuen Kreisleiter der NSDAP.

Es gab, außer Henlein selbst, dabei nur wenige Ausnahmen: Der höchste HJ-Führer im Protektorat beispielsweise war ein 1931 nach Deutschland emigrierter junger sudetendeutscher Nationalsozialist aus Südböhmen, Siegfried Zoglmann, der nach 1938 das Kommando über die Hitlerjugend im Protektorat übernahm und damit auch die Fürsorge für die geplante »Umvolkung« und »Eindeutschung« tschechischer, rassisch geeigneter Kandidaten. Er war in seinem Wirkungsbereich eine Ausnahme wie Henlein unter den Gauleitern. Nicht wenige unter den »alten Kämpfern« von ehedem blieben im übrigen wie Henlein selbst in unehrlicher Selbstrechtfertigung innerlich distanziert vom Schicksal ihrer ehemaligen tschechischen Landsleute in Böhmen und Mähren, fixiert auf einen seit Generationen erhobenen Autonomieanspruch, der Hitler in die Hände gearbeitet hatte. (Seibt 1998)

Nicht alle Sudetendeutschen: Zehntausende hatten zu fliehen versucht, jüdische, demokratische, kommunistische. (Heumos 1989) Vielen mißlang es. Viele schickte die tschechische Grenzpolizei im Herbst 1938 wieder zurück zu ihren deutschen Häschern. 7000 sollen in deutsche KZs gesperrt worden sein. Andere hielten sich, ähnlich wie in Deutschland, in einer wie auch immer gerechtfertigten »inneren Emigration«: Sozialdemokraten, Landbündler, Katholiken. Daneben nun also die vielen kommissarischen Leiter, die Männer der zweiten Garnitur. Diese »Stellvertreter«, oft Männer der SS und deshalb zuverlässiger als andere, verkörperten »Hitlers willige Helfer«. Sie standen ein für die deutschen Führungsansprüche. Sie nahmen freilich auch ein gutes Stück des sudetendeutschen Schicksals vorweg: Stellvertreter zu sein für allen in sieben Jahren angestauten Haß gegen die Deutschen.

Auch dieser Haß hat eine lange Vorgeschichte. Sie reichte damals schon hundert Jahre zurück, als zum erstenmal, während der Revolution von 1848, der deutsche Vorschlag auftauchte, Böhmen und Mähren in sprachnational homogene Kreise aufzuteilen. Das galt den Tschechen als ein Zerreißen ihres Landes, für dessen einheitliche Anerkennung sie um ein föderalistisch konzipiertes habsburgisches Großreich kämpften. Oberhalb der Schreibtische ließ sich über dergleichen streiten, mit allem rhetorischen Einsatz. Unterhalb ging die Auseinandersetzung schon zu Ende des 19. Jahrhunderts auf die Straße und führte zu Drohungen mit Mord und Totschlag. Und was erst einmal in den Köpfen lebt und vom Großvater auf den Enkel weitergeht, das ist nicht leicht aus der Welt zu schaffen. (Mauthner 1880) Es hatte auf der Gegenseite bei tschechischen Dichtern schon längst zu festen Formen gefunden: man müsse die Deutschen vertreiben oder selber untergehen. Es gewann neue Nahrung von deutscher Seite nach dem illusionären Ruf von 1918 nach einem sprachnationalen Selbstbestimmungsrecht, dessen Richtung natürlich auf die alten Pläne für ein »Großdeutschland« rekurierte. (Lodgman 1919) Und als unter dem brausenden Ruf »Heim ins Reich« die meisten in Gedanken jenem Land den Rücken kehrten, das ihre Vorfahren seit Jahrhunderten beherbergt und als treue böhmische und mährische oder schlesische Söhne befunden hatte, da war das Tischtuch zwischen den beiden Völkern in Böhmen und Mähren nun wirklich zerschnitten.

Als aber im neuen Protektorat nicht nur die Demütigung regierte, sondern Gewalt und Denunziation, wuchsen die alten Aspirationen der Tschechen heimlich mit dem Anspruch auf Hausrecht fort, und auch der war seit langem gepflegt von romantisierenden Literaten, Musikern und Historikern. In diese stille Glut schob nun die deutsche Protektoratsregierung Schritt für Schritt mit ihrem Terror neue Nahrung.

Am 28. Oktober 1939, dem 20. Jahrestag der Staatsgründung, demonstrierten die Prager unter starkem Anteil tschechischer Studenten in Ansammlungen, vornehmlich auf dem Wenzelsplatz, mit Hochrufen auf Masaryk und Stalin. Die tschechische Polizei schritt erst spät ein, aber es gab doch einen toten Arbeiter und einen schwerverletzten Studenten. Er starb am 11. November. Das Begräbnis vier Tage später gedieh zu einem neuen Protest. Diesmal wurde »hart« durchgegriffen. Neun vermeintliche Sprecher des Protestes wurden am 17. November ohne jedes auch nur standrechtliche Gerichtsverfahren erschossen. Zwölfhundert in Studentenheimen in Prag und Brünn mehr oder minder wahllos Ergriffene verschleppte man ins KZ Oranienburg. (Brandes 1969, 83 ff.) Damals war Polen schon besiegt und gedemütigt, und der Kriegszustand sollte auch in Deutschland brutale Maßnahmen »rechtfertigen«. Für die Tschechen im Protektorat überschritt diese Vergeltung als Antwort auf einen Protest bei einem Leichenzug aber jedes Maß. Studenten galten zu jener Zeit noch ganz allgemein als Hoffnungsträger, und das besonders im kleinen tschechischen Volk. Nun gab es keine Studenten mehr. Alle Hochschulen wurden geschlossen.

Zwar wurden im Lauf der nächsten zwei Jahre die Inhaftierten nach und nach wieder entlassen. Aber die Lehre war drastisch. Zur selben Zeit zählte man schon mehr als vierhundert Todesopfer der Besatzungsjustiz, ehe Hitlers Henker Reinhard Heydrich zum stellvertretenden Reichsprotektor wurde, um mit Zuckerbrot die tschechischen Arbeiter, mit der Peitsche die tschechischen Intellektuellen zur Räson zu bringen. Heydrich ließ den amtierenden Ministerpräsidenten der Protektoratsregierung wegen Hochverrats vor Gericht stellen und zum Tod verurteilen. (Pasák 1967) Damit bedrohte er die gesamte Protektoratsregierung als Mitwisser. Das Attentat auf ihn durch tschechische Emigranten, in England organisiert, brachte eine neue Terrorwelle. Allein tausend Erschießungen folgten dem 27. Mai 1942, darin eingeschlossen die immer wieder zitierte Hinrichtung aller 183 männlichen Einwohner des Dorfes Lidice, die zum Symbol geworden ist. Widerstandsverbindungen wurden immer wieder aufgebaut und immer wieder zerschlagen. Sie beschränkten sich eigentlich bis zum Kriegsende auf Nachrichtendienste und Flüsterpropaganda, allenfalls stille Demonstrationen. Eine solche bildete ein großes weißes V für victory im Sinn von Churchills Siegeszeichen, das 1943 eines Tages auf allen Lokomotiven zu sehen war, die aus dem Protektorat über die deutschen Grenzen rollten. Es war so schnell nicht wegzulöschen. Die deutsche Abwehr entschloß sich damals, es rasch in die eigene Propaganda zu übernehmen, um es unwirksam zu machen. Für die Sachkundigen gab das aber einen nachhaltigen Eindruck vom umfassenden Netz des tschechischen Widerstands.

Nach Heydrichs Tod wurde der Sudetendeutsche Karl Hermann Frank 1943 zum Staatsminister für Böhmen und Mähren und nun auch wirklich zum stellvertretenden Reichsprotektor. Er verfolgte eine generelle politische Entmündigung der tschechischen Bevölkerung, angelegt als langjährige Unterdrückung auch nach dem deutschen Sieg, an dem er noch 1944 nicht zu zweifeln schien, mit Aussiedlung und Assimilierung des tschechischen Volkes in mehreren Generationen. Für den Augenblick aber hielt er eine freundliche Einladung an die Tschechen zur Kollaboration bereit, um alle wirtschaftlichen und menschlichen Reserven des Landes zu nützen, getreu einer Denkschrift, die er schon 1940 verfaßt hatte. (Brandes 1975) Die Maßnahmen wirkten. Der tschechische Widerstand behielt vornehmlich konspirativen Charakter und bereitete einen Aufstand erst vor für den Zeitpunkt einer sichtbaren deutschen Niederlage. Noch dem Aufstand der Slowaken im August 1944 schloß er sich nicht an. Kollaboration und heimliche Proteste bestimmten das Leben auch in den böhmischen und mährischen Kleinstädten, als die jüdischen Bewohner mit dem gelben Stern stigmatisiert und 1942 deportiert wurden, zunächst nach Theresienstadt, und damit aus dem Bewußtsein der Öffentlichkeit verschwanden. Dreißigtausend kamen in der Enge des Ghettos ums Leben, viel mehr noch später nach Transporten in die berüchtigten Todeslager. Erst der deutsche Zusammenbruch löste gewaltsamen Widerstand aus, mit einem Aufruf zum Aufstand am 5. Mai unter der Parole: »Wir bleiben treu.« Schußwechsel vielerorts, besonders in der Großstadt Prag, forderten in den letzten vier Kriegstagen unverhältnismäßig viele Opfer. Sie blieben ohne militärische Bedeutung.

Aus dem Krieg gingen die Tschechen mit rund 30000 Opfern

ihres offenen oder heimlichen Widerstands in der Heimat oder in alliierten Armeen, mit etwa 80000 Ermordeten jüdischer Herkunft tschechischer oder deutscher Sprache mit tiefen Wunden hervor – aber zugleich auch mit dem Makel der Vertreibung ihrer deutschen Landsleute mit Zehntausenden von Toten. Viele tschechische Großväter hatte die Kollaboration mit Hitler kompromittiert und maßlose Rache an den Deutschen verhalf ihnen danach nicht zur Rehabilitation, sondern nur zu noch tieferer Schuld. Die Frage: »Und hast Du auch auf die Deutschen geschossen, Großvater?« wurde zu einem tschechischen Buchtitel. (Beer 1997) Ein ehemaliger Freiwilliger der französischen Armee sucht sich darin seinen Enkeln zu erklären. Die Frage bleibt.

Von deutscher Seite hört man mitunter die törichte Meinung, den Tschechen sei es im Protektorat vergleichsweise gut gegangen. Sie hätten nicht für Hitler kämpfen müssen, während die deutschen Soldaten überall in Europa den Krieg austragen mußten. Diese absurde Entstellung will aber ernst genommen werden. Sie zeigt, wie weit sich die historische Erinnerung verlaufen kann. Zweifellos überstanden viele tschechische Familien, die nicht der erbarmungslosen Gestapo, der Todesmühle der KZs oder den Volks- und Sondergerichten in die Hände fielen, die Kriegsjahre besser als polnische oder gar russische.

Aber die Feindseligkeit, ja Verachtung, die sie erfuhren, im öffentlichen Umgang mit den Deutschen und vielfach auch im persönlichen, die Einschränkung nicht nur ihrer politischen, sondern auch ihrer persönlichen Rechte ließen sich mit verhältnismäßig großzügigen Lebensmittelrationen nicht aufwiegen. Der tiefe Absturz eines Volkes mit zuvor unverhältnismäßig großem staatsbürgerlichem Interesse, der dem Dichter Karel Čapek »das Herz brach« und seinem Bruder Josef im KZ das Leben kostete, der auch im stillen Widerstand nicht mehr das alte Selbstbewußtsein verlieh (Wichterle 1995), der seit Generationen bekämpfte Minderwertigkeitskomplexe wiederbelebte, heilt nur langsam; und kaum schneller in den Händen der Historiker.

Vom Tränenkrug zum Blitzkrieg

Es gibt ein Märchen, das von vielen Tränen erzählt, die in einem Krug gesammelt werden mußten, um hilfreich zu sein. Tränen waren reichlich geflossen in den zwölf Monaten zwischen dem Einmarsch der deutschen Truppen in Wien am 13. März 1938 und ihrem Einmarsch in Prag am 15. März 1939. Tränen der Freude zunächst, gleich, aus welcher Intention, Hitlers eigene Tränen in Linz inbegriffen. Dazu kamen die Freudentränen der Hunderttausend auf dem Wiener Heldenplatz, der jubelnden Spaliere in den böhmisch-mährischen Randgebieten, die Tränen wohl auch, die sich währenddessen in Londen lösten vor der Hoffnung »Peace for our time!« Hätte man all die Tränen im Tränenkrüglein des Märchens gesammelt, ohne Rücksicht auf Anlaß und Herkunft, so wäre es wohl reichlich voll geworden. Zunächst von Freudentränen, die man in aller Öffentlichkeit weinte. Heimlich weinten im März 1938 in Wien die Juden, als brutale Österreicher sie vor allen Leuten zu den übelsten Demütigungen zwangen. Im Spätherbst 1938 weinten auch die verfolgten sudetendeutschen Sozialdemokraten und die Opponenten im Bund der Landwirte, es weinten die Christen und es weinten die Juden, soweit ihnen die Emigration nicht gelungen war, die ärmeren, die hilfloseren, die sich auch bald ausgeliefert sahen der »Banalität des Bösen«. Besonders überwogen nach dem zynischen Aktivismus der sogenannten »Reichskristallnacht« die traurigen Tränen, die Tränen der Verzweiflung und der ohnmächtigen Wut, die Tränen vor den versperrten Fluchtwegen und hinter den Gefängnistüren. Im März 1939 ging schließlich ein Bild um die Welt von den hilflosen Tränen der Prager. Und wer dann im folgenden September weinte, der war dem Tod in Polen begegnet.

Hitler hatte den Übergang von den Freudentränen zu den traurigen Tränen fein vorbereitet: War im September 1938 die Tschechoslowakei von ihm »in die Ecke florettiert« worden, nach seinem bekannten Rezept (Bullock 1976, 770), so mußte nun im Frühjahr 1939 Polen isoliert, mußte die Sowjetunion gewonnen werden, um den nächsten, den nun offen militärischen Gang mit dem gleichen Bluff und mit ähnlich geringem Risiko zu inszenieren. Aber das gelang nicht mehr. Am 18. April hatte Hitler das deutsch-britische Flottenabkommen und zugleich den polnischen Nichtangriffspakt gekündigt, die ihm beide vier Jahre zuvor bei den Friedensfreunden in aller Welt, Deutschland eingeschlossen, viel Lob eingebracht hatten. Er lehnte damals auch ausdrücklich die Aufforderung des amerikanischen Präsidenten Roosevelt ab, sich weiterer Gewaltaktionen zu enthalten. Das war ein letztes Kompromißangebot aus dem Westen, von Hitler beantwortet mit einer offenen Absage an den Weltfrieden.

Währenddessen hatte er die deutsche Aufrüstung bis ins Gigantische vorangetrieben, forderte zwanzig-, ja dreißigtausend Flugzeuge von der deutschen Industrie und wollte sechs neue Kriegsschiffe auf Kiel gelegt wissen. Das veranlaßte den Reichsbankpräsidenten Hjalmar Schacht im Januar 1939 nun endlich zum völligen Rückzug von der nationalsozialistischen Finanzpolitik, weil er eine inflationäre Entwicklung nicht verantworten wollte. Bis dahin war er Hitler mit seinem guten Ruf und mit seinem Können recht nützlich, vielleicht unentbehrlich. Jetzt, da der Stein im Rollen war, konnte Hitler leicht auf ihn verzichten und scherte sich nicht um seine Einwände. Es galt zu rüsten um jeden Preis. Die tschechische Maschinenindustrie arbeitete bereits seit dem Spätherbst 1938 für deutsche Flugzeugwerke. (Barth 1999) Hier und in Österreich sammelten die Hermann-Göring-Werke bald arisiertes und zwangsverkauftes Potential. Die ersten Ferneinsätze sudetendeutscher und tschechischer Arbeiter in deutschen Rüstungswerken, noch auf der Basis lockender Löhne, waren nötig für die Flotten- wie die Luftrüstung, deren Beauftragte Liebkind bei Hitler wurden. Die fehlende Rohstoffbasis suchte man in Schweden und in Rumänien zu gewinnen. Die atemlose Wirtschaftsentwicklung hätte zumindest Konsolidierungsphasen in Hitlers Vorgehen notwendig gemacht. Aber »es lag nicht in seinem Wesen und in dem des NS-Regimes, Konsolidierungsphasen einzulegen. Beide waren bei Strafe ihres Untergangs auf eine ständige Dynamik angewiesen.« (Bullock 1996, 789)

Die diplomatische Dynamik Hitlers hatte bereits Fühler nach

Moskau ausgestreckt. Am 10. März 1939 hatte Stalin in einer denkwürdigen Parteitagsrede die Politik der Sowjetunion vom Westen distanziert, nachdem er das Konzept der kollektiven Sicherheit gegen Hitler als gescheitert ansah, und sich umgekehrt den deutschen Ambitionen zugewandt, Polen betreffend, nicht den maßlosen Osteuropaplänen, die ihn später selbst in den großen Krieg mit Deutschland verwickeln sollten. Mit einigem Hin und Her zögerte er vor einer neuen Einbindung in Sicherheitspläne mit England, und England, das parallel zu Deutschland mit den Sowjets verhandelte, konnte sein eigenes Mißtrauen gegen die Sowjets nicht verhehlen. Es folgte ein mehrmonatiger Wettlauf um die sowjetische Gunst im Frühjahr 1939 – und damit war endlich die Sowjetunion mit vollem Gewicht ins Spiel der europäischen Mächte zurückgekehrt, aus dem man Rußland nach der Oktoberrevolution 1917 ausgeschlossen hatte. Die Sowjets mußten auch um jeden Preis zurückgeholt werden: Anders, so dachte man in London, ließ sich die britisch-französische Garantie für Polen vom 31. März 1939 nicht verwirklichen. Ohne Sowjetunion, so dachte man dagegen in Berlin, ließ sich Polen nicht isolieren.

Der Vertrag vom 23. August 1939, in dem Deutschland und die Sowjetunion öffentlich die wechselweise Nichtangriffspolitik beschlossen und insgeheim die Aufteilung des östlichen Mitteleuropa, war für beide Seiten im Augenblick ein weitreichender Gewinn. Es ging nicht nur um Polen. Es ging um ganz Europa und um den Osten. Es ging also nicht nur um den deutsch-polnischen Krieg, sondern auch um die baltischen Staaten und um Rumänien, es ging um die britisch-französischen Hilfsversprechungen, um die französische Hegemonie- und die britische Gleichgewichtspolitik. Es ging um die Sympathisanten von »Führerstaats«-Ordnungen, von den Kommunisten bislang kurzerhand allesamt als »Faschisten« bezeichnet, in Rumänien, in Ungarn, in Bulgarien, ja selbst auch in westlichen Ländern. Es ging nicht mehr um Versailles, sondern um eine neue Konzeption für Europa, die Deutschland und Rußland wieder zu Nachbarn machte, wie vor zwanzig Jahren, und zu Vormächten auf dem europäischen Kontinent, wie nach dem Krieg über Napoleon. Also ging es eigentlich um eine Wende des politischen

Kraftfeldes wie 1918 in der europäischen Geschichte, die zunächst einmal wieder ohne Krieg, wenn auch in aller Verschwiegenheit von Hitler erreicht worden war.

Der deutsch-sowjetische Vertrag war allerdings für beide Seiten auch ein Prestigeverlust: Alle beide hatten ihr Selbstverständnis auf ihrem Gegensatz aufgebaut, nicht auf ihrem Bündnis, und damit innen wie außen ihre Anhänger motiviert, ihre Kritiker beschwichtigt, ihre inneren Auseinandersetzungen gerechtfertigt: Die Sowjets mit ihrem immerwährenden Krieg gegen den Faschismus, kürzlich erst erneuert in der Vierten Kommunistischen Internationalen, der Komintern; die Deutschen im Aufbau ihrer offiziellen sechsjährigen antibolschewistischen Kampagne, die mit der antijüdischen durch Hitlers These vom »jüdischen Bolschewismus« weitgehend übereinkam und für viele ihrer Anhänger und Gönner schlechthin ihre Existenz gerechtfertigt hatte. Hitler und Stalin, mit deren Namen man je länger je mehr die Geschichte unseres blutigen Jahrhunderts überhaupt in Verbindung bringt, mehr als mit Mussolini und Franco, Chamberlain und Churchill, Roosevelt, Beneš oder Daladier, waren lange Symbole des politischen Gegensatzes in Europa (Hobsbawm 1996; Bullock 1996) und gingen nun miteinander, um das Geschick des Kontinents zu bestimmen. Das erste Ergebnis dieser Verbindung war der Blitzkrieg gegen Polen.

Es gibt ein paar deutsche Vokabeln, die sich mit besonderen deutschen Einrichtungen, Erfindungen oder Eigenheiten in allen Weltsprachen verbunden haben, so daß man sie in ihrer deutschen Form bevorzugt. Sie sind sozusagen Beiträge zur Weltkultur wie manche anderen fremdsprachlichen Derivate etwa im Deutschen. Es sind zum Großteil zusammengesetzte Hauptwörter, sie gehören also zu jener grammatischen Komposition, die ohnehin in den anderen Weltsprachen nicht leicht in ihrer Häufung und Prägnanz zu wiederholen ist. Man vergleiche nur die deutsche Erfindung und Wortprägung von »Stacheldraht«, dem Ersten Weltkrieg zu verdanken, mit der französischen Entsprechung »fil de fer barbelé«! Zu solchen Wortprägungen also gehören im Englischen wie im Französischen, im Italienischen, in den nordischen wie in den slawischen Sprachen die Begriffe

»Kindergarten« oder »Rucksack«, miteinander eigentlich Belege für eine freundliche deutsche Humanität. Zu ihnen, zur Wortprägung wie zur Sache, kann sich ein Deutscher ganz zufrieden bekennen. Weit schwieriger ist es aber mit der kollektiven Verantwortung für ein Wort, das man im Deutschen fortan zu einem bösen Zweck gebrauchte, für den Triumph Hitlers ebenso wie für die rasche und elende Niederlage der stolzen polnischen Armee und ihres zum Widerstand entschlossenen Volkes: »Blitzkrieg«!

Der Blitzkrieg gegen Polen dauerte kaum länger als zwei Wochen. Er wurde nach allen möglichen deutschen Provokationen und Provokationsversuchen schließlich mit einer Reichstagsrede Hitlers am 1. September 1939 der Welt verkündet. In dieser Rede sprach Hitler auch über seine Nachfolge, als ein rechter Held, der sein Haus bestellt, wenn er ins Feld zieht. Das war für die Propaganda wirksam als Ausdruck der Kriegsbereitschaft, die er mit allen seinen Soldaten zu teilen hoffte. Die Kriegsbegeisterung war aber in Deutschland nicht sehr viel höher als in Frankreich, wo man für Danzig nicht sterben wollte. Aber das durfte niemand sagen, am wenigsten die deutschen Journalisten, wenn ihnen ihr Blatt und ihre Arbeit lieb waren. Manche deutschen Zeitungen überschlugen sich dagegen in Euphorie für die deutsche Aufrüstung. Ein eklatantes Beispiel ist die Eloge in der sudetendeutschen parteiamtlichen Zeitung »Die Zeit« zum 20. April 1939. Die »Beutedeutschen« waren ihrem Führer besonders dankbar und suchten sich daher auch besonders gesinnungstreu zu zeigen.

Krieg war fortan Hitlers Schicksal. »Blitzkrieg« hieß die Formel, mit der er zunächst die Welt verblüffte als ein neuer Alexander, und seine Soldaten, ihre ruhmbegierigen Offiziere, ihre Witwen und Waisen wie auch seine wackeren Amtswalter hinter sich hielt. »Vorn steht der Führer; wer nicht hinter ihm steht, der sitzt«, lautete damals ein augenzwinkernd zitierter Schülersatz über die Straßenbahn. Im Sommer 1939 gab es rund 25000 Insassen der Konzentrationslager. Ihre Zahl verdoppelte sich bald nach Kriegsbeginn. Aber die Ironie wie Widerwillen übertönten die Lautsprecher mit den Siegesfanfaren aus Liszts »Prélude«, die Berichte von Vormärschen, Bombenangriffen und versenkten Bruttoregistertonnen, wenn der Vormarsch gerade einmal stockte. Todesnachrichten gingen leise und per Feldpost ein.

Der fünfzigjährige Hitler erlebte unter solchen Vorzeichen seine letzten sechs Lebensjahre. Er zwang möglichst alle Deutschen, diese sechs Jahre in engem Kontakt mit ihm zu erleben: der »größte Deutsche«, wie er sich seit der Auslöschung des tschechischen Staates genannt hatte (Akten der deutschen auswärtigen Politik D IV, Nr. 229), wurde nach dem Blitzkrieg gegen Frankreich zum »größten Feldherrn aller Zeiten«. Das verpflichtete alle zu jener nationalen Solidarität, die allein ein Krieg für das herkömmliche Verständnis von gesellschaftlicher Disziplin rechtfertigen konnte. Es zwang alle zur »verdammten Pflicht«. Man mußte kein Anhänger der nationalsozialistischen Ideenkomplexe sein, um der verdammten Pflicht zu folgen. Die »verdammte Pflicht« aller Deutschen stand über allen Zweifeln an der Ideologie, und aus Pflichtgefühl diente man ihr.

Außerdem gefiel das deutsche Herrenmenschentum nicht wenigen Deutschen, im besetzten Land ebenso wie gegenüber den Kriegsgefangenen und Zwangsarbeitern, zumindest solange sie nicht erfahren mußten, zugunsten einer kleinen rassischen Elite davon ausgeschlossen zu sein. Diese Elite war noch im Werden. Noch war nicht entschieden, ob ihre Kriterien eher ideeller Art sein sollten, als fanatische Gläubigkeit an Führer und Partei, ein Merkmal, wie es Goebbels verkörperte; oder ob die Voraussetzungen für den Zugang zur neuen deutschen Elite nicht in rassischen Kriterien zu suchen seien, wie sie einige Dilettanten aus Körpermerkmalen erarbeitet hatten, darunter der Volksschullehrer Heinrich Günther, der zum Professor in Jena avancierte. Freilich sollten auch die rassistisch Auserwählten »gläubig« sein; aber sie sollten zudem ein besonders hartes Mannestum mitbringen, einen nordischen Kriegerstolz, der kein Mitleid kannte. Markanterweise entwickelte sich das neue Ideal in der Organisation der SS gleichzeitig mit dem Aufbau der KZs. (Kogon 1977; Zimmermann 1997, 566f.)

Der Krieg war von vornherein total und einem jeden deutschen Kopf einzuhämmern. Das hieß auch, so paradox das nach dem eben geschlossenen sowjetischen Bündnisvertrag erschien, er war ein ideologischer Krieg. Er war der Beginn der gewaltigen Ostexpansion der »germanischen Rasse«. Er machte den obersten Befehlshaber der Wehrmacht, den Führer und Reichskanzler, zum »Kriegsherrn«. Er rechtfertigte alle möglichen Ausnahmeregelungen. Die Bewirtschaftung sämtlicher Lebensmittel stand am Anfang einer Mehrzahl von Maßnahmen bis zur Auslöschung »unwerten Lebens«, die man mit den »Euthanasieaktionen« im Oktober 1939 begann, bezeichnenderweise zurückdatiert von Hitler selbst eben auf den Tag des Kriegsausbruches. (Zimmermann 1997) Die Massenvernichtung von Juden, Zigeunern, Oppositionellen endete auch erst in den letzten Kriegswochen, so daß die Soldaten die ganze Zeit von Henkern begleitet waren. Und dieser totale Krieg, wie ihn Europa noch nie gesehen hatte, disponierte über das Ende von Millionen Leben, ließ weltweit wohl 27 Millionen Soldaten sterben und zumindest ebenso viele Zivilisten. Er entschied nicht nur über Leben und Tod, sondern auch noch über viele Millionen von Lebensläufen, von Frauen, Familien, Eltern und Kindern.

»Was sollt ich machen, wenn im Schlaf mit Grämen
Und blutig, bleich und blaß
Die Geister der Erschlagnen zu mir kämen
Und vor mir weinten, was?

Wenn tausend, tausend Väter, Mütter, Bräute,
So glücklich vor dem Krieg,
Nun alle elend, elend arme Leute,
Wehklagten über mich?«

Jener Krieg, dessen Ausbruch Matthias Claudius mit solchen Worten im Jahr 1779 beklagte, blieb eine Episode zwischen Preußen und Österreich und ging als »Kartoffelkrieg« in die Geschichte ein. Hitlers Krieg 1939 machte alle und alles mobil. Er rechtfertigte jedes Unrecht mit dem Ausnahmezustand innen wie außen und ließ zuletzt Deutschland in eine Katastrophe stürzen, die sich nicht mit Jahrzehnten, nicht mit Jahrhunderten messen läßt, sondern die eigentlich das alte tausendjährige Deutschland zerstörte.

Führer befiehl …

»Mein ganzes Leben gehört von jetzt ab erst recht meinem Volke!« Mit diesen Worten begann Hitler am Morgen des 1. September 1939 seine Kriegspropaganda. Sie brachte nichts anderes als seine ganz persönliche Stellungnahme zu jener Auseinandersetzung mit Polen, die er selber in den letzten Monaten mit Umsicht geschürt hatte, die er zum Kriegsgrund gemacht hatte und die er jetzt auf besondere Weise mit seinem Schicksal verband. Fortan wollte er nichts anderes sein als der erste Soldat des Deutschen Reiches, nachdem er den Rock wieder angezogen habe, der ihm selber der heiligste und teuerste gewesen sei.

Damit hatte Hitler vermutlich viele Großväter, Großmütter auch, und besonders viele ihrer Söhne angesprochen. Er hätte sie schwerer erreicht, wenn er vor 25 Jahren nicht eben den Rock ausgezogen hätte, von dem er sprach, den feldgrauen nämlich; wenn er statt dessen den steingrauen der alten österreichischen Armee getragen hätte. Er wäre auch etwas weniger glaubwürdig mit seinen Worten erschienen, wenn seinen Rock nicht das Eiserne Kreuz geziert hätte, jene ursprünglich preußische Auszeichnung, deren Erste Klasse, als Kreuz ohne Zutat an der linken Brust zu tragen, 1914 die allgemein besonders respektierte Anerkennung für den Gemeinen Mann in der deutschen Armee geworden war. Es gab auch bayerische Auszeichnungen im Ersten Weltkrieg, und Hitler diente bekanntlich in einem bayerischen Regiment, und es gab sächsische, württembergische oder badische: Das Eiserne Kreuz aber war sprichwörtlich anerkannt und hatte einen gesamtdeutschen Nimbus seit Napoleons Zeiten. Wenn der unbekannte Gefreite des Ersten Weltkriegs, von dem man jetzt wieder sprach, als der Oberbefehlshaber der deutschen Wehrmacht sich selber nicht anders bezeichnete als der Erste Soldat des Deutschen Reiches, dann beeindruckte das viele unter seinen Zuhörern, auch wenn sie der Partei nicht nahe standen und auch, wenn sie dem neuen Krieg durchaus keine Begeisterung entgegenbrachten.

»Die Soldaten wuchsen unausweichlich in einen Widerspruch

hinein. Auf der einen Seite wurde das Regiment für viele zum Refugium vor der Propaganda und Infiltration durch die verpönte Partei… Andererseits aber bekannte man sich zur Wiederherstellung der Wehrmacht und zu einem Soldatentum als Leitbild der Gesellschaft, geprägt durch das Pflichtgefühl für den Staat und gebunden durch den Eid…« (Weizsäcker 1997, 74 f.)

Soldaten und Soldatenmütter, -väter, -bräute hätten die Situation wohl anders angesehen, wenn sie nicht nur Hitlers Bekenntnis zu den Soldaten des Reiches gehört hätten, sondern auch seine Sorge, es könne »noch im letzten Moment irgendein Schweinehund einen Vermittlungsplan vorlegen«. (Zitiert nach Thamer 1994, 611) Das eben war Bestandteil von Hitlers Führungskunst, daß er die Deutschen zunächst einmal soweit für sich gewonnen hatte, seinen diplomatischen Erfolgen zuzujubeln, um sie nun in das Korsett der Kriegsdisziplin zu zwängen. Jetzt waren alle Bedenken im nationalen Interesse zurückzustellen, jetzt war erst einmal zu siegen, dann konnte man weitersehen. Die Überzeugungskraft von Hitlers Politik war durch die Kriegserklärung nicht gewachsen. Aber der Druck war größer, den man fortan im Namen der nationalen Disziplin gegen alle Widerstrebenden entfalten konnte. Dementsprechend war jetzt auch noch mehr als zuvor Hitlers Propaganda zu glauben. »Die deutschen Zeitungen waren voll von Berichten polnischer Provokationen und Übergriffen gegen die deutschen Minderheiten. Wer wußte, ob die Berichte stimmten? Geglaubt wurde das meiste…« (Weizsäcker w.o.)

Und die Vorbehalte gegen den neuen Krieg? Die Versuche in der obersten Wehrmachtsführung ein Jahr zuvor, Hitler im Kriegsfall zu verhaften? Die Abneigung in der Bevölkerung, in der noch die Erinnerung an Krieg und Hungerwinter vor zwanzig Jahren lebendig war? Die deutliche Zurückhaltung noch ein Jahr zuvor bei militärischen Demonstrationen? Die letzten zwölf Monate hatten über Krieg und Frieden entschieden, weil sie Hitler die größten territorialen Erfolge bescherten, die seit Menschengedenken ein deutscher Politiker errungen hatte. Mit dem Triumph in Österreich, mit dem wochenlangen Jubel in den Sudetengebieten, mit dem kampflosen Sieg über die Resttschechoslowakei war auch bei Skeptikern die Auffassung verbreitet: »Hitler gelingt alles.«

Gerade diese Auffassung verdient Beachtung. Sie ist nach der Erfolgsserie nicht unverständlich und vereinte Anhänger und Gegner Hitlers, auch im Ausland. »Why England Slept« lautete die kaum bekannte Dissertationsthese von John F. Kennedy 1940, als man alles schon besser wußte, und mündete in die Feststellung: »Most people in England felt, it's not worth war to prevent the Sudeten-Germans from going back to Germany.« (Veröffentlicht 1961, 186) Der »Mythos von München« hatte auf beiden Seiten nachgewirkt, und er wurde international selbst nach Hitlers Zugriff auf die Resttschechoslowakei, die der Vertrag eigentlich retten sollte, nicht als ein Pakt mit dem Teufel entlarvt. Es gab lediglich verbale Proteste.

Freilich hatte der Vertrag von Versailles 1919 den Bogen überspannt und wurde überdies von einem schwachen Frankreich und einem zögernden England auch nicht verteidigt. Seine Revisionserfolge aus Bluff und Entschlossenheit ermöglichten Hitlers Kriegspolitik. Denn der Friedensvertrag von Versailles war nun einmal in seinem Mitteleuropakonzept nicht realisiert, die Staatskunst der Sieger unter französischer Ägide erreichte nicht jenes Niveau, das der europäischen Neuordnung zu dauerndem Erfolg verholfen hätte. Allein der Rückzug Wilsons vom Versailler Projekt, das seinen 14 Punkten so sehr widersprach, hätte in seinen politischen Folgen bedacht werden müssen: Kein Friede ohne Amerika! Das ständig in Deutschland propagierte »Unrecht von Versailles« klang glaubhaft, und Hitlers plumper Radikalismus mit »Terror und Täuschung« fand seinen Weg in viele deutsche Köpfe ohne große Hindernisse. »Scheint es nicht, daß das gewaltigste Mittel, um das Weltgeschehen weiterzubringen, die Dummheit ist, die Dummheit der Führer und die Dummheit der Geführten?« schrieb damals Theodor Haecker in sein »Tag- und Nachtbuch«. (Haecker 1989, 21)

Nach der Ratlosigkeit der deutschen Eliten in den dreißiger Jahren, nach der Orientierungskrise vor den leeren Thronen, aus der Hitler herausgeführt und schrittweise jenes politische Ansehen wieder restauriert hatte, in dem sich die Nation seit Bismarcks Zeiten bespiegelte, gab es zu Hitler auch im feineren deutschen Meinungsbild keine Alternative. Die deutsche Demokratie hatte vor aller Augen versagt, weil ihr die westliche Demokratie zu wenig Hilfe gewährte, so wenig, daß nicht einmal die anonymen Sieger im Architektenwettbewerb um den Völkerbundpalast in Genf den Bau ausführen durften, als sich herausstellte, daß sie Deutsche waren, die Düsseldorfer Architekten Albert Deneke und Emil Fahrenkamp. Der deutsche Führerstaat dagegen hatte im Blickwinkel der deutschen Biertische sozusagen nur auf den europäischen Tisch geklopft und schon über alle triumphiert.

Wahlanalysen aus der Zeit vor 1933 stimmen in der Einsicht überein, »daß man die NSDAP am adäquatesten wohl tatsächlich ... als Sammlungsbewegung des Protestes charakterisiert«. (Falter 1991, 289) Wenn dieses Ergebnis, das sich seiner Natur nach schwerer ermitteln und beweisen läßt als etwa Analysen aus der Sozialstatistik, allen künftigen Fragen standhält, dann hat Hitlers Politik nach 1933 seine »Protestwähler« aus der Weimarer Zeit tatsächlich glänzend belohnt. Denn der deutsche Protest gegen den Vertrag von Versailles, aus bekannten Gründen besonders leicht zu wecken und für alle möglichen Impulse der nationalen Grundüberzeugung in der deutschen Politik der zwanziger Jahre ein gemeinsamer Nenner, ist von den deutschen Demokraten in dieser Zeit kaum je offen kritisiert oder korrigiert worden. Der Vertrag von Versailles als großes Neuordnungswerk hatte seine Schwächen. Die aber wurden von England und Frankreich nicht im offenen Gespräch mit deutschen Demokraten erörtert, sondern nur im stillen notiert, und die nationalen Schreier in Deutschland hat man auch im demokratischen, im verständigungsbereiten deutschen Lager kaum je zur Rechenschaft gezogen. Gerade an dieses weithin verbreitete und gar noch öffentlich, in den Schulen zum Beispiel (Weichert-von Hassel 1968), gepflegte deutschnationale Ressentiment hatte Hitlers Propaganda immer wieder angeknüpft. Die Anhänger aber, die Hitler als Protestwähler sammelte, mußten sich besonders durch die Kette seiner diplomatischen Erfolge zwischen 1935 und 1938 glänzend bestätigt fühlen. Die Urheber und Garanten des Versailler Vertrages dagegen traten vor aller Augen für ihre Politik nicht mehr glaubwürdig ein.

Das politische Potential aus dieser Erfolgsserie formte sich in Deutschland zum »Glauben an den Führer« und begleitete die Deutschen 1939 in den Krieg. Als sich auch hier die Erfolge Hitlers fortzusetzen schienen, wuchs die Bereitschaft zum nationalen Gehorsam noch weiter, steigerte sich trotz mancher heimlicher Vorbehalte in dieser und jener Frage und trotz vereinzelter Scharfsichtigkeit bei weiten Teilen der Bevölkerung in wechselseitiger Verstärkung und machte schließlich 1940, als deutsche Truppen den ganzen westlichen Kontinent besetzt hielten, auch in Deutschland den bürgerlichen Alltag für die Zivilisten zum Befehlsbereich.

Das begann mit dem Hitlergruß. Der wurde nicht nur zur Briefformel, sondern begleitete auch alle Begegnungen in der Öffentlichkeit. Er war eigentlich anstrengend, weil er mit erhobener Rechten zu vollziehen war, mit einer Handbewegung, die üblicherweise einen Gruß nicht begleitete. Außerdem kollidierte er mit der herkömmlichen Herrensitte, den Hut zu ziehen. Man trug Hut in den dreißiger Jahren. Aber man konnte ihn nicht gleichzeitig mit der Linken lüften und mit der Rechten nach altgermanischem Brauch den Führer ehren. Also unterließ man es fortan, den Hut zu ziehen, den Kopf zu neigen und womöglich mit freundlicher Geste den ganzen Körper dem Gegrüßten zuzuwenden. Die erhobene Hand, das laute Bekenntnis, die stramme Körperhaltung gab statt dessen der Grußgeste etwas Militärisches. Die Deutschen begegneten einander auf neue Weise, hart, männlich, nicht mehr in nachbarlicher Freundlichkeit. Als besondere Ergebenheitsadresse hatte übrigens die Wehrmacht noch am 20. Juli 1944 selbst den Hitlergruß offiziell übernommen. Die deutschen Offiziere salutierten danach erst wieder, als sie sich neun Monate später mit den Siegern an die Kapitulationstische setzten.

Der Hitlergruß in der Öffentlichkeit zwang zum offenen Bekenntnis. Besonders in katholischen Gebieten dominierte noch lange das herkömmliche »Grüß Gott«, ehe der Kriegsausbruch auch hier die Bekenntniswächter auf den Plan rief. Der barmherzige Gott war im Himmel, der unbarmherzige Führer schien allgegenwärtig: Das Lippenbekenntnis war meistens unumgänglich.

Die Befehlsstruktur reichte tiefer. Der allgemeinen Wehrpflicht entsprach bald eine allgemeine Arbeitspflicht, Alte, werdende und stillende Mütter ausgenommen. Zur Arbeitspflicht kam die Uniformierung. Nicht nur, daß bei der »Organisation Todt«, dem riesigen staatlichen Bauunternehmen für Kriegszwecke, die Uniform Vorarbeiter und Ingenieure kenntlich machte. Auch im zivilen Hinterland machten sich die Uniformen breit, von Arbeitsdienst, Wehrwirtschaftsführern, Luftschutzwarten, und natürlich waren schon längst die Parteifunktionäre uniformiert bis hinab zum Blockwart. Uniformen machten auch unabkömmlich. Zwar konnte man nicht auch die Fremdarbeiter uniformieren, aber man kennzeichnete sie wenigstens am Rockaufschlag: Ein Blumenkranz für die Ukrainer, ein P für die Polen. Seit dem 19. September 1941 kennzeichnete man auch alle die unglücklichen Menschen, die für das alles überragende Feindbild im Innern einstehen mußten, soweit sie überhaupt noch auf den Straßen zu finden waren. Seither wurde nämlich der Gelbe Stern für alle, die älter als sechs Jahre waren, zur Pflicht, die der deutsche Reichstag schon seit 1935 durch die Nürnberger Gesetze aus der »Volksgemeinschaft« ausgeschlossen hatte. (Deutschkron 1995; Klemperer 1996)

In Wort und Bild propagierten Hitlers Helfer das Soldatendasein als Ideal. »Wir Soldaten waren damals keine besseren oder schlechteren Menschen als unsere Väter, die 25 Jahre zuvor in den Krieg gezogen waren, oder als unsere Nachkommen, die heute über uns urteilen. Wie die Soldaten in aller Welt waren wir unserer Heimat verbunden. Zum Gehorsam waren wir erzogen und gezwungen. Und so marschierten wir im Bewußtsein, die Pflicht zu tun.« (Weizsäcker 1997, 78) Marschieren, das war der sichtbare Ausdruck des politischen Gehorsams, und so marschierten auch alle die Gliederungen der NSDAP möglichst an jedem Sonntag zu irgendeinem Ereignis im NS-Kalender auf, mit und ohne Musik, und allmählich wurde verdächtig, wer nicht irgendwo marschierte. Der Gleichschritt wurde im Innern des deutschen Gewissens zum besonderen Takt der Zeit. Wochenschau, Rundfunk, Schulungen und oft auch noch die persönliche Gesprächsatmosphäre wurden zum Widerklang eines allgemeinen Gehorsams. In jeder Alltagsbegegnung konnte jemand durch unangenehme Zwischenfragen das Ansehen eines Kontrolleurs, eines möglichen Denunzianten und dadurch besondere Macht gewinnen – sowohl über das gesprochene Wort, das man nun nicht mehr zu verteidigen wagte, wie über seinen Sprecher.

Immerhin begann der zweite Weltkrieg ohne den Enthusiasmus des ersten. Doch wie sich die ungeheuere Kriegsmaschine in Bewegung setzte, wie sie nicht nur Millionen Soldaten ergriff, sondern auch Millionen Zivilisten, zu ihrer Versorgung, zu ihrem Ersatz in allen ihren militärischen und zivilen Funktionen, so verwandelte sie die vielen uniformierten und nichtuniformierten Deutschen nun auch in eine Kriegsgesellschaft, jene Gesellschaft, die ihrerseits selber sich schon seit Jahren mit den Worten Kampf und Krieg bezeichnete, weil sie sich unter dem Einfluß der großen Propagandatrommeln ständig in neue metaphorische Kriege und Kämpfe verwickelt sah: In den Kampf um den Vierjahresplan, in den Kampf gegen die entartete Kunst, in den Kampf für die Winterhilfe, den Kampf um die Gefolgschaft der jungen und auch der alten Deutschen, in den Kampf um Kanonen statt Butter und in die »Erzeugungsschlachten« der jährlichen Ernteeinsätze; in den Kampf vor allem gegen das allgegenwärtige Weltjudentum, das immer wieder beschworen wurde und endlich durch die warnende Erklärung des Jüdischen Weltkongresses vom September 1939 auch als Gegner faßbar geworden zu sein schien. Man war jedenfalls längst zu allen möglichen Kämpfen und Schlachten bereit und entschlossen, den Worten nach. »Wer leben will, der kämpfe also, und wer nicht kämpfen will in dieser Welt des ewigen Ringens, verdient das Leben nicht.« Der brutalen Konsequenz aus dieser Losung folgte Hitler allerdings nur im verborgenen. Es blieb den Flüsterparolen überlassen, von den ersten Tötungsaktionen »unwerten Lebens«, unterstützt von deutschen Ärzten, ausgeführt von SS-Sonderkommandos, zu berichten, vom Elend der Kriegsgefangenen, von der Grausamkeit der Konzentrationslager und von der Unbarmherzigkeit des Partisanenkriegs.

Für die Wortführer der deutschen Öffentlichkeit fiel währenddessen der Übergang zum wirklichen Krieg gar nicht so schwer. Das galt für Journalisten wie für Parteiredner. Und die Auftragsredner, die solche Worte bisher auf den Lippen geführt hatten, kämpften auch weiterhin nur mit dem Mund. An der Front gegen Polen standen zunächst nur ein paar hunderttausend Soldaten. Der Krieg lief langsam an. Der erste Kriegswinter ging so ruhig vorbei, als wollte man die Deutschen nur allmählich an den neuen Zustand gewöhnen.

Dabei gelangen gleich anfangs fabelhafte Erfolge. Da gab es Sturzkampfflugzeuge, eine bisher unbekannte Wunderwaffe, Panzer, schnell und anscheinend unverwundbar, Infanterie, immer siegreich in großen Kesselschlachten. Schier endlos zogen die Kolonnen der Gefangenen durch die deutschen Wochenschauen, zwei, drei Wochen lang, dann war der ganze Polenkrieg auch schon zu Ende. Wer hätte da nicht jubeln mögen? Vergessen war der gleichsam symbolische Umstand, daß wegen des Kriegs der »Reichsparteitag des Friedens« vom 2. bis 11. September 1939 ausgefallen war und daß Hitler ganz gegen seine mehrfach praktizierte Taktik zuvor Polen nicht in die Ecke »florettiert« hatte. Zwar hatte er, in einem geheimen Zusatzprotokoll mit den Sowjets, die polnische Beute verteilt, bestimmte Interessensphären geschaffen und seiner eigenen Politik einen freien Rücken geschaffen. Aber zugleich hatten England und Frankreich Deutschland den Krieg erklärt, hatte Hitler gegen die Warnungen Roosevelts gehandelt, war ein Angriff gegen Frankreich jetzt oder später unumgänglich und damit ein Zweifrontenkrieg nicht zu vermeiden, wenn Hitler weiterhin, wie er in seiner Programmschrift aus den zwanziger Jahren versichert hatte, den großen deutschen Lebensraum im Osten suchen und sichern wollte. Denn in Polen, im Korridor zwischen Weichsel und Warthe oder in dem 1919 von Deutschland getrennten oberschlesischen Kohle- und Eisenrevier war dieser Lebensraum nicht zu suchen. Das waren vielmehr die alten Revisionsziele der traditionellen preußisch-deutschen Politik, das war jener professionelle Revisionismus der Diplomaten und der Militärs, den Hitler dutzendmal verlacht und für kleinbürgerlich erklärt hatte. Allerdings sicherte ihm gerade dieser Revisionismus, den er mit dem Angriff auf Polen selbst nun offensichtlich praktizierte, den Beifall der traditionellen Vertreter dieser Politik in Diplomatie und Armee. Dementsprechend war er auch populär. Hitlers Programm genügte er nicht.

Hitler hatte versucht, wenn nicht die Welt, so zumindest Europa mit England zu teilen. Die englische Kriegserklärung vom 3. September hatte diesen Plan vereitelt. Zum erstenmal nach den diplomatischen Erfolgen der dreißiger Jahre war Hitler in eine Sackgasse geraten. Aus dieser Sackgasse gab es kein Entrinnen, so wenig man eben einen Krieg einseitig beenden kann. Sein Vabanque war an England gescheitert, aber das ließ sich noch nicht erkennen. Ohnehin waren alle Deutschen, Millionen Soldaten durch ihren Eid und Abermillionen Zivilisten durch ihre zivilen Pflichten, durch ihre Bindung an die NSDAP und ihre Gliederungen, durch ihre Vorstellungen von nationalen Pflichten wie durch ihre Angst vor dem nächsten unbekannten Gesprächspartner in diese Politik eingeschlossen. Nicht zuletzt waren sie daran gebunden durch die deutschen Anfangserfolge dieses waghalsigen Krieges.

Die Engländer hatten ihre Drohung wahr gemacht. Frankreich folgte ihnen. Sie hatten Hitler ein »Halt!« zugerufen, und das, obwohl sie die Sowjetunion durch ihr Mißtrauen nicht auf ihre Seite hatten ziehen können, sondern das sowjetische Engagement nun auf der Gegenseite fürchten mußten. Aber sie hatten doch sozusagen die Ehre der Demokratie gegenüber Führerstaat und Sozialismus durch eine feste Entscheidung gerettet. Hitler hatte ihre Politiker, die führenden Verfechter einer Friedenslösung, ein halbes Jahr nach dem großen gemeinsamen Revirement der Grenzziehung von Versailles, öffentlich als die Betrogenen blamiert, als er in Prag einmarschiert war. Er hatte sich danach den nächsten der »kleinen Staaten« in Osteuropa vorgenommen, und es war klar, daß er auch ihn zu liquidieren gedachte. Da riefen die Engländer: »Halt!« Hatten sie damit die politische Ethik bewahrt? Jedenfalls fanden sie Verständnis in der deutschen Diplomatie und bei oppositionellen Offizieren. Aber aus dem Verständnis wurde keine Verständigung, und ein Bund im Namen der Demokratie kam gegen die eingeübten nationalen Pflichten nicht zustande. Erstaunt konstatierten englische Politiker, daß die deutschen Emissäre der Widerstandskreise zum Hochverrat bereit waren. Daß dieser Widerstand, der Aufstand des Gewissens gegen den Eid, gegen die formelhaft gebundene nationale Zugehörigkeit namens der Menschlichkeit und der Demokratie sogar auch ein Bündnis mit dem nationalen Feind suchen könnte, das war bei den englischen Gesprächspartnern des deutschen Widerstands so unverständlich wie bei den meisten deutschen.

War es am Ende die Einsicht in den Wahnsinn von Hitlers Zielen, die den Widerstand wenigstens in einigen Köpfen zur Tat trieb? Bekannt wurde das ironische Spruchband: »Führer befiehl, wir folgen« aus besseren Tagen, das man im zerbombten Berlin über eine Ruinenwand gespannt hatte. Aber der Führerbefehl zum Ausharren vor Tobruk und in Stalingrad, der Kampf um den Rhein, um die »Alpenfestung« und um Berlin, die vielen Einsätze bis zur letzten Stunde in aussichtslosen Situationen sind doch ein besonderes Zeichen des bedingungslosen Gehorsams von Millionen, das man beachten muß, ohne es vergleichen zu können mit anderen Kriegen in anderen Ländern. Gegen alle Ahnungen, Gerüchte, ja schließlich auch gegen die verzweifelte Einsicht in die persönliche Katastrophe blieb die Mehrzahl der Menschen im vorgezeichneten Rahmen der Disziplin, nein, blieb die gesamte Befehlsstruktur erhalten, und man kann fragen, ob denn der Mut zum Widerstand fehlte oder die Findigkeit dazu. Der brave Soldat Schwejk, jene Karikatur auf die eigentlich hilflose Humanität debilen Gehorsams in der k. u. k.-Armee, hätte in der deutschen Wehrmacht wohl nur ein paar Tage überlebt.

Und wieder: Um den Sinn des Krieges

1917 hatte ein böhmischer Emigrant, der Philosophieprofessor Tomáš Masaryk, einiges dazu beigetragen, das Kriegsziel der Alliierten bündig zu formulieren: Kampf der Demokratien gegen die alten Kaiserreiche! Die Formulierung empfahl sich allerdings erst, nachdem Rußland dem Kriegsbündnis nicht mehr angehörte. 1939 rang ein anderer böhmischer Emigrant, der Doktor der Philosophie Paul Roubiczek, um bündige Aussagen für den neuen Krieg: Kampf der Demokratien gegen den Totalitarismus! Diese Formulierung empfahl sich allerdings nur, solange die Sowjetunion dem Kriegsbündnis noch nicht angehörte. Ob und wie sie in den Krieg eingreifen würde, das überlegte Paul Roubiczek wieder und wieder in seinem Londoner Tagebuch, das er am 3. September 1939 begann. Und zugleich, ob »das andere Deutschland«, dem er selber vertraute, stark genug sein könnte, Hitlers Regime abzuschütteln, oder ob es erst durch den Bolschewismus dazu reifen würde. Denn den Pakt zwischen Stalin und Hitler hielt er für gefährlich genug, auch Deutschland in den Bann des Bolschewismus zu ziehen.

Paul Roubiczek, ein jüdischer Deutscher aus Prag, Adept der deutschen Philosophie und der deutschen Literatur, vertrieben aus Berlin, wo er 13 Jahre gelebt und studiert hatte, über Österreich und Frankreich gerade noch nach London entkommen, dachte nach über die politische Ethik des Westens in diesem neuen Krieg und war enttäuscht. Daß die Deutschen offenbar in ihrer Menge Hitler nachliefen, das wußte er zur Genüge. Daß das kleine und schlecht bewaffnete Polen jedoch das aufgerüstete »Großdeutschland« provoziert haben sollte, in Gleiwitz, in Danzig oder irgendwo, das glaubte er nicht. Polen als Herausforderer der deutschen Armee – das war infame Propaganda, wenn er sich auch wundern mußte, wie diese Absurdität gerade im deutschen Volk bei seinem von ihm bewunderten hohen Bildungsgrad Glauben finden konnte. Daß man gegen die offenkundige deutsche Aggression nun endlich, und spät genug, ohne Wenn und Aber einschritt, das hielt er am ersten Kriegstag in seinem Exil, am 3. September 1939, der englischen politischen Moral zugute. Aber was weiter? England und nach ihm Frankreich traten einem Aggressor entgegen, aber niemand konnte absehen, mit welchem Erfolg. Wohl kaum mehr mit dem, das bereits um sein Leben kämpfende Polen noch zu retten. Wozu dann die englische Kriegserklärung? Um das europäische Gleichgewicht wieder einzurichten?

Hitler hatte Kriegsziele. Die Westmächte hatten sie nicht. Hitler war der Aggressor. Die Westmächte suchten ihn abzuwehren. Eigentlich muß man keine Kriegsziele haben, wenn man einen Aggressor abwehrt, außer dem, den Frieden wiederherzustellen. Roubiczek, der zwei Jahre seines Lebens im Ersten Weltkrieg das alte Österreich verteidigt hatte, wußte aber, daß ein gerechter Friede nicht weniger wichtig ist als ein gerechter Krieg. Den gerechten Krieg billigte er seinen Gastgebern zu. Ein gerechter Friede schien ihm schließlich nach langem inneren Schwanken so wichtig, daß er, der Einundvierzigjährige, sich entschloß, nicht sofort die Gelegenheit zu suchen, als nicht mehr ganz junger Ausländer gegen Hitler mitzukämpfen, sondern daß er überhaupt erst einmal seine Gedanken um Krieg und Frieden klären wollte.

Der Doktor der Philosophie und ehemalige Leutnant der k. u. k.-Armee Paul Roubiczek hielt den Frieden von Versailles, nach dem im Friedensvertrag von St. Germain seinerzeit 1919 die alte Habsburgermonarchie ihr Leben ausgehaucht hatte, nicht für der Weisheit letzten Schluß. Nach seiner Herkunft aus der kleinen, aber seit Generationen lebendigen Kultur- und Siedlungsinsel von Deutschen und Juden in enger Lebens- und mitunter auch in einer gewissen Leidensgemeinschaft im wachsenden »slawischen Meer« schien ihm die Vorurteilslosigkeit der Tschechoslowakischen Republik begrenzt. Unter anderem auch deshalb hatte er nach dem ersten Krieg seinen Wohnsitz in Berlin genommen und nicht allein deshalb studierte er deutsche Philosophie und Literatur, was man zu seiner Zeit für die besten Zugänge zum Verständnis der Deutschen ansehen konnte. Wie aber nun den Krieg führen, den Frieden vorbereiten, die eigene Position bestimmen?

Der unbekannte Emigrant dachte und schrieb. Sein Tagebuch vom 3. September 1939 bis zum 1. September 1940 schrieb er deutsch. Seine Hoffnung kann man am besten mit jenem philosophischen Optimismus des künftigen Professors am angesehenen Clare College in Cambridge erklären, der zu allen Zeiten der Macht des Denkens vertraut. Roubiczek, den auch der Krieg, die Nürnberger Gesetze und die Verfolgung alles Jüdischen, gleich welcher Sprache, nicht von seiner Zuneigung für Deutschland abgebracht hatte, für »das andere Deutschland«, starb 1972 in Bayern.

Das Erlebnis des vorangegangenen Krieges hatte Roubiczek zum Pazifisten gemacht. Überdies war er gläubiger Christ. Aus Berlin über Wien, Prag und Paris nach England emigriert, rang er um seine innere Konsequenz: Durfte man, sollte man, mußte man Hitler bekämpfen, der die Staatsmänner Europas jahrelang hinters Licht geführt hatte, der mit Betrug und Bluff in den letzten vier Jahren bei allen Versäumnissen und Schwächen seiner politischen Gegenspieler in Paris und London Deutschland zum mächtigen Faktor in der europäischen Politik hatte aufschwellen lassen und der nun, in einem stillen Bund mit Stalin, dem man zutiefst mißtrauen mußte, in Polen einfiel! Hatte Christus nicht Frieden gelehrt? Oder galt das Wort, daß er nicht gekommen sei, den Frieden zu bringen, sondern das Schwert? Oder gab es ein weitergehendes Verständnis des Christentums und der rechten Lehre vom christlichen Weltverhalten, wenn man jenes Exempel vom »bewußten Zuwiderhandeln« bedachte, wonach Christus dem Sünder gegen die Sabbatgesetze sagte: »Wenn Du nicht weißt, was Du tust, bist Du verdammt; wenn Du aber weißt, was Du tust, bist Du gerettet!« (Roubiczek 1972, 8)

Roubiczek, den die Emigration nach Cambridge verschlagen hatte, ging tage- und nächtelang in der alten Stadt umher zwischen Parks und Colleges und dachte nach. Er suchte sich mit seiner bisherigen Überzeugung auseinanderzusetzen, daß jeder Krieg von Übel sei und daß man als unbedingter Pazifist leben und neue Wege der Politik finden müsse. Er lernte nun, in Gegensätzen zu denken, und das wurde später auch der Titel seines philosophischen Hauptwerkes. (Roubiczek, Thinking in opposites, 1952, deutsch 1978) Er erfuhr aus der englischen Presse, daß die englische Regierung nach genauen Berichten schon seit dem Frühjahr 1938 wußte, wie es in deutschen KZs zuging, und sich trotzdem vertrauensvoll auf das Münchner Abkommen eingelassen hatte. Er sprach wieder und wieder vom »anderen Deutschland«, das er in seinen Berliner Jahren schätzen gelernt hatte, und er schämte sich im April 1940 beim deutschen Überfall auf Dänemark, ein Deutscher zu sein.

Er sorgte sich im November 1939 bei Berichten vom Transport Wiener Juden nach Lublin um ihr Schicksal in Hitlers

Gewalt, und er hielt nichts vom mäßigenden Einfluß deutscher Generäle. Er sah manche Verhältnisse in Deutschland in seiner englischen Emigrantenfreiheit schärfer und vorbehaltloser als sein jüdischer Landsmann Victor Klemperer im »inneren Exil« mitten in Deutschland. Er beobachtete ganz treffend eine gewisse deutsche Kriegsverdrossenheit im ersten Kriegswinter zwischen dem Polenkrieg und dem Überfall auf Skandinavien, allein aufgehellt durch die Siegesberichte deutscher U-Boote, und er verurteilte den Westen, der ein ums andere Mal seine demokratischen Verbündeten im Stich ließ, wie 1936 in Äthiopien, 1938 in Österreich und in der Tschechoslowakei, so nun auch 1940 in Dänemark, in Holland, Luxemburg und Belgien, und der sich am Ende nach einigen Kämpfen im April 1940 auch aus Norwegen wieder zurückzog. Er begriff erst langsam die britisch-französische Unterlegenheit, im Kampfgeist ebenso wie in der materiellen Rüstung, die endlich im Juni 1940 in Dünkirchen mit dem geglückten Rückzug zumindest einen Achtungserfolg errang. Er vertraute auf die Unmöglichkeit einer Invasion in England und auf die langfristige Überlegenheit des Westens, worin er bereits Amerika einschloß. Allerdings stellte er sie durch die sowjetische Politik in Frage.

Bei seinen Erwägungen über einen möglichen Kriegsverlauf grübelte er immer wieder über die deutsche Neigung zur »Nibelungentreue«. Dieser Kult um einen Mythos und seine moderne Wiederbelebung in der literarischen deutschen Selbstdarstellung ging nach seinen Überlegungen einher mit einer eigenartigen deutschen Disposition zur Selbstzerstörung. Roubiczek rief sich deshalb dieses seit hundert Jahren immer wieder zum Ausdruck des deutschen Nationalcharakters stilisierte Epos in Erinnerung, das die deutschen Germanisten so besonders gepflegt hatten, die Nibelungentreue, und dazu den Gang der Handlung, bei deren Entfaltung eigentlich ein Betrug dem andern folge, von der Täuschung Brunhilds durch Siegfried bis zur betrügerischen Einladung der Nibelungen an Etzels Hof. Und er konnte sich gut einen deutschen Endkampf in »Nibelungentreue« denken. Verbreitet in jedem deutschen Lesebuch, mit höchstem kulturellem Anspruch vermittelt durch Richard Wagner und lebendig gehalten im Bayreuther Wagnerkult, besonders beliebt im deutschen Bildungsbürgertum und in den jährlichen Festspielen auch durch Hitlers regelmäßigen Besuch hervorgehoben, malte sich der einsame Spaziergänger in Cambridge die aktuelle Rolle der »Nibelungentreue« im Kriegsverlauf aus, bei dem am Ende, nach Entwicklungen, die man nicht vorhersehen konnte, die Deutschen auf die gleiche Unbedingtheit zurückgeworfen wurden. Vielleicht lief alles darauf hinaus, daß sie dann, trotz jener Kette von Hitlers Betrügereien, die sich mit dem Epos vergleichen ließen, am Ende bereit waren, in Nibelungentreue in den Ruinen von Etzels Palast zu sterben, unterzugehen, sich selbst zu vernichten, nachdem sie alles um sich her zerstört und der Vernichtung preisgegeben hatten. Also richtete er sich im Winter 1939/40 auf einen langen Krieg ein. Und bei alldem festigte er, in ausgiebigem »Denken in Gegensätzen«, seine christliche Kriegsbereitschaft.

Das blieb seine persönliche Entwicklung. Die Engländer bedurften seiner Einsichten nicht. Allerdings wurde ihre Entschlossenheit ebenso auf eine lange Probe gestellt. England hatte, zum erstenmal in Friedenszeiten, schon im Frühjahr 1939 die allgemeine Wehrpflicht eingeführt. Auch die englische Regierung sah, seit Mai 1940 mit einer Koalitionsregierung unter dem neuen Premierminister Winston Churchill, einen langen Krieg voraus mit dem Einsatz aller Ressourcen. Das hieß zunächst einmal, den Gegner – nach seinem wiederum blitzartigen Siegeszug in den Frühlingsmonaten 1940 vom Nordkap bis zur Ägäis und zu den Pyrennäen – das Nächstliegende wagen oder versäumen zu lassen. Nämlich die Invasion der englischen Insel. Nach der Rettung des englischen Hilfskontingents vor Dünkirchen Anfang Juni und nach der unentschiedenen Luftschlacht über England im Sommer ließ sich für den Betrachter im September 1940 noch kaum eine Wendung denken, die auf einmal die deutsche Position hätte ins Wanken bringen können. Der grübelnde Roubiczek konnte eine Wendung zunächst nur für sich in einem vertieften Christentum erwarten, das sich von seinen äußeren Formen befreite, ohne sie aber, wie die antikirchlichen Emotionen seiner Jugend, zerstören zu wollen, und in einem neuen Europadenken, ohne doch die alten nationalen Ordnungen zu ignorieren. Er begriff, daß sein Pazifismus seine persönliche Einstellung bleiben mußte, solange es in der Welt ringsum Kriegsbereitschaft gab, in England vom Zwang zur Verteidigung diktiert und in Deutschland vom Willen zum Krieg.

Nach dem mißglückten italienischen Angriff auf Griechenland, der die deutschen Bundesgenossen zur Hilfeleistung zwang, nach dem Angriff auf italienisches Gebiet durch die Engländer von Ägypten aus, der Anfang 1941 Rommel auf den Plan rief, kam für die Menschen in Deutschland, ob sie nun den Krieg bewunderten oder verdammten, die Antwort nach dem Sinn des Krieges ebenfalls sehr spät. Sie kam 1941. Bis dahin war der Krieg in das Bewußtsein vieler Deutscher getreten wie eine dunkle Notwendigkeit, wie die Pflicht, der man fraglos folgt: Die Pflicht zu siegen, in Blitzfeldzügen da und dort zu sein. Die raschen Siege wirkten dabei wie ein Beweis für eine solche Notwendigkeit. Französische Ortsnamen, unsicher bekannt von den langen und unentschiedenen Kämpfen vor zwanzig oder gar siebzig Jahren, huschten vorbei in den Wehrmachtsberichten, als sollte die Geschichte wiederholt und berichtigt werden, und nur vom Frühjahr bis zum Sommer 1940 dauerte es, da schien ganz Europa fest in deutscher Hand. Da war es auch gar nicht so nötig, über den Sinn des Krieges nachzudenken. »Vorwärts, voran, voran! Über die Maas, über Schelde und Rhein, marschieren wir siegreich nach Frankreich hinein! Marschieren wir, marschieren wir ...« Beim Marschieren kann man nicht auch noch denken. Griechenland, Jugoslawien, Afrika. Rommels Panzer sind nicht aufzuhalten. Das waren bis zum Juni 1941 Tatsachen, mit denen die Kriegspropaganda Nachdenkliche mundtot zu machen suchte.

Und die Toten? Die Meldungen von abgestürzten Fliegern, untergegangenen U-Booten, die Helden der Nation, die man aus den Sondermeldungen kannte, und die das Schicksal, das Soldatenlos getroffen hatte, trugen zunächst bei den nicht unmittelbar Betroffenen eher bei zu jener gespannten, erwartenden, erhitzten Atmosphäre, die dem ruhigen Nachdenken nicht günstig ist. Heldentod! Er traf allerdings da und dort eine Familie wie der Blitz. Vater, Bruder, Sohn waren lange fern und würden nun nicht mehr zurückkehren. Zwei Wochen Heimaturlaub und dann – vielleicht ein Abschied fürs Leben! Zehntausend blieben in Polen, sechsundzwanzigtausend im Westen, zweitausendsechshundert auf dem Balkan. Vierzigtausend Kreuze! Gewiß eine Last für die Deutschen, dazu noch eine große Zahl Vermißter und Gefangener, aber doch eben als Zahl recht klein unter achtzig Millionen, die sich noch mit dem Griffel des Todes erträglich summierte im Rahmen der Propaganda über die beispiellosen Erfolge. Sie blockierte nicht die öffentliche Meinung, sie hinderte nicht einmal die Fassungslosen, die nun zurückblieben, sich um ein recht abgehobenes Selbstbewußtsein zu bemühen, daß man bedacht oder unbedacht, aber jedenfalls gut sichtbar für alle anderen, nicht Betroffenen, mit den Worten umschrieb: »In stolzer Trauer …« Solcherart waren fortan auch die Toten noch mit dabei. Die gar nicht stolze, die persönliche, die einsame Trauer um Vater, Bruder, Freund mußte ein jeder für sich ausmachen. Die ohnmächtige Wut auf diesen verfluchten Krieg, die daraus nicht selten entstand, schlug nicht durch bis zur öffentlichen Meinung. Wie weit sie das geheime Denken der Deutschen bestimmte, wird man wohl niemals wissen. Das Zeugnis des verfolgten Juden Klemperer und andere Erinnerungen legen eine wachsende Kriegsmüdigkeit schon vor 1941 nahe, Stahlberg oder Manstein zeigen die stillschweigende Kriegsdisziplin oder gar die Kriegsbereitschaft der Armee, die Erinnerungen vieler Parteifunktionäre aus dem höheren wie auch noch aus dem mittleren Rang lassen die Kriegsbegeisterung der »Wissenden« erkennen.

Aber immerhin stellte doch ganz unmißverständlich der Tod die Frage nach dem Sinn des Lebens, des gegenwärtigen Lebens, also auch nach dem Sinn des Krieges. Der vordergründige Sinn des Krieges ist zweifellos der Sieg, und im zweiten Kriegswinter ließ sich immerhin der Sieg nach der Landkarte noch eher erhoffen als im ersten. Man konnte also siegessicherer sein. Der Krieg ließ ein ganzes Volk in diese Erwartung versinken. In Erwartung großer und kleiner Meldungen, die wie Blitze in die Spannung stießen, die wahren Blitze der Überraschung, und dabei die Versenkung von hundert-, hundertfünfzigtausend Bruttoregistertonnen verkündeten, den Abschuß von zehn, zwanzig, fünfzig feindlichen Flugzeugen, den Gewinn von Sarajewo oder der

Cyreneika. Mit derselben Melodie von Liszts »Préludes« hätten sie aber auch verkünden können, daß der amerikanische Präsident die Kontrahenten zu Friedensverhandlungen eingeladen hätte, endlich ein Sieg der Vernunft! Roosevelt hatte noch im März 1940 bei Hitler sondieren lassen. Oder daß Churchill selbst Verhandlungen anbot, denn die Zeit sprach doch deutlich, wie es vielen schien, gegen die Verlängerung des Krieges. War doch ganz Europa vom Atlantik bis zu den Karpaten ohnehin schon gewonnen. Churchill bot nichts an.

Freilich hätte ein solches Angebot Hitlers fatalen Fehler des Zweifrontenkrieges wettgemacht. Seinen Kriegszielen hätte es nicht widersprochen. Hitler hatte ja doch schon in seinem »Kampf« Rußland als das eigentliche Reservoir für die künftige deutsche Weltmacht hingestellt. Es mußte zerschlagen werden, mitsamt seinen ohnehin zur Sklaverei geborenen Slawen. »Mit dem Entschluß, Rußland anzugreifen, kehrte Hitler gleichsam zu seinen Wurzeln in der nationalsozialistischen Bewegung der frühen zwanziger Jahre zurück.« (Bullock 1996, 910)

Das »Unternehmen Barbarossa«, seit längerem geplant, schuf mit dem 21. Juni 1941 eine neue Weltlage und »bündelte die ideologischen und strategischen Elemente des Hitlerschen Denkens zu einer praktischen ›Lösung‹«. (Bullock w. o., 911) Für die Menschen diesseits und jenseits der neuen Front brachte es den neuen, den eigentlichen Krieg, den Hitler wollte, den unkonventionellen Krieg, den Krieg nicht mit den unvermeidlichen Opfern, sondern den Krieg mit dem »eingeplanten« Tod, den Vernichtungskrieg für die anderen, die Minderwertigen, der die Opfer auf der eigenen Seite nicht scheute, das bisher unerhörte Drama um die Herrschaft der Welt, das sich zur deutschen Tragödie auswuchs. Hitler hatte diese Wendung selbst herbeigeführt, zu seinem Untergang, wie sich später herausstellte. Die Wendung kam im geheimen und traf selbst die Fachleute des Krieges in aller Welt überraschend.

Diese Fachleute auf deutscher Seite hatten bis jetzt nach Blitzfeldzügen jeweils Besatzungsarmeen organisiert, und dazu große Gefangenenlager. Über allem schwebte freilich in der obersten Heeresleitung seit der Jahreswende der »Fall Barbarossa«. Er kehrte das Ziel, die Strategie und das Schicksal des

Krieges um. Er brachte auch zum erstenmal die klare, für alle deutschen Offiziere an der neuen Front sichtbare und hörbare Umkehr ihrer professionellen Auffassungen, wie tief sie immer saßen, wie sehr sie sich bisher daran gehalten hatten. Er kehrte um, was sie in den Kriegsakademien gelernt hatten. Er wurde nun offiziell ein »Weltanschauungskrieg«. Bisher hatte das deutsche Offizierskorps, Generalstab und Generäle voran, die Fragen von »Weltanschauung« mit wenigen Ausnahmen nicht diskutiert, ja bewußt ferngehalten, als ob man das wirklich könnte. Es hatte sogar in dem Irrtum gelebt, selber ohne eine solche »Weltanschauung« auszukommen, die der Partei überlassen bleiben könnte. Das ist ein einfacher Irrtum über das Wesen einer Weltanschauung in einer Diktatur. Nun, am 21. Juni 1941, wurden alle deutschen Offiziere an der Ostfront unverrückbar mit ihrer bisherigen und mit der nationalsozialistischen Weltanschauung konfrontiert.

»Der Regimentskommandeur ließ alle Offiziere kommen und forderte uns auf, uns eng um ihn geschart auf den Boden zu setzen. Dann begann er: Morgen früh, am 22. Juni um 3.15 Uhr, werde angegriffen ... Nach einer Pause teilte er uns den ›Kommissarbefehl‹ mit. Als er geendet hatte, war es in unserem Kreis totenstill. Dann fragte einer der Kompaniechefs, auf welche Weise man einen Kommissar erkennen könne. Auf diese Frage schien Oberstleutnant Becker gewartet zu haben. Mit schneidender Schärfe sagte er, er wisse es nicht und er wolle es auch gar nicht wissen. Er habe ... den Befehl bekommen, diesen Befehl an alle Offiziere – jedoch nur an Offiziere – weiterzugeben. Der Befehl komme von höchster Stelle. Hiermit habe er den Befehl ausgeführt. Wieder nach einer Pause sagte er: ›Meine Herren, die Offiziersbesprechung ist noch nicht beendet. Es besteht Anlaß, an die Haager Landkriegsordnung zu erinnern ... Wer sich an Gefangenen und Verwundeten vergreift, den werde ich vor ein Kriegsgericht stellen lassen. Meine Herren, haben Sie mich verstanden?‹« (Stahlberg 1996, 177)

Es gibt noch mehr und ähnliche Erinnerungen an den »Kommissarbefehl«. Damit war nun auch innerhalb der deutschen militärischen Führung ein Entscheidungskrieg eröffnet.

Wehrmacht und Widerstand

Zweifellos hatte der Regimentskommandeur Becker ehrenwert gehandelt, als er seinen Offizieren am 21. Juni 1941 nicht nur den »Kommissarbefehl« weisungsgemäß weitergab, sondern ihnen zugleich seine persönliche Entschlossenheit ankündigte, seine Ausführung zu verhindern. Zu verhindern durch das Kriegsgericht. Zweifellos hielt er den sogenannten Kommissarbefehl für einen Rechtsbruch und suchte Recht bei den Juristen der deutschen Wehrmacht, alles das, wie er es einmal gelernt hatte. Aber hier irrte der Regimentskommandeur und Dutzende seinesgleichen. (Weizsäcker 1997, 85) Nicht nur deshalb, weil die Sowjetunion ihrerseits die Haager Landkriegsordnung 1929 nicht unterzeichnet hatte, so daß findige Rechtsverdreher auch heute noch keine auch nur menschliche Verpflichtung für die deutsche Wehrmacht von ehedem erkennen wollen. Er irrte auch, weil sich andere Kommandeure durchaus an diesen Befehl hielten und weil sogar der Generalfeldmarschall von Reichenau sich veranlaßt sah, ausdrücklich den Charakter eines Weltanschauungskriegs im Sinn der »Vernichtung unwerten Lebens« zu erläutern. Oberstleutnant Becker irrte aber letztlich, weil dem »Kommissarbefehl« der »Gerichtsbarkeitserlaß Barbarossa« folgte, der seinen Appell an das Kriegsgericht allein schon zunichte gemacht hätte, und weil andere Richtlinien des Oberkommandos der Wehrmacht für das Verhalten des Ostheeres im Krieg mit der Sowjetunion seine Vorstellungen vom ritterlichen Krieg ganz illusorisch werden ließen. Auch gab es besondere Vereinbarungen des Oberkommandos des Heeres, das zuständig war für alle Verwaltungsaktionen von der Front bis zur Grenze der zivilen Verwaltungsorganisation, die dem SS-Sicherheitshauptamt alle Freiheit gaben für die Tätigkeit von SS-Einsatzgruppen hinter der Front. An der Front kämpfte die Wehrmacht. Hinter der Front kämpfte die SS. Und diejenigen SS-Einheiten, die seit 1941 auch an der Front eingesetzt wurden, kämpften von vornherein im Sinn eines Vernichtungskrieges. Drei Wochen lang machte die SS-Division »Das Reich« an der Ostfront überhaupt keine Gefangenen, Kommissar oder nicht, bis eine Mahnung von oben endlich eine demonstrative Geste veranlaßte. Man darf nicht annehmen, daß sie zur Einsicht führte. Der wackere Oberstleutnant Becker hielt im Juni 1941 die Gesetze des Krieges noch für unverrückt. Aber seine Vorgesetzten, seine Generäle, im Felde unbesiegt, waren längst von Hitler in die Flucht geschlagen.

Nun hätten freilich, gesetzt, der Oberstleutnant Becker wäre irgendwann einmal einer Aktion gegen Partisanen begegnet, auch wieder Argumente zur Verfügung gestanden, um ihn zu beruhigen. Denn die Haager Landkriegsordnung verurteilte jede Partisanentätigkeit, Kriegshandlungen auf die uniformierte Armee beschränkend, und sah als letzte Maßnahme zu ihrer Unterdrückung sogar Geiselerschießungen vor, bis zu einem Verhältnis von zehn Geiseln für einen toten Soldaten. Manche Gerüchte über Massenerschießungen wurden mit diesem Hinweis abgewehrt. Andere blieben. Die Wehrmacht war in Hitlers Vernichtungskrieg verstrickt. Aber sie folgte zugleich in einzelnen Truppenteilen ganz den korrekten Regeln der europäischen Kriegskonventionen, besonders außerhalb der Operationen im Osten und auf dem Balkan. Dort machte vielfach die SS die »schmutzige Arbeit«. Es war auch oft die gefahrlose, die feige Arbeit. Allein diese vertraglich vereinbarte Arbeitsteilung machte die Wehrmacht zum Partner der SS. Vor allem aber war diese Wehrmacht längst zum willigen Instrument in den Händen Hitlers geworden, auf dessen Befehl sie in gloriosen Leistungen ganz Europa erobert hatte, bei äußerster Anstrengung, größter militärischer Tüchtigkeit, oftmals buchstäblich selbstlosem Einsatz ihrer Soldaten. Die geduldige Tapferkeit, die blinde Hingabe an den Augenblick der Selbstüberwindung, der aufreibende Einsatz der letzten Körperkraft siegte hunderttausendmal über den Selbsterhaltungstrieb.

Das hohe Lob der Wehrmacht kann aber nicht gesungen werden. Denn auch die Wehrmacht war nicht besser in ihrer politischen Moral als die unentschlossenen Großväter in allen Rängen und Schichten der deutschen Gesellschaft. Sie war auf keinen Fall besser als ihre Generäle. Dem Befehl zu folgen, selbst bis in den Tod, schien immer noch leichter, als ihm Widerstand zu leisten, selbst wenn oftmals die Risiken gleich standen.

Nun hat man viele böse Ereignisse oft dem Kriegschaos zugeschrieben. Es gibt aber ein Kapitel der ungestörten Planung und Organisation, das die Wehrmacht vor allem Kriegsrecht diskreditierte: die Behandlung der sowjetischen Kriegsgefangenen. Es gerieten während der Kampfhandlungen namentlich in den großen Kesselschlachten während der ersten beiden Jahre des Ostfeldzugs insgesamt etwa 5,7 Millionen Soldaten der Roten Armee in deutsche Gefangenschaft. Davon starben hinter deutschem Stacheldraht rund 3,3 Millionen. (Streit 1991) Die meisten mußten geradewegs verhungern, weil es lange Zeit an der primitivsten Daseinsvorsorge für sie fehlte. Andere starben an Seuchen, an der Kälte und schließlich auch, gegen Kriegsende, an den Mühsalen forcierter Arbeitseinsätze. Es handelte sich dabei keineswegs um die berüchtigten KZs und die daraus entwickelten Arbeitslager in der Regie der SS. Es ging um die Zustände in den im Lauf des Krieges auf Reichsboden und im besetzten Gebiet errichteten Kriegsgefangenenlagern, die in allen Einzelheiten und von Anfang bis Ende fast allein der Wehrmacht unterstanden. Auch gingen die ungeheuerlichen Zustände in diesen Lagern größtenteils all den Brutalitäten voraus, die deutsche Kriegsgefangene im späteren Verlauf des Krieges auf dem Weg in die sowjetische Gefangenschaft und in ihren Lagern erlebten. Sie unterschieden sich auch weit von den Zuständen in den deutschen Lagern für westliche Kriegsgefangene. Man muß sie von Anfang an für eine Konsequenz der Untermenschenideologie halten.

Und überdies: diese Armee war eine Hierarchie alten, aristokratischen Schlages. Alle Risiken, alle Verantwortung, alle Ethik war in ihren Reihen den Offizieren aufgetragen; alle Mühen und Lasten mußten zwar geteilt werden, aber dann trugen die Mannschaften jeweils die weitaus größere Mühsal, wie die Bauern einst im Feudalzeitalter. Die in Reithosen und Reitstiefeln gingen, auch im Infanterieeinsatz, die Säbel oder Zierdegen trugen, an Akademien ausgebildet, in ihren Eheverbindungen an feste Regeln gebunden waren, diese in ihren Ehrbegriffen herausgehobenen »Herren Offiziere« waren zwar unentbehrlich für Hitlers Krieg. Aber auch sie waren »Volksgenossen«. Sie waren in den Augen der politischen Funktionäre bestenfalls fachlich respektierte, aber politisch unwissende und sogar reaktionäre Volksgenossen, und in den Augen des neuen »Führerkorps« der Waffen-SS, ihrer politischen Konkurrenz, allenfalls geduldet in ihrer vermeintlich unpolitischen, in Wahrheit konservativen »Weltanschauung« und bei nächster Gelegenheit zu ersetzen durch die »Neue Klasse« der politischen Funktionäre. Schon griff auf der Straße, wo die Uniformierten einander grüßten, die Parteihierarchie nach dem Anspruch auf Gleichberechtigung. Die Waffen-SS praktizierte sie bereits und trug an ihren in Farbe und Gestalt leicht abweichenden Uniformen die konservativen militärischen Rangabzeichen: Schulterstücke. Zur Erinnerung an die »revolutionären« Parteiuniformen behielt sie daneben die Rangabzeichen auf einem Kragenspiegel bei. Ungleiche Kameraden.

Die aristokratischen Kameraden in der Wehrmacht hatten in ihrem Verständnis von Verantwortung, Führung und Fürsorge nun aber auch den Widerstand gegen Hitler ganz an sich gezogen. Der Soldat hatte zu gehorchen. Das Denken war den Offizieren überlassen, den Stabsoffizieren dabei etwas mehr als den Truppenoffizieren, im allgemeinen stand es überhaupt nur den Generälen zu, so wie ein General im besten Verständnis der militärischen Moral auch einen Soldaten ansprechen konnte mit »Mein Sohn«. Aber es war nicht nur die Fürsorge, die er damit betonte, sondern vornehmlich seine paternale Überlegenheit. Die Söhne, unmündig, wie sie angesehen wurden, standen bis zum Juni 1941 Wache in ganz Europa, sangen das Lied von Lilli Marleen, das ihr Kasernendasein umschrieb, sangen auch das Lied von den toten Kameraden, von denen sie bis dahin rund 40 000 begraben hatten an allen Fronten, und sollten vor allem gehorsam sein.

Die deutsche Wehrmacht, die man im Frühjahr 1941 nicht allein messen darf an ihrem Gehorsam, sondern auch an ihren Siegen wie sie seit Napoleons Zeiten Europa nicht mehr erlebt hatte, übte im Juni zum erstenmal Befehlsverweigerung. Sie übte Widerstand. Doch es war allein ein Widerstand der Offiziere. Der Widerstand hatte 1938 begonnen, als der damalige Generalstabschef Beck den »Führer und obersten Befehlshaber der Wehrmacht« verhaften lassen wollte, wenn er wegen der

Sudetenkrise Krieg begonnen hätte; der Widerstand aus der Perspektive seiner militärischen und inzwischen auch zivilen Konspirateure wich wieder zurück nach den verblüffenden Erfolgen in Polen, in Skandinavien, auf dem Balkan und in Frankreich. Er glimmte im stillen im Quartier des Abwehrchefs Canaris und fand seine geheimen Bundesgenossen unter hohen Berufsbeamten, im Kontakt mit der preußischen Elite und langsam, langsam auch mit ein paar deutschen Politikern außerhalb. Nun hätte er aufflammen können vor der gewaltigen Zumutung eines Feldzugs gegen Rußland mit eben seinen inhumanen Begleitbefehlen. Aber ein antibolschewistischer Feldzug, ein Zug nach dem Osten, war in jener Doppeldeutigkeit, die Hitlers Politik von Anfang an mit dem deutschen Revisionismus und mit dem deutschen ostwärts gerichteten Nationalismus ein explosives Bündnis hatte eingehen lassen, nicht der rechte Ansatzpunkt für Widerstand. Die Operation »Seelöwe« gegen England mit vergleichbaren Verletzungen von Kriegsrecht und -ordnung wäre es vielleicht gewesen.

Unter den klaren und entschlossenen Köpfen gab es nur wenige, die Hitler in jedem Fall beseitigen wollten – nicht in einem Volksaufstand, nicht in einem Militärputsch, sondern im Alleingang der Offiziere. Sie haben damit, in ihren Begriffen zu sprechen, die Ehre der alten Eliten retten wollen. Sie wollten auch dem beinahe schon verlorenen Krieg eine andere Wendung geben und das sinnlose Morden beenden. Sie haben sich zudem für das Ansehen des anderen Deutschland gegen Hitlers Schergen, gegen seine Fanatiker, wie sie ihnen begegneten, und eben vor allem gegen ihn selbst gestellt, wie sie imstande gewesen sind, den Politiker Hitler zu begreifen und den Menschen Hitler danach zu verurteilen, aber sie haben wohl dabei die Kraft der alten Eliten überschätzt. Der Widerstand der Offiziere, der einzige wirklich effiziente, jahrelang genährte und endlich im Attentat vom 20. Juli 1944 auch fast erfolgreiche Widerstand scheiterte nicht an Hitler, nicht an der Partei oder der SS, nicht am Unverständnis der Deutschen. Er scheiterte an der mangelnden Entschlossenheit der Mehrheit unter den hohen deutschen Offizieren.

Es gab natürlich allen möglichen anderen Widerstand neben

dem militärischen, und er ist nicht immer deutlich zu trennen von Opposition. Opposition in greifbarer Weise herrschte beispielsweise in den Kirchen, in der katholischen besonders, und in der »bekennenden«, die sich schon früh von einer anderen, Hitler favorisierenden und von den Nationalsozialisten gerne geduldeten evangelischen »Reichskirche« gelöst hatte. Ihre Exponenten waren der ehemalige U-Bootkapitän Pastor Martin Niemöller, der im KZ den Krieg überlebte, und der Theologe Dietrich Bonhoeffer, der in den letzten Kriegstagen gehängt wurde. Die Katholiken, nicht ohne Unterschiede in einzelnen Diözesen, aber insgesamt eine einheitliche Gemeinschaft, meldeten mit deutlichen Worten des Münsteraner Bischofs Clemens Graf von Galen im August 1941 öffentlich Widerstand an gegen die »Tötung unwerten Lebens«, verübt an unheilbar Kranken nach einer auf den Kriegsbeginn rückdatierten Weisung Hitlers, und erreichten damit immerhin eine Sistierung und Verschleierung solcher Unternehmungen in der Folgezeit. (Zimmermann 1997) Damit hatte der Bischof von Münster zugleich die klarste offene Stellungnahme überhaupt bezogen. Niemand seiner Kollegen im katholischen Hirtenamt folgte ihm mit der gleichen Offenheit, während eine geschlossene Stellungnahme der katholischen Bischofskonferenz zu dieser Zeit sehr wohl ihre Wirkung auf einzelne Maßnahmen des Regimes hätte haben können, zugunsten von Juden, Kriegsgefangenen, oder auch nur zugunsten jener christlichen Priester, die das System verfolgte. Aber andere Bischöfe griffen die Opposition des Münsteraner Bischofs nicht auf, und eine scharfe Warnung vor dem Nationalsozialismus in einem geplanten Lehrschreiben Papst Pius XI. kam vor seinem Tod nicht mehr zustande. Zwar mußten hunderte Priester ihre Offenheit in Dachau büßen, nicht nur deutsche, sondern auch polnische und tschechische (May 1987), aber die deutschen Bischöfe nützten ihre auch von der Gestapo respektierte Position nicht zu weiteren Einsprüchen.

Widerstandsaktionen der Kommunisten wurden früh und mit äußerster Härte zerschlagen: Opposition in Arbeiterkreisen äußerte sich oft nur in »Flüsterpropaganda« und in einzelnen Wagnissen, so wie insgesamt in Deutschland mehr jüdische Verfolgte versteckt wurden, als die Gestapo vermutete, allein 1500 in Berlin. (Deutschkron 1995) Im Gedächtnis an den deutschen Widerstand gegen Hitler ist man noch kaum übereingekommen, alle die Hilfsaktionen für Verfolgte als Widerstandshandlungen zu achten, gerade auch wenn sie in lebensgefährdende Aktionen mündeten. Die Unternehmungen Oskar Schindlers werden kaum dazugezählt und stoßen auch in der Erinnerung seiner engeren Landsleute auf zähe Nichtachtung, und daß Berthold Beitz, der nach dem Krieg als einer der großen deutschen Industriekapitäne Wirtschaftsgeschichte machte, ähnlich wie der sudetendeutsche Schindler im besetzten Polen Hunderte jüdischer Zwangsarbeiter vor dem Tod rettete, ist weithin überhaupt unbekannt. (Keneally 1994; Schmalhausen 1991)

Aber auch der organisierte Widerstand bereitet dem deutschen Gedächtnis noch Schwierigkeiten, wiewohl er unverkennbar mit dem »anderen Deutschland« zugleich auch das »andere deutsche Staatsverständnis« repräsentierte, ein anderes, als der vielbeschriebene dumpfe Obrigkeitsstaat und doch ebenso deutsch in seiner Herkunft. Über den Kreis der Offiziere hinaus »stellte die nationalkonservative Verschwörung vornehmlich einen Widerstand der Staatsdiener dar«. (Mommsen 1991, 345) Bei ihnen war jener unerläßliche Kitt einer Verschwörung allerdings auch zum guten Teil in den Familienbindungen des alten Preußen gegeben. (Von Meding 1998) Von allen Ansätzen aus der Parteienvielfalt der Vorhitlerzeit, bei denen die kirchliche, die kommunistische oder die sozialdemokratische Solidarität vergleichbare Verbindungen herstellte, fehlte die Nähe zur Macht, die der Offiziersverschwörung eigen war. Im übrigen stimmt die Beobachtung eines Sachkenners: »Es ist nicht leicht, sich einzugestehen, daß der Nationalsozialismus oder doch Teile der Ziele, für die er stand, so tief in das Denken und das Handeln der deutschen Massen eingedrungen waren, daß nur aus letztlich utopisch bestimmtem und tief religiösem Denken heraus Widerstandskräfte mobilisiert werden konnten …« (Mommsen 1991, 351)

Das galt zumindest, solange der Krieg nicht in seinem Verlauf den Siegestaumel oder doch wenigstens die Siegeshoffnung aufgezehrt hatte. Das alles galt auch, soweit die furchtbare Lektion der Unmenschlichkeit im Rußlandkrieg nicht Widerstand weckte. Die heimlichen Proteste der Wachsoldaten, Begleitposten, Erschießungskommandos, die fürchterliche kreatürliche Mißachtung in den Gefangenenlagern, die Unmenschlichkeit in den Besatzungsgebieten, im Partisanenkampf oder bei den vielfältigen Hilfsdiensten der Maschinerie des Schreckens – all dies weckte allerdings einen solchen Widerstand nicht. Das reichte allenfalls bis zur Lähmung der ursprünglichen Begeisterung, die in ihrem Schwung vor dem Rußlandfeldzug die Bedenken erstickt hatte. Und sie waren zudem alle belastet durch ein Stück Kollaboration, eine mehr oder minder lange Wegstrecke der Kooperation bei den meisten Widerständlern, als Staatsdiener, als Offiziere, als kirchentreue Befürworter zumindest der antibolschewistischen Ausrichtung, die Kommunisten und nicht allzu viele konsequente Gegner von Hitlers Persönlichkeit und seines »Führerprinzips« ausgenommen.

Ganz frei von einer solchen ursprünglichen Begünstigung oder Teilhabe waren dagegen jene Münchner Studenten, die sich zusammengefunden hatten unter nicht näher zu bestimmenden »Antis« in den Vorlesungen des Musikwissenschaftlers und Philosophen Kurt Huber. (Hamm-Brücher 1997, 24) Zum Teil waren sie zum Studium beurlaubte Medizinstudenten, aus persönlichen Erlebnissen an der Ostfront zu entschlossenen Regimegegnern geworden, dazu Sophie Scholl, die 22jährige Philosophiestudentin, Schwester des wohl aktivsten und ersten Flugblattautors. Sie machten seit dem Frühjahr 1942 den zweifellos gefährlichen und naiven, moralisch aber aller Achtung werten Versuch, ihre Landsleute über die Verbrechen des Regimes in Polen und Rußland aufzuklären. Sie schrieben, kopierten, verteilten und versandten insgesamt sechs Flugblätter zwischen dem Sommer 1942 und dem Ende der Schlacht um Stalingrad Anfang 1943. Von Hand verteilt, nach Adressbüchern versandt, auch durch Studenten weitergegeben, gerieten die Texte von München bis Hamburg. Auch an Hauswände malte die Gruppe Parolen gegen Hitler und den Krieg. Es gelang ihnen, den Münchner Musikologen und Philosophieprofessor Huber ins Vertrauen zu ziehen. Sie fanden auch Kontakte zu anderen Universitäten. Bei ihrer Orientierung spielten auch Beziehungen zu dem Münchner Kulturphilosophen Theodor

Haecker eine Rolle, der bis 1942 die katholische Zeitschrift »Hochland« herausgegeben hatte.

»Wir weisen ausdrücklich darauf hin«, schrieben sie nicht ohne Naivität, »daß die Weiße Rose nicht im Solde einer ausländischen Macht steht. Obgleich wir wissen, daß die nationalsozialistische Macht militärisch gebrochen werden muß, suchen wir eine Erneuerung des schwerverwundeten deutschen Geistes von innen her zu erreichen. Dieser Wiedergeburt muß aber die klare Erkenntnis aller Schuld, die das deutsche Volk auf sich geladen hat, und ein rücksichtsloser Kampf gegen Hitler und seine allzu vielen Helfershelfer, Parteimitglieder, Quislinge usw. vorausgehen … Für Hitler und seine Anhänger gibt es auf dieser Erde keine Strafe, die ihren Taten gerecht wäre. Aber aus Liebe zu kommenden Generationen muß nach Beendigung des Kriegs ein Exempel statuiert werden …« Die ehrliche Ohnmacht in diesem vierten Flugblatt vom Herbst 1942 unterscheidet ihr Unternehmen von den politisch erfahrenen Plänen des Kreisauer Kreises um deutsche Diplomaten und von der Offiziersverschwörung des 20. Juli mit seinem Bombenattentat. Die sechs jungen Leute mit ihren per Post an Zufallsadressen versandten Flugblättern waren harmlos. Aber ihre Bereitschaft zum unmittelbaren Opfer ihrer Person war nicht geringer als die Entschlossenheit der politisch wie persönlich weitaus reiferen »Männer des deutschen Widerstands«. Auf die Frage des Sonderrichters Freisler nach ihrem Motiv sagte die Philosophiestudentin Sophie Scholl: »Einer mußte ja anfangen!« Das war die eigentliche Widerstandsparole. Und die gnadenlose Rache des Regimes verfolgte sie schnell. Man hätte, alle Möglichkeiten und vor allem den kaum wägbaren Schaden durch ein paar wütende und in ihrem Wahrheitsgehalt nicht einmal bewiesene Anklagen eingeschlossen, die ganze Unternehmung auch bagatellisieren können. Man hätte erwägen können, daß die sechs Flugblätter kaum größere Wirkung ausgeübt hatten als die regelmäßigen Sendungen der alliierten Rundfunkpropaganda. Hunderte deutscher Regimegegner in den Konzentrationslagern hatten gefährlichere Aktionen gegen die etablierte Macht unternommen. Es war Hitlers besonderer Blutrichter Roland Freisler, der den Vorfall zum todeswürdigen Verbrechen stilisierte.

Hans und Sophie Scholl wurden gemeinsam mit Christoph Probst noch am Tage der Gerichtsverhandlung, am 22. Februar 1943, hingerichtet. Alexander Schmorell und Professor Kurt Huber mußten im Juli aufs Schafott. Nach Monaten der Recherchen folgten noch Willi Graf und Hans Leipelt. Die kleine Gruppe war von katholischer Überzeugung geprägt. Im Lexikon für Theologie und Kirche 1967 fehlen ihre Namen.

Jeder Versuch, mit der Geschichte des Widerstands gegen Hitler nicht nur nach einer nationalen Rechtfertigung zu suchen, sondern die schwierigste Einsicht verständlich zu machen, die zwischen Hochverrat und dem kategorischen Imperativ einer jeden politischen Ethik zu unterscheiden lehrt, muß seinen Ausgang bei jenen Münchner Studenten nehmen, die 1943 für ihren Versuch, für die Wahrheit zu agieren, mit rascher Grausamkeit hingerichtet wurden. Und er muß das politische Testament des Generalmajors Henning von Tresckow beherzigen, der sich nach dem Bericht eines Freundes am 21. Juli 1944 mit den Worten verabschiedete: »Jetzt wird die ganze Welt über uns herfallen. Aber ich bin nach wie vor der felsenfesten Überzeugung, daß wir recht gehandelt haben ... Wenn einst Gott Abraham verheißen hat, er werde Sodom nicht verderben, wenn auch nur zehn Gerechte darin seien, so hoffe ich, daß Gott auch Deutschland um unseretwillen nicht vernichten wird.« (von Schlabrendorff 1983, 125) Wenn man überhaupt das göttliche Gericht über aller Geschichte zu suchen bereit ist, dann muß man die Begnadigung Deutschlands 1945 bei den Studenten der Weißen Rose und den Offizieren des 20. Juli suchen. Und man muß ein paar tausend Namenlose hinzuzählen, die Widerstand in der Anonymität des Einzelnen oder in der Solidarität mit den Bedrohten geleistet haben.

Die feldgrauen Söhne

Gemeint sind die Großväter von heute, die 1939 als Junge von zu Hause weggingen und manchmal zehn oder zwölf Jahre später mit grauem Haar wiederkamen. Rund zwanzig Millionen Männer hatte das Deutsche Reich zwischen 1937 und 1945 mobilisiert. Neuneinhalb Millionen Mann standen 1943 und 1944 unter Waffen. (Ploetz 1980, 886) Aus Deutschland, aus Österreich, aus dem seit 1938 sogenannten Sudetenland, soweit sie Reichsbürger waren oder dazu geworden sind. Überdies aber auch Männer aus Polen, Ungarn, Rumänien, Jugoslawien. Das waren »Volksdeutsche« nach einer neuen Definition, Deutschsprechende, Deutschstämmige, was an die Begrifflichkeit des Staatsbürgergesetzes von 1913 erinnert. Rekrutiert wurden schließlich auch Männer aus den Niederlanden, Belgien, Skandinavien, soweit sie »rassisch« zum deutschen »Volkskörper« und zum »nordischen Erbgut« paßten. Das war eine neue Kategorie der Zusammengehörigkeit: die Kriegsfreiwilligen der Waffen-SS.

Sie alle trugen die feldgraue Uniform des deutschen Heeres, soweit sie nicht zur Luftwaffe oder zur Marine gehörten, den beiden mittel- oder dunkelblauen Truppenteilen der deutschen Wehrmacht, oder der schwarz uniformierten Panzertruppe. Heer, Marine und Luftwaffe: Heute pflegt man im Rückblick die Unterschiede im jeweiligen »Geist der Truppe« zu erkennen, sieht im Heer und seinem Offizierskorps den eigentlichen Träger der Tradition, hält die Marine für weltoffener, berührt vom internationalen Seemannsgeist und seinen Ehrbegriffen, aber alle beide dem deutschen Nationalbewußtsein aus kaiserlichen Zeiten verbunden. Die Luftwaffe erscheint dagegen am wenigsten von traditionellen Vorstellungen geprägt worden zu sein, und durch den Individualismus ihrer Flieger in ihrem Verhältnis zu den vielen Dienenden im Bodenpersonal auch dem sogenannten Kommißgeist am fernsten. Die Waffen-SS erscheint mit ihrer Selektion »nordischen Erbgutes« einer neuen Elitenbildung am nächsten, durchsetzt und verdorben von eingebildetem »Herrenmenschentum«.

Die feldgrauen Söhne! Es gab auch feldgraue Töchter. Seit

1942 hatte die Wehrmacht, um ihre Schreibstuben von felddienstfähigen Soldaten zu entlasten, junge Frauen eingestellt, in grauer oder blauer Uniform, nach einiger Ausbildung nicht zum Waffendienst, sondern eben zum Dienst an der Schreibmaschine bestimmt, uniformierte Sekretärinnen, die dennoch der Kriegsdisziplin unterlagen und untereinander nach Diensträngen abgestuft waren, zunächst nur auf unterster Stufe, schließlich bis an den Rand von Offiziersgraden; zunächst auch eher mit leicht ironischem Unterton als »Blitzmädchen« bezeichnet, aber bald als tapfere Kuriere im Bombenkrieg und als tüchtige Telephonistinnen auch im feindlichen Beschuß mit Respekt bedacht. Es waren schließlich 500000 an der Zahl, zunächst freiwillige, dann kriegsdienstverpflichtete junge Mädchen über 21 Jahren, und manche sind dabei zu Zeuginnen nicht nur der Gefahren, sondern auch der Verbrechen des Krieges geworden. (Christa Schmidt 1998) Nicht wenige haben mit ihrem Leben bezahlt. Niemand hat ihnen ein Denkmal gesetzt. Für die historische Analyse ein noch offenes, ein problematisches Kapitel Frauengeschichte unseres Jahrhunderts: Denn die gleiche Pflichterfüllung in gutem Glauben, die alle Kriegsfreiwilligen entschuldigt, muß auch diesen Frauen zugedacht werden und damit die gleiche respektvolle Unterscheidung zwischen dem guten Willen und der bösen Sache.

Aber Waffen führten nur Söhne: Als junge Männer, zwischen 17 und 30 Jahren, in ihrem körperlichen Training, ihren Bewegungen, ihrem Verhalten untereinander und in ihren Betrachtungen über ihr Dasein hinausgehoben aus der Welt der Zivilisten, in jedem Schritt anders, in jeder Geste und in jeder Körperhaltung, in jedem Atemzug gebunden an die militärische Hierarchie vom Gefreiten bis zum General, lebten sie in einer eigenen, schwer verständlichen Welt mit besonderer Symbolik und Gebräuchen, wie sie eine jede Armee zusammenhalten: Soldaten und Offiziere, abgehoben davon das Korps der Stabsoffiziere, und das wiederum nicht nur wegen der höheren Ränge, sondern im noch stärker durchgebildeten und intellektualisierten Eigenleben einer Kaste, im wirklichen »Korpsgeist«.

Als sie der Krieg überkam, ging durch die harte Soldatenwelt ihres bis hin zu Hauptmann und Major von Kasernenlärm und hölzerner Unbequemlichkeit erfüllten Alltags ein neuer Zug: Die Stunde der Bewährung, die große Herausforderung und zudem – die auf einmal nahe Lebensgefahr. Das Soldatenleben ist auf den Krieg gerichtet, aber eben der Krieg bringt es am schnellsten zu Ende. Zunächst ging es um die Alternative von Heimatdienst oder Fronttransport, und wenn Front, dann um ein ganz neues Daseinsbewußtsein aus Angst und Selbstgefühl. Allein schon, wer schießt und wer beschossen wird, ist für eine Zeit einer besonderen und nicht nur akustischen Pression ausgesetzt, die sein Denken verändert – die sogenannte »Feuertaufe«. Wer gar täglich unter Toten und Verwundeten lebt und einen fast immer unsichtbaren Feind ständig erwarten muß, steht in einer Ausnahmesituation.

Sie waren Soldaten, namentlich im ersten Teil dieses übermächtigen Krieges, der noch den siegreichen Operationen gewidmet war. Sie wurden zu Landsern in jenem zweiten, neuen, im Rußlandkrieg, als sich ein stummer Leidenszug über die ganze riesige Armee legte. Nicht vom ersten Tag an, aber zumindest doch seit dem ersten Kriegswinter in der für jeden Westeuropäer unheimlichen Weite der verschneiten und vereisten russischen Landschaft. Andere Kriegszeiten erlebten währenddessen die Besatzungstruppen. Ein solcher Besatzungsdienst war mitunter auch begleitet von freundlichen Begegnungen. (Tewes 1998) Aber er weckte in den jungen Männern daneben auch das Bewußtsein des Unrechts, als Fremde in fremdem Land zu sein, bereit zu Gewaltmaßnahmen, zudem da und dort in einen unbarmherzigen Partisanenkampf verwickelt. Dazu trat später die Trostlosigkeit aus der Einsicht in die verlorene deutsche Sache.

Den Soldaten im ersten, im westlichen Krieg zwischen 1939 und 1941, haftete der Schwung der großen Siege an, selbst wenn sie den nationalsozialistischen Kriegszielen und ihrer Propaganda fern standen. Dagegen die Landser, ein neues Wort in der deutschen Sprache, lebten fatalistisch in einem inneren Rückzug soweit als möglich vom aktuellen Kriegsgeschehen zwischen unmittelbaren Lebensbedürfnissen und heimlicher Sehnsucht nach der zivilen Welt, die dem »soldatischen Geist« von seinen Ursprüngen an fern stand. (Theweleit 1977)

Landser hatten gelernt, daß der Krieg, der alle bedrückende Krieg, wie ein Grundübel über ihrem Dasein schwebte und waren geneigt, ihn ohne Ansehen seiner Entwicklung in Grund und Boden zu verwünschen. Landser wollten leben. Landser bildeten eine stille, noch kaum je nüchtern erfaßte, in Soldatenromanen mitunter treffend geschilderte fatalistische Opposition in jenem menschenverachtenden Krieg, eine Opposition für das Leben. Landser hatten die Grundorientierung von Front und Heimat verloren, seit es zugleich mit dem Rußlandkrieg verlustreiche Bombenangriffe auf deutsche Städte gab. Sie hatten schon nach zwei Monaten Fronterfahrung eine prätendierte Gleichgültigkeit für den Umgang mit Gefechtslärm und selbst mit dem Tod entwickelt. Aber sie lebten in Wirklichkeit in einer dauernden Abwehrbereitschaft gegen Krieg und Fronteinsatz. Sie kultivierten über Jahre Abgeschlossenheit im militärischen Daseinsbereich ihre Träume. »Wovon soll der Landser denn schon träumen ...«, so begann einer der gerade noch geduldeten musikalischen Unterhaltungsversuche und erinnerte dann an das kleine Familienglück. Landser hatten dabei sogar eine frontüberschreitende, eine auch die Wünsche und Sorgen der Soldaten auf der anderen Seite einschließende Schicksalsgemeinschaft entdeckt, symbolisch in der nicht zu unterdrückenden Verbreitung des Liedes von dem Mädchen am Kasernentor. Lale Andersen besang mit dem Lied von Lili Marleen in Soldatensendern auf beiden Seiten die Sehnsüchte der jungen Männer. (Andersen 1981)

Die Landser begegneten dem Krieg mit zäher Ablehnung. Sie verfluchten ihn in wohlüberlegten Wendungen wegen der allgegenwärtigen Denunzianten oder sie schwiegen statt dessen mit schmalen Lippen. Ob sie sich nun in unmittelbarer Gefahr fühlten oder nicht: der Alltag des Landsers war immer mühsam, vom unaufhörlichen militärischen Drill bis zur körperlichen Schwerarbeit aus jedem möglichen Anlaß. Denn Landser lebten an der Basis der Militärhierarchie. Offiziere waren keine Landser; aber je länger je mehr den Landsern zugetan, weil die Überzeugung um sich griff, daß sie ihr Schicksal teilten. Landser waren spätestens seit der verlorenen Schlacht um Stalingrad und den folgenden, nur von wenigen erfolgreichen Gegenstößen unterbrochenen Rückzügen an allen Fronten sicher, einem verlorenen Krieg zu dienen. Aber diese Einsicht durften sie bis zum letzten Kriegstag kaum in Worte kleiden. Auf Wehrkraftzersetzung stand die Todesstrafe. Und aller Defätismus unter Landsern wurde, je länger je mehr, zum Objekt einer gnadenlosen Verfolgung durch die deutschen Kriegsgerichte. (Gritschneder 1998; Überschär 1998, besonders über Admiral Bastian.)

Ungefähr 50000 Todesurteile sollen von Wehrmachtsgerichten verhängt worden sein, und, soweit man das belegen kann, auch »etwa 20000 vollstreckt, zunehmend wegen Fahnenflucht und Zersetzung der Wehrkraft«. (Gritschneder 1998, 9) Sogar junge Frauen, als Wehrmachtshelferinnen rekrutiert, standen unter unerbittlichem Kriegsrecht. (Bronnen 1998, 190) Währenddessen versuchte die Armee, durch den Einsatz von sogenannten politischen Führungsoffizieren das »soldatische Denken« wieder zu stärken und der Landsermentalität entgegenzuwirken. Aber die politischen Führungsoffiziere faßten nirgendwo Fuß, weder bei den Landsern noch auch nur bei ihren Offizierskollegen.

Es wuchs nicht nur die Landsermentalität. Es wuchs auch das Unrechtsbewußtsein, unter den Besatzungstruppen ebenso wie im Fronteinsatz. Das eigene Leben riskierten jene, die etwas gegen den gnadenlosen Partisanenkrieg oder gar gegen Vernichtungsaktionen verlauten ließen. Aber auch Rudolf Hagelstange riskierte sein Leben, der in seinem »Venezianischen Credo« in Versen Anklage gegen den deutschen Krieg erhob. Seine 35 Sonette, 1944 zwischen Juni und November in Oberitalien entstanden, im April 1945 da auch erstmals gedruckt, machten die Runde unter den deutschen Besatzern, und hier wurden nicht Landser angesprochen, sondern Soldaten. Hagelstange zog die militärischen Ehrbegriffe der Armee zur Rechenschaft: »Ihr habt verwirkt, einander Recht zu sprechen / Ihr ludet schreckliche Verbrechen / auf euch. Ihr habt den Quell getrübt ...« Und er beschwor das göttliche Gericht: »Er aber stand und schrieb in Feuer / er schrieb in Blut und schrieb in Wunden / er hielt nicht an, schrieb tausend Stunden / schrieb Jahr und Tag. Und ungeheuer / wuchs das Erschrecken aller Zeugen ... Denn was geschieht ist maßlos. Und Entsetzen / wölkt wie Gewitter über jedem Nacken ... Wer baut / wenn nicht bei letztem Brandes Scheine / ein Gott dem Würger in die Zügel fällt, / aus diesem Chaos eine neue Welt?« (Hagelstange 1946)

Sein Humanismus fand keinen Gott, der »dem Würger« in die Zügel fiel. Die Heeresgruppe Süd, in deren Bereich die Verse entstanden und wohl auch schon vor dem heimlichen Buchdruck 1945 kursierten, war samt und sonders »aus Gottes Hand gefallen«, wie einer seiner Dichterkameraden konstatierte. (Richter 1947) Aber die Feldgrauen, soweit und wann sie auch wiederkehrten, waren ohnehin nicht mehr dieselben, wie die 1939 Ausgezogenen mit dem Spruch »Gott mit uns« auf dem Koppelschloß. Die deutsche Wehrmacht, und das will immer wieder mit den feldgrauen Söhnen von ehedem besprochen sein, hatte in den sechs Kriegsjahren eine gewaltige innere Wandlung durchgemacht. »Erst als wir zu begreifen begannen, daß die im Laufe der Jahre langsam, aber unerbittlich in die Armee eindringende Fäulnis, diese schleichende Thrombose der Moral, von der obersten Führung ausging, wurde uns klar, daß wir alle des Teufels waren.« (Bamm 1952, Vw.) Das zeigte sich auf eine andere Weise ohne Worte an jenem Grundelement, an dem jede Armee zu allererst zu messen ist: an den Zahlen.

Zwanzig Millionen waren im Lauf der Jahre mobilisiert worden. Mehr als fünf Millionen kamen im Krieg um, dabei im letzten Kriegsjahr allein soviel wie in den fünf Jahren zuvor. (Overmans 1999) Wenn man bedenkt, daß bei weitem nicht alle der zwanzig Millionen im Rahmen der Wehrmachtsverwaltung Mobilisierten auch zum Kriegseinsatz kamen, so läßt sich davon ausgehen, daß die wirklich kämpfende Truppe, das Rückgrat der militärischen Aktion, im Lauf der Zeit zwei- oder dreimal verlorenging und wieder aufgefüllt werden mußte. Von der Armee, die 1939 auszog, war schon nach drei, vier Kriegsjahren nicht viel übriggeblieben. Die Armee des letzten Kriegsjahres war nahezu neu nach ihrem Bestand, abgesehen vom höheren Offizierskorps und von Spezialisten und Verwaltungsführern. Von den Soldaten her gesehen, den Infanteristen, den Fliegern, den U-Bootfahrern gab es zwischen Kriegsanfang und -ende eigentlich gar keine identische Truppe.

Am Ende waren es etwa drei Millionen, die nach und nach wieder nach Hause kamen. (Overmans 1999) Sie standen nun, vom Feldmarschall bis zum Grenadier, vor den Augen der Sieger, vor den Augen der Deutschen, ja selbst vor den Augen ihrer Angehörigen geradewegs für alles ein. Sie waren die deutschen Soldaten. Sie hatten gesiegt, sie waren vorangestürmt durch jenes Europa, das jahrhundertelang die Welt bedeutete für die Europäer, unwiderstehlich wie keine andere Armee seit Napoleon. Aber sie hatten auch verloren wie Napoleon, hatten grausame Partisanenkriege geführt wie Napoleons Soldaten in Spanien und in Tirol und waren ähnlich in Rußland verblutet und erfroren. Sie kehrten geradeso in Lumpen heim. Da war keine Siegerehrung zu erwarten. Aber schlimmer noch, was den Grenadieren des Franzosenkaisers in der französischen Erinnerung nicht widerfahren war nach glückloser Heimkehr: Sie galten als Mitschuldige Hitlers. Den Gehorsam, die oberste militärische Tugend, blind geübt zu haben, das mußte ihnen zum Vorwurf gemacht werden. Sie hatten nicht die Freiheitsparolen der Grande Révolution durch Europa getragen, sondern die unmenschliche Rassenideologie. Auch den Gedenkspruch von den Kriegermalen 1914–18, damals tausendfach bis ins letzte deutsche Dorf verbreitet, durften sie nicht in Anspruch nehmen: »Sie fielen für Deutschlands Ehre.« Denn sie hatten Hitler den Schild gehalten. Sie hatten Deutschlands Verbrechen gedeckt.

Nicht nur der Vernichtungskrieg, sondern auch die Vernichtungslager belasten das Andenken der deutschen Wehrmacht, wo Millionen Sowjetsoldaten elend zugrunde gingen, und demgegenüber ist es zweitrangig, wo und wann sich die Soldaten mit dem Anruf Gottes am Koppelschloß in russischen Dörfern, in holländischen Deportationszügen oder in deutschen Kriegsgefangenenlagern versündigt hatten. Die ganze Armee war zu Hitlers Helfern geworden. Auch wenn sich der oder jener, wenn sich Generäle mit ganzen Armee-Einheiten aus der unmittelbaren Mittäterschaft heraushalten wollten, wenn eine »unsichtbare Flagge« der Menschlichkeit auch unter deutschen Soldaten gehißt war (Bamm 1952), auch wenn die militärischen Leistungen der Truppe ihre Anerkennung verdienen, so müssen doch die Kriegsziele verdammt sein in der Erinnerung der Deutschen.

Die feldgrauen Söhne leiden an fremdem und an ihrem eigenen Unverständnis dieses Zusammenhangs noch heute. Das hat sie in den Jahren seither zu schweigenden Großvätern gemacht. Sie schweigen aus verletztem Soldatenstolz, aus eigener Unwissenheit, aus vergeblichem Protest gegen Pauschalurteile. Weil ihre Kritiker die Toten nicht mitzählen; weil sie die Todesangst und ihre Überwindung nicht wägen; weil sie nicht dabei waren in Radom und in Rotterdam, in Lüttich, in Dünkirchen und auf der Krim, auf Kreta nicht und auch nicht bei Narvik, überall, wo es galt, schnell und standhaft zu sein und eben »dabei«. Die Kritiker fordern etwas, das sie, die Armee, im Angesicht der »verdammten Pflicht« zu ihrer Zeit nicht selber empfunden hatte, nicht einmal, als sie den waghalsigen Attentäter und seine hochrangigen Mitwisser aus ihren Reihen verstieß.

Stauffenberg und seine Freunde aus den höchsten Offizierskreisen hatten zumindest ein Maß an Hoffnung, das Monstrum der Macht aus Hitlers Händen zu winden. Aber zu Wehrmacht und Widerstand muß man auch die Tausende einfacher Soldaten zählen, die mit und ohne Aussicht auf ihre Rettung protestierten, die namenlosen Deserteure, soweit sie nicht einfach davonliefen und sich nicht aus Feigheit, sondern aus Protest dem Waffendienst entzogen. Sie haben mehr noch geopfert als die eidbrüchigen Verschwörer in dieser Gemeinschaft der Feldgrauen: Sie haben auch ihr Andenken geopfert, denn niemand wird je ihr Handeln von bloßer Lebensangst unterscheiden und mit dem Lorbeerkranz der höheren Tugend bedenken. Weil das alles sich so verhält, deshalb schweigen die meisten Feldgrauen von ehedem vor sich und vor den anderen.

In den Lagern des Dritten Reiches

Es gab einen unter Hitlers Feldmarschällen, der nach dem Krieg selber zur Feder griff und von »Verlorenen Siegen« schrieb – durch Hitler verloren, weil er ihm, dem Feldmarschall, in den Arm gefallen sei. Es ist nicht die strategische Lektion, die dieses

Buch des Erich von Manstein lächerlich macht, der vielleicht wirklich der begabteste unter Hitlers Strategen gewesen ist; es ist der Verlust seiner Siege, für den Hitlers Feldmarschall Trost bei seiner Feder suchte. (von Manstein 1955)

In Wirklichkeit waren Hitlers Feldherren allesamt Generäle des Teufels, und manche haben das auch bemerkt. Sie haben einen modernen Krieg geführt, mit überlegener Planung, mit der effizienteren Taktik, jahrelang mit den besser motivierten Soldaten und lange auch mit den besseren Waffen. Tatsächlich hatten sie dabei auch eine Zeitlang die meisten und die schnellsten Flugzeuge, und bekanntlich hatten sie wagemutige U-Bootfahrer. So waren Hitlers Soldaten drei Jahre lang siegesbewußt durch Europa gestürmt. Aber tatsächlich ging es in Hitlers Krieg nicht nur um Mut und Tod auf den Schlachtfeldern. Denn nicht nur dort hatte der Krieg allen Mut, alle Tapferkeit, alle Kraft gefordert und seine Opfer gesucht. Die meisten Menschen starben in den Lagern.

Wie beinahe alles im und um den Nationalsozialismus und seine sogenannte Revolution, war auch die Idee der »Lager« schon viel älter, vorgeprägt; sie wurde dann im NS-Staat mißbraucht. Die Geschichte der Lager begann nämlich um die Jahrhundertwende in der Wandervogelbewegung. Jetzt mögen die Sachkenner lauthals lachen. Von Steglitz nach Auschwitz? Oder von Quickborn nach Mauthausen? Aber man kann einer solchen scheinbar absurden Perspektive zu Hilfe kommen. Man kann ein wenig mit der Frage nach den stillen Intentionen der ersten Zelt- und Matratzenlager für die Berg- und Talwanderer spielen: Es galt, in ein Lager »auszusteigen« aus der bürgerlichen Welt, aus den Bürgerhäusern und zugleich aus dem bürgerlichen Alltag. Es galt, auszusteigen aus den bürgerlichen Familien, und eine neue Gemeinschaft zu bilden mit einem Lagerältesten, im Kreis der Lagerinsassen als Gleiche unter Gleichen zu leben, und natürlich auch mit Lagerzaun, Lagerwache, Lagertor und Lagerordnung. Auf einer Wiese, Spielwiese gleichsam für eine neue Welt, ließ sich das prächtig aufbauen. Auch die bekannten Schulungs- und Veranstaltungsburgen gewannen mitunter hochwertigen Symbolcharakter. Und was sonst?

Was sonst? Hatten nicht die utopischen Konstruktionen seit

Thomas Morus ihre »neuen Menschen« eigentlich in »Lagern« geplant? War es nicht bereits vor Jahrhunderten utopisches »Lagerdenken«, die gesamte »häusliche« Ordnung unter einem Dach und mit nur mehr einem Herd zu planen und damit auch die Familien aufzulösen, neue Wohneinheiten einzuführen, ohne die Grundeinheit aller menschlichen Siedlung seit der Nomadenzeit, nämlich ohne Haus und Hof? Hatten nicht Morus, Campanella, Andreae oder Fourier für ihre Zukunftspläne festgelegt, den Lagerinsassen das eigene Dach zu nehmen und den eigenen Herd, und statt dessen Mahleinheiten zu bilden von hundert Menschen oder mehr, die gemeinsam zu kochen, gemeinsam zu essen, gemeinsam zu arbeiten hätten in einem gemeinsamen »Lagerbetrieb«? Bei gleicher Kleidung, gleichem Küchenplan, gleicher Arbeitspflicht, gemeinsamer Kindererziehung und ohne besondere Hervorhebung von Familienbindungen? Erschien das nicht wie die heimliche Absicht der Organisation des gesamten deutschen Volkes seit 1933 nach den Direktiven von Block- und Zellenleitern bei allgemeinem Eintopfessen?

Zurück zu den großen utopischen Entwürfen, seien sie Literatur geblieben und literarisch eingekleidet, ironisch entwickelt oder von böser Konsequenz getrieben, wie bei Morus oder Huxley, seien sie mit entschlossenem Ernst entworfen und gar in die Wirklichkeit umgesetzt, wie bei Owen oder Fourier: Aus künstlich geplanten Gruppen sollten Bausteine werden für eine neue Welt, sollte die »natürliche« Ordnung der Klein- und Großfamilien überwunden werden, sollte eine Abkehr von den bürgerlichen Ordnungsverhältnissen hervorgehen, mit einigen Anleihen aus dem Klosterleben. Ähnliches versuchte das jugendbewegte »Lagerleben«. Wieviel Echo diese alternative Ordnung in der intellektuellen Welt seit dem genial und lässig entworfenen Nachmittagsplausch des englischen Humanisten 1516, bis in unsere Zeit buchstäblich ein Bestseller, in den folgenden Jahrhunderten fand; wie viele neue Varianten nicht etwa nur die literarische, sondern auch die programmatische Form der europäischen Utopie in hunderten Köpfen anregte, das ist bisher kaum in unsere Geschichtsbilder gedrungen. Kein Wunder. Es handelte sich ja meist um virtuelle »Gegenwelten«, konzipiert mit unterschiedlichem Ernst, und die Historiker waren viel zu sehr mit der Interpretation der realen Vergangenheit befaßt, um sich der Wahrheit des Fiktiven zu widmen. (Seibt 1972; Vosskamp 1982)

Hinter allen diesen Entwürfen, den großen literarischen von Morus und Campanella, Comenius und Huxley, wie den kleinen, mitunter versteckten, lebt doch augenscheinlich eine gemeinsame, zur gegebenen Wirklichkeit grundverschiedene Projektion; ein aufregendes Gedankenspiel, mehr oder minder ernsthaft betrieben. Neue Wohn-, Ordnungs- und Gemeinschaftsformen mußten herhalten als Folge oder als Ursache für eine grundlegende Veränderung der gewohnten Umwelt und mußten Haus, Dorf und Stadt im alten Verstand ersetzen. Älteste, Vorstände, Führer, allesamt »künstlich« festgesetzt, erwählt oder berufen, traten an die Stelle der »natürlichen« Familienhäupter. Die Gemeinschaft der Gesinnung ersetzte die Verwandtschaft. Und die Gruppendisziplin übernahm die Rolle der Familienmoral.

Die »Lager« unserer Aufbruchsbewegungen, der Wandervögel, der jungen Bewegungen dieser oder jener Partei, der roten, der braunen, der schwarzen Jugendbünde, aber auch und vor allem der Pfadfinder, wurden für kurze Zeit in einem solchen Sinn zum »utopischen Ort«, mit neuen Daseinsformen in ihrer jeweils kurzlebigen Existenz von Tagen oder Wochen, die eine bessere Welt erhoffen und einüben ließen. Es sieht so aus, als hätten die Lager des Dritten Reiches das alles aufgegriffen und von Grund auf ins Böse verwandelt.

Als man um 1930 in Mitteleuropa, nicht nur in Deutschland, schon wieder mehr marschierte als tanzte, vermehrten sich auch die Lager. Der freiwillige Arbeitsdienst, eine einfallsreiche Notmaßnahme in der Weltwirtschaftskrise nicht nur in Deutschland, sondern auch in England, schuf zunächst zwanglos eine neue »Lagerwelt«. Die einjährige Arbeitsdienstpflicht für junge Männer wie junge Frauen, die dann in Hitlers Staat sich scheinbar folgerecht an seine Stelle setzte, trug bereits Zwangscharakter für den neuen nationalsozialistischen Menschen. Es entstand hier zugleich auch ein neuer Lagertyp: Nicht mehr kurzfristig aus Zelten, sondern aus Baracken. Das war ein eigener neuer

Bautyp, ein Fertighaus aus Holz auf festem Fundament; im Schnellbau, fast wie Zelte aufzustellen, aber heizbar und mit Fließwasser. Ebenerdig wie die Zelte, und dabei ebenso seriell gebaut und auf überschaubarem Areal. Alle Utopisten hatten jahrhundertelang eigentlich so etwas ähnliches vor Augen, wenn sie ihren Lesern neue Städte, neue Häuser, neue Lebensweisen ohne das eigene Dach, ohne den eigenen Herd, ohne Haushalt, Hausfrau und Hausvater vor Augen führten. Alle Utopisten von Morus bis Fourier hätten eigentlich am neuen Lagertyp Verwandtes erkennen müssen. Und zudem waren sie allesamt, und das auch von Morus bis Fourier, Agrarkommunisten.

Die Pfadfinder, Pimpfe und Jungmädchen, bald Staatsjugend, bauten Ferienlager. Die Hitlerjungen wurden zielbewußt bald in Wehrertüchtigungslager einberufen. Schulungslager gab es gleich nach 1933 auch für Studienreferendare als die künftigen Lehrer an den deutschen höheren Schulen und für Rechtsreferendare als die künftigen Richter und Staatsanwälte. Es fiel in den ersten Märztagen 1933 gar nicht sehr auf, daß auch »Schutzhaftlager« entstanden und »Umerziehungslager« für hartnäckig Falschdenkende. Freilich waren die auch eine kleine Welt im großen Ganzen des neuen deutschen Aufbruchs. Verwaltet von Polizei, von SA und bald von SS, sollten sie bis zum Frühjahr 1938, bis zur ersten Expansion des Hitlerreiches, nur etwa 7500 Menschen eingeschlossen haben. Dann allerdings wuchs die Zahl mit einem Schlag um die österreichischen Falschdenker. Und die Steinbrüche von Mauthausen bei Linz zeigten sich seinerzeit dem inspizierenden Himmler wie die Vision eines neuen Reiches, wie eine Utopie der SS, in welcher der Teufel regierte. Bis zum Kriegsende soll es mehr als 10000 große und kleine Lager gegeben haben, Ghettos für Juden eingeschlossen. (Goldhagen 1998, 204)

Unsere Schulbücher führen uns immer wieder den Krieg von 1939 bis 1945 in der Abfolge von Schlachten vor – Polen, Westeuropa, Südeuropa, Osteuropa, Deutschland. Aber der Krieg galt von vornherein der Vernichtung eines Teils der Europäer und der Umgestaltung Europas in ein »Germanisches Großreich deutscher Nation« von Skandinavien bis ans Schwarze Meer.

Und er wurde deswegen eben nicht nur nach außen, sondern auch nach innen geführt. Was sollten da die »Verlorenen Siege« des Generalfeldmarschalls Manstein? »Die Lagerwelt war revolutionär, weil die Deutschen sie als Hauptinstrument zur Gestaltung der europäischen Gesellschaften und Bevölkerungen einsetzten. Die Lagerwelt und das System der deutschen Gesellschaft, durch das sie geschaffen wurden, sollten von Prinzipien geleitet werden, die die Grundsätze, die bis dahin die öffentliche Moral und – trotz zahlreicher Ausnahmen – das Verhalten der deutschen und der anderen europäischen Gesellschaften bestimmt hatten, auf den Kopf stellten...« (Goldhagen 1998, 537) Dabei waren die Juden, nicht die slawischen »Untermenschen« und nicht die »dekadenten« Franzosen, der Haupt- und Erzfeind alles Deutschen, besser alles Germanischen und noch genauer im Sinn der besonders in der SS zur Ideologie erhobenen pseudowissenschaftlichen Rassenlehre, alles »Nordischen«. Und dieses »Nordische«, das war gleichbedeutend mit judenfeindlich. Schon früh hatte Hitler nach einer banalen Denkfigur die Funktion des von ihm entsprechend definierten Judentums auch als unentbehrlich für die Mobilisierung aller gesellschaftlichen Anstrengungen bezeichnet. (Fest 1987, 302) Deswegen hatte Hitler auch »das Weltjudentum« in einer Reichstagsrede vom Januar 1939 vor seiner Vernichtung gewarnt, lange bevor er sie in Gang setzen ließ. Der Vernichtungsfeldzug gegen die Juden begann nach Vorläufen in Polen 1939 dann im Sommer 1941, als die Rote Armee schon zu wanken und die Sowjetunion schon erobert schien, mit dem »Kampf der Einsatzgruppen« hinter der Front. (Thamer 1994, 663; Bullock 1996, 985; Zimmermann 1997) Die schlimmsten Pläne reiften vielleicht erst im Spätherbst dieses Jahres und Anfang 1942. (Mommsen 1991, 194 und 207) Aber im »eliminatorischen Antisemitismus« waren sie längst vorbereitet in den Köpfen derer, die sich dann als »ganz gewöhnliche Deutsche« in ihren Dienst stellten. (Goldhagen 1998)

Zuvor hatte Hitler auf dem Umweg über einen Bund mit der Sowjetunion versucht, den großen Weltenbrand zu inszenieren. Seine unprovozierte Kriegserklärung an die USA im Dezember 1941 vervollständigte das Desaster. Aus dem großen Feuer sollte das germanische Großreich hervorgehen, durch den Sieg über alle und demnach eigentlich wie durch ein Wunder. Aber das geplante Reich zwischen Weichsel und Wolga benötigte nur etwa 15 Millionen seiner ehemaligen Bewohner. Es sollte viel Platz sein für die deutschen Herren in diesem neuen Großreich. Die übrigen Einheimischen sollten, wie der »Generalplan Ost« von Heinrich Himmler im Juli 1941 vorsah, nach jenseits des Urals umgesiedelt werden, in Lagern gehalten und danach eliminiert oder in irgendeiner Weise beseitigt, die man im Hinblick auf den Kriegsverlauf einstweilen auszusprechen nicht gezwungen war. Offen war in diesem Zusammenhang schließlich auch noch die Entscheidung zur Umsiedlung oder Liquidation von zwei Millionen Tschechen, womöglich von einer Million Österreicher, die Hitler schon in seinem »Kampf« als rassisch unzuverlässig bezeichnet hatte, und von einigen Millionen Polen.

Währenddessen schoben sich zwischen Gegenwart und Zukunft erst einmal die Lager. Die Lager wurden ein Symptom der gesellschaftlichen Wirklichkeit im NS-Reich überhaupt und wirkten darüber hinaus noch weit in die Nachkriegszeit. Die Vokabel führt zurück in die Träume der Wandervögel vom alternativen Dasein lange vor Hitler und der bösen Welt des Nationalsozialismus. »Die grauen Städte verlassen, in Lagern auf Waldwiesen leben ...« Man benützte dasselbe Wort dann für die Barackenlager des Arbeitsdienstes, und damit waren die Lager zum Kasernenersatz geworden, waren ein Stück konstanter Mobilisierung der Deutschen. Und es ging abwärts mit dem Wort: Eine neue Bedeutung ergab sich zur Bezeichnung für die »Schutzhaftlager« seit 1933, und wenn darin auch 1938 erst ein paar tausend Menschen gefangengehalten wurden, so wuchsen doch die Lager schnell durch den Ausgriff des Reiches ins Ausland, durch Mauthausen in Österreich und die »Zwangsgemeinschaft« unter beschränkter Selbstverwaltung in Theresienstadt in Böhmen. (Adler 1952) Auch durch das Organisationsvermögen der SS, die diesen neuen Bereich zu ihrem eigenen machte und daraus den »SS-Staat« als ein Sklavenreich aufbaute, als einen Staat aus zuletzt tausenden großer und kleiner Lager.

Seit Kriegsbeginn gab es als neue Variante Gefangenenlager,

nicht unter Aufsicht der SS, sondern unter dem Befehl der Wehrmacht. Sie waren von vornherein schlecht organisiert und immer wieder viel zu klein für Millionen gefangener Feinde. Es gab Umsiedlerlager als die nächste Errungenschaft, seit 1941, für Städter aus dem Baltikum, für entwurzelte Bauern aus Bessarabien und der Bukowina, für desorientierte Südtiroler, die alle bald an ihrem Schicksal verzweifelten. Umsiedlerlager griffen am weitesten in den bürgerlichen Bereich. Arbeitslager trugen am ehesten zur Rechtfertigung der Deportation von Juden bei. Vertreibungslager begleiteten das zerstörte Mitteleuropa noch lange über das Kriegsende.

An der Front mußte man kämpfen. Hinter der Front mußte man arbeiten. Beides zusammen bildete gleichermaßen die Überlebenssorge aller Menschen in der nationalsozialistischen Zwangsgemeinschaft, in der »Lagermentalität« des Dritten Reiches. Das war für alle die mit raffinierter Propaganda aufgetragene Mühe des Krieges. Weil man an der Front nicht nur kämpfte, sondern auch starb, deshalb wohl galt auch die heimliche Devise der Zwingherren von der »Vernichtung durch Arbeit« nicht von vornherein als unerträglich, und die bekannte Losung »Arbeit macht frei«, wie zum Hohn über den Eingängen von Konzentrationslagern, nicht von vornherein als zynisch. »Arbeitslager aller Typen – vom freiwilligen Arbeitsdienst über die Zwangsarbeit zur Vernichtung durch Arbeit – waren das zivile Pendant zum Kriegsdienst, in dem Millionen ›verheizt‹ wurden.« (Mommsen 1991, 207) Dem Arbeitseinsatz, zumal in einer spezialisierten Position, verdankte mancher Häftling sein Leben, wie der junge jüdische Doktor der Chemie Primo Levi. Aber auch das nur unter den größten Erniedrigungen und äußerster körperlicher Qual, leicht zum Abfall geschoben und täglich dem Zufall überlassen. Der erschütternde Kampf des Intellektuellen, der sich im Inferno des KZs an Dante zu orientieren suchte, ist leider keine Schullektüre geworden. (Levi 1959)

Ein solcher Krieg wurde also in den Lagern und nicht auf den Schlachtfeldern geführt. Auf den Schlachtfeldern wurde um militärische Überlegenheit gerungen mit Hilfe der Wehrmacht und ihrer Generäle. Aber hinter den Schlachtfeldern Osteuropas herrschte bald die SS mit ihren Führern und Oberführern und suchte, gewiß mit Wissen und ohne Hinderung durch Hitler, ihre Herrschaft auszuüben und nebenbei auch alle vielleicht noch etwas menschlicheren Pläne des Reichsministers für die Ostgebiete, Alfred Rosenberg, beiseite zu schieben, zusammen mit den Eingriffen anderer hoher Funktionäre. Da gab es keinen in seinem Dasein auch nur einigermaßen gesicherten »Mittelstand«, kein slawisches »Bürgertum«. Der Staat der SS sollte aus Herren und Sklaven bestehen. Die erste Stufe dazu mußte in Arbeitslagern geschaffen werden, auch mit allen realistischen Verbindungen zur deutschen Rüstungsindustrie; die zweite dann in Todeslagern. Denn nicht nur Rüstung war eine wichtige Aufgabe für den militärischen Sieg, sondern eben auch der rassische Sieg, die Vernichtung einer millionenstarken Anzahl von Menschen, für die Hitler über die Jahre hin in Varianten und Metaphern den Tod vorhergesagt hatte. Von der Oder bis an die Wolga und vielleicht noch darüber hinaus sollte das künftige Großreich der germanischen Rasse in Lagern aufgebaut werden. Auf den Reißbrettern von Hitlers Architekten Albert Speer gab es auch schon Pläne für ein weitausladendes Straßennetz, für städtische Organisationszentren und bäuerliche »Wehrdörfer«, und auch für gigantomane Totenmale. Denn die Verbindung von Sieg und Tod scheint Hitlers Phantasie immer begleitet zu haben.

Im Verlauf des Krieges sind Millionen deutscher und alliierter Soldaten in den militärischen Aktionen für oder gegen diese fürchterliche Vision gestorben. Es sind noch mehr in den Arbeits- und Vernichtungslagern gestorben, hinter Stacheldraht, in kurzfristigen Mordaktionen und in der Ohnmacht ihres erniedrigten Daseins. Man muß ihretwegen diesen Krieg und diesen Tod neu definieren. Man darf ihn nicht mehr nur mit freien Soldaten, genialen Generälen und mit unberechenbarem Kriegsglück in Verbindung bringen. Man darf nicht nur den Zwang zur Pflichterfüllung sehen, in den die Verführungskunst des »größten deutschen Politikers« nach seinen propagandistischen Erfolgen im Inland und seinem diplomatischen Durchbruch im Ausland die Deutschen 1939 manövriert hatte. Es geht auch nicht mehr um den »Unbekannten Soldaten«, vor dem man sich in Ehrfurcht verneigt. Denn es hieß für alle, den

Krieg zu erleiden: Nicht nur in den »Stahlgewittern« und in der »Armee hinter Stacheldraht«, womit sich der vorangehende, der Erste Weltkrieg mit seinen Materialschlachten schon als menschliche Katastrophe erwiesen hatte; sondern in den Lagern, den Ausbildungslagern, den Kriegsgefangenenlagern, also den militärischen, denen man dann allerdings nicht nur die deutschen, sondern auch die alliierten, vornehmlich die sowjetischen hinzuzählen müßte, um alles Leid dieses Krieges zu erfassen. Alles Leid auch auf den Fluchtwegen der Verfolgten, der Verurteilten wie der Vertriebenen, der Gejagten, der »Lager« aller Art für hilflose Opfer.

Daß Hitler die Millionen Bewaffneter und Mächtiger, dazu Abermillionen Unbewaffneter und Ohnmächtiger mit seinen Vertrauten, seinen politischen Helfern, die das Gelöbnis der gleichen »Weltanschauung« an ihn band, und mit seinen militärischen wie paramilitärischen Helfern in der Bindung ihrer »verdammten Pflichten«, mit seinen Henkern und mit allen seinen Denunzianten in Schach halten und zu höchsten Leistungen anspornen konnte, ist ohne die Gemeinsamkeit der Ideologie, ohne die Versprechungen eines nicht eben erst geweckten, sondern schon lange im stillen verbreiteten Rassenwahns, ohne einen tendenziösen »eliminatorischen Antisemitismus« nach der Definition von Daniel Goldhagen nicht denkbar. (Goldhagen 1998, bes. 136 ff.) Hitlers Helfer war insofern die ganze deutsche Nation, dazu auch die Österreicher und die Sudetendeutschen, ausgenommen die wenigen Entschlossenen, von denen noch dazu die meisten erst im Lauf der Kriegsereignisse abgefallen waren, und die nicht allzu vielen überzeugten Sozialisten und gläubigen Christen. Es gab andererseits auch noch Sympathisanten und Kollaborateure nicht nur in Deutschland, sondern in ganz Europa, vor allem auch in Frankreich, in den Niederlanden und in der ehemaligen Tschechoslowakei. Aber das alles wirkte in abgestuftem Sinn, den das Leben, der militärische Zwang, die Bereitschaft zum Gehorsam bewirkt hatten. Und deshalb hat der ungeheure, nach außen aggressive und in sich selbst zerstörerische Organismus, der Millionen töten und Millionen getötet werden ließ, einen über die Jahre hin funktionierenden Zusammenhang. Er wohnte nicht oder nur vorübergehend, ursprünglich, in Häusern, Kasernen, Befehlszentralen. Er wohnte in Lagern. Sie waren überall im Land. Nach Kriegsende waren sie noch wichtig für das Strandgut des Krieges; für Verirrte und Vertriebene, für Displaced persons, für Millionen deutscher Flüchtlinge und nach Jahren noch für alle die Armen, die nicht mehr auf die Beine kamen.

Die Zerstörung Hitlers

Menschen in unmittelbarer Lebensgefahr sind in einer besonderen Verfassung. Ihre Nachbarn, in einem sicheren mentalen Gehäuse, finden keine Brücken zu ihren Gedanken. Aber auch Gruppen in ähnlicher Lage sind in Gefahr weit stärker isoliert als im Gefühl der Sicherheit. Das gilt ebenso für Menschen in einem totalen Krieg, in einem Krieg, der sie als Kombattanten, als Partisanen, als Bombenopfer, als Aufseher oder als Zwangsarbeiter jeden Tag ums Leben bringen kann. Die gnadenlose »innere Front«, die heute einen wenig sprachgewandten Arbeiter köpfen ließ, weil er »Feindsender« gehört hatte, morgen einen Intellektuellen in ein mit Sicherheit bald aufgeriebenes Bewährungsbataillon schickte, weil er am »Endsieg« gezweifelt hatte, die jede Befehlsabweichung mit peinlicher Inquisition bedachte und jede Befehlsverweigerung mit dem Tod, versetzte auch die Nichtsoldaten in eine fiebrige Anstrengung, außer die ganz Alten und die ganz Jungen, Männer wie Frauen. Und alle bedrohte der Bombenkrieg und bald auch Flucht und Vertreibung. Die Angst zerstörte die Menschen, auch wenn sie den Leiden des Krieges nicht körperlich ausgesetzt waren.

Hitler selber war der Krieg. Niemand in dem kleinen Männerbund, der ihm nach der Ausschaltung Röhms und dessen Gefolgschaft seit dem Sommer 1934 absolut ergeben war und – mit Ausnahme Görings – sich auch immer wieder über jede Treuebekundung hinaus von seiner Persönlichkeit fasziniert zeigte, hatte je zum Krieg gedrängt. Die deutsche Generalität, professionell dem Krieg zugewandt, hatte den Kriegsfall sogar zum Ansatzpunkt ihres Widerstands gemacht, der für den 28. September 1938 exakt geplant, auch tatsächlich unter ihrer Regie erfolgreich sein und Hitlers Tod hätte bedeuten können. Mehrfach hatten deutsche Offiziere Hitler unter dem Einsatz ihres Lebens töten wollen. Nicht ein einziger General läßt sich nennen, der Hitler zum Krieg gedrängt hatte. Noch viel weniger drängten die Parteifunktionäre zu einem Krieg. Sie waren 1933 oder 1938 mehr oder weniger zu ihrer Zufriedenheit etabliert, zumal auch ihre Sprecher nach dem »Anschluß« Österreichs eine hinlängliche Kompensation für die Verluste des Versailler Vertrags vor sich sahen. Nach dem »Heimfall« des »Sudetengebietes« und der dadurch unvermeidlichen Abhängigkeit der Resttschechoslowakei schien die deutsche Vormacht in Mitteleuropa sicher und die Hegemonie in Europa nahe, und das war mehr, als die »alldeutschen« Großväter um die Jahrhundertwende je erträumt hatten.

Hitler allein wollte den Krieg. Nach seinen Plänen wollte er ihn im September 1938, und seine letzten sechs Lebensjahre, nachdem er schon ohne Rücksicht auf jede Verschleierung 1939 seinen Krieg auch bekommen hatte, sind gezeichnet von der Unrast, der Härte und der Selbstzerstörung aller Eroberer. Ohne Zweifel besaß Hitler die Brutalität der großen Eroberer, aber ein vergleichbarer Triumph blieb ihm am Ende versagt. Das lag nicht an der Stärke der friedlichen Mächte in der Welt. Es lag wohl besonders an der Position seines europäischen Rivalen Josef Stalin, dessen Lebensweg, dessen politische wie militärische Fähigkeiten verblüffende Parallelen zu jenen Hitlers erkennen lassen, dazu allerdings auch entscheidende Unterschiede. Es ist bemerkenswert, daß die Nachkriegshistorie beides erst spät erfaßte. (Fromm 1980; Bullock 1992)

Hitlers erster Widersacher auf Leben und Tod in der langen Geschichte des Widerstands gegen den Krieg, soweit man das weiß, war der ehemalige Stahlhelmführer Friedrich Wilhelm Heinz. Er sollte am 28. September 1938 Hitler verhaften, falls der erwartete Mobilmachungsbefehl gegen die Tschechoslowakei verkündet würde. Aber Heinz war entschlossen, mit seinem Stoßtrupp Hitler umzubringen. Die Vermittlung der Münchner Konferenz durch Mussolini vereitelte den Putsch. Der nächste in der Reihe der Attentäter war der Münchner Schreiner Johann Georg Elser. Der hatte zur traditionellen Feier am 9. November 1939 hinter dem Rednerpult im Münchner Bürgerbräukeller eine Zeitbombe eingebaut. Hitler verließ die Feier aber bekanntlich nach ungewöhnlich kurzer Rede, und die Bombe explodierte unter den versammelten »Alten Kämpfern«. Elser nahm vielleicht ein Geheimnis ins Grab. Er wurde nämlich nicht vor Gericht gestellt, sondern kam in ein Konzentrationslager. Man brachte ihn erst in den letzten Kriegstagen um. Niemals ist geklärt worden, ob er allein oder in wessen Auftrag er handelte.

Wiederholt suchten nach dem Angriff auf Rußland Hauptmann Axel von dem Bussche und Generalmajor Henning von Tresckow sich gemeinsam mit Hitler in die Luft zu sprengen. Es gab aber immer wieder fatale Hindernisse. Der Oberstleutnant im Generalstab Rudolf-Christian von Gersdorff wollte sich bei einer Ausstellung im Berliner Zeughaus mit Hitler durch eine Bombe töten. Hitler hielt sich nur ganz kurz dort auf, der Attentäter hatte Mühe, danach die Bombe unbemerkt wieder zu entschärfen. Auch eine Zeitbombe in Hitlers Flugzeug versagte. Der Ordonnanzoffizier Eberhard von Breitenbuch, mit einer Pistole in der Hosentasche, wurde von einer Lagebesprechung mit Hitler plötzlich ausgeschlossen. Der Oberst Graf Stauffenberg schließlich, dem am 20. Juli 1944 das Attentat gelang, hatte ebenfalls zuvor schon ähnliches vergeblich versucht. So kam am Ende die freche Propaganda von Joseph Goebbels zu ihrem Triumph: »Das Schicksal hat gesprochen: Mit dem Führer ist der Sieg!«

Die Plakate, die nach dem 20. Juli mit diesem Spruch und Hitlers Porträt verteilt wurden, bargen zugleich auch eine Warnung. Legten sie doch nahe, daß das Schicksal der Deutschen auf des Messers Schneide stand. Und sie brachten ganz treffend das Ende des Krieges mit dem Ende Hitlers in Verbindung. Tatsächlich schritt mit der Zerstörung Deutschlands auch die Zerstörung Hitlers fort. Alexander Stahlberg, der als Ordonnanzoffizier Hitler im März 1943 für drei Tage aus nächster Nähe zu sehen bekam, war erschrocken über dessen körperlichen Verfall. Zugleich erlebte er eine Regeneration über Nacht, vielleicht durch eine Frischzellentherapie. Jedenfalls erschien ihm Hitler als ein kranker Mann. »Nach dem 20. Juli hatte Hitler noch seltener als früher den Bunker verlassen und die frische Luft gemieden, er fürchtete Infektionen und Attentäter ... vielmehr vergrub er sich, enttäuscht und bitteren Gefühlen nachhängend, immer tiefer in die Bunkerwelt. Im August begann er, über ständige Kopfschmerzen zu klagen, im September erkrankte er unvermittelt an Gelbsucht, gleichzeitig quälten ihn Zahnbeschwerden, und Mitte des Monats, kurz nachdem erstmals alliierte Verbände auf Reichsgebiet vorgedrungen waren, brach er mit einem Herzanfall zusammen. Schwindelanfälle, Schweißausbrüche und Magenkrämpfe lösten einander ab, dies alles verbunden mit einer schweren Infektion, und es mag den naheliegenden Verdacht auf den hysterischen Charakter dieses Krankheitsschubs verstärken, daß eben jetzt, wie schon im Herbst 1935, ein Eingriff an den Stimmbändern erforderlich wurde. Am 1. Oktober, im Verlauf einer Behandlung durch einen seiner Ärzte, verlor Hitler für kurze Zeit das Bewußtsein ... Erst danach begannen die Krankheiten abzuklingen ... Nicht undenkbar ist, daß die im ganzen jedoch überraschende Regeneration vom Zwang zu jenen grundsätzlichen Entschlüssen mitbewirkt wurde, denen er sich jetzt, angesichts der heranrückenden Schlußphase des Krieges, gegenübersah.« (Fest 1987, 980)

Schlimmer lauten die Berichte wieder gegen Kriegsende. In seinen letzten Tagen schleppte sich Hitler nur mehr durch die Räume seines Bunkers unter der Reichskanzlei. Der Versuch Himmlers, auf der Flucht einen Separatfrieden mit dem Westen zu schließen, traf ihn tief, noch mehr wohl als ein ähnlicher Versuch Hermann Görings. Nur Goebbels hielt bei ihm aus. Hitlers Selbstmord am 30. April geschah etwa zur gleichen Zeit, als Sowjetsoldaten die rote Fahne auf dem umkämpften Reichstagsgebäude hißten.

Von Hitlers Tod sprach man offenbar in den Kriegsjahren unter den Vertrauten sehr offen. »Töten«, soll Graf Stauffenberg 1942 auf die Frage nach Hitlers Schicksal spontan und knapp geäußert haben. (Fest 1987, 953) Als Stahlberg 1943 von Hitlers dreitägigem Besuch bei seinem Stab erzählte, fragte sein Gesprächspartner Henning von Tresckow sofort: »Und Du hast ihn nicht totgeschossen?« (Stahlberg 1996, 372) An einen »Blattschuß« dachte Admiral Canaris schon 1940, als Stauffenberg und er dem »Führer« in einer Konferenzpause im Park unvermittelt begegneten. Dennoch bewegte sich Hitler, wenn auch immer seltener, verhältnismäßig sicher unter seinen Offizieren. Einerseits wegen des noch immer und bis zum letzten Tag überwiegenden offiziellen Gehorsamsverhältnisses; andererseits aber auch, weil seine und Deutschlands Katastrophe erst in den letzten zehn Kriegsmonaten, nach dem Attentat im ostpreußischen Hauptquartier, mit Wucht einem jeden unverkennbar ins Bewußtsein brach. Schließlich fehlte auch eine realistische Alternative, und nicht zuletzt hatte jeder Attentäter mit seinem eigenen sofortigen Tod zu rechnen.

Bis zum 20. Juli 1944 stand noch kein fremder Soldat auf deutschem Boden. Erst in der folgenden Zeit stießen die Alliierten nach ihrer Landung bei Caen am 6. Juni von drei Seiten gegen die deutschen Grenzen vor. Im Herbst überschritten sie die Westgrenze bei Aachen, um die Jahreswende erreichten sie Ostpreußen, im Januar Schlesien, im Februar den Rhein und im April die Elbe. Solange gab es noch immer einen gewissen Hoffnungsschimmer, vor allem bei Unkundigen. Daß seit dem Attentat Stauffenbergs bis zum Kriegsende, in zehn Monaten also, mehr Menschen an der Front und im Bombenkrieg sowie in den KZs, in allen »Lagern« des Krieges, ums Leben gekommen waren, als in den fünf Kriegsjahren zuvor, wurde erst nach Kriegsende bekannt. Die Disziplin der Deutschen klammerte sich um so mehr an irgendeine Hoffnung, nicht mehr an den Sieg, aber doch zumindest an ein Remis, wie es seit 1942 schon die weitsichtigen Feldmarschälle Rommel und von Manstein erhofften. Oder sie dachten an einen Waffenstillstand mit den Westmächten, als die Kämpfe mit der Roten Armee noch entfernt schienen. Nicht einmal der mörderische Luftangriff auf Dresden vom 13. Februar 1945 erstickte die Erwartung möglicher Übereinkünfte mit dem Westen. Den sowjetischen Truppen begegnete noch einmal vor den Seelower Höhen östlich Berlins erbitterter und verlustreicher Widerstand. In Deutschland wurde gekämpft, bis Hitler sich erschossen hatte.

»Die verdammte Pflicht«: Der Titel der Erinnerungen eines

Ordonnanzoffiziers schließt wohl eine Losung ein, die bis heute vielfach zur Erklärung für die Haltung unserer Großväter dient. (Stahlberg 1996) Der »Mantel der Gleichgültigkeit«, von dem der Rückblick einer ehemaligen Münchner Studentin spricht, widerspricht einer solchen Haltung in vielen Fällen nicht. (Hamm-Brücher 1997) Was sich in vielen Köpfen, besonders auch da, wo noch Potenzen zum Widerstand zu vermuten waren, als das Ergebnis einer generationenlangen Kultur des Gehorsams festgesetzt hatte, das vermischte am Rande sein Pflichtgefühl auch mit Gleichgültigkeit. Und gerade jene Personengruppe, der im Krieg ein beachtliches Gewicht in der deutschen männlichen Bevölkerung zukam, die Offiziere, war in dieser Gehorsamskultur besonders geschult. Bezeichnenderweise waren es meist jüngere Berufsoffiziere, eine neue Generation von »Obristen«, die Widerstand schließlich mit dem größten Ernst planten. Innerhalb der Armee korrespondierten ihnen nur die sechs teils zum Studium beurlaubten Soldaten, die gemeinsam mit Sophie Scholl und Professor Kurt Huber eben auch das gerade Gegenteil des geplanten Widerstands der Offiziere verkörperten. Der Generalfeldmarschall Ernst von Manstein, den man heute mehrfach als die größte strategische Begabung in der deutschen Armee anspricht, sagte seinem Ordonnanzoffizier statt dessen: »Ein preußischer Feldmarschall meutert nicht.« (Stahlberg 1996, 372, auch 376 u. a.)

Hier irrte der große Stratege, befangen in der Tradition des deutschen Heeres. Er war kein preußischer Feldmarschall. Auch wenn er im Frankreichfeldzug Schlieffen korrigiert und im Rußlandfeldzug sich in preußischer Tradition bewegt hatte, als er vor Stalingrad den Rückzug gegen Hitlers Befehl dem Ermessen des Generalobersten Paulus überließ: Er war der Feldmarschall Hitlers. Und gerade deshalb, weil er kein Anhänger Hitlers war, wie manche andere in höchstem Offiziersrang auch, weil er von Hitler als seinem Kriegsherrn eher verächtlich sprach und sich wiederholt gedemütigt sah durch Hitlers Dilettantismus, hätte er sein Pflichtgefühl läutern müssen. Denn es gab, und hier irrte der Feldmarschall wiederum, durchaus auch in Preußen die Tradition des kritischen Gehorsams, und selbst Hitler hatte etwas davon vorexerziert: Hatte er sich doch bei jener Röhm-Affäre, die jedermann bekannt und kaum verhüllt in ihrer Intention war, ausdrücklich selbst auf staatlichen Notstand berufen, nach §54 im deutschen Strafgesetzbuch von 1871. (Hoffmann 1969; Stahlberg 1996, 455)

Aber die Greueltaten? Die Massenmorde, die natürlich weder Manstein noch anderen hohen Offizieren an der Ostfront verborgen blieben, die KZs, von denen Manstein gerüchteweise sicher ebenso Kenntnis hatte wie nach einer fürchterlichen Begegnung zum Kriegsende, die gesetzwidrigen Aktionen der SS im Kleinen wie im Großen? Deckte auch das die preußische oder wie auch immer verdammte Pflicht, oder deckte das der Mantel der Gleichgültigkeit? Seit fünfzig Jahren versucht sich eigentlich an dieser Frage die deutsche Historiographie stets von neuem, immer wieder einmal ermuntert durch Impulse aus dem Ausland. »Was ist es, was den einen zu einem Stauffenberg und den anderen zu einem Speer macht? Zwanzig Jahre später bin ich einer Antwort kaum nähergekommen. Ein klares Wertesystem oder ein fester Glaube? Verstand und Erfahrung? Rein körperliche Stärke oder Schwäche? Tiefe Verwurzelung in einer Familie, einer Gemeinschaft, einer Nation?«, fragt ein kluger Engländer. (Garton Ash 1998, 267)

Die Frage blieb im Lauf der Jahrzehnte nicht ganz dieselbe. Denn inzwischen gab es auch in anderen Ländern als in Deutschland peinliche Enthüllungen in diesem Zusammenhang, und schließlich griff das Thema gar über den letzten europäischen Krieg hinaus. Bleiben wir beim deutschen Problem.

Schuld und Leid

Es gipfelt, es konzentriert sich alle Schuld für uns Nachlebende in der Frage nach den Judenmorden, obwohl dem Massenmord auch Russen, Polen, Tschechen, Zigeuner zum Opfer fielen. Aber gegen Russen, Polen, Tschechen, Zigeuner hatte sich der »deutsche Messias« nicht von vornherein gewendet. Er war in die Welt gekommen, die Welt von den Juden zu erlösen. Diesen törichten Wahnsinn hatte Hitler seit seiner Wiener Jugend entwickelt, und sowie er eines Feindbildes bedurfte, griff er immer wieder in psychotischer Unwandelbarkeit darauf zurück. Deshalb ist es konsequent, auch immer wieder zunächst die Judenmorde zu nennen, wenn von Hitlers Schuld die Rede ist, zuallererst die Judenmorde, trotz der mehr als fünf Millionen Toten, die Hitler unter deutschen Soldaten und Zivilisten außerdem noch zu verantworten hat, unter solchen Deutschen also, die nicht Opfer seiner Rassegesetze, sondern ihrer Gefolgstreue gewesen sind; auch trotz der etwa 55 Millionen Toten, die der Krieg, »sein Krieg« wohlgemerkt, in den überfallenen Ländern und rings in der Welt zu seiner Bekämpfung forderte. Auf die Massenmorde an den Juden als sein eigentliches historisches Verdienst beruft er sich in wahnwitzigen Worten auch noch in seinen letzten Stunden in einem Schriftstück, das man als sein »politisches Testament« zu bezeichnen pflegt. Er verbindet das auch gleich mit seiner fürchterlichen Phantasie, die solcherart noch über sein Grab hinaus das menschliche Zusammenleben bedroht: Gegenüber dem »internationalen Judentum und seinen Helfern«, so diktiert Hitler am 29. April 1945 in seinem Bunker unter der bereits von der Roten Armee eingeschlossenen Reichskanzlei, werde sich der Haß »aus den Ruinen unserer Städte ... immer wieder erneuern«, und: »Vor allem verpflichte ich die Führung der Nation und die Gefolgschaft zur peinlichen Einhaltung der Rassegesetze und zum unbarmherzigen Widerstand gegen den Weltvergifter aller Völker, das internationale Judentum.« (Zitiert nach Fest 1987, 1017)

Unter Hitlers Helfern nimmt der oberste Reichsführer der SS, der Chef der deutschen Polizei und Reichsinnenminister, in dieser Hinsicht die erste Stelle ein, vor allem, seit Reinhard Heydrich, der Himmler an perfidem Ideenreichtum übertraf, wenn er ihm auch untergeben war, nicht mehr lebte. Deswegen scheint auch die berüchtigte Geheimrede Himmlers in Posen vom 4. Oktober 1943, die in ihrer Adresse wie in ihrer Wortwahl des zweifellos auch über die Stimmung unter der deutschen Bevölkerung am besten informierten obersten Chefs der Geheimpolizei und aller anderen Nachrichtendienste aufsehenerregende Akzente setzt, als ein besonders gewichtiges Zeugnis.

Noch dazu, wenn man erwägt, wie weit bis zu diesem Zeitpunkt, bis zum Herbst 1943, Mitwissen und Mitschuld aller Deutschen reichen konnten.

Himmler sprach in Posen, im »Generalgouvernement« also, und außerhalb des Reichsgebiets, und seine Zuhörer waren SS-Gruppenführer, Parteisoldaten im Generalsrang. Er sprach im weiteren Zusammenhang von einem »ganz schweren Kapitel«, und damit räumte er ein, daß gegenüber diesem Kapitel auch seine Getreuen nicht frei von Skrupeln waren. Er versicherte seinen SS-Gruppenführern, einem relativ engen Kreis, man werde »in der Öffentlichkeit nie darüber reden«. Was darauf folgte, das umschrieb er als »die Judenevakuierung, die Ausrottung des jüdischen Volkes«. Das heißt, nicht einmal jetzt verzichtete er ganz auf die übliche Tarnsprache. Er stellte zwei Begriffe nebeneinander, wohl nicht unwillkürlich, von denen der eine der Öffentlichkeit wohl bekannt war, die »Evakuierung« der Juden. Der zweite, zutreffende, war für seine Zuhörer bestimmt: die »Ausrottung«. (Zitiert nach Nittner 1967, 288 f.) Er räumte zwar ein, daß die Redewendung »das jüdische Volk wird ausgerottet« in Parteikreisen durchaus bekannt sei, und er setzte hinzu, dergleichen stünde im Parteiprogramm – womit er irrt. Ein solches Wort stand eben nicht im Parteiprogramm, aber er will vielleicht auch damit nur sagen, daß man schon damals den geplanten Massenmord sprachlich verschleiert habe, denn dort wird in Wirklickeit unter den 25 Punkten von einer Ausschaltung der Juden gesprochen. Es heißt in Punkt 4: »Staatsbürger kann nur sein, wer Volksgenosse ist. Volksgenosse kann nur sein, wer deutschen Blutes ist... kein Jude kann daher Volksgenosse sein. (Hofer 1957, 28) Diesen nicht erst 1935, sondern schon 1920 festgelegten Ausschluß aller Juden von allen staatsbürgerlichen Rechten und aus der Volksgemeinschaft mit allen Konsequenzen setzt Himmler in dieser Rede offenbar gleich mit Ausrottung, weil ihm die Unklarheit als Tarnung geläufig ist. Nun jedenfalls, so Himmler, stünde diesem wie auch immer gemeinten Lippenbekenntnis die Wirklichkeit gegenüber. Und da habe wohl »jeder der braven achtzig Millionen Deutschen ... seinen anständigen Juden«.

Mit diesem für das Urteil über »Hitlers willige Vollstrecker«

(Goldhagen 1998) wohl unentbehrlichen Satz hat der zumindest im großen Rahmen am besten Informierte unter Hitlers Schergen eingeräumt, daß man nicht einfach von einer generellen Todfeindschaft gegen die Juden in Deutschland sprechen könne, denn jeder Deutsche habe Beispiele gegen eine solche Verallgemeinerung bereit. Und deretwegen, »die so reden«, die sich sogar an »prima Juden« zu erinnern wissen, die also zumindest Ausnahmen fordern würden, müsse man die getroffenen Maßnahmen allein im kleinen Kreis der Entschlossenen durchführen, und man müsse sie auch geheimhalten, weil ihre Entsetzlichkeit alle die vielen Volksgenossen nun einfach »nicht durchstehen« könnten. Dagegen würden von seinen gegenwärtigen Zuhörern »die meisten wissen, was es heißt, wenn 100 Leichen beisammen liegen, wenn 500 daliegen oder wenn 1000 daliegen ... Dies durchgehalten zu haben und dabei – abgesehen von Ausnahmen menschlicher Schwächen – anständig geblieben zu sein ... Dies ist ein niemals geschriebenes und niemals zu schreibendes Ruhmesblatt unserer Geschichte ...«

Himmler sprach nicht von chaotischen Massakern. Er sprach von einer Disziplin unter Henkern in unerhörten Massenexekutionen, von »Anständigkeit«, die man wohl als »pervertierten Heroismus« bezeichnen kann. (Thamer 1994, 703) Hannah Arendt sprach von der »Banalität des Bösen«. Man kann diese Mörderelite allerdings nicht nur in der Umkehr aller Werte von Heroismus erfassen. Man kann auch davon ausgehen, daß sie geradewegs, genau und konsequent das Grauenhafte tat, was Hitler angeregt hatte, wenn auch selber niemals ausdrücklich und schriftlich befohlen, und daß sie damit die höchste Form des Gehorsams übte, die sich aller Hemmungen entledigt hatte: Den Gehorsam der »blonden Bestie«!

Man muß sich freilich noch einmal der »anständigen Juden« erinnern, die nach Himmler jedem Deutschen bekannt seien. Nach zehn Jahren schrankenloser Hetze in der nationalsozialistischen Partei und allen ihren Gliederungen, nach den infamen Sensationen, von denen die Zeitungen, besonders das in ganz Deutschland verbreitete Hetzblatt »Der Stürmer«, jahrelang berichteten, war die Rechnung mit dem »anständigen Juden« eines jeden Deutschen eigentlich ein bemerkenswertes

Eingeständnis. Dazu trat die äußerste Geheimhaltung, die Himmler anspricht, so daß jenes perverse »Ruhmesblatt« eben nie und nimmer geschrieben werden durfte. Auch künftigen Generationen sollte demnach das Ende des europäischen Judentums, soweit es Himmlers Helfer vollbrachten, für immer verborgen bleiben.

Für Himmlers Sorge um die braven Deutschen, die alle einen »anständigen Juden« kannten, spricht in Wirklichkeit auch die große Zahl verborgener jüdischer Verfolgter, die der oberste Polizeichef natürlich nicht kannte. Nach Kriegsende kam sie allmählich ans Licht. Schließlich muß man aber auch die große Zahl der nach den Nürnberger Gesetzen sogenannten »Mischlinge« in Betracht ziehen, eine dreiviertel Million nach allerdings unsicheren Angaben, Kinder aus Ehen zwischen jüdischen und nichtjüdischen Deutschen. Überdies spricht das davon, daß in vielen – womöglich in einer Dreiviertelmillion – nichtjüdischer Familien, ein Schwiegersohn, eine Schwiegertochter, ein Onkel, eine Tante jüdisch war. Das deutsche Familienleben hat darunter offenbar nicht gelitten. Danach aber hat es durch Hitler ungezählte Risse, Dramen, Tragödien hinnehmen müssen, als nämlich seit 1942 zunehmend gegen den Wortlaut dieser Gesetze eifrige Parteifunktionäre unter Mißachtung der Gefühle »arischer Menschen« Ehen zerrissen, Familienmitglieder zum Tragen des gelben Sterns zwangen und sie schließlich auch in den sicheren Tod deportierten. (Klemperer 1996, Bd. 2) Nur einmal, in einem Protest von etwa dreihundert Berliner Ehefrauen gegen die Deportation ihrer jüdischen Männer, hatte Gegenwehr Erfolg. Da war jenes Minimum von Gruppenwiderstand gegeben, das bei tausend anderen Gelegenheiten fehlte.

Die Fragen der Nachlebenden richten sich auf die Schuld. Die Fragen der Mitlebenden galten dem Leid: Fünfeinviertel Millionen tote deutsche Soldaten, Vermißte, Verschollene. Fünfhunderttausend Bombentote, Hingerichtete, in den KZs Ermordete, »Vernichtete«. (Ploetz 1980, 916) 20,6 Millionen Tote in der Sowjetunion, davon sieben Millionen Zivilisten. Viereinhalb Millionen Tote in Polen, darunter 300 000 Soldaten. Eineinhalb Millionen in den sowjetisch besetzten Ostgebieten. Eine Million und 700 000 Tote in Jugoslawien, meist Zivilisten. Eine Million und 600 000 Tote in Japan, ein Drittel davon Zivilisten. 810 000 in Frankreich, 420 000 in Ungarn, 326 000 in Großbritannien, 259 000 in den Vereinigten Staaten, 300 000 in der Tschechoslowakei, 210 000 in den Niederlanden; insgesamt mehr als 55 Millionen.

Es gab in Deutschland 1945 zunächst kein Bewußtsein von einer Kollektivschuld. Aber es gab ein Kollektiverlebnis: Hatten Millionen den Beginn des Kriegs kaum wahrgenommen, als die bekannte Stimme in ihrer Mischung aus jovialem Timbre und unterschwelliger Härte an einem Freitag, dem 1. September verkündete. »Seit 5 Uhr 45 wird zurückgeschossen« – die erste Lüge in diesem Krieg, denn das provokante deutsche Schießen war schon früher im Gange – so war das Kriegsende, räumlich sehr verschieden, seit Monaten mit Angstkomplexen bei allen Deutschen beladen. Es gab Kollektivangst. In Häusern, Kellern, unterwegs. Fünfzehn Millionen waren im Frühjahr 1945 auf der Flucht, und nicht wenige davon wurden vom Kriegsende überrollt. War der Kriegsbeginn Männersache, so war das Kriegsende nun zum guten Teil die »Stunde der Frauen«. Dabei ging es nicht nur um die Vertreibung aus den deutschen Ostgebieten, die man treffend so genannt hat. (von Krockow 1993) Auch im restlichen Deutschland war der größte Teil der Zivilbevölkerung weiblich, nachdem Millionen Männer, die den Krieg überlebt hatten, bei Armee und Volkssturm noch wochen- oder monatelang nach Kriegsschluß festgehalten wurden. Das Kriegsende erlebten Frauen, Kinder und Alte ganz anders als die Soldaten. Die blieben in ihren Verbänden, vielleicht noch lange, und Schuldgefühl kam dort nur selten auf. Das deutsche Volk, militärisch und zivil, wie es im Frühjahr 1945 existierte, erlebte erst ein paar Wochen nach dem Kriegsende mit ungeheurer Wucht die Anklage der Sieger. Die »Stunde Null«, ein Erlebnis des Kriegsendes für alle, war nicht identisch mit dieser Anklage. Das war vielmehr die Zeit, da sich jeweils die Wahrheit über die Konzentrationslager verbreitete.

»Perdoniamo e chiediamo perdono!« – »Vergeben wir und bitten wir um Vergebung!« – ein Wort des Papstes aus dem Jahr 1995. Das Wort eines Polen. Die deutschen Kirchen haben sich die Bitte um Vergebung spät zu eigen gemacht, wohl auch weil sie, anders als der polnische Papst, selber nicht soviel zu vergeben wußten. Sie fühlten sich dennoch als die von Hitlers Verfolgung Betroffenen, als Opfer. Das ist gewiß so einfach nicht richtig. Die Bitte der evangelischen Kirche Deutschlands vom Oktober 1945 um Vergebung ist noch heute ein Zeugnis christlicher Reue, die von katholischer Seite im gleichen Maß erst viel später geteilt worden ist. Aber beide Kirchen haben genug zu vergeben, als Glaubensgemeinschaften, als Organisationen gläubiger Christen, die zwölf Jahre lang, wenn auch nicht ohne eigene Schuld, ja, wenn auch nicht ohne Beteiligung mancher ihrer eigenen Amtsträger, unter dem Nationalsozialismus gelitten haben.

Diese innernationale Gegenüberstellung ist viel zu wenig durch das deutsche Volk gegangen, und sie hätte doch ein erhebliches Maß an Leid aufgreifen und anzeigen müssen. Die Konfrontation mit den Leichenbergen, die 1945 die Deutschen traf, als hätten sie alle gleichermaßen Schuld durch ihre Beteiligung an Hitlers Wahn und den Verbrechen seiner kleinen und großen Funktionäre, delegierte die Verantwortung auf alle, wie in einer parlamentarischen Demokratie, und sie verbarg andererseits viel Leid, das Deutsche einander angetan hatten. So kam es auch dazu, daß kaum ein deutscher Jurist verurteilt wurde, der sich an Hitlers Rechtsbrüchen beteiligt hatte, und nur wenige Ärzte, die mitgewirkt hatten bei der »Tötung unwerten Lebens« von schätzungsweise 80000 Insassen von Heil- und Pflegeanstalten und einer unbekannten Zahl von unmenschlichen medizinischen Experimenten an Häftlingen. Die fatale »nationale Geschlossenheit« behindert die Aufklärung von Untaten in kleinerem und kleinstem Kreis bis heute. Im selben Maß ließ sie auch Leid unter Deutschen ohne Sühne.

In der deutschen Nachbarschaft suchte sich die neue, nach manchen Schwierigkeiten unter den Alliierten 1945 wiedererstandene Republik Österreich ganz und gar aus ihrer Vergangenheit davonzustehlen. Auf den Stufen Hitlers zu europäischem Ansehen spielte das Verhalten der Österreicher im Frühjahr 1938 eine große Rolle, und den ersten Aufstandsversuch österreichischer Nationalsozialisten gegen ihren Staat gab es bereits im Juli 1934. Hitler hatte 1937 den österreichischen Bundeskanzler erpreßt, nationalsozialistische Minister in sein Kabinett aufzunehmen, so daß man nicht einfach vom Überfall auf ein ahnungsloses Volk sprechen kann. In ihrer großen Mehrzahl wünschten damals die Österreicher auch offensichtlich den »Anschluß«, ähnlich wie die Sudetendeutschen, nur wurde dabei keine tausendjährige Grenze verletzt, sondern die alte revolutionäre Sehnsucht von 1848 wieder belebt, neuerlich erweckt 1918, nun endlich Realität. Auch wenn man nach Kriegsende in Österreich nicht versäumte, die eigenen Nationalsozialisten zur Rechenschaft zu ziehen, so entzog sich Österreich im ganzen doch 1945 gutenteils seiner Solidarität gegenüber den Sudetendeutschen, engen Landsleuten nach vielhundertjähriger Geschichte, und es beteiligte sich auch nicht an der Wiedergutmachung an den in Österreich bekanntlich mit besonderer Härte verfolgten jüdischen Mitbürgern. Zwar hatte es in Österreich eine größere Anzahl aktiver Widerstandsgruppen gegeben, und die Zahl der Terrorurteile ging in die Tausende. Aber die Mehrheit der Bevölkerung hielt bis in die letzten Kriegstage ebenso fest an der Kriegsdisziplin wie die übrige deutsche Bevölkerung auch.

»Ein Volk, ein Reich, ein Führer« – mit dieser Losung hatten sich 1938 die Bürger der Republik Österreich vor den Augen der Welt in eindrucksvollen Aktionen von ihrem Staatswesen verabschiedet, und es wird niemand behaupten wollen, daß eine Volksabstimmung, die der Bundeskanzler Kurt Schuschnigg gegen Hitlers Druck noch kurzfristig auf den 13. März 1938 angesetzt hatte und dann unter Hitlers Drohungen zurückzog, etwa dieser Losung hätte Einhalt gebieten können. Hitler scheute sie nicht wegen ihrer möglichen Mehrheitsentscheidung, sondern weil ihn auch schon eine immerhin ansehnliche Opposition, die wohl zu erwarten war, in seiner Propaganda gestört hätte. »Ein Volk, ein Reich« – die Parole war in Linz und in Wien, in Salzburg und in Graz genug bejubelt worden, um nach dem Krieg mit einem Bekenntnis sowohl der Schuld genugzutun als auch dem Leid, das Österreichern nicht nur angetan worden war.

Schwieriger wird der Rückblick für die Sudetendeutschen.

Das sind jene mehr als drei Millionen, die in den böhmisch-mährischen Randgebieten seit Jahrhunderten siedelten, im 19. Jahrhundert den Industrialisierungsprozeß in der alten habsburgischen Monarchie angestoßen hatten und danach gemeinsam mit ihren tschechischen Landsleuten trugen, ein Wettstreit, in dem sie bald auch den Nationalhaß im Wettlauf mit den Tschechen zu einer beachtlichen Popularität gebracht hatten. 1918 waren sie im generationenlangen Ringen um die Vorherrschaft in Böhmen und Mähren unterlegen und zu einer für ihre Ohren besonders abschätzigen »Minderheit« gestempelt und zu »Tschechoslowaken« geworden, aber insgesamt blieben sie dabei besser in ihrem Bestand geschützt als alle anderen deutschen Minderheiten in Europa. 1938, nach ein paar Jahren des heimlichen und schließlich kaum mehr verborgenen Spiels mit Hitler durch eine entschlossene Funktionärsclique, waren die Sudetendeutschen zu Hitlers Faustpfand im Poker um den Frieden in Europa geworden. In ihrem neuen Reichsgau hatten sie danach einiges, aber nicht alles zu sagen, um ihn zum nationalsozialistischen »Mustergau« zu machen. (Gebel 1998) 1945 wechselten sie, anders als die doppelt so zahlenstarken Österreicher, nicht wieder zurück in die alte Staatsform, sondern wurden in der neuerrichteten Tschechoslowakei um ihr Daseinsrecht in der gemeinsamen Heimat gebracht. Über eine Vertreibung als eine der möglichen Lösungen im deutsch-tschechischen Nationalstreit war schon 1918 am Rande der Pariser Friedenskonferenz diskutiert worden, auf der anderen Seite versuchten es unbelehrbare deutschböhmische und deutschmährische Politiker damals mit einem Anschlußbegehren. Das Gespräch belebte sich wieder mit umgekehrtem Vorzeichen im tschechischen Widerstand nach 1938, um die Deutschen aus dem künftig wiedererrichteten Staat auszuschließen. Am Ende bot die totale deutsche Niederlage Gelegenheit zu einem großen »Aufräumen« eines »tausendjährigen Problems«. Das war zweifellos ein Verstoß gegen alles Menschenrecht. Aber Tausende tschechischer Widerstandsopfer und die Erbitterung in einem brutalisierten »totalen Krieg« riefen nach Rache und nicht nach Gerechtigkeit. (Seibt 1998, 351 ff.)

Die Vertreibung der Sudetendeutschen ging mit Greueln vor

sich, die Zehntausende Menschenleben kosteten. Dabei folgten nach den zynischen deutschen Verletzungen des tschechischen Nationalstolzes im sogenannten »Protektorat« die zynischen Sieger nun wörtlich der Losung von 1938: »Heim ins Reich«. Das besiegte Deutschland konnte sich dieser nun buchstäblichen »Heimkehr« nicht verweigern. Die Sudetendeutschen vermehrten die Zahl der Flüchtlinge auf den deutschen Straßen. Sie erhöhten allerdings auch die politische Ratlosigkeit: Anders als die vertriebenen Pommern, Preußen, Schlesier waren sie nicht Reichsbürger von alters her. Anders als diese suchten sie noch immer ihrem Schicksal eine politische Rechtfertigung abzugewinnen, den Vertrag von München als gültig anzusehen und ihre Rückkehr zu reklamieren, gemeinsam mit der Abtrennung ihres Siedlungsgebietes vom Reststaat Tschechoslowakei, wie sie 1938 die vier europäischen Großmächte beschlossen hatten. Anders als die Vertriebenen aus den alten deutschen Ostgebieten gelang es vielen Funktionären von ehedem, anstatt ihre Schuld an der Irreführung ihrer deutschen Landsleute und an dem Verrat der gemeinsamen Heimat zu bekennen, neue Hoffnungen in einer Interessenorganisation mit betontem Heimatcharakter aufzubauen, der »Sudetendeutschen Landsmannschaft«. Hier wurde, sehr im Unterschied zum deutschen Rückblick auf die jüngste Geschichte, noch für lange Zeit nicht getrauert und bereut, hier wurde trotzig Unrecht proklamiert. Hier entwickelte sich eine Insel in der deutschen Nachkriegsmentalität, in der die Fixierung auf das eigene Leid und auf unerfüllte Forderungen am meisten galt. Hier wurde die Einsicht in die eigene Schuld verkehrt oder zum mindesten gehemmt.

Der Zusammenbruch

»Ich habe damit wieder jenen Rock angezogen, der mir selbst der heiligste und teuerste war. Ich werde ihn nur ausziehen nach dem Sieg oder – ich werde dieses Ende nicht mehr erleben.« (Zitat nach Thamer 1994, 622) Natürlich denkt jeder Soldat auch daran, daß er nicht mehr heimkommen könne. Hitler dachte aber mit diesen Worten am Morgen des 1. September 1939 daran, daß er den gerade eröffneten Krieg auch verlieren könnte.

Er dachte für diesen Fall vor allem daran, daß er die Niederlage selber nicht mehr erleben wollte, und das – weit entfernt von staatsmännischer Verantwortung – hieß eigentlich, daß er sich selbst von einem Mißerfolg fortstehlen wollte. Va banque! Vielleicht hat mancher unter den Millionen, die am 1. September 1939 an den Großlautsprechern die Worte ihres obersten Kriegsherrn hörten, eine Ahnung gewonnen von der Selbstüberhebung Hitlers, der mit nichts anderem als mit seinem eigenen Tod einen eventuellen Fehlschlag kompensieren wollte. Vielleicht hat das zumindest Hermann Göring empfunden, der dem Frieden weit mehr zugetan war als dem Krieg und noch wenige Tage vor Kriegsbeginn Hitler davor warnte, noch immer weiter va banque zu spielen. Er mußte die Antwort hören: »Ich habe in meinem Leben immer va banque gespielt.« (Thamer 1994, 621)

Göring, soweit bekannt ist, suchte erst in den letzten Kriegstagen seine Haut zu retten. Der »Reichsmarschall«, der ranghöchste deutsche Offizier, war immer eigene Wege gegangen, gestützt auf die neue Luftwaffe, von der er behauptete, sie selber »geschaffen« zu haben, abseits des klassischen Offizierskorps und doch als der erste »politische Soldat« mit dem höchsten Rang nicht neben, sondern über all jenen Generälen, die Hitlers Unternehmungen opportunistisch und manchmal auch kritisch, aber nur selten entschlossen begleiteten. Göring war der einzige aus der alten Riege Hitlers, der sich in Nürnberg dem Gericht stellte; seinem Urteil freilich nicht.

»Der Dicke« im Kreis der kleinbürgerlichen »Männer der ersten Stunde« hatte auch eine gewisse Popularität. Was menschlich war oder schien an diesem Regime, das wurde immer wieder mit seiner Person verbunden, oft in gutmütigem Spott über seine Allüren. Daß »der Dicke« auch kalt und böse sein konnte, ging dabei unter. Daß er faul und brutal war, überschritt offenbar nicht die Grenzen der Diskretion seiner engeren Mitarbeiter. (Stahlberg 1996) Sein Wort »Wer Jude ist, bestimme ich« machte dagegen die Runde und wurde mitunter aufgenommen wie ein menschliches Rühren in der unmenschlichen sogenannten Rassengesetzgebung. Seine harte Linie in der weiteren Entwicklung blieb der Öffentlichkeit verborgen. (Hofer 1957, 271 f.)

Verborgen blieb überhaupt ein großer Teil der Menschenverachtung, die mit den ersten Konzentrationslagern in Dachau, Neuengamme und Oranienburg einsetzte, nahe den Orten besonderen Widerstands in den Großstädten München, Hamburg und Berlin, und die gleich nach Kriegsbeginn auch zu Vernichtungsaktionen führte und zu Kriegsende zur Hinrichtung nicht weniger jahrelang in Haft Gehaltener, als wollte Hitler noch alle Gegner mit in den Tod nehmen. Im übrigen sind große Vernichtungsaktionen, von zahlreichen Geiselerschießungen in Frankreich, Italien, Polen und Böhmen abgesehen, immer jenseits der deutschen Ostgrenzen durchgeführt worden, und die Geographie der Massentötungen organisierte neben den Stützpunkten in den deutschen KZs ihre Expansion ausschließlich in jener Himmelsrichtung, die zugleich in der deutschen Ideologie seit alldeutschen Zeiten als »der Drang nach Osten« zu herrlichen Taten aufrief.

Und als nun ganz Deutschland besiegt und besetzt war? Die Schweden hatten Deutschland besiegt und besetzt. Danach Napoleon. Aber seit Napoleon gab es keine fremden Soldaten auf deutschem Boden, seit 130 Jahren nicht, und das hieß nun wirklich, weil man nicht über drei Generationen in lebendigem Kontakt mit der Geschichte bleibt, seit Menschengedenken nicht. Freilich gehört da noch mehr dazu: Die Schweden hatten Deutschland nicht nur besetzt, sie hatten es im Verlauf ihrer Kriegszüge im Norden und Süden auch »verheert«, wie das alte Wort schon treffend den Zusammenhang benennt, sie hatten es geplündert und verbrannt. Und nicht nur sie, auch nicht nur ihre kaiserlichen Gegner, die geradeso mordbrennend durch das

Land zogen, sondern die Seuchen, die im Gefolge der Zerstörungen umgingen, hatten es auch weithin menschenleer gemacht. Der Krieg Hitlers forderte in Deutschland mehr als fünf Millionen Tote, Soldaten, Häftlinge, Widerstandskämpfer, Bombenopfer. Das war wieder ein großer Aderlaß. Gemeinsam mit den Verlusten des Ersten Weltkriegs, mit dem Hungerwinter 1918/19 und mit dem Geburtenausfall durch die Abwesenheit der Männer in je vier und sieben Jahren markierte das deutlich die deutsche Bevölkerungsentwicklung.

Nach dem Ersten Weltkrieg war Deutschland für besiegt erklärt worden. Die Soldaten, die wieder nach Deutschland kamen, wußten wohl, daß sie gegen die Übermacht an der Westfront nicht mehr kämpfen konnten und deshalb die Unterlegenen waren. Aber sie hatten noch einen Waffenstillstand und einen geordneten Rückzug erreicht. Das ließ die berüchtigte »Dolchstoßlegende« von der Sabotage der Rüstungsarbeiter entstehen. Deutschland hungerte 1918. Aber es war nicht zerschlagen, zerbombt und zerschossen, es war nicht verwüstet wie das nördliche Frankreich, zerstört wie Belgien, ausgeblutet wie Norditalien oder niedergekämpft wie Serbien. Das zerstörte Deutschland von 1945 dagegen war alles zusammen. Das mußte jeder erkennen, auch wenn er nicht einer der Hinterbliebenen der Millionen Toten war. Allein schon die deutschen Dächer waren zum großen Teil zerstört, verbrannt, in Scherben und Fetzen. Viele wurden naß, wenn es in den ersten Nachkriegstagen regnete.

Nicht ein zerstörtes, sondern ein verlorenes Land beklagten die Ostdeutschen. Sie hatten zum großen Teil die Rache der Roten Armee zu ertragen, danach die Vertreibung, soweit sie nicht geflohen waren. Unbarmherzig und rasch zu vertreiben war ein Nachkriegsplan der Polen, so wie einst die Polen aus dem Gebiet zwischen Warthe und Weichsel vertrieben worden waren, als man dort mit der Besiedlung durch Deutsche und der »Gewinnung deutschen Lebensraums« begann. Nun galt es für Polen, ihrerseits »Lebensraum« zu gewinnen, nachdem die Sowjetunion in Ostpolen die Menschen nach dem Westen vertrieben hatte. Die Serben vertrieben die Deutschen aus Jugoslawien unter den größten Grausamkeiten. Die Ungarn, ebenfalls angehalten durch die sowjetische Besatzungsarmee, zögerten damit ein halbes Jahr, auch wegen ihrer eigenen Minderheit in der Slowakei. Die Tschechen zögerten nicht. Bei der engen Verzahnung des deutschen Siedlungsgebietes in den Randgebieten mit den umgebenden deutschen Landschaften trieben sie die Deutschen sofort und mit Greueln vielfach zu Fuß über die Grenze, um möglichst noch vor allen Friedensverhandlungen vollendete Tatsachen zu schaffen. Es ging vornehmlich in die sowjetische Besatzungszone. Als entsprechende Vereinbarungen unter den alliierten Siegern in Potsdam am 2. August bekannt wurden, war die »wilde« Vertreibung der Sudetendeutschen schon seit Wochen im Gange.

Doch was sollten alle diese Kümmernisse gegenüber den zerstörten individuellen Lebenshorizonten! Nicht daß alle hungerten. Die Fotografien aus jenen Tagen zeigen zwar immer wieder Männer mit schmalen Hälsen in weiten Kragen, Frauen mit verhärmten Gesichtern in Kopftüchern und schlechten Schuhen. Die deutschen Soldaten hungerten meist erst in der Gefangenschaft. Dort war dann für viele der Krieg noch lange nicht zu Ende, erst fünf, sechs Jahre später vielleicht, nach einer erbarmungslosen Zeit hinter sowjetischem Stacheldraht, die sich selten einmal zu menschlichen Begegnungen wandelte. Aber auch davon ist berichtet worden, und es sollte im Rückblick nicht vergessen sein.

Es war nicht der Hunger. Es war der Blick in einen furchtbaren Abgrund, der sich erst auftat, als, nach einer abgenützten Redewendung, die plötzlich ihren Sinn bekam, »die Waffen schwiegen«, als man ohne Lärm, Aufregung, Angst wieder nachdenken konnte über den nächsten Tag für jeden einzelnen oder eben an eine nur irgendwie geartete Zukunft für alle. Die Soldaten, die man »in stolzer Trauer« beklagt hatte und nun erst recht wieder herbeiwünschte, das verlorene Vertrauen, auch die verlorene Ehre dem Nachbarn, der eigenen Familie, der Kompanie, den »Volksgenossen« gegenüber, die Angst vor Vergeltung oder vor dem Gericht gingen vielen Männern im Kopf um, und die Angst vor Gewalt, vor den Aufgaben unmittelbarer Fürsorge, um die Zukunft der Kinder trieb die Frauen um. Der verlorene Besitz, das zerstörte Haus, die verlorene Heimat und die bloße Frage, wo man am Abend übernachten könne, bewegte Tausende auf den Bahnsteigen, in ihren besten Kleidern die ärmeren, eher im Wanderdreß die wohlhabenderen, die diese Wahl beim letzten Griff in ihren Kleiderschrank für zweckmäßiger gehalten hatten. Fragen über Fragen: wo gibt es Wasser, wo kauft man Brot, wo findet man einen Arzt, wo kann man bleiben, wo gibt es Arbeit, wo sind die Verwandten, wo sind die Eltern, wo sind die vermißten Soldaten? Wer kennt wen? Ein merkwürdiges Fragespiel beschäftigte Hunderttausende, die einen, in vager Hoffnung mit selbstgeschriebenen Zetteln und Fotografien an Wänden, Bäumen, Schwarzen Brettern; die anderen lesend, auch hier nach einem merkwürdigen Pflichtgefühl suchend, ob sie mit einem Namen, mit einem Hinweis helfen könnten: Da hab ich ihn noch gesehen!

Überhaupt, die unmittelbare Hilfsbereitschaft! Viele hätten guten Grund gehabt, am Straßenrand zu sitzen und einfach den Tränen der Verzweiflung freien Lauf zu lassen. Sie ließen es bleiben, um unbeschwert zu scheinen für Kinder, Eltern oder für alle anderen, die sie am Ende doch mehr in ihr Dasein banden. Andere hätten sich eigentlich erschießen müssen wie der große Führer auch, oder Gift schlucken wie Himmler und Goebbels, sich die Pulsadern öffnen wie Henlein. Manche unter den »Mittelgroßen« folgten auch wirklich diesem Weg, vielleicht in drückendem Schuldbewußtsein. Die Infameren beschlossen zu lügen, andere zu sein, Unschuld an den Tag zu legen. (König, Kuhlman, Schwabe 1997, darin besonders die Beiträge von Lübbe, Frei und Schulze; Aly 1998)

Die Generäle erschossen sich nicht. Hitler hinterließ ein »politisches Testament« und setzte darin keinen aus dem engen Kreis seiner Getreuen zum Nachfolger ein, sondern den ehemaligen Befehlshaber der U-Boot-Flotte, den inzwischen zum Oberbefehlshaber der Marine aufgerückten Großadmiral Karl Dönitz. Dönitz war auch keiner aus dem Kreis der »alten Kämpfer«. Er bildete dann auch wirklich am 2. Mai als Reichspräsident eine geschäftsführende deutsche Regierung mit dem letzten Reichsfinanzminister, dem parteilosen Johann Ludwig Schwerin von Krosigk an der Spitze, und niemand hat ihn daran gehindert. Dabei verkündete er am 8. Mai über den Rundfunk, daß die Besatzungsmächte in ihrem Bereich jeweils die Regierungsgewalt hätten. Am 8. Mai war ganz Deutschland besetzt, und die deutsche Wehrmacht hatte am 7. Mai in Reims und am 8. Mai in Berlin-Karlshorst kapituliert. Am 22. Mai wurde der deutsche Reichspräsident in Schleswig-Holstein durch britische Feldgendarmen verhaftet.

Man sagt, daß er bei seiner Gefangennahme seinen Degen abgegeben habe, eine alte Geste der Kapitulation für einen Offizier. Und mehr als eine alte Geste. Dönitz verzichtete mit seinem Degen nicht nur auf das Symbol seiner persönlichen Freiheit im Sinn der militärischen Ehrenordnung. Er verzichtete auf seine Manneswürde. Die kriegerische und ritterliche Herrenschicht hatte sich über mehr als tausend Jahre in der Kultur der europäischen Kriegerkaste durch die Seitenwaffe ausgewiesen. Ein Herr wurde mannbar im Kreis seiner Standesgenossen, seit er ein Schwert oder einen Degen umgürten durfte, und er verlor seine Ehre mit der Waffe. In Deutschland war die Herrenkultur der alten Eliten einen Bund mit Hitlers revolutionärer Massenbewegung eingegangen. Sie hatte dabei ihre Selbständigkeit, ihre Handlungsfähigkeit und damit ihre Ehre schon lange verloren, bevor einer ihrer höchsten Vertreter seinen Degen auf den Tisch legte. Die Geste des letzten deutschen Reichspräsidenten kam zwölf Jahre zu spät.

Den Säbel aber auch nie wieder in die Hand zu nehmen, das war allerdings im Sommer 1945 eine und vielleicht diejenige Überzeugung mit der größten Resonanz bei den Deutschen. Es lebte selbst unter den Ruinen noch eine nationale Solidarität. Die Gemeinschaft der Elenden, Geschlagenen, mit vielen Bildern des Grauens Belasteten war noch dabei, das deutsche Schicksal überhaupt mit ihrem eigenen Schicksal in Verbindung zu bringen, aber sie hatte in ihrer politischen Hilflosigkeit jenen Rest von Gemeinsamkeitsbewußtsein, der sich auf der untersten Stufe menschlicher Existenz einstellt, für Tage, für Wochen haltbar entwickelt. Noch ehe Rudimente einer neuen Verwaltungsordnung gesetzt wurden, meist mit Verhaftung der alten und dem Einsatz neuer Bürgermeister durch die Besatzungsmächte als erste Maßnahme zum politischen Wandel, mußten die Besetzten miteinander ihre Gleichheit in Ohnmacht empfinden. Der Besatzungsmacht gegenüberzustehen schuf sogar eine gewisse Solidarität mit den kleinsten »Größen« des Regimes. Man klagte die Ortsgruppenleiter, die kleinen SA-Führer und die örtlichen Volkssturmkommandanten nicht an, holte sie nicht auf die Straße, machte sie nicht dingfest oder lynchte sie. Das blieb Sache der Besatzer. Die »deutsche Öffentlichkeit« schwieg in den Trümmerfeldern, gleichermaßen entmündigt, gedemütigt, geschlagen und auch schuldbewußt.

Es gab Unterschiede auf der einfachsten, der wirtschaftlichen Ebene zwischen den einigermaßen intakten Agrarregionen in Mitteldeutschland, in Bayern, Schwaben und Westfalen, auch in Schleswig-Holstein, das der Krieg vielfach nur noch mit den Schreckensbildern der geflohenen Ostpreußen erreichte, und den städtischen Ruinenfeldern. Aber es gab keinen Aufruhr, keine öffentlichen Anklagen, und das allein schon, weil die Besatzungsmächte jede Zusammenrottung verboten hatten und die Straßen unter Kontrolle hielten.

Aus dieser anonymen Solidarität der Angst führten zuallererst die Kirchen wieder heraus. Die Kirchen waren zunächst die einzigen legalen Versammlungsorte, die Predigten die ersten Möglichkeiten zur Verständigung über Familie und Nachbarschaft hinaus – die Kirchen wollten auch zuallererst Wege der Besinnung zeigen. Das blieb ihre Chance nach zwölf Jahren der offiziellen und Jahrzehnten der vorausgehenden stillen Entkirchlichung, die eine respektable Frucht in dem Schuldbekenntnis des neugebildeten Rates der Evangelischen Kirche Deutschlands vom 15. Oktober 1945 fand. Leider schlossen sich ihm die Katholiken nicht unmittelbar an. Es war eine christliche Selbstanklage, »nicht mutiger bekannt, nicht treuer gebetet, nicht fröhlicher geglaubt und nicht brennender geliebt zu haben«. Die Worte lassen erkennen, daß zu dieser Zeit, fünf Monate nach dem Zusammenbruch, die Konfrontation mit der Angst schon überwunden war. Die Deutschen waren schon in eine neue Periode der guten Vorsätze eingetreten. Sie lagen nicht mehr stöhnend am Boden, sondern suchten nach Schuld und Rechtfertigung und fanden zunächst einmal Trost bei den beiden politischen Strömungen, die dem politischen Sündenfall mit allen seinen menschlichen Konsequenzen in den letzten zwölf Jahren fern geblieben waren: bei der christlichen und bei der sozialistischen. Die nationale war kompromittiert. »Wer unter den Deutschen das Kriegsende erlebte, spürte Asche in seinem Mund und zugleich Erleichterung.« (Stürmer 1994, 366) Die Verbindung zwischen der militärischen Niederlage und der politischen Befreiung, die aus eigener Kraft mißlungen war, bildete fortan für Jahrzehnte eine unlösbare Paradoxie für die Überlebenden. Selten hat man daran gedacht, die Synthese der deutschen Geschichte auf den deutschen Friedhöfen zu suchen.

Die Stunde Null

»Die Stunde Null« – das ist ein Schlagwort für die Zeit, als die Kanonen schwiegen und der blaue Maihimmel frei war von jenen winzigen, blinkenden und über den ganzen Horizont brummenden Todesboten. Die Stunde Null! Den Großvätern, den vielen mit abgerissenen Uniformen und abgerissenen Armen und Beinen, denen im glücklichen Besitz eines Marschbefehls nach Westen oder denen mit dem ängstlichen Blick nach jedem Feldgendarm, hat sie sich eingeprägt. Sie werden sie nie vergessen, auch wenn man darum streiten kann, ob Köln noch verteidigt wurde oder ob wann welche Kompanie nur mehr nach Osten über den Rhein wollte. (Lemberg 1998) Sie hat sich auch den Großmüttern eingeprägt, in steter Sorge um Kinder, um Alte, zuletzt auch um sich, luftschutzerprobt oder fluchtgeschreckt, viele mit furchtbaren Erinnerungen und dazu voll Sorge um die im militärischen Chaos verschollenen Männer. Millionen in zerbombten Häusern, ohne Dach, ohne Familien, die mit hungrigen Augen von einer Ruine zur anderen eilten und suchten und fragten; die noch die Kanonenschläge im Ohr hatten und die Unbarmherzigkeit der knatternden Gewehre, und die erst langsam aufhorchten in der stillen Stunde Null.

Die nun gewiß waren, die heulenden Sirenen nicht mehr hören zu müssen, jene infamen Unglücksboten, die von den deutschen Dächern kamen und denen darunter die Warnung brachten vom Feind hoch oben im deutschen Himmel, der augenscheinlich kein Erbarmen kannte und offenbar auch alle treffen wollte, die Großen wie die Kleinen im verfluchten System, denn seine Bomben fielen auf große und kleine Häuser gleichermaßen.

Und denen erst klang die Stille der Stunde Null in den Ohren, die bislang das Schreien ihrer Bewacher voll davon hatten und denen alle vertrauten Bilder geraubt worden waren, bis auf eben den Himmel: Der allgemeine, gleiche und freie Himmel spannte sich ja von Anfang an auch über die Sklavenlager des Dritten Reiches. Dachau und Bergen-Belsen, Ravensbrück und Oranienburg, Mauthausen und Neuengamme lagen alle unter freiem Himmel, wie sehr sie auch ausgegrenzt waren auf der Erde durch Mauern und Zäune. Sie waren Anlagen unter freiem Himmel, und das blieb ihre einzige Freiheit die ganzen zwölf Jahre. Der Himmel war allein noch der gleiche geblieben in der Welt hinter Stacheldraht, in der Zäune, Mauern, Menschen und sogar die Erde anders waren als überall anderswo. Der Himmel, der treue Himmel bot das gewohnte Bild, er wölbte sich über die Barakkensiedlungen und war über den Gefangenen den ganzen Tag vom Morgen bis zum Abend und bis zum letzten Augenblick.

Viele Leute draußen hatten niemals daran gedacht, daß sie eben immer noch den Himmel gemeinsam hatten mit den zunächst 7000, dann 70000 und zuletzt 700000 Häftlingen in den deutschen KZs, die im übrigen durch alles getrennt waren, die gestreifte Kleidung, das geschorene Haar, die ausgemergelten Gesichter, den verzweifelten Rest von Leben und die infame Propaganda, die sie zu den ganz anderen machte, die den Himmel eigentlich gar nicht hätten sehen dürfen – aber der Himmel war diesseits und jenseits derselbe geblieben, er war in Wahrheit gar kein deutscher Himmel, wie die Lügner behaupteten, er war der gleiche und allgemeine Himmel und jetzt, im Februar, März, April 1945, je nachdem, jetzt kam gerade diese Gemeinsamkeit ans Licht, und spätestens, in Bayern und in Schleswig, in der Stunde Null wurde klar, daß es immer nur ein Himmel für alle gewesen war. Eine furchtbare Wahrheit, die manche Großväter und Großmütter fortan begleitete: diejenigen nämlich, die in ihrer brutalen Einfalt die hinter Stacheldraht hatten ausschließen wollen von ihrem Himmel.

Der treue Himmel, ein strahlend blauer Maihimmel, stand in der Stunde Null ebenso über den verlassenen deutschen Feldstellungen wie über den Ruinen der deutschen Städte. Er war in Wahrheit auch das einzige Bindeglied zwischen Heimat und Front durch die ganzen sechs Kriegsjahre geblieben und hatte jene kuriose Trennung zu überbrücken versucht, wonach die einen Männer waren und die anderen Frauen, die einen los und ledig in ihrer Welt aus Blut und Eisen und die anderen, Großmütter, Bräute und Frauen, Kinder und Alte, so heftig an die Losgerissenen dachten, daß man hätte meinen können, die Vielberufenen könnten sie hören. Das konnten sie nicht. Nur den Blick auf den Himmel teilten sie miteinander.

Und auf einmal schien er näher zu kommen in jener Stunde Null. Er kam nicht herab. Er kam nur näher zu den vielen, die er zwölf unheilvolle Jahre lang nur von oben herab verbunden hatte. Zu den Soldaten, zu den Wartenden, zu den Beherrschten und zu den Gefangenen des Dritten Reiches kam er, nicht zu allen, aber zu vielen, er kam zu den Siegern, zu den Rotarmisten, den GIs und den Tommies im glücklichen Gefühl des Siegers, und war nun allen wieder ein Stück näher. Herab kam er nicht.

»Mit Mann und Roß und Wagen ...« – die Stunde Null hatte in manchen Gegenden Deutschlands etwas an sich von der Flucht der Großen Armee Napoleons aus Rußland nach Westen 1813, und doch auch wieder nicht, denn sie hieß nicht überall Auflösung, und vielfach bedeutete sie noch Disziplin, Gehorsam mit guten und mit schlechten Zügen. Auch waren es gar keine Franzosen, die über den Rhein wollten, sondern Deutsche, die vom Westen wie vom Osten zwischen Rhein und Elbe noch nach Zuflucht suchten. Die Stunde Null hatte auch noch den Nachhall an sich von plötzlich auftauchenden SS-Kommandos, die um sich schossen, aber sie unterbrach damit die neue Stille nur mehr für kurze Zeit. »Der Krieg ist aus und verloren, mein Sohn«, sagte der alte Mann aus dem dunklen Pkw nachts zu dem jungen Soldaten, und der wußte bei dieser Antwort, daß ihm ein General die Stunde Null verkündet hatte.

Nicht wenige Großväter duckten sich womöglich in der Stille. Sie duckten sich, denn nicht wenige fürchteten die Rächer in jener Stunde Null, ob sie noch ein Gewehr in der Hand hielten oder nur ein Kochgeschirr. Und manche wehrten sich gegen die Stunde Null. Gegen die Entmachtung von Luftschutzwarten, Feldgendarmen, Ortsgruppenleitern und jenen unbarmherzigen Boten vom großen germanischen Weltuntergang, wie ihn die Fanfaren Richard Wagners schon lange den Deutschen in die Ohren geblasen hatten. Auch denen, die bis zur letzten Stunde dem Tod ins Auge sahen, dem Tod der anderen, ehe sie die Uniformen mit den heidnischen Runen wegwarfen und davonrannten, um ihr nordisches Erbgut zu retten.

Natürlich gab es gar keine Stunde Null mit einem Mal und für alle. Natürlich ist das eine Fiktion für jenen Augenblick, der, zu ganz verschiedenen Zeiten und an unterschiedlichen Orten, wie ein Schlag den Menschen durch und durch ging und die Elendsgestalten westwärts getriebener KZler plötzlich allein und losließ, der die in die Hände der Briten und Amerikaner gelaufenen, marschierten, gefahrenen Soldaten mit dem Bewußtsein erfaßte, überlebt zu haben, während die Kolonnen der gefangenen Feldgrauen im Bewußtsein eines doppelten Unglücks nach Osten wankten, der die in ihre Keller geduckten Frauen und Alten von einem langen Druck erlöste, nicht von jedem Druck, sondern von der existentiellen Angst ums Dasein. Die Stunde Null war, als dieser Druck des Kriegs allen aus dem Nacken wich. Und nichts, was danach kam, erschien im Augenblick so schlimm wie der eben von allen gewichene Krieg.

Dazu trat freilich noch ein Hindernis: Die erste Phase dieses Krieges, deren sich »das selektive Gedächtnis der Völker oft nur in seiner zweiten Phase erinnert« (Furet 1996, 401), hatte das nun besiegte Deutschland im Bund mit der Sowjetunion erlebt, und das östliche Mitteleuropa war vom Baltikum bis zur Bukowina diesem Bund zum Opfer gefallen. Die Leiden, die SS und NKWD den Menschen zufügten, ähnelten einander sehr, wenn auch das Grauen der Vernichtungslager das Elend der Gulag übertraf. Nun, »nachdem die Sowjetunion durch den deutschen Angriff fest in das demokratische Lager eingebunden war«, zählte sie zu den Siegern. Sie hatte sich dabei nach den Prinzipien ihrer ideologischen Diktatur nicht gewandelt. Aber sie hatte, »was Leiden und Opfer angeht, auch den größten Beitrag zum Sieg von 1945 geleistet … Nie zuvor in der

Geschichte mag die Macht der Waffen so legitim erschienen sein wie im Hinblick auf die antifaschistische Koalition zum Zeitpunkt ihres Sieges, der vom Triumph der Freiheit geprägt war. Damals war es mehr als verpönt, darauf hinzuweisen, daß diese Legitimität den europäischen Völkern – mit Ausnahme der Engländer – vier oder fünf Jahre zuvor längst nicht so schlüssig erschienen war, als nämlich die Deutschen in Europa ihre Erfolge feierten …« (Furet 1996, 442) Auch diese Umstände behinderten die Einsichten der besiegten Großväter in dieser Stunde, befreit zu sein.

Man kann wirklich ein ganzes Volk mit einem Schlag und einem Wort befreien, wie ein seiner Sprache und seiner Gedanken mächtiger deutscher Emigrant vierzig Jahre später gesagt hat: »… befreien von einer teuflischen Ideologie«. (Karl Josef Hahn am 8. Mai 1985 in der Ruhr-Universität Bochum) Ein solches Wort besagt nicht, daß alle Deutschen bis 1945 besessen waren von dieser teuflischen Ideologie. Aber es besagt, daß die meisten Deutschen unter ihrem Zwang standen, willentlich oder unwillkürlich, bewußt oder unbewußt, und daß diese Ideologie nun von ihnen genommen wurde, von außen, endgültig und auf jeden Fall, wie sehr sie auch darin verstrickt waren.

Diese Formulierung reicht tiefer als die Frage, ob es eine deutsche Kollektivschuld gab oder nur eine deutsche Kollektivverantwortung. Die kollektive, die gemeinsame Verantwortung aller Deutschen hatte am gleichen 8. Mai, diesmal 1985, in einer berühmten Rede der deutsche Bundespräsident im Bonner Bundestag hervorgehoben. Vor den Studenten einer großen deutschen Universität deutete der deutsche Emigrant zur selben Zeit die Stunde Null auf seine besondere Weise: Von einer teuflischen Ideologie besessen zu sein, war nach seinem, zugegeben aus dem christlichen Fundus vorgeprägten Wissen noch keine Schuld. Aber es war eine Disposition zum Handeln, von der man vielleicht mit Gewalt befreit werden mußte. Von Schuld dagegen kann man nicht befreit werden. Die »teuflische Ideologie« verweist die Auseinandersetzung um Schuld und Sühne erst einmal in jedermanns ganz eigenes Gewissen.

Man kann auch einer Ideologie wegen zur Verantwortung gezogen werden, aber das eigentlich im recht verstandenen

Sinn nur im Zusammenhang mit ihrer Verbreitung. Man muß natürlich daran denken, daß einer teuflischen Ideologie auch teuflische Taten folgen können – aber sie müssen nicht. Teuflische Taten aus einer teuflischen Ideologie in deutschen Köpfen gab es genug. Doch eine teuflische Ideologie in Köpfe einzupflanzen, war bereits eine verantwortungslose Tat. Teuflische Ideologien aufzuschreiben, war die berühmte Schreibtischtat, von der man bis heute immer wieder gesprochen und ihre Täter gesucht und gestellt hat. Teuflische Ideen im Kopf zu haben, ist gleichwohl noch keine Schuld. Es ist Dummheit, Ohnmacht, blinde Wut, Schwäche, wenn man von ihnen besessen ist, es ist auch Flucht in die Gewalt vor der Unfähigkeit zum Nachdenken, und insofern kann man auch davon befreit werden, ohne anders beschuldigt werden zu können, als eben der mangelnden gedanklichen Klarheit, Entschlußkraft, Stärke.

Der teuflischen Ideologie ging in Europa vielfach die Krise der Eliten voraus. Eine solche Krise haben zwei namhafte Philosophen eine gute Weile vor Hitler fast gleichzeitig beschrieben: Karl Jaspers in Heidelberg, der 1931 »Die geistige Situation unserer Zeit« zu erfassen suchte, und José Ortega y Gasset in Madrid 1930 in einem großen Essay, dessen Titel zum Schlagwort wurde: »Der Aufstand der Massen«. In keiner dieser Schriften regiert, wie man den Titeln ablesen könnte, die Arroganz der Philosophen. Beide warnen mit freundlich eindringlichen Worten vor der gleichen Schwierigkeit. Es war jene Schwierigkeit, nach der eine »teuflische Ideologie« um sich greifen und »die Massen« an sich ziehen könnte. Es war ein Stück Voraussicht, wie sie auch Philosophen nur selten gelingt. Der »Aufstand der Massen« folgte dem »Untergang der Eliten«. Darüber hat noch niemand ein Buch geschrieben.

Auch in umsichtigen Darstellungen schließt der Krieg und die Geschichte des Dritten Reiches für gewöhnlich einfach mit der Stunde Null. (Sontheimer 1999) Aber eigentlich erlebte eine solche Stunde Null nur der westliche Teil Deutschlands, der zwischen Rhein und Oder, grob gesagt. In diesem Bereich war fortan Frieden. In Schlesien, in Böhmen, in Pommern nicht. Auch dort wurde allerdings nicht mehr gekämpft nach dem 9. Mai. Aber dort wurde noch immer geschossen. Nicht auf deutscher Seite, sondern auf Deutsche. Man trieb sie über die Oder, man trieb sie ohne weiteres über das sächsische Erzgebirge oder über den Böhmerwald, gegen den Widerstand der örtlichen Behörden auch in die wiedererstandene Republik Österreich. Man trieb sie innerhalb des Landes in die verlassenen Konzentrationslager und in neue Uranbergwerke. »Einfach, weil sie Deutsche waren«, so heißt die Einsicht in den neuen Frieden des Theresienstädter Häftlings H. G. Adler.

Das war ein Mann, der sich nie mehr mit seinem vollen Vornamen Heinrich Günter nennen wollte, weil das an einen deutschen Rassentheoretiker erinnere. Es war ein Mann mit einer tiefen inneren Wunde, die ihn fortan durch eine »unsichtbare Wand« von seiner Umwelt trennte. (Adler 1989) Gar nicht wenige hat diese Zeit mit einer unsichtbaren Wand von ihrer Umwelt getrennt, besonders solche, die hinter dem Stacheldraht des Dritten Reiches sich selber fremd geworden sind, weil sie jahrelang um ihr nacktes Dasein kämpfen mußten. H. G. Adler beobachtete also, wie an die Stätte seiner eigenen Leiden, ins Ghetto Theresienstadt, nun Deutsche getrieben wurden, einfach deshalb. Und er erlebte entsetzt schon in den ersten Nachkriegstagen das Ende seiner Friedensillusionen. (Adler 1955 Bd. 1, 314) Man trieb auch an anderen Orten Spiel mit dem Entsetzen, demütigte die Deutschen, erschoß sie mutwillig, setzte sie in Brand und ließ sie unter Qualen sterben. Die Liste der menschlichen Brutalitäten ist begrenzt, sie wiederholt sich immer wieder. (Pasák 1995, 36) »Die Vertreibung der Deutschen erscheint fast als die logische und zwingende Folge eben der von Deutschen begangenen Verbrechen … Alle Versuche, Ausweisungen politisch selektiv und individuell zu handhaben und etwa Hitler-Gegner von den Anweisungen auszunehmen, schlugen meines Wissens fehl. Es blieb also bei der Kollektivzuschreibung. Die Geißel der ethnischen Säuberung hatte die Deutschen, die sie am brutalsten geschwungen hatten, selbst eingeholt, wenngleich selten die wirklich Verantwortlichen, und wie fast immer die am meisten Schutzlosen: Zivilisten, Frauen, Kinder, Alte.« (Schlögel 1999, 18)

Weitaus die meisten dieser Deutschen in Böhmen, Schlesien oder Pommern wurden glücklicherweise nicht umgebracht und nicht in die alten KZs getrieben, sondern aus dem Land. (Schieder 1956–1958; Staněk 1990; von Krockow 1993) Sie kamen ins zerstörte Deutschland, zwölf Millionen wohl nach bis heute nicht verifizierten Zahlen, und sie ließen hunderttausend frische Gräber hinter sich, deren Zahl man ebensowenig genau nennen kann. Millionenzahlen sind gottlob Legende.

Sie trafen hier auf Menschen, die Hitlers Kriegsverbrechen ebenso heimatlos gemacht hatten, Displaced Persons in lakonischer Verwaltungssprache, wahrhaft deplazierte Menschen: Rund 150 000 jüdische Überlebende der Konzentrationslager; rund sechs Millionen Zwangsarbeiter aus Rußland, der Ukraine, dem Baltikum, denen die Rückkehr unter sowjetische Herrschaft neuerlich Zwang und Terror angetan hätte, auch Zwangsrekrutierte vornehmlich der SS, entflohene Deportierte aus Stalins Lagern, heimatlos gewordene nichtdeutsche Opfer aus deutschen Umsiedlungsaktionen, Rumänien und Ungarn, Jugoslawen und Polen, Balten und Tschechen, die es nicht für ratsam hielten, heimzukehren. Ein paar Tausend Rußlanddeutsche, die sich Stalins Inferno glücklich entronnen fühlten, schickte die britische Besatzungsmacht wieder zurück aus Niedersachsen nach Workuta.

Die deutschen Vertriebenen, die solchen Vertreibungsprogrammen entgangen waren, hätten sich vergleichsweise glücklich preisen müssen. Aber den meisten fehlte diese Einsicht in das schlechteste Geschick, während sie ihr schlechtes beklagten. Ihre Märsche über die sächsische oder bayerische Grenze in den ersten Nachkriegsmonaten waren keine geplanten Todesmärsche, auch wenn sie nicht selten für Kranke, Alte, Kinder dazu geworden waren. Auch fuhren sie zwar oft in Güterwagen, aber eben nicht nach Auschwitz. Sie fuhren in die Freiheit.

Es war freilich eine Freiheit inmitten frischer Ruinen. Ein mühsamer Weg um Obdach, nein, noch deutlicher, um die örtliche Aufenthaltserlaubnis für Millionen noch Lebender, Überlebender, die auf die Straße mußten mit nur mehr den Habseligkeiten, die sie tragen konnten, mögen es fünfzig Kilo gewesen sein oder nur ein Handtäschchen. Eine schier endlose Wanderbewegung belebte damals die deutschen Straßen und den deutschen Güterverkehr, in ganz unterschiedliche Richtungen, suchend, fragend, immer wieder abgewiesen, aber unermüdlich. Als sollten gerade sie die deutsche Verzweiflung in dem milden Frühling 1945 bis auf den Grund auskosten vor verschlossenen Türen, vor ablehnenden Ämtern, vor endlosen Landstraßen, in überfüllten Güterwagen.

»Maikäfer flieg...« Das alte Kinderlied soll in lapidarer Fürchterlichkeit an den Dreißigjährigen Krieg erinnern. »Der Vater ist im Krieg. Die Mutter ist in Pommerland, Pommerland ist abgebrannt, Maikäfer flieg!«

Die Maikäfer flogen. Weithin blühten die Bäume. Aber nun gab es nicht einmal mehr das abgebrannte Pommerland! Und Pommerland gab es nicht mehr, weil ein verfluchter Wiener Kulturprolet die metaphorische Parole vom Leben, das täglich erkämpft werden müsse, ein Menschenalter zuvor aufgegriffen, verbogen und mißbraucht hatte. Und weil Millionen seinem Wahnsinn glaubten.

Deshalb gab es nun kein Pommerland mehr. Nicht einmal ein abgebranntes. Aber die meisten der nach dem 9. Mai 1945 Davongetriebenen hatten miterlebt, mit angesehen oder sogar gutgeheißen, wie tausendmal Menschen wie H. G. Adler, der überlebende Beobachter der ersten Nachkriegstage in Theresienstadt, drei Jahre zuvor mit ihrer Familie aus dem Schutz ihres Hauses, aus der Geborgenheit ihrer Stadt, ihrer Freunde, Bekannten und Mitbürger herausgetrieben wurden.

Gertrud von le Fort sang damals das Lied von den »Heimatlosen unsres Gottes«. Es hätte wohl vieltausendmal gesungen werden müssen, dieses Lied, um die Kranken zu heilen, die Hungernden zu sättigen, die Verzweifelten zu trösten und für die nächsten Jahre noch Hunderttausende zu erlösen aus dem Elend von Ausweisungswartelagern und später noch, wenn nun auch ohne Lebensgefahr, von elenden Notunterkünften in Baracken, Kasernen, Turnsälen. Auch das Überleben verhieß solcherart noch Kummer, Herabsetzung, Mühsal. Damals, als die lebensbedrohende Not schon vorbei war, aber noch immer Hilfe vonnöten, schenkte der flämische Pater Werenfried van Straaten, ein Spender vieler Wohltaten aus der Hand des ehemaligen belgischen Feindes, einem kleinen Mädchen ein Bild, das sollte es zu Hause an die Wand hängen. »Herr Pater«, sagte das Kind, »wir haben keine Wand!«

Die Flüchtlinge, wie man die Ankömmlinge überall nannte, ehe man sie als Vertriebene erkannte, massierten sich zunächst in Mitteldeutschland, ihren Herkunftsgebieten am nächsten, und in Bayern. Dann lockte der Westen mit Gerüchten, die schon nach wenigen Friedenswochen durch Deutschland gingen, von Mund zu Mund, ohne Presse und ohne Rundfunk. So kam es, daß etwa 15 Millionen im Lauf der nächsten Jahre an die westdeutschen Haustüren klopften, in der amerikanischen wie in der britischen Besatzungszone, zuletzt auch in der französischen. Im mittleren und fortan östlichen Deutschland unter sowjetischer Besatzung war die Lage deshalb auch etwas weniger gespannt. Im ganzen diesen Zustrom aufgenommen zu haben, ihn in die verarmte Nation eingegliedert, den Bevölkerungsfluß eingeschmolzen, nicht proletarisiert oder marginalisiert zu haben, die Lager nach zwei, drei, sechs, sieben Jahren mit dem Wiederaufbau der Ruinen aufgelöst und am Ende gar noch einen sogenannten »Lastenausgleich« aufgebracht zu haben, nicht als Entschädigung, sondern als Eingliederungshilfe, das war die große und nach aller moralischen Defizienz der vorangehenden Zeit anerkennenswerte Leistung der westlichen Deutschen, angeleitet von kluger Besatzungspolitik, spontaner Hilfsbereitschaft, nationaler Solidarität und neuer deutscher staatlicher Planung. Es war vor allem eine Leistung der westlichen neuen Bundesländer, und mit dem genannten Lastenausgleich, weit über die östliche sozialistische Vertriebenenpolitik hinaus, eine Leistung der Bundesrepublik.

Die Ratlosigkeit, Hilfsbereitschaft und menschliche Anteilnahme an den Türen und auf den Magistratsämtern des künftigen Ostdeutschland war nicht geringer als im künftigen Westdeutschland, das soll hervorgehoben werden. Die Möglichkeiten erschienen dort zunächst sogar besser. Es gab, von Dresden und Magdeburg abgesehen, auch etwas mehr erhaltene städtische Bausubstanz als im Westen. Dazu boten die Gutshöfe Mecklenburgs, Brandenburgs und Sachsen-Anhalts aufs erste genügend leere Kammern, seit die »Fremdarbeiter« davongezogen waren. Die Flucht und generelle Enteignung der Großgrundbesitzer 1947 schuf hier sogar eine Zeitlang Hoffnung für »Neubauern«. Aber dann zerstörte die allgemeine Kollektivierung diesen Ansatz auch gleich wieder durch sowjetstaatsähnliche Planungs- und Produktionswirtschaft, und es blieb für die »Neubürger« nur mehr ein enges Dasein im Rahmen der sozialistisch organisierten LPGs, der Landwirtschaftlichen Produktionsgemeinschaften. Andere faßten Fuß in der sächsischen, der anhaltischen, der thüringischen Industrielandschaft. Die Neuankömmlinge im Westen faßten dagegen bald Tritt im deutschen Wirtschaftswunder. Nur die Bauern fanden nicht mehr zurück zu ihrer Arbeit und zu neuen Höfen, zumindest die meisten, weder im Osten noch im Westen.

Freilich, das Problem war damit noch nicht gelöst. Zwar konnte man es der Zukunft überlassen, ob nun die deutsche Nation nach 1945 sich auseinanderlebte oder nicht. Ob namentlich im Westen ein neues Volk entstand, mit endgültig aufgelösten Konfessionsgrenzen im Siedlungsbild der ehemaligen deutschen Territorien, wo man nun nicht mehr diesseits des Mains katholisch war und jenseits evangelisch, hier lutherisch und da kalvinisch, ein noch immer verblüffend genaues Abbild des Westfälischen Friedens. Dazu lebte man im Westen mit einem neuen ostdeutschen Zungenschlag in der Sprache, besonders, solange ihn die episch begabten Ostdeutschen wie Lipinski-Gottersdorf, Marion Dönhoff, Günther Grass, Siegfried Lenz oder Otfried Preußler lebendig hielten. Aber die Menschen westlich der Zonengrenze, die immer fester und tiefer wurde, waren eigentlich nicht mehr »Mitteleuropäer«, sondern sie gehörten zum Westen, sie waren dabei vornehmlich proamerikanisch, wie das ganze Nachkriegseuropa in den fünfziger Jahren. Und die »verlorene Geliebte«? (Urzidil 1961)

Es ist seine Heimatstadt Prag, die Johannes Urzidil mit diesem Buchtitel in Erinnerung brachte. Nicht alle taten das mit so reinem Herzen. Die Vertriebenen sahen sich zunächst in Ost und West als die unmittelbaren Opfer der deutschen Niederlage. Dabei war nicht immer der Gedanke gegenwärtig, daß tausendfach die Opfer der deutschen Hybris rings um Deutschland unter der Erde lagen oder unter den Bombenruinen. Und daß nicht wenige daran besonders Beteiligte aus den deutschen Ostgebieten im Vertriebenenstrom untergetaucht waren, mitunter sogar mit falschen Namen. Auch ließ sich schon ein, zwei Jahre später das Pathos des Heimatverlusts im Westen zu einem deutschen Dauerthema machen, haltbarer als in den spöttischen Versen Erich Kästners: »Über mehr als sechzehn Wochen zieh ich schon durch Wald und Feld, und mein Hemd ist so durchbrochen, daß mans nicht für möglich hält ... Meine Möbel haben die Polen und mein Geld die Dresdner Bank ...« In Wahrheit schlug der Heimatverlust Wunden, an denen viele Vertriebene jahrelang litten, zumal nicht alle »ins Paradies vertrieben« worden waren, wie ein armer böhmischer Baron angesichts einer der klassischen bayerischen Gebirgslandschaften formulierte. (Herzogenberg 1999)

Die Misere der Vertriebenen fand natürlich auch ihre politischen Anwälte, sobald die Besatzungsmächte entsprechende Sammlungsbewegungen erlaubten. Hier gab es Helfer unschuldigen Herzens, aber auch neue – alte Verführer: »Um homogene Nationalstaaten herzustellen, ohne die nun einmal kein Friede in Europa einkehren wird, darf man vor gewaltsamen Umsiedlungen nicht zurückschrecken ...« Das sagte einer, der nun aus dem großen Vertriebenenstrom auftauchte, im April 1938. (Lodgman 1938, dazu Seibt 1998, 365) Diese Brutalität hatte er damals, ein halbes Jahr vor dem Münchner Abkommen, nicht den Deutschen und schon gar nicht sich selber zugedacht, sondern den Juden, wie er ausdrücklich formulierte, und wohl den Tschechen in seiner und ihrer nordböhmischen Heimat. Kaum zehn Jahre später stand derselbe Mann auf den Straßen und Plätzen der deutschen Bundesrepublik und plädierte für das Heimatrecht als unveräußerlichem Rechtsanspruch eines jeden Menschen. Da soll jemand behaupten, es sei in Deutschland zu wenig »umgedacht« worden!

Dr. Rudolf Lodgman von Auen, Abgeordneter des altösterreichischen Reichsrats bis 1918, gescheiterter Politiker in der tschechoslowakischen Republik bis 1925, ungebetener Ratgeber bei den sudetendeutschen Freunden Hitlers im April 1938, ist mit manchen seiner Worte die personifizierte Lüge aller Vertriebenenpolitik, die Lüge der Politiker, die nicht die begangenen, empfohlenen, zumindest geduldeten Verbrechen vor die erlittenen stellten. Man kann auch in der historischen Verkürzung lügen. Und er verführte Tausende seiner Landsleute zu falschen Hoffnungen.

Eine solche Lüge gedieh weithin in der Vertriebenenszene des neuen westdeutschen Staates und verdunkelte die Aufrichtigkeit, mit der sich eine neue deutsche Politik entfaltete. Und dennoch sollte man an der infamen Wandelbarkeit politischer Parolen nicht das Leid der Betroffenen messen. Nicht messen, sondern begreifen: Das Leid der Vertreibung hatte unterschiedliche Gründe. Für die Ostdeutschen, für Ostpreußen, Pommern und Schlesier, preußische Untertanen, deutsche Reichsbürger seit Menschengedenken, war es die Folge des deutschen Gebietsverlustes durch die sowjetische Westexpansion, die eine polnische Westverschiebung ausgelöst hatte, an der Wandkarte der Sieger ganz einfach zu erklären. Für die Deutschen aus Jugoslawien war es die furchtbare serbische Rache für den Partisanenkrieg. Für die Sudetendeutschen, Altösterreicher bis 1918, Tschechoslowaken in den nächsten zwanzig Jahren, war die Vertreibung ein Schlußpunkt in der längsten Auseinandersetzung. Sie wurde nicht erst 1938 erfunden, sie war zuvor schon in den Köpfen von Vätern und Großvätern geboren worden, auf deutscher wie auf tschechischer Seite. Auch fehlte es nach 1945 in der deutschen politischen Diskussion und ebenso in der deutschen Publizistik nicht ganz an dieser Selbstbesinnung, während die Tschechen noch den Triumph genossen. (Seibt 1998, 364 ff.)

Epilog für die Enkel

Eric Hobsbawm gab 1994 die Losung aus vom »kurzen zwanzigsten Jahrhundert«, und er sieht The Short Twentieth Century, das saeculum breve, das kurze Jahrhundert, als »Ära der Kataklysmen«, begrenzt von den Jahren 1914 und 1991, vom Ersten Weltkrieg bis zum Untergang der Sowjetunion. Wenn man Geschichte in lebendigen Einheiten fassen will und nicht in Kalenderschablonen, hat eine solche Definition viel für sich. Auch wenn man die Geschichte, wie in diesem Buch, nicht zwischen diesen beiden Jahren führt, sondern sie schon mit der Jahrhundertwende beginnen und mit der Katastrophe des Zweiten Weltkriegs enden läßt, hat man zwei Generationen vor sich. Von diesen zwei Generationen war die Rede.

Die ältere Generation der Großväter, die dabei ins Gespräch kam, hat den Zusammenbruch des alten Europa in mehreren Schritten erlebt. Ihre politische Erinnerung reicht zurück bis Königgrätz und Sedan. Ihre Zeit begann also nicht erst mit dem Jahr 1914. Sie standen am Beginn eines, in ihren Vorstellungen, »Jahrhunderts der Deutschen«. (von Krockow 1992) Zu ihrer Zeit hatte das neue Jahrhundert begonnen, mit technischem wie mit sozialem Fortschritt und mit vielen Verheißungen. Diese Großväter hatten danach im Krieg die Throne stürzen sehen und mehr noch, die ganze Welt der Bürgerlichkeit, der Bildung und der Humanität. Der Versuch dieser Großväter, nach dem Krieg eine neue Friedensordnung in Europa aufzubauen, als Sieger wie als Besiegte, unter dem Neuordnungsplan von Versailles, ist dann in der nächsten Generation gescheitert, ist von ihr mit voller Absicht zerstört oder, auf der anderen Seite, vergebens verteidigt worden.

Bleiben wir bei diesem Schema. Danach waren es die Väter, die in der Euphorie der Gründerzeit und des Fortschrittsglaubens Geborenen, die 1914 von den Großvätern in den Krieg geschickt worden waren. Diese Generation der Frontsoldaten, entsetzlich gelichtet, hatte ihre politische Orientierung im Krieg verloren und suchte nun nach einem neuen Weltverständnis unter den Vorzeichen der neuen Republiken, des Völkerbundes, der neuen perfektionierten Transport- und Kommunikationsmittel. Sie fand den Weg zu Radio und Flugverkehr, zu Lastkraftwagen und Autobahn, während die Großväter seinerzeit nur die erste Phase der industriellen Revolution erlebt hatten, mit Dampfmaschine und Eisenbahn. Die neue politische Generation der Frontsoldaten von 1914 organisierte den deutschen Nationalsozialismus und seine brutalen politischen Utopien, sie besetzte auch Mussolinis Führungsgarde, sie beherrschte die Führungskollektive im revolutionären Rußland, und sie fiel überall auch diesen Diktaturen zum Opfer, je nachdem, wann und in welchem Maß »die Revolution ihre Kinder fraß«. Sie suchte demgegenüber in England wie in Frankreich die Ordnung von 1918 mit einem weltweiten ›appeasement‹ zu halten. Sie rechtfertigte ein solches ›appeasement‹ mit dem gemeinsamen Kriegserlebnis: Sie erlag auch der Fiktion dieses Schlagworts. Der Frontsoldat Hitler reichte dem Frontsoldaten Daladier 1938 in München die Hand im Beisein des Frontsoldaten Mussolini.

Die Fiktion trog! Die gleiche Generation erlebte den Zusammenbruch ihres politischen Optimismus im Kanonendonner an der Westerplatte. Der fünfzigjährige Adolf Hitler begann einen Krieg, in den der neunzehnjährige Richard von Weizsäcker schon am ersten Tag marschieren mußte.

Dieser neue Krieg begann eigentlich zweimal, nämlich 1939 und 1941, und erst das zweitemal wurde er zum »Weltkrieg«. Zugleich wurde er in Deutschland auch zum inneren Krieg, zum Krieg gegen Wehrlose, Unbeteiligte, Schuldlose. Zum Krieg an einer »inneren Front« gegen Opponenten und Widerständler, »Lebensunwerte« und schließlich gar »Untermenschen«, und vornehmlich gegen ein fiktives »Weltjudentum«. Hier forderte er schließlich mehr Opfer als unter den Soldaten.

In diesem zweiten Krieg wurde Deutschland viel deutlicher besiegt als das erstemal. Hitler und seine Helfer hatten der Welt einen totalen Krieg erklärt, und Deutschland bekam ihn. Es wurde total besiegt, seine Armee, seine Regierung, seine Bevölkerung erlagen einer »debellatio«, wie das Völkerrecht sagt, mit der vollen militärischen Eroberung und Besetzung. Wir Deutschen waren alle an diesem Krieg beteiligt, und wir haben ihn allesamt verloren. Diesem Krieg folgte kein Frieden, sondern die Teilung der Welt und der »Kalte« Krieg. In dieser Nachkriegszeit spielten, und gar nicht einmal nur in Deutschland, noch einmal Großväter eine Rolle: Denn die Söhne waren tot, die Väter emigriert, kompromittiert, noch nicht entnazifiziert, diskreditiert. Die überlebenden Söhne mußten manchmal sogar noch zurück in die Schule. Man sprach damals in Deutschland von einer »verlorenen Generation«, und an ihre Stelle traten meist lange vor dem ersten Krieg Geborene, traten Männer wie Adenauer und Heuß, Reuter und Hoegner, Zinn und Schumacher, Politiker aus der Zeit vor Hitler, so wie Renner und Körner in Österreich, Beneš und Gottwald in der Tschechoslowakei, Schumann, De Gaulle und De Gasperi. Der neue Anfang des politischen Lebens in Europa nach 1945 war auf allen Seiten geprägt von einem Rückgriff zu den Alten. Nur Stalin blieb.

Der Kalte Krieg entfaltete sein Panorama überall auf der Welt mit einer Improvisation. Die Teilung von Städten, von Staaten, von Interessensphären war sein Rezept, die Teilung der Welt zu guter Letzt, weil die Zustimmung aller zu einer gemeinsamen Ansicht von Vergangenheit und Zukunft nicht gelang. Noch einmal zeigte sich die Kraft des alten Europa, als sich in den sogenannten Satellitenstaaten Ostmitteleuropas ein Ringen um »Sowjetisierung« gegen die herkömmliche westliche Zivilisation entfaltete. Dieses Ringen endete nach vierzig Jahren endlich bei den Urenkeln. Durch antisowjetischen Widerstand, wie 1953, 1956, 1968, gerieten zwar die wohlberechneten Bahnen am politischen Firmament zwischen West und Ost etwas durcheinander. Dabei zeichnete sich schon 1968 eine gewaltlose Politik der nächsten Generation als Störfaktor ab in den politischen

Kalkulationen der Alten, ein neuer »weicher« Stil im Kampf der Generationen, und griff mit verschobenen Zielen von San Francisco über Paris und Berlin bis nach Prag. Er gewann aber nur Demonstrationscharakter. Seine Wege verliefen dann in den Untergrund, mit völlig unterschiedlichen, auch mörderischen Konsequenzen. Die westliche »freie Gesellschaft« wußte ihr Protestpotential im übrigen einzuschmelzen, getreu ihrem demokratischen Selbstverständnis. In der östlichen Welt blieb es beim Protest, der schließlich eine »sanfte Revolution«, keine Reform, sondern 1989 international trotz des Fortbestehens der östlichen Weltmacht eine »Wende« bewirkte. Ein vergleichbares Ereignis gab es bisher noch nicht in Europa. Seit 1991 kann man hoffentlich, wie Hobsbawm, mit dem Ende der Sowjetunion auch die Katastrophen am Ende sehen. Das schließt dann auch noch die Sowjetunion von ehedem ein, und gar auch noch das postkommunistische Jugoslawien, allerdings, wie immer in der europäischen Geschichte, mit gehöriger Verspätung.

Vielleicht darf man nun daran glauben, daß sich das alte und einst weltbeherrschende Europa am Ende dieses blutigen Jahrhunderts durch seine »sanften« Revolutionen geläutert hat. Vielleicht gibt es darin sogar einen Weg, einen unterirdischen Weg, von den amerikanischen »Blumenkindern« über die polnische Solidarność bis zu den Leipziger Montagsdemonstrationen und zu den Prager Protagonisten der »samtenen Revolution«. Vielleicht hat dabei zumindest Europa seine eigenen demokratischen Traditionen nach den jeweiligen Notwendigkeiten gehörig geklärt und begrenzt. Möglich, daß es damit leichter zur Glaubwürdigkeit seiner eigenen Ideen von Menschenwürde und Menschenrecht findet; möglich auch deshalb, weil das Ringen um Ideologien anstelle der Herrschaft von Dynastien mit den Zäsuren von 1918 und 1991 zu Ende ging und weil Nationalismus nicht mehr als Ersatzreligion gilt; möglich auch, weil eine neue »Erinnerungskultur« die Geschichte von ehedem ersetzt und alle daran teilhaben läßt, nicht nur die Schullehrer und die Historiker.

Möglich aber waren diese Impulse vor allem deshalb, weil Europa am Ende dieses Jahrhunderts wirklich imstande war, in seiner Mitte durch einen neuen Generationenkonflikt zwischen den Vätern von 1945 und den Söhnen von 1968 dem Gewissensdruck der Diktaturen zu widerstehen. »Dissidenten« sind darüber zum Begriff in der ganzen Welt geworden, von Prag bis Peking. Weil Europa schließlich in seiner östlichen Hälfte in unblutigen, in »samtenen« Revolutionen unter allgemeinem Beifall des Westens aufstand, fand es in der politischen Wirklichkeit und in seinen gesellschaftlichen Vorstellungen wieder zu jener Einheit zurück, die es 1914 verloren hatte. Ich glaube an die Rettung der Großväter durch die Enkel.

Dank

– zunächst an alle, die bisher *Das alte böse Lied* lesend aufgenommen haben. Es sollte immerhin eine neue Variante aus der historischen Drehorgel werden, aber doch auch ein Wagnis für die Geduld der Leser. Ich wollte ein paar neue Töne einfügen, und manches klingt mir auch hinterher und nebenbei noch in den Ohren, ohne daß ich es zu Gehör brachte. Hier beschränke ich mich aber nun auf das Danken.

Dank verdient auch der Verlag, der sich für dieses Buch entschlossen hat, und besonders danke ich seinen Mitarbeitern, Ulrich Wank, Dr. Annette Seybold, Eva Leupold und allen unbekannten, aber unentbehrlichen Helfern.

Die Geschichte, Wissenschaft und Kunst zugleich, ist zur Zeit in einer merkwürdig gespaltenen Lage. Geringgeschätzt von den Schulbehörden, beinahe unterdrückt in den Lehrplänen, wächst ihr Publikum in den Medien, in Ausstellungen, im allgemeinen Interesse. Ein kluger Bundeskanzler sprach von einer »Bringschuld« der Geschichte für die Gesellschaft, und tatsächlich kann man sich demokratische Verhältnisse ohne ein gewisses Maß an Übereinstimmung über die Vergangenheit nicht denken.

Vielleicht trägt dieses alte, böse Lied dazu bei. Ursprünglich war ihm der Titel zugedacht: Rettet die Großväter! Womöglich bemerkt der Leser an dieser Stelle, warum und wie an diese Rettung gedacht war.

Ferdinand Seibt

Literatur

Die Jahreszahlen beziehen sich auf die jeweils benützten Ausgaben.

H. G. Adler: Theresienstadt 1941–1945. Das Antlitz einer Zwangsgemeinschaft. 1955.

H. G. Adler: Die unsichtbare Wand. 1989.

Götz Aly: Endlösung. Völkerverschiebung und der Mord an den europäischen Juden. 1998.

Lale Andersen: Leben mit einem Lied. 1981.

Hannah Arendt: Elemente und Ursprünge totaler Herrschaft. 1986.

Robert Badinter: Un antisémitisme ordinaire. 1997.

Peter Bamm: Die unsichtbare Flagge. 1952.

Boris Barth u. a.: Konkurrenzpartnerschaft. Die deutsche und die tschechoslowakische Wirtschaft in der Zwischenkriegszeit. 1999.

Fritz Beer: ... a tys na němce střilel, dědo? / ... und Du hast auf die Deutschen geschossen, Großvater? 1997.

Reinhard Bendix: Von Berlin nach Berkeley. Deutsch-jüdische Identitäten. 1952.

Wolfgang Benz, Hans Buchheim und Hans Mommsen (Hgg.): Der Nationalsozialismus. Studien zu Ideologie und Herrschaft. 1993.

Volker R. Berghahn: Sarajewo, 28. Juni 1914. Der Untergang des alten Europa. 1997

Eberhard Bethge: Bonhoeffer. Eine Biographie. 1967.

Barbara Beuys: Familienleben in Deutschland. 1980.

R. Binion: » ... daß ihr mich gefunden habt« – Hitler und die Deutschen. Eine Psychostudie. 1978.

Karl Bosl (Hg.): Das Jahr 1941 in der europäischen Geschichte. 1972.

Karl Dietrich Bracher: Die deutsche Diktatur. Entstehung, Struktur, Folgen des Nationalsozialismus. 1980.

Detlef Brandes: Die Tschechen unter deutschem Protektorat. Teil 1 1969, Teil 2 1975.
Max Brod (Hg.): Franz Kafka. Gesammelte Werke. 1983.
Barbara Bronnen (Hg.): Geschichten vom Überleben. Frauentagebücher aus der NS-Zeit. 1998.
Martin Broszat: Der Staat Hitlers. 1981.
Carl Christian Bry: Verkappte Religionen. 1927.
Alan Bullock: Hitler. Eine Studie über die Tyrannei. 1977.
Alan Bullock: Hitler und Stalin. Parallele Leben. 1996.
Bohumil Černý u. a.: Češi, Němci, odsun. Diskuse nezávislých historiků. / Tschechen, Deutsche, Abschub. Eine Diskussion unabhängiger Historiker. 1990.
Boris Chasanov: Die nationalistische und die revolutionäre Versuchung. In: Leonid Luhs u. Donald O'Sullivan (Hgg.): Rußland und Deutschland im 19. und 20. Jahrhundert. Zwei Sonderwege im Vergleich. 2001.
Gary B. Cohen: The Politics of Ethnic Survival. Germans in Prague 1861–1914. 1981.
Stéphane Courtois u. a. (Hgg.): Das Schwarzbuch des Kommunismus. Unterdrückung, Verbrechen und Terror. 1998.
Gordon A. Craig: Deutsche Geschichte 1866–1945. 1999.
Inge Deutschkron: Ich trug den gelben Stern. 1995.
Inge Deutschkron: Mein Leben nach dem Überleben. 1995.
Max Domarus: Hitler. Reden und Proklamationen. 2 Bde. 1962/3.
Albert Drach: Das große Protokoll gegen Zwetschgenbaum. 1967.
E. E. Dwinger: Die Armee hinter Stacheldraht. 1950.
Norbert Elias: Die höfische Gesellschaft. 1969.
Ludovít Emanuel u. a. (Hgg.): Přemysl Pitter. Život – dílo – doba. / Leben, Werk, Zeit. 1996.
Jürgen W. Falter: Hitlers Wähler. 1991.
Eberhard Fechner: Die Comedian Harmonists. Sechs Lebensläufe. 1988.
Ladislav Feierabend: Prag – London, vice versa; Erinnerungen. 2 Bde. 1971/3.
Niall Ferguson: The Pity of War. 1999.
Joachim C. Fest: Hitler. Eine Biographie. 1987.
Saul Friedländer: Das Dritte Reich und die Juden. 1998.
Erich Fromm: Zur Anatomie der menschlichen Destruktivität. 1980.
François Furet: Das Ende der Illusion. Der Kommunismus im 20. Jahrhundert. 1996.
Timothy Garton Ash: Die Akte Romeo. 1997.

Ralf Gebel: »Heim ins Reich!« Konrad Henlein und der Reichsgau Sudetenland 1938 bis 1945. 1998.

Maurice Godé, Jacques Le Rider et Françoise Mayer: Allemands, Juifs et Tchèques à Prague. Deutsche, Juden und Tschechen in Prag. 1890–1924. 1996.

Daniel Jonah Goldhagen: Hitlers willige Vollstrecker. Ganz gewöhnliche Deutsche und der Holocaust. 1998.

Paulus Gordan: Um der Freiheit willen. Eine Festgabe für und von Johannes und Karin Schauff. 1983.

Hermann Graml: Reichskristallnacht. Antisemitismus und Judenverfolgung im Dritten Reich. 1988.

Otto Gritschneder: Furchtbare Richter. Verbrecherische Todesurteile deutscher Kriegsgerichte. 1998.

Theodor Haecker: Tag- und Nachtbücher 1939–1945. Erste vollständige und kommentierte Ausgabe 1989.

Rudolf Hagelstange: Venezianisches Credo. 1946.

Karl Josef Hahn: Kristallnacht in Karlsbad. Křišťálnová noc v Karlových Varech. 1998.

Brigitte Hamann: Hitlers Wien. 6. Aufl. 1994.

Brigitte Hamann: Bertha von Suttner. Ein Leben für den Frieden. 1991.

Hildegard Hamm-Brücher: »Zerreißt den Mantel der Gleichgültigkeit.« Die Weiße Rose und unsere Zeit. 1997.

Wolfgang Hammer: Karl Bosl als Geschichtslehrer. In: Gesellschaftsgeschichte. Festschrift für Karl Bosl zum 80. Geburtstag. 1988. 11–15.

Irene Harand: Sein Kampf. Antworten an Hitler. 1935.

Ernest Hemingway: Wem die Stunde schlägt. 1955.

Klaus-Dietmar Henke: Die Verführungskraft des Totalitären. 1997.

Arno Herzig (Hg.): Die Juden in Hamburg 1590 bis 1990. 1991.

Arno Herzig: Jüdische Geschichte in Deutschland. Von den Anfängen bis zur Gegenwart. 1997.

Johanna von Herzogenberg: Bilderbogen aus meinem Leben. 1999.

Peter Heumos: Die Emigration aus der Tschechoslowakei nach Westeuropa und dem Nahen Osten 1938–1945. 1989.

Klaus Hildebrandt (Hg.): Das Deutsche Reich im Urteil der Großmächte und europäischen Nachbarn. 1995.

Historikerstreit. Die Dokumentation der Kontroverse um die Einzigartigkeit der nationalsozialistischen Judenvernichtung. 1987.

Adolf Hitler: Mein Kampf. 725. Aufl. 1942.

Eric Hobsbawm: Il secolo breve. Itl. 1996. Originaltitel: The Age of Extremes. The Short Twentieth Century 1914–1991.

Wilhelm Hoegner: Flucht vor Hitler. Erinnerungen an die Kapitulation der ersten deutschen Republik 1933. 1977.
Heinz Höhne: Mordsache Röhm. Hitlers Durchbruch zur Alleinherrschaft 1933–1934. 1984.
Jörg K. Hoensch: Geschichte Polens. 1983.
Jörg K. Hoensch, Stanislav Biman, Lúbomir Lipták (Hgg.): Judenemanzipation – Antisemitismus – Verfolgung in Deutschland, Österreich-Ungarn, den Böhmischen Ländern und in der Slowakei. 1999.
Walther Hofer (Hg.): Der Nationalsozialismus. Dokumente 1933–1945. 1957.
Peter Hoffmann: Widerstand, Staatsstreich, Attentat. 1969.
Anna Hyndraková u. a.: Prominenti v ghettu Terezín 1942–1945 / Prominente im Ghetto Theresienstadt. Dokumenty / Dokumente. 1996.
Ivan Illich: Genus. Zu einer historischen Kritik der Gleichheit. 1983.
Max Imdahl: Picassos Guernica. 1985.
Eberhard Jäckel: Hitlers Weltanschauung. 1981.
Thomas Keneally: Schindlers Liste. 1994.
Paul Kennedy: Aufstieg und Fall der großen Mächte. 1994.
Ian Kershaw: Der Hitler-Mythos. Volksmeinung und Propaganda im Dritten Reich. 1980.
Friedrich Kittler: Grammophon, Film, Typewriter. 1986.
Victor Klemperer: Ich will Zeugnis ablegen bis zum letzten. Tagebücher 1933–1945. 2 Bde. 8. Aufl. 1996.
Guido Knopp: Hitlers Helfer. 1998.
Guido Knopp: Der verdammte Krieg. 3 Bde. 1998.
Eugen Kogon: Der SS-Staat. Das System der deutschen Konzentrationslager. 1977.
H. König, W. Kuhlmann, K. Schwabe: Vertuschte Vergangenheit. Der Fall Schwerte und die NS-Vergangenheit an deutschen Hochschulen. 1997.
Christian Graf von Krockow: Die Deutschen in ihrem Jahrhundert 1890–1990. 1992.
Christian Graf von Krockow: Die Stunde der Frauen. 1993.
Heinz Küppers: Simplicissimus 1945. 1997.
Hans Lemberg: Kollaboration mit dem Dritten Reich um das Jahr 1941. In: Bosl 1972, 143–162.
Hans Lemberg: »Ethnische Säuberung«: Ein Mittel zur Lösung von Nationalitätenproblemen? In: Aus Politik und Zeitgeschichte. Beilage zur Wochenzeitung Das Parlament, B 42 / 1992, 27–38.
Hans Lemberg: Mit unbestechlichem Blick. Studien von Hans Lemberg

zur Geschichte der böhmischen Länder und der Tschechoslowakei. 1998.

Primo Levi: Ist das ein Mensch? 1959.

Rudolf Lodgman (Hg.): Deutschböhmen. 1919.

Thomas Mann: Betrachtungen eines Unpolitischen. 1919.

Erich von Manstein: Verlorene Siege. 1955.

Fritz Mauthner: Der letzte Deutsche von Blatna. 1880.

Dorothee von Meding: Mit dem Mut des Herzens. Die Frauen des 20. Juli. 1998.

Michael A. Meyer (Hg.): Deutsch-jüdische Geschichte in der Neuzeit. 4 Bde. 1997.

Hans Mommsen: Bundestagsrede zum 20. Juli 1984 über den deutschen Widerstand.

Hans Mommsen: Der Nationalsozialismus und die deutsche Gesellschaft. Ausgewählte Aufsätze, hg. von Lutz Niethammer und Bernd Weisbrod. 1991.

Wolfgang Mommsen (Hg.): Kultur und Krieg. Die Rolle der Intellektuellen, Künstler und Schriftsteller im Ersten Weltkrieg. 1966.

Ernst Nittner: Dokumente zur Sudetendeutschen Frage 1916–1967. 1967.

Ernst Nolte: Der Faschismus in seiner Epoche. Die Action française. Der italienische Faschismus. Der Nationalsozialismus. 1984.

George Orwell: Mein Katalonien. 1964.

Jörg Osterloh: Ein ganz normales Lager. Das Kriegsgefangenen-Mannschaftsstammlager 304 (IV H) Zeithain bei Riesa / Sa. 1941 bis 1945. 1997.

Rüdiger Overmans: Die Toten des Zweiten Weltkriegs in Deutschland. In: Wolfgang Michalka (Hg.): Der Zweite Weltkrieg. 1989.

Rüdiger Overmans: Deutsche militärische Verluste im Zweiten Weltkrieg. 1999.

Tomáš Pasák: Přemysl Pitters Protest. Eine unbekannte tschechische Stimme gegen die Greuel in den Internierungslagern 1945. In: Bohemia 1/1994, 90–104.

Jan Patočka: Co jsou Češi? Was sind die Tschechen? 1992.

Dietmar Petzina, Wilhelm Abelshauser, Arnim Faust: Sozialgeschichtliches Arbeitsbuch III. Materialien zur Statistik des Deutschen Reiches 1914 bis 1945. 1978.

Ivan Pfaff: Die Modalitäten der Verteidigung der Tschechoslowakei 1938 ohne Verbündete. In: Militärgeschichtliche Mitteilungen 57 (1998), 23–77.

Josef Pfitzner: Karl IV. 1938.

Uwe Puschner u. a. (Hgg.): Handbuch zur Völkischen Bewegung 1871–1918. 1996.
Georg Quabbe: Das letzte Reich. Wandel und Wesen der Utopie. 1933.
Alja Rachmanow: Der neue Mensch. 1935.
Christoph Reinprecht: Nostalgie und Amnesie. Bewertungen von Vergangenheit in der tschechischen Republik und in Ungarn. 1996.
Hans Roos: Geschichte der polnischen Nation 1918–1978. 1979.
Paul Roubiczek: Across the Abyss. Diary entries for the year 1939–1940. 1978.
Rüdiger Safranski: Ein Meister aus Deutschland. Heidegger und seine Zeit. 1994.
Theodor Schieder (Hg.): Die Vertreibung der Deutschen aus Ostmitteleuropa. 7 Bde. 1956–1958.
Fabian von Schlabrendorff: Offiziere gegen Hitler. 1983.
Karl Schlögel: Kosovo war überall. Die ethnische Säuberung ist eine Ausgeburt des 20. Jahrhunderts. In: Die Zeit 18 (1999), 15–19.
Joachim Schlör: Bilder Berlins als »jüdischer Stadt«. Ein Beitrag zur Wahrnehmungsgeschichte der deutschen Metropole. In: Archiv für Sozialgeschichte 37 (1997), 207–237.
Bernd Schmalhausen: Berthold Beitz im Dritten Reich. Mensch in unmenschlicher Zeit. 1991.
Martin Schumacher (Hg.): M. d. R. Die Reichstagsabgeordneten der Weimarer Republik in der Zeit des Nationalsozialismus. Politische Verfolgung, Emigration und Ausbürgerung 1933–1945. Eine biographische Dokumentation. 1994.
Ferdinand Seibt: Utopica. 1972.
Ferdinand Seibt: Deutschland und die Tschechen. 1998.
Gitta Sereny: Das Ringen mit der Wahrheit: Albert Speer und das deutsche Trauma. 1995.
Helmut Slapnicka: Die böhmischen Länder und die Slowakei 1919–1945. In: Karl Bosl (Hg.): Handbuch der Geschichte der böhmischen Länder, Bd. 4, 1970.
Nicolaus Sombart: Jugend in Berlin 1933–1943. Ein Bericht. 1984.
Kurt Sontheimer: So war Deutschland nie. Anmerkungen zur politischen Kultur der Bundesrepublik. 1999.
Manès Sperber: Bis man mir Scherben auf die Augen legt. 1977.
Alexander Stahlberg: Die verdammte Pflicht. 1996.
Tomáš Staněk: Odsun / Die Vertreibung. 1990.
Tomáš Staněk: Tábory / Die Lager. 1995.
Rolf Steininger, Michael Gehler (Hgg.): Österreich im 20. Jahrhundert. Von der Monarchie bis zum Zweiten Weltkrieg. 2 Bde. 1998.

Fritz Stern: Der Traum vom Frieden und die Versuchung der Macht. Deutsche Geschichte im 20. Jahrhundert. 1988.

Christian Streit: Keine Kameraden. Die Wehrmacht und die sowjetischen Kriegsgefangenen. 1991.

Michael Stürmer: Das ruhelose Reich. Deutschland 1866–1918. 1994.

Ludger Tewes: Frankreich in der Besatzungszeit 1940–1943. Die Sicht deutscher Augenzeugen. 1998.

Hans-Ulrich Thamer: Verführung und Gewalt. Deutschland 1933–1945. 1994.

Klaus Theweleit: Männerphantasien. 1977.

Gerd Ueberschär (Hg.): Hitlers militärische Elite. Bd. 2. Vom Kriegsbeginn bis zum Weltkriegsende. 1998.

Volker Ullrich: Die nervöse Großmacht 1871–1918. Aufstieg und Untergang des deutschen Kaiserreichs. 1997.

Johannes Urzidil: Die verlorene Geliebte. 1962.

Wilhelm Vosskamp: Utopieforschung. 3 Bde. 1982.

Monika Weichert-von Hassel: Gymnasium und Politik 1864–1944. 1968.

Erika Weinzierl: Widerstand, Verfolgung und Zwangsarbeit. In: Steininger / Gehler 1998, 411–463.

Richard von Weizsäcker: Vier Zeiten. 1997.

Otto Wichterle: Vzpomínky / Erinnerungen. 1992.

Anna Wimschneider: Herbstmilch. Lebenserinnerungen einer Bäuerin. 1990.

Heinrich August Winkler: Streitfragen der deutschen Geschichte. Essays zum 19. und 20. Jahrhundert. 1997.

Michael Zimmermann: Transit. Eine Straße durch die europäischen Geschichte, hg. von Ferdinand Seibt, Ulrich Borsdorf, Heinrich Theo Grütter. 1997.

Volker Zimmermann: Die Sudetendeutschen im NS-Staat. Politik und Stimmung der Bevölkerung im Reichsgau Sudetenland 1938–1945. 1999.

Personenregister

Politik und Zeitgeschichte

Jörg Friedrich

Das Gesetz des Krieges

Das deutsche Heer in Rußland 1941–1945. Der Prozeß gegen das Oberkommando der Wehrmacht. 1085 Seiten. SP 2116

Das größte Militärunternehmen der Geschichte, der Hitler-Stalin-Krieg, lieferte dem Autor den Tatsachenstoff, aus dem eine Enzyklopädie menschlichen Verhaltens im totalen Krieg entstanden ist. Friedrich legt dar, wie zwischen 1941 und 1945 das Militärhandwerk zum systematischen Terror greift. Völkermord, Massaker, Repressalien, Verwüstung und Vertreibung, Flächenbombardements, Aushungerung, Versklavung haben den Krieg barbarisiert wie nie zuvor im Abendland. Auf der Basis der Prozeßprotokolle des Gerichtsverfahrens gegen das Oberkommando der Wehrmacht, das 1948 vor amerikanischen Richtern in Nürnberg stattfand, beschreibt Jörg Friedrich die Geschichte des Rußlandfeldzugs und die Rolle der Wehrmacht. »Der Verfasser hat mit großer analytischer und sprachlicher Kraft ein Werk geschaffen, das auf neue Weise das Wesen des Krieges in seiner Eigendynamik schildert.« Frankfurter Allgemeine

Ferdinand Seibt

Deutschland und die Tschechen

Geschichte einer Nachbarschaft in der Mitte Europas. Aktualisierte Neuausgabe. 516 Seiten. SP 1632

Der Zerfall der Ostblockländer und die Öffnung der Grenzen machen jahrzehntelang voneinander geschiedene Länder wieder zu dem, was sie ihrer Lage nach eigentlich sind: Nachbarländer, die auf eine über tausend Jahre währende, wechselvolle Geschichte ihrer Beziehungen zurückblicken können. Erst in der Mitte des 20. Jahrhunderts geriet diese Nachbarschaft in eine Katastrophe: Die deutsche Aggression bedrohte zum erstenmal das tschechische Volk in seiner Existenz. Was durch Protektoratsterror, Judenmord, Vertreibung der Deutschen und die Zeit des »Eisernen Vorhangs« gewaltsam abgeschnitten und vergessen wurde, das holt dieses Buch in die Gegenwart zurück.

Politik und Zeitgeschichte

Joachim C. Fest

Das Gesicht des Dritten Reiches

Profile einer totalitären Herrschaft. 516 Seiten. SP 1842

Joachim C. Fests psychologisch-biographisch angelegte Porträts der führenden Figuren des Dritten Reiches sind längst zum Standardwerk geworden. Das Buch beabsichtigt nicht die umfassende, systematische Erläuterung von Herrschaftsstrukturen: vielmehr zielt es, ausgehend vom individuellen Hintergrund, auf die Exponenten des nationalsozialistischen Deutschland, geht jedoch in zwei Richtungen über eine reine Geschichte der Personen hinaus: Immer nämlich sind diese Personen ja auch Repräsentanten ihrer sozialen Herkunft, der Motive, Affekte und Verhaltensweisen der sozialen Schicht, der sie entstammen: zum anderen stehen sie für einen bestimmten Bereich der Politik des Nationalsozialismus. So beleuchtet zum Beispiel die Studie über Ribbentrop auch die Außenpolitik, die über Goebbels auch die Propaganda dieser Periode der deutschen Geschichte. Fest ergänzt seine Darstellung durch Gruppenporträts über das Offizierskorps, über die Intellektuellen und die Rolle der Frauen im Dritten Reich.

Das Dritte Reich im Überblick

Chronik · Ereignisse · Zusammenhänge. Herausgegeben von Martin Broszat und Norbert Frei in Verbindung mit Wolfgang Benz, Manfred Funke, Hermann Graml, Lothar Gruchmann, Ludolf Herbst, Hartmut Mehringer, Günter Plum, Werner Röder, Albrecht Tyrell. 335 Seiten. SP 1091

Dieser Band ist Nachschlagewerk und Gesamtdarstellung in einem: in zwölf prägnanten Essays beschreiben ausgewiesene Sachkenner die einzelnen Phasen und die wichtigsten Aspekte des nationalsozialistischen Herrschaftssystems, seine Zielsetzungen, die Innen- wie die Außenpolitik. Kernstück des Buches ist eine ausführliche Chronik aller wesentlichen Daten und Fakten des Dritten Reiches.

SERIE PIPER

Jürgen Roth

Absturz

Das Ende unseres Wohlstands. Mit einem Nachwort zur Taschenbuchausgabe. 279 Seiten SP 2617

Deutschland ist immer noch ein reiches Land. Aber immer mehr Menschen fallen aus dieser reichen Gesellschaft heraus. Handwerker, qualifizierte Angestellte, Akademiker: Niemand ist mehr sicher vor dem Absturz. Wer jetzt arbeitslos wird, wird es lange bleiben – und dabei arm werden. Immer mehr Deutschen, die sich bisher sicher wähnten, droht der Absturz. Jürgen Roth beschreibt diese Entwicklung zu einer Zweidrittelgesellschaft, an deren Anfang wir stehen, und erklärt, wie es zum Abbau des demokratischen Staates kommt, wer davon profitiert und auf wessen Kosten er geht.

»Jürgen Roths ›Absturz‹ genießt traurige Aktualität.«
Die Welt

Kurt Sontheimer, Wilhelm Bleek

Grundzüge des politischen Systems der Bundesrepublik Deutschland

Aktualisierte Neuausgabe. 440 Seiten. SP 1200

Im Mittelpunkt dieser aktualisierten Neuausgabe des anerkannten Standardwerkes zur politischen Bildung steht die Frage nach der Kontinuität und dem Wandel des politischen Systems der Bundesrepublik Deutschland. Aus historischer Sicht wird herausgearbeitet, wie sich die demokratischen Institutionen der alten Bundesrepublik in vier Jahrzehnten weitgehend bewährt haben und 1990 im Prozeß der deutschen Vereinigung auf die neuen Bundesländer übertragen worden sind. Gleichzeitig wird aus der aktuellen Perspektive deutlich, daß unser Staat durch die Vereinigung und die europäische Integration, die Veränderungen der Weltpolitik und die wirtschaftlichen Strukturkrisen der Industriegesellschaften vor neue Herausforderungen gestellt wird.

Hans-Jochen Vogel

Nachsichten

Meine Bonner und Berliner Jahre.
544 Seiten SP 2469

Hans-Jochen Vogel, bis 1991 SPD-Vorsitzender und einer der maßgeblichen Politiker der Nachkriegszeit, erinnert sich an seine Zeit in Bonn und Berlin.
»Der Weg in die Bundespolitik und damit nach Bonn war mir keineswegs vorgezeichnet.« Damit beginnt Hans-Jochen Vogel, einer der wichtigsten deutschen Politiker nach dem Zweiten Weltkrieg, seinen Rückblick auf die zweiundzwanzig politischen Jahre nach seiner Ära als Münchens Oberbürgermeister. In diesen »Nachsichten« erinnert er sich an die Zeit zwischen 1972 und 1994, in der er als Bau- und Justizminister in Bonn, als Regierender Bürgermeister in Berlin, als Kanzlerkandidat, als Fraktionsvorsitzender der SPD, als Oppositionsführer und in Nachfolge Willy Brandts als SPD-Vorsitzender die politischen Geschicke dieser Republik mitlenkte. Er schildert dramatische Ereignisse und umstrittene Entscheidungen, sagt, warum er bestimmte Dinge getan oder gelassen hat, erzählt von den Menschen, die ihm wichtig waren, und beurteilt den Zustand und die Zukunft Deutschlands und seiner Partei.

»Ein wichtiges Buch eines der bedeutendsten Politiker unserer Republik, der noch einmal versucht, unphilosophisch und pragmatisch über Grundlagen unseres Gemeinwesens, der SPD und von Politik insgesamt nachzudenken.«
Jost Dülffer, Handelsblatt

Friedemann Bedürftig

Taschenlexikon Karl V.

247 Seiten. SP 2870

In seinem Reich ging die Sonne nicht unter: Karl V. (1500–1558) ist eine Schlüsselfigur am Ausgang des Mittelalters. Als Kaiser verkörperte er das Ringen zwischen Beharrung und Aufbruch und brachte die Kaisermacht noch einmal zu ungeahnter Entfaltung.

Taschenlexikon Bismarck

240 Seiten. SP 2593

Hundert Jahre nach dem Tod des »Eisernen Kanzlers« hat seine Figur nichts an Faszination verloren. Freilich stellen wir Bismarck nicht mehr auf den Sockel, wie es zu seiner Zeit üblich war. Und doch bewundert jede Generation erneut Weitsicht, Energie und politisches Gespür dieses Geschichte-Machers. Seine Gestaltungskraft, sein souveränes Jonglieren mit den Mächten, aber auch sein entschiedener Wille zum Frieden sichern ihm ungebrochenes Interesse.

Taschenlexikon Deutschland nach 1945

Mit einem Vorwort von Kurt Sontheimer. 459 Seiten mit zahlreichen Abbildungen. SP 2495

»Dieser enzyklopädisch erfahrene Publizist gibt hier begrifflich genau und biographisch anschaulich Auskunft über die vergangenen fünf Jahrzehnte. Sein Rückblick reicht von der Besatzungszeit bis hin zur Wiedervereinigung samt ihren Folgen.«

Frankfurter Allgemeine Zeitung

SERIE PIPER

Biographien

Dirk Van der Cruysse

»Madame sein ist ein ellendes Handwerck«

Liselotte von der Pfalz – eine deutsche Prinzessin am Hofe des Sonnenkönigs. Aus dem Französischen von Inge Leipold. 752 Seiten. SP 2141

Ein unvergleichliches Bild ihrer Zeit hat Liselotte von der Pfalz in ihren 60000 Briefen hinterlassen. In diesen Universalreportagen beschreibt sie ihr Leben am Hof ihres Schwagers, des Sonnenkönigs Ludwig XIV., freimütig, spöttisch, oft derb. Die Intrigen und Ränkespiele, die politischen Krisen und die glänzenden Feste bei Hof fanden in »Madame«, der Tochter des Kurfürsten Karl Ludwig von der Pfalz, eine kluge und geistreiche Beobachterin.

»Van der Cruysses Werk berichtet so frisch, wie es seinem Objekt zukommt.«
Die Zeit

»Dirk Van der Cruysse gelang es in bravouröser Weise, diese ungewöhnliche Frau zu rehabilitieren.«
Die Welt

Helga Thoma

»Madame, meine teure Geliebte ...«

Die Mätressen der französischen Könige. 251 Seiten mit 11 Porträts. SP 2570

Die Herrscher des 17. und 18. Jahrhunderts konnten zwar ungehindert Kriege führen, Abgaben eintreiben und Schlösser bauen, beim Heiraten aber mußten sie sich der Staatsräson beugen: Fürstenehen hatten den dynastischen Erfordernissen zu entsprechen, der Repräsentation zu dienen und Thronerben hervorzubringen. Fürs Herz hielten sich insbesondere die französischen Könige Mätressen: geistreiche, schöne, sinnliche Frauen, die mit Intelligenz und diplomatischem Geschick erheblichen Einfluß auf die Staatsgeschäfte der Monarchen gewannen. Daß sie keineswegs nur genußsüchtige, eitle und verruchte Geschöpfe waren, zeigt Helga Thoma in sieben Porträts berühmter Mätressen der französischen Könige, und sie bricht eine Lanze für diese Frauen, die beim Volk verhaßt, aber bei Hof von großem Einfluß waren.

Biographien

Thea Leitner

Habsburgs verkaufte Töchter

272 Seiten mit 16 Abbildungen. SP 1827

Thea Leitner bringt in ihrem Bestseller eine unbekannte Seite der europäischen Geschichte zur Sprache, nämlich die Biographien Habsburger Prinzessinnen, die schon im Kindesalter der Politik verschrieben wurden. Obwohl von Kindesbeinen an über sie verfügt wurde, waren sie als erwachsene Frauen keineswegs passive Opfer ihrer Herkunft.

Habsburgs vergessene Kinder

288 Seiten mit 34 Abbildungen. SP 1865

Thea Leitner verfolgte die Spuren von Nachkommen des Erzhauses, die von der Geschichtsschreibung bislang kaum beachtet wurden. Dabei stieß sie auf Menschen »mit ihren Ängsten und Leidenschaften und Verstrickungen, ihren heroischen Höhepunkten und ihren abgrundtiefen Nöten«.

Skandal bei Hof

Frauenschicksale an europäischen Königshöfen. 320 Seiten SP 2009

Vor dem Hintergrund europäischer Politik eröffnen diese erschütternden Tragödien ein Gesellschaftsbild, das die Skandale heutiger gekrönter Häupter als harmlose Geschichten erscheinen läßt.

Die Männer im Schatten

An der Seite berühmter Herrscherinnen. 260 Seiten mit 35 Abbildungen. SP 2324

Mit kriminalistischem Spürsinn folgt Thea Leitner dem Leben der Ehemänner berühmter Frauen: Maria Stuart, Katharina die Große, Maria Theresia und Queen Victoria. Sie beschreibt anschaulich, unterhaltsam und kenntnisreich die zu Nebenrollen verdammten Männer und wirft damit ein neues Licht auf die Biographien der berühmten Frauen.

Fürstin, Dame, Armes Weib

Ungewöhnliche Frauen im Wien der Jahrhundertwende. 352 Seiten mit 38 Abbildungen. SP 1864

SERIE PIPER

Biographien

Brigitte Hamann
Elisabeth
Kaiserin wider Willen. 660 Seiten mit 57 Fotos. SP 2990

Das übliche süße Sisi-Klischee wird man in diesem Buch vergeblich suchen: Elisabeth. Kaiserin von Österreich. Königin von Ungarn, war eine der gebildetsten und interessantesten Frauen ihrer Zeit; eine Königin, die sich von den Vorurteilen ihres Standes zu befreien vermochte. Häufig entfloh sie der verhaßten Wiener »Kerkerburg«, weil sie nicht bereit war, sich von den Menschen »immer anglotzen« zulassen. Statt dessen war sie monatelang auf Reisen, lernte Sprachen und trieb – im Rittersaal der Hofburg! – Sport. Schon vor dem Attentat war sie eine legendäre Figur geworden.

Meine liebe, gute Freundin!
Die Briefe Kaiser Franz Josephs an Katharina Schratt aus dem Besitz der Österreichischen Nationalbibliothek. Herausgegeben und kommentiert von Brigitte Hamann. 560 Seiten mit zahlreichen Abbildungen. SP 2228

Rudolf
Kronprinz und Rebell. 534 Seiten mit 35 Abbildungen. SP 800

»… ein Buch, das keineswegs nur historisch interessierte Leser fesseln kann, sondern auch eine reiche Fundgrube für psychologisch Interssierte bedeutet, weil Rudolfs späteres unglückliches Schicksal hier ganz klar und eindeutig aus den katastrophalen äußeren Umständen seiner Kindheit und Erziehung erklärt wird.«
Wochenpresse, Wien

Kronprinz Rudolf »Majestät, ich warne Sie…«
Geheime und private Schriften. Herausgegeben von Brigitte Hamann. 448 Seiten. SP 824

Berta von Suttner
Ein Leben für den Frieden
552 Seiten mit 52 Abbildungen. SP 922

Mit Kaiser Max in Mexiko
Aus dem Tagebuch des Fürsten Carl Khevenhüller 1864–1867
336 Seiten mit zahlreichen Abbildungen. SP 3154

Biographien

Martha Schad

Kaiserin Elisabeth und ihre Töchter

201 Seiten mit einunddreißig Farb- und achtundzwanzig Schwarzweißabbildungen. SP 2857

Einundzwanzig Salutschüsse kündigten 1855 die Geburt von Erzherzogin Sophie von Österreich an, der ersten Tochter des österreichischen Kaiserpaars Elisabeth und Franz Joseph. Ein Jahr später wurde Erzherzogin Gisela geboren. Als nach dem plötzlichen Tod der gerade zweijährigen Sophie endlich der ersehnte Thronfolger Rudolf zur Welt kam, war die Freude am Hof und beim Volk überwältigend. Zehn Jahre später folgte Marie Valérie, der erklärte Liebling von Mutter Elisabeth, der kleine Sonnenschein am Kaiserhof. Martha Schad schöpft für diese Familienchronik wie eine intime Freundin aus dem privaten Fundus der Kaiserfamilie.

Maria Matray, Answald Krüger

Das Attentat

Der Tod der Kaiserin Elisabeth und die Tat des Anarchisten Lucheni. 336 Seiten mit 22 Abbildungen und Dokumenten. SP 2846

Kaiserin Elisabeth war inkognito zu einem Erholungsaufenthalt an den Genfer See gereist, doch kurz darauf meldete eine Zeitung ihre Ankunft. Diese Notiz sollte über ihr Leben entscheiden. Als Prinz Henri von Orléans, der Thronfolger von Frankreich, nicht wie geplant nach Genf gekommen war, hatte der italienische Anarchist Luigi Lucheni Elisabeth als Opfer ausersehen, denn auch sie war Aristokratin und so prominent, daß seine Tat ungeheures Aufsehen erregen würde. Die Kaiserin war am 9. September 1898 mit einer Hofdame an der Uferpromenade unterwegs, als sie von Lucheni blitzschnell und heimtückisch erstochen wurde. Das exakt recherchierte Dokumentardrama zeigt das bestürzende Bild eines Täters, der durch seinen Mordanschlag gesellschaftliche Aufmerksamkeit erzwingen wollte.

SERIE PIPER

Biographien

Bruce Seymour

Lola Montez

Eine Biographie. Aus dem Amerikanischen von Renate Sandner. 552 Seiten mit 16 Schwarzweißabbildungen. SP 2784

Ihre außergewöhnliche Schönheit wurde ihr zum Verhängnis, ihr skandalumwittertes Leben brachte sie in Verruf, ihre Liebschaft mit König Ludwig I. machte sie unvergeßlich: Die gebürtige Irin Eliza Gilbert (1821–1861), die unter ihrem Künstlernamen Lola Montez berühmt wurde, führte ein bewegtes Leben in den Metropolen Europas. Als »spanische Tänzerin« am Münchener Hof eroberte sie 1846 das Herz des bayerischen Königs im Sturm. Ludwig I. war hingerissen von Lolas Feuer, von ihrem Geist und ihrer Schönheit, und er beauftragte den Hofmaler Joseph Karl Stieler mit einem Porträt für seine Schönheitsgalerie. Als Mätresse des Königs in den Adelsstand erhoben, löste sie mit ihrem provozierenden Auftreten und ihrem intriganten Wesen heftige Unruhen in der bayerischen Hauptstadt aus, bis sich der Monarch schließlich gezwungen sah, 1848 die Krone niederzulegen. – Bruce Seymour schildert in seiner Biographie, die sich auf bisher unveröffentlichte Dokumente und den Briefwechsel zwischen Lola Montez und Ludwig I. stützt, das bewegte Leben dieser faszinierenden Femme fatale.

»Bruce Seymour hat mit eminentem Fleiß das skandalöse Lebenskunstwerk und Lügengebilde von Lola Montez auf den Boden unabweisbarer Tatsachen gestellt.«
Süddeutsche Zeitung

Biographien

Bruno Keiser

Adelheid Königin, Kaiserin, Heilige

Ein Leben in bewegter Zeit. 272 Seiten. SP 2995

Daß auch Frauen Geschichte machen, beweist Adelheid (931 bis 999), Königin von Italien (947) und als Gemahlin Ottos des Großen Kaiserin des Römischen Reiches (962). Sie entwickelte schon damals ein Konzept von Europa und wirkte mit bei der Gestaltung und Bewahrung des entstehenden Reiches. Mit Hartnäckigkeit und Machtbewußtsein, mit Charme und Diplomatie setzte sie ihre Ziele durch. Ihr Leben spielte sich nicht nur in Palästen und Pfalzen ab, sondern auch im Kerker, auf Feldzügen und Reichstagen. Als Gründerin eines Klosters in Selz im Elsaß wurde sie 1097 heiliggesprochen. Das anschaulich erzählte Lebensbild einer klugen und tatkräftigen Herrscherin zur Zeit der letzten Jahrtausendwende läßt zugleich ein faszinierendes Bild der Zeit entstehen.

Jacqueline Dauxois

Der Alchimist von Prag Rudolf II. von Habsburg

Eine Biographie. Aus dem Französischen von Annette Meyer-Prien. 335 Seiten. SP 2764

Er fühlte sich immer von der dunklen und unheilvollen Seite des Universums angezogen: Sechsunddreißig Jahre herrschte Kaiser Rudolf II. über das Römische Reich Deutscher Nation. Er war einerseits ein kluger, den Künsten und den neuen Wissenschaften zugewandter Herrscher, ein leidenschaftlicher Sammler und Kunstmäzen, andererseits ein mißtrauischer, einsamer, in abstruse Phantasien eingesponnener Mensch. Rudolf II. verlegte den Hof von Wien nach Prag, das unter seiner Führung zu einer europäischen Metropole von Rang aufstieg, und umgab sich mit den besten Wissenschaflern der Zeit.

»Eine farbige Gestalt, die auch der heutigen Regenbogenpresse sehr zupaß käme.«
Stuttgarter Zeitung

SERIE PIPER